wortstark

werkst

wortstark 4
Baden-Württemberg

**Themen und Werkstätten
für den Deutschunterricht**

Realschule

Schroedel

wortstark 4
Baden-Württemberg

**Themen und Werkstätten
für den Deutschunterricht**

Realschule

Erarbeitet von Georg Boslak, Reinhard Brauer, August Busse, Elisabeth Conzelmann, Irmgard Ehls, Heike Hegemann, Ingrid Hintz, Theo Kaufmann, Heiderose Lange, Gerd Ludwig, Christina Meinik, Udo Paulus, Eleonore Preuß, Andrea Rudel und Fritz Wiesmann

Bearbeitet von Ursula Erdmann, Ulrike Forster, Peter Haußmann, Elisabeth Neubert, Ellen Piepenbrink, Marianne Seibold und Anne Sikora

Online-Werkservice

Ergänzungsmaterialien zu den wortstark-Schülerbänden erscheinen regelmäßig im Internet unter:
www.schroedel.de/werkservice

Nach gültiger Rechtschreibung 2006.
Ausnahmen bilden Texte, bei denen künstlerische, philologische oder lizenzrechtliche Gründe einer Änderung entgegenstehen. Diese Texte sind mit einem R gekennzeichnet.

Die im Inhaltsverzeichnis mit * gekennzeichneten Seiten stellen ein ergänzendes Angebot zum Kerncurriculum dar.

ISBN 978-3-507-**48068**-1
ISBN alt: 3-507-**48068**-9

© 2005 Bildungshaus Schulbuchverlage
Westermann Schroedel Diesterweg Schöningh Winklers GmbH, Braunschweig
www.schroedel.de

Das Werk und seine Teile sind urheberrechtlich geschützt. Jede Nutzung in anderen als den gesetzlich zugelassenen Fällen bedarf der vorherigen schriftlichen Einwilligung des Verlages. Hinweis zu § 52 a UrhG: Weder das Werk noch seine Teile dürfen ohne eine solche Einwilligung gescannt und in ein Netzwerk eingestellt werden. Dies gilt auch für Intranets von Schulen und sonstigen Bildungseinrichtungen.
Auf verschiedenen Seiten dieses Buches befinden sich Verweise (Links) auf Internet-Adressen. Haftungshinweis: Trotz sorgfältiger inhaltlicher Kontrolle wird die Haftung für die Inhalte der externen Seiten ausgeschlossen. Für den Inhalt dieser externen Seiten sind ausschließlich deren Betreiber verantwortlich. Sollten Sie bei dem angegebenen Inhalt des Anbieters dieser Seite auf kostenpflichtige, illegale oder anstößige Inhalte treffen, so bedauern wir dies ausdrücklich und bitten Sie, uns umgehend per E-Mail davon in Kenntnis zu setzen, damit beim Nachdruck der Verweis gelöscht wird.

Druck A [2] / Jahr 2006

Alle Drucke der Serie A sind im Unterricht parallel verwendbar.

Redaktion: Anja Köpper
Herstellung: Christian Behrens
Illustrationen: Manfred Bofinger, Sabine Lochmann und Jaroslaw Schwarzstein
Umschlaggestaltung und Lay-out: Janssen Kahlert Design & Kommunikation, Hannover
Satz: Jesse Konzept & Text GmbH, Hannover
Druck: Appl, Wemding

INHALTSVERZEICHNIS

Selbstständig lernen

Freies Schreiben	10	Ins Schreiben kommen
*	11	Schreibideen
	12	Schreiben nach Mustern
	13	Textentwürfe überarbeiten
	14	Fertige Texte sammeln und gestalten
Lesetraining	15	**Sinngestaltendes Lesen**
	15	*Heinz Erhardt: Der Stier*
	15	*Heinz Erhardt: Fußball*
	16	**Die Bedeutung von Wörtern im Text ermitteln**
	16	*Schutz für den Schreiadler*
	18	**Zeitungsbericht mit einer Meinung vergleichen**
	18	*Übungsplatz für Seehunde*
	19	**Informationen entnehmen: Text – Diagramm**
	19	*Was Jugendliche lesen*
	20	**Diagramme auswerten**
	20	*Junge Leser*
	20	*Von Leseratten und Lesemuffeln*
	22	*Ich wäre gern …*

In sein – Out sein – Ich sein

Trends feststellen	24	**Trends und Trendsetter**
Trends darstellen	25	*Wie Trends entstehen*
(Tabelle, Säulendiagramm)	25	*Trend-Infos aus dem Web*
Werbesprüche, Slogans,	26	**Trends werden „gemacht"**
Trendsprache untersuchen	27	**Jeder Trend hat seine eigene Sprache**
	28	**Trends kosten Geld**
Informationen entnehmen	28	*Klamotten – und was auf die hohe Kante*
und darstellen	29	*Teenager: Aussehen ist alles*
Aus anderer Perspektive erzählen *	30	**Dazugehören – anders sein**
	30	*Mirjam Pressler: Das war das Schlimmste*
Zu einem Text schreiben	32	*Josef Reding: er ist „in"*
Diskutieren, schriftlich	33	**Dem Trend folgen – oder nicht?**
Stellung nehmen	33	*Godehard Schramm: Spiegelfrätzchen*
Aus anderer Perspektive erzählen	36	**Selbstbewusstsein**
	36	*Kirsten Boie: Kahlschnitt*
Sinngestaltend lesen	38	*Ernst Jandl: my own song*

„Anders sind wir, anders die Andern"

	39	*James Krüss: Für uns sind die Andern anders*
Einen Text genau lesen	40	**Eine Geschichte weiterschreiben**
und weiterschreiben	40	*Federica de Cesco: Spagetti für zwei*
Klassenrat, Gesprächsregeln	44	**Erfahrungen, Meinungen, Vorurteile**
	46	**„Anders sind wir, anders die Anderen"**
	47	**Eine Geschichte schrittweise erarbeiten**
Aus anderer Perspektive erzählen,	47	*Carolin Philipps: Das Boot ist voll!*
Stellung nehmen	54	**Zu einer Geschichte schreiben**

INHALTSVERZEICHNIS

Wasser ist Leben

Zu Bildern/Texten schreiben	55	Wasser – ein vielfältiges Thema
Redewendungen	56	*Johann Wolfgang von Goethe: Des Menschen Seele …*
	56	*Christian Morgenstern: Gewitteranfang*
Sich informieren	57	*Lexikonartikel: Wasser*
Wortfeld, Wortfamilie	58	*Hartmut Böhme: Wasser*
Eine Reportage untersuchen *	59	Gewalt des Wassers
	59	*Jörn Auf dem Kampe: Tsunami*
Über die Leistung von Text	62	Gebrauchsgut Wasser
und Grafik nachdenken	62	*Das unentbehrliche Nass*
Zu einer Grafik schreiben	62	*Am meisten für Sauberkeit und Hygiene*
Appellieren	63	*Unser Trinkwasservorrat*
Eine Diskussion führen	64	Eine Podiumsdiskussion führen
und reflektieren	64	*Trinken*
Werbestrategien erkennen	66	Werbung mit Wasser untersuchen
Schriftlich argumentieren	68	Naturschutz oder Freizeitspaß?

Traumberufe – Berufsträume

Vorstellungen entwickeln	72	Traumberufe – Berufsträume
	74	*Pete Johnson: Am liebsten berühmt*
	76	*Josef Reding: Mädchen, pfeif auf den Prinzen!*
	77	*Bertolt Brecht: Ich habe gehört, ihr wollt nichts lernen*
Sich informieren *	78	Sich über Ausbildungsmöglichkeiten informieren
	78	*Die heimliche Revolution*
Sich selbst einschätzen	80	Fähigkeiten und Interessen aufspüren
	80	*Siegfried Lenz: Was ich werden soll*
BORS-Praktikum vorbereiten	82	Berufe kennen lernen
	84	*Azubis müssen kleine Supermänner sein*

Eine Zeitung wird „gemacht"

Projektideen *	88	Ideenbörse „Zeitung"
Medienkunde	90	Nachricht, Meldung, Bericht
	91	Reportage
	92	Kommentar
	93	Leserbrief
	94	Interview
	96	Schaubild, Grafik
	97	Lay-out: Der Aufbau einer Titelseite
	98	Die „Anmacher": Schlagzeilen und Fotos
Medienpraxis	100	Projekt: Eine Klassenzeitung entsteht
	100	*Planung*
	102	*Durchführung, Präsentation*
	103	*Lay-out festlegen und Seiten aufbauen*
	104	*Beiträge schreiben und redigieren*

INHALTSVERZEICHNIS

MAGAZIN: Krimis und Detektivgeschichten

Einen Kriminalfall lösen *	108	Dem Täter auf der Spur – Krimirätsel lösen
	108	*Wolfgang Ecke: Der Inselschreck*
Krimiserien untersuchen	110	Krimis lesen – Krimis sehen – Krimis schreiben
Fiktion und Wirklichkeit *	113	Unter die Lupe genommen: Kriminalisten bei der Arbeit
	113	*Asservatenkammern – aus der Rumpelkammer des Verbrechens*
	114	*Privatdetektive – der Alltag hinter dem Klischee*
Einen Krimi lesen	115	Eine Kriminalgeschichte lesen
	115	*Roald Dahl: Lammkeule*

WERKSTATT GEDICHTE

Gedichte vorausgestalten	123	Einem Gedicht die Reime wiedergeben
	123	*Friedrich Hebbel: Herbstbild*
Gedichte untersuchen	124	Gedichte verstehen und vergleichen
	124	*Joseph von Eichendorff: Mondnacht*
	125	*Elke Oertgen: Erde*
Gedichte vortragen	126	Eine Ballade vortragen
	126	*Johann Wolfgang von Goethe: Erlkönig*
*	128	Einen Rap vortragen
	128	*Die Fantastischen Vier: MfG*
Mit Gedichten	129	Ein Gedicht ergänzen
produktiv umgehen	129	*Rose Ausländer: Gemeinsam*
*	130	Textmontagen untersuchen
	130	*Schülertext: Obdachlose – Obdachlos*
	131	*Ingeborg Bachmann: Reklame*
*	132	Eine Textmontage selbst erstellen
	132	*Roland Stockmar: Kürzestbiografie*
	133	Gemeinsam über ein Gedicht sprechen
	133	*Rainer Maria Rilke:* ▬▬▬▬▬
	134	Die Gedichte

WERKSTATT Geschichten

Anekdoten untersuchen *	136	Beim Lesen einer Anekdote Zeilen einfügen
	136	*Aleksander Litwin/Horacy Safrin: Albert Einstein*
*	137	Eine Anekdote „übersetzen"
	137	*Adolf Glasbrenner: Seltener Gewinn*
	138	Anekdoten genau lesen
	138	*Herbert Ihering: Die schlechte Zensur*
	139	*Kurt Tucholsky: Der Floh*
	140	Ist das nun eine Anekdote oder nicht?
	140	*Thomas Bergmann: Kletterpartie*
Zu Anekdoten schreiben	141	Aus einer Anekdote eine Zeitungsmeldung machen
	141	*Sigismund von Radecki: Überraschendes Urteil*
	142	Eine Anekdote nach einem Vorfall schreiben
	142	*Die ersten Inlineskates*
Zu kurzen Geschichten schreiben	143	Eine Geschichte aus einer anderen Perspektive erzählen
	143	*Erwin Strittmatter: Die Macht des Wortes*

INHALTSVERZEICHNIS

	144	Eine kurze Geschichte weiterschreiben
	144	*Marie Luise Kaschnitz: Zu Hause*
	145	Parallelgeschichten schreiben
	145	*Hans Georg Lenzen: Der Elefant und die Blinden*
	146	*Robert Gernhardt: Ein Tag*
*	149	Zu einer kurzen Geschichte schreiben
	149	*Margret Steenfatt: Im Spiegel*
Kurzgeschichten untersuchen	151	Eine Kurzgeschichte lesen und untersuchen
	151	*Wolfgang Borchert: Nachts schlafen die Ratten doch*
	154	Originaltexte, Schlüsse

WERKSTATT THEATER

Sich einspielen	* 156	Sich einspielen und besser zusammenspielen
	* 158	Körper- und Bewegungsübungen
	159	Szenen darstellen
Texte inszenieren	160	Nach Textvorlagen spielen
	161	*Inge Meidinger-Geise: Platzkarten*
	164	*Spagetti für zwei*
	165	*Lammkeule*
	166	*Loriot: Fernsehabend*

WERKSTATT Schreiben

Zu Bildern schreiben	169	Zu einem Bild schreiben
	169	*Salvador Dalí: Die Beständigkeit der Erinnerung*
Erzählen	171	Gemeinsam Kriminalgeschichten schreiben
	174	Aus anderer Perspektive erzählen
Berichten	176	Über Beobachtungen und Eindrücke berichten
Argumentieren, Metaplan	180	Den eigenen Standpunkt formulieren
Inhalte wiedergeben	184	Inhalte zusammenfassen
	184	*Jeremias Gotthelf: Der Geizhals*
	188	Protokolle schreiben
Beschreiben	190	Den Inhalt eines Bildes wiedergeben
	190	*Pieter Bruegel d. Ä.: Der Esel in der Schule*
	192	Arbeitsvorgänge aufschreiben
Texte überarbeiten	195	Texte in einer Schreibkonferenz vorstellen
	197	Texte überarbeiten

WERKSTATT Rechtschreiben

Wörter untersuchen	199	Rechtschreibgespräche führen
	200	Eine E-Mail überarbeiten – Fehler berichtigen
	201	Mit dem Wörterbuch arbeiten
Strategien anwenden	202	Rechtschreibstrategien wiederholen
Lernwörter einprägen	206	Wörter mit besonderen Rechtschreibschwierigkeiten
Regeln erkennen und anwenden	207	Fach- und Fremdwörter
	209	Groß oder klein?
*	215	Schreibung von Straßennamen
	216	Getrennt oder zusammen?

Satzzeichen setzen	218	das oder dass?
	219	Zeichensetzung bei wörtlicher Rede
	220	Das Komma zwischen Haupt- und Nebensatz
Üben	224	Tipps für Berichtigungen und individuelles Üben

WERKSTATT Sprache

Wortbedeutung, Sprachgebrauch	225	Fremde Wörter: „Einwanderer" aus anderen Sprachen
*	227	Der Apostroph: auch ein „Einwanderer"?
	228	Jugendsprache
	229	Fachsprache
	230	Sprichwörter
	231	Sprachbilder – Metaphern
	233	Wortfeldarbeit
	235	Sprachliche Höflichkeit
Wortarten	237	Verben: Die Zeitformen wechseln
	239	Aktiv – Passiv
	240	Das Passiv und seine „Verwandten"
	241	Die indirekte Rede und die Verben im Konjunktiv
	243	Der Konjunktiv II: Wünsche und Vorstellungen
Sätze	245	Attribute (Beifügungen)
	247	Relativsätze
	248	Infinitivsätze
	249	Nebensätze mit Konjunktionen
Texte	250	Richtige Sätze – wirksame und schöne Sätze
	252	Umstellen, erweitern, kürzen
	254	Sätze aufeinander beziehen – Sätze verknüpfen

METHODEN LERNEN

Sachtexte untersuchen	255	Überfliegend lesen, sich orientieren
	257	Zwischenüberschriften finden, zusammenfassen
	258	Unbekannte Wörter klären, Textstellen markieren
	260	Einen Text für eine Zusammenfassung vorbereiten
	262	Tipps für Textprofis
	264	Einen Text zusammenfassen
	266	Einen Kurzvortrag halten
Umgang mit dem Computer	268	Bilder aus dem Internet
	270	Textdokumente erstellen und verschicken
	271	Einkauf im Netz
Nachschlagen	272	Nachschlagewerke erkunden

275	Worterklärungen
276	Fachbegriffe zum Nachschlagen
282	Sachwortregister
284	Textsortenverzeichnis
285	Autoren- und Quellenverzeichnis
288	Bildquellenverzeichnis

8 SO KÖNNT IHR MIT „WORTSTARK" ARBEITEN

> Wenn ihr schon mit „wortstark" gearbeitet habt, wisst ihr, dass es aus verschiedenen Teilen besteht:

- Auf der nächsten Seite beginnt ein Kapitel **Selbstständig lernen**. Es enthält Tipps für das freie Arbeiten. Außerdem könnt ihr hier überprüfen, wie gut ihr schon im Lesen von Texten und Diagrammen seid.

- Dann folgen fünf Kapitel, in denen es um interessante **Themen** geht: Trends, Fremdes und Vertrautes, Umwelt, Traumberufe, Zeitung. Hier findet ihr viele Texte, Bilder und Anregungen zum Lesen, Sprechen, Schreiben und Spielen. Manchmal arbeitet ihr in den Werkstatt-Kapiteln weiter, wenn ihr etwas genauer erarbeiten wollt.

- Das **Magazin** bietet euch spannende, witzige und informative Texte zum Thema *Krimis und Detektivgeschichten* an.

- In den **Werkstätten** wird euch sprachliches „Handwerkszeug" vermittelt, das ihr immer wieder verwenden könnt. Zum Beispiel lernt ihr etwas über
  - ganz unterschiedliche Gedichte (**Werkstatt Gedichte**),
  - Anekdoten und andere kurze Geschichten (**Werkstatt Geschichten**),
  - das Spielen zu Texten (**Werkstatt Theater**),
  - perspektivisches Erzählen und sachliches Berichten (**Werkstatt Schreiben**),
  - richtiges Schreiben (**Werkstatt Rechtschreiben**),
  - Wortarten und Satzbau (**Werkstatt Sprache**),
  - Sachtexte und wie man sie erarbeiten kann (**Methoden lernen**).

- Das **Computerzeichen** (S. 12, 13, 26 ...) zeigt euch an, dass ihr die jeweilige Aufgabe mit dem Computer bearbeiten könnt.

- Achtet einmal auf die **gelochten Wortzettel** in den Themen-Kapiteln. Sie sagen euch: Sammelt neue, wichtige oder schwierige Wörter, wenn ihr an einem Thema arbeitet. Ihr könnt diese Wörter in eure Rechtschreibkartei aufnehmen und in der *Werkstatt Rechtschreiben* damit üben.

- Auch mit dem **Anhang** des Buches könnt ihr arbeiten:
  - Ihr sucht Erklärungen zu den Wörtern mit Sternchen (*)? Schlagt auf S. 275 nach!
  - Ihr wollt Vokale, Silben, Pronomen und andere Fachbegriffe erklärt bekommen? Das Verzeichnis **Fachbegriffe zum Nachschlagen** hilft weiter. Das **Sachwortregister** zeigt euch, auf welchen Seiten im Buch ihr etwas zu den Begriffen findet.
  - Gedichte, Erzähl- oder Sachtexte sind überall im Buch verstreut – wenn ihr sie finden wollt, dann schlagt im **Textsortenverzeichnis** nach.
  - Ihr möchtet mehr von einer Autorin oder einem Autor lesen – vielleicht werdet ihr im **Autoren- und Quellenverzeichnis** fündig.

Selbstständig lernen

Selbstständig lernen macht Spaß. Ob ihr allein oder in Gruppen arbeitet, das hängt von der Aufgabenstellung und dem Thema ab, aber auch davon, was für ein Arbeitsergebnis ihr euch vornehmt.

Zum Beispiel ist es gar nicht so schwer, gute Texte zu schreiben oder einen Text betont vorzulesen. Ein umfangreicheres Thema erarbeitet ihr am besten in Gruppen, um viele Informationen zusammentragen, auswerten und diskutieren zu können. Anregungen findet ihr in diesem Kapitel.

FREIES SCHREIBEN

Was ihr schreibt, wie ihr schreibt, warum ihr schreibt – das hängt vom Thema ab, das ihr wählt, und von der Situation, in der ihr schreibt. Das Schreiben ist allerdings auch Übungssache. Deshalb ist es gut, wenn ihr euch bestimmte Zeiten zum Schreiben reserviert.

Ins Schreiben kommen

Um ins Schreiben zu kommen, gibt es verschiedene Wege:

- Sich überlegen, worüber man schreiben will (z. B. Ereignisse aus dem eigenen Leben; Geschichten und Gedichte, um Erlebnisse zu verarbeiten; Themen, die einem Spaß machen).

- Kurze Zeitungsmeldungen oder Bilder sammeln, die die Fantasie zu einer Geschichte anregen.

- Sich zu einem Thema Notizen machen, die man später ausformuliert.

- Sich Vorlagen oder Muster suchen, die man „nachahmen" kann (S. 12).

- Ein Wort oder eine Überschrift aufschreiben und spontan alles, was einem gerade in den Sinn kommt, notieren. Den Stift dabei möglichst nicht absetzen. (Das Geschriebene muss nicht unbedingt gleich ein zusammenhängender Text sein, aber hinterher kann man etwas Zusammenhängendes daraus machen.)

- Ein Cluster machen, um Gedanken zu einem Thema zu sammeln.

Was ist denn ein Cluster?

Ein **Cluster** ist ein Zauberschlüssel, mit dem du Ereignisse, Gedanken, Gefühle, Ideen, Bilder aus deinem Gedächtnis „herauslocken" kannst:
- Du schreibst das Thema in die Mitte eines Blattes.
- Dann malst du einen Kreis um das Thema.
- Danach schreibst du alles auf, was dir dazu einfällt.
- Später kannst du alle Gedanken, die du für deinen Text verwenden willst, umranden oder miteinander verbinden.

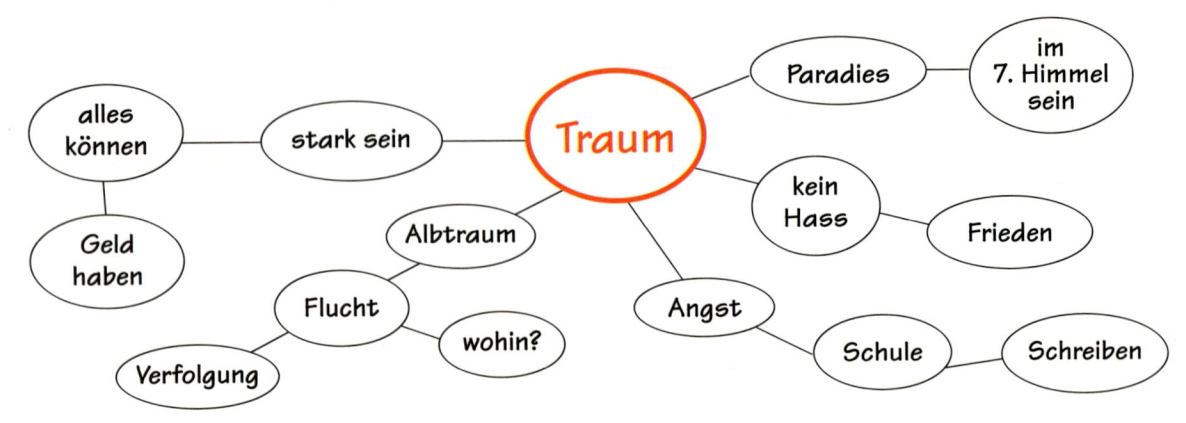

FREIES SCHREIBEN 11

Hier sind einige Schreibideen oder Überschriften. Ihr könnt ein Cluster dazu entwerfen, um ins Schreiben zu kommen. Ihr könnt aber auch einfach drauflosschreiben oder einen anderen Weg wählen.

Schreibideen

- Angst – Wut – Freude – Ärger
- Glück – Pech – Alleinsein
- Liebe – Tod – Freiheit
- Familie – Schule – Freunde
- Reise – Ferien – Freizeit – Sport
- Rot – Blau – Weiß
- manchmal – obwohl – aber trotzdem

- Da habe ich wirklich Glück gehabt
- Eine Reise in ein fernes Land
- So stelle ich mir eine gute Familie vor
- Manchmal kämpfe ich wie gegen einen Schatten
- Als Teenager schon Millionär
- Ich bin ein Skater
- Plötzlich klingelt das Telefon
- Nix wie weg
- Sprüche, nichts als Sprüche
- So ein Leben als Gangsterbraut …
- Jedenfalls hab ich's versucht
- Alles nur geträumt
- Wenn ich viel Zeit hätte …
- Da begegnet mir doch dieser Traummann/diese Traumfrau
- Einmal Model sein
- Ich war Zeuge bei einem Verkehrsunfall
- Wenn ich nur noch einen Tag zu leben hätte …
- Liebeserklärung
- Mein schlimmster Albtraum
- Mein schönster Traum
- Was ich mir für mein Leben wünsche
- Wie ich mir meinen Beruf vorstelle

In meinem schönsten Traum …

bin ich im Paradies
Nur ich und ein anderer Mensch
leben dort
Wir können tun und lassen
was wir wollen
Wir können den ganzen Tag
auf Pferden reiten
schwimmen
und die Früchte von den Bäumen essen
Alles ist friedlich
kein Hass
kein Krieg

Sara

In meinem schlimmsten Albtraum …

saß ich in der Schule
im Deutschunterricht
und
sollte
meinen schlimmsten Albtraum
aufschreiben

Carsten

Schreiben nach Mustern

Mit Hilfe der folgenden Muster könnt ihr eigene Texte schreiben und eure Schreibideen in eine geeignete Form bringen. Ihr könnt auch zu den Themen in *wortstark* kleine Texte schreiben, z. B. über eine Betriebsbesichtigung, ein Erlebnis mit Wasser, einen modischen Trend …

Rondelle

Gedichte aus acht Zeilen; in der zweiten, vierten und siebten Zeile wiederholt sich immer derselbe Satz:

Party

Viele Freunde kommen
Endlich Party
Wir werden Spaß haben
Endlich Party
Ich habe Lust und freue mich
Ob Kerstin auch kommt?
Endlich Party
Hoffentlich machen meine Eltern keinen Ärger

Sieben

Ein Text besteht aus sieben Zeilen, beginnend mit einem Wort in der ersten Zeile, dann in den Zeilen zwei bis vier jeweils ein Wort mehr und in den nächsten Zeilen wieder ein Wort weniger, sodass in der siebten Zeile nur ein Wort steht:

Trends
IN sein
oder OUT sein
Das ist die Frage.
Was will ich?
Ich bin
ICH.

Dreieck

Du beginnst mit einem Wort in der ersten Zeile. In der zweiten Zeile folgen zwei Wörter usw. In der letzten Zeile steht wieder das erste Wort:

Schule
Ganz allein
In meiner Bank
Es begann der Unterricht
Der Lehrer verteilte die Zeugnisse
Dann war mein Gesicht voller Tränen
Schule

Stufen-Gedicht

Du fängst in der ersten Zeile mit einem Wort an (Überschrift), in jeder Zeile wird ein weiteres Wort hinzugefügt. In der letzten Zeile steht wieder ein Wort. (Tipp: Zuerst einen langen Satz ausdenken!)

Freunde
Freunde finden
Freunde finden ist
Freunde finden ist nicht
Freunde finden ist nicht so
einfach

Alle Schreibideen sind Anregungen. Ihr könnt sie ausprobieren, aber auch verändern oder etwas ganz anderes schreiben.

FREIES SCHREIBEN

Textentwürfe überarbeiten

Manchmal findet man seine Texte nicht gut genug. Manchmal möchte man noch besser schreiben können. Alle geschriebenen Texte könnt ihr allein oder in einer Schreibkonferenz (S. 195/196) überarbeiten. Hierbei überprüft ihr sie im Hinblick auf
- den Inhalt,
- die Form,
- den Aufbau,
- den Umfang,
- die Wortwahl,
- die Rechtschreibung.

Ihr könnt euch folgende Fragen stellen:
- Entspricht euer Text dem, was ihr sagen und ausdrücken wolltet?
- Wenn andere euren Text lesen, können sie ihn dann verstehen?

Diana hat einen Text zum Thema *Mein schlimmster Albtraum* geschrieben. Ihren ersten Entwurf hat sie überarbeitet und anschließend mit dem Computer gestaltet:

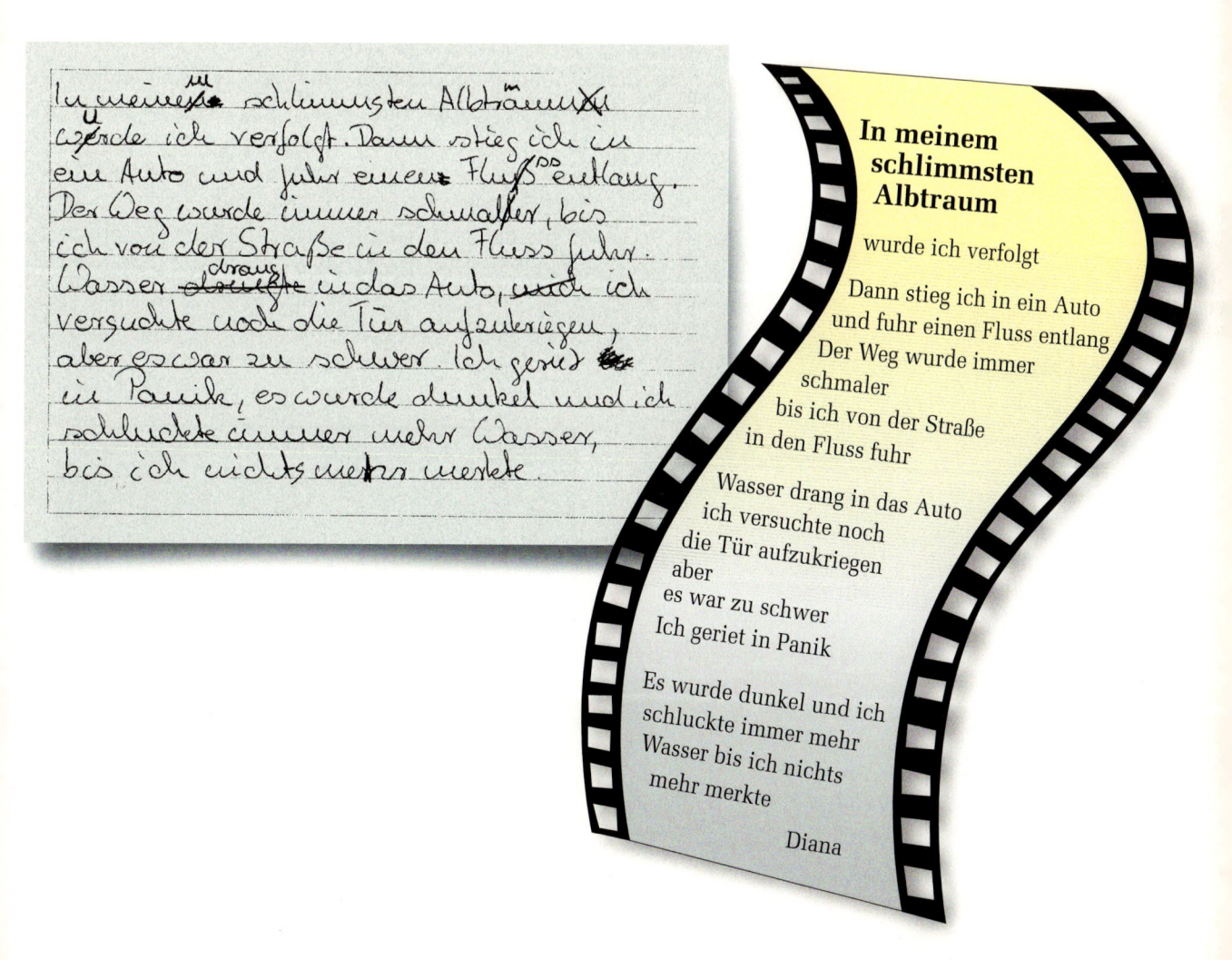

In meinem schlimmsten Albtraum

wurde ich verfolgt

Dann stieg ich in ein Auto und fuhr einen Fluss entlang

Der Weg wurde immer schmaler
bis ich von der Straße in den Fluss fuhr

Wasser drang in das Auto
ich versuchte noch die Tür aufzukriegen
aber
es war zu schwer
Ich geriet in Panik

Es wurde dunkel und ich schluckte immer mehr Wasser bis ich nichts mehr merkte

Diana

Fertige Texte sammeln und gestalten

Überlegt euch, ob und wie ihr eure Texte sammeln wollt:
Ihr könnt sie für euch selbst oder auch mit anderen aus eurer Klasse sammeln, z. B. in Themen-Heften, selbst gemachten Büchern oder Ordnern.
Wichtig ist, dass ihr die Sammlungen so gestaltet, dass sie schon auf den ersten Blick zum Lesen einladen:
– ansprechendes Titelblatt oder ansprechenden Umschlag
– Inhaltsverzeichnis
– Illustrationen, Zeichnungen, Bilder, Fotos …
– passend gestaltete Überschriften
– mit gut leserlicher Handschrift schreiben oder geeignete Schrifttypen aussuchen (Computer nutzen)
– Rand zum Heften lassen
– keine Rechtschreibfehler
– bei gehefteten Sammlungen:
Heftklammern mit farbigem Klebeband überkleben
– bei gelochten Sammlungen:
durch die Löcher eine farbige Kordel ziehen

Verschenk-Texte

Aus euren eigenen Texten könnt ihr auch persönliche Geschenke für andere machen, z. B. zum Geburtstag oder zu Weihnachten:

Streichholzschachtel
Texte auf ganz kleine Papierstücke schreiben und damit Streichholzschachteln oder Dosen bekleben.

Tipp: Durch Überkleben mit einer selbstklebenden Folie werden die kleinen Geschenke noch haltbarer.

Liebe ist:
immer füreinander da zu sein und sich vertrauen zu können.
Liebe ist schön!!!
Tanja

CD-Hülle
Einen Text auf zugeschnittenes Papier schreiben, das die Größe einer CD-Hülle hat. Danach mit Bildern gestalten.

Wenn ich nur noch einen Tag zu leben hätte …
dann würde ich etwas machen, was ich noch nie getan habe. Ich würde mit meinen Eltern und mit meinen Freunden schnell in ein schönes Land fahren, um dort am Strand zu liegen und in einem Cabrio mit lauter Musik durch die Straßen zu fahren.
Dimitri

Mein schönster Traum
Nachdenk-Texte aus der Klasse 8b

SINNGESTALTEND LESEN

1 Hier seht ihr zwei Lesefassungen von einem Gedicht. In beiden sind die Wörter, die ihr betonen sollt, unterstrichen. Aber in der einen sind die Unterstreichungen sinnvoll, in der anderen nicht.
Lest euch die beiden Fassungen mit deutlichen Betonungen vor.

Der Stier   *Heinz Erhardt*

Ein <u>jeder</u> Stier | hat <u>oben</u> vorn
auf <u>jeder</u> Seite | je <u>ein</u> Horn; ||
doch ist es <u>ihm</u> nicht zuzumuten,
auf <u>so</u> 'nem Horn | auch <u>noch</u> zu tuten. ||
Nicht <u>drum</u>, | weil <u>er</u> nicht tuten kann,
<u>nein</u>, | er kommt <u>mit</u> dem Maul nicht 'ran! ||

Ein jeder <u>Stier</u> | hat oben <u>vorn</u>
auf jeder <u>Seite</u> | je ein <u>Horn</u>; ||
doch ist es ihm nicht <u>zuzumuten</u>,
auf so 'nem <u>Horn</u> | auch noch zu <u>tuten</u>. ||
<u>Nicht</u> drum, | weil er nicht <u>tuten</u> kann,
<u>nein</u>, | er kommt mit dem <u>Maul</u> nicht 'ran! ||

2 Entscheidet jetzt, welche der beiden Sprechfassungen ihr für die bessere haltet. Begründet eure Entscheidung.

3 Bereite die ersten beiden Strophen des folgenden Gedichts zum Vorlesen vor. Lege eine Folie über das Blatt. Unterstreiche die Wörter oder Silben, die du betonen möchtest, und ziehe einen Strich an den Stellen, an denen du eine Pause machen willst.

4 In der letzten Strophe sind die Unterstreichungen schon vorbereitet, – aber zweimal! Welche Sprechfassung gefällt euch besser? Probiert sie aus!

Fußball   *Heinz Erhardt*

Vierundvierzig Beine rasen
durch die Gegend ohne Ziel,
und weil sie so rasen müssen,
nennt man das ein Rasenspiel.

Rechts und links stehn zwei Gestelle,
je ein Spieler steht davor.
Hält den Ball er, ist ein Held er,
hält er nicht, schreit man: „Du Toooor!"

<u>Fußball</u> | spielt man meistens immer |
mit der <u>unteren</u> Figur. ||
Mit dem <u>Kopf</u>, | obwohl's <u>erlaubt</u> ist, |
spielt man ihn ganz <u>selten</u> nur. ||

<u>Fußball</u> | spielt man <u>meistens</u> immer |
<u>mit</u> der unteren <u>Figur</u>. ||
<u>Mit</u> dem Kopf, | obwohl's erlaubt ist, |
spielt man <u>ihn</u> ganz selten <u>nur</u>. ||

Schutz für den Schreiadler

Nur noch rund 115 Schreiadlerpaare brüten in Deutschland. Während sich die Bestände von Seeadler und Fischadler im Aufwind befinden, also in den letzten Jahren wieder zugenommen haben, hat der Schreiadler mehr und mehr den Rückzug angetreten. Das Brutgebiet des Schreiadlers ist relativ klein. In Europa konzentriert es sich auf Polen, Weißrussland und die Slowakei. In Deutschland siedeln Schreiadler fast nur noch in Mecklenburg-Vorpommern.

Der Schreiadler gehört zu den besonders bedrohten Vogelarten. Deswegen gibt es jetzt detaillierte Aktionspläne, um den Bestand zu erhalten. Doch es wird nicht einfach, die kritische Situation des Schreiadlers zu verbessern. Der recht scheue Greifvogel ist auf große, unzerschnittene Lebensräume angewiesen. Geeignete Brutplätze findet er in feuchten, strukturreichen Laub- und Mischwäldern mit einem hohen Anteil an Totholz und ausgeprägten Waldrändern. Ihre Nahrung suchen Schreiadler in dem angrenzenden Grünland mit hohem Grundwasserstand und wenig intensiver Nutzung. Sie besteht im Wesentlichen aus Wühlmäusen, kleineren Wirbeltieren und Insekten. Wo sich die Lebensbedingungen für den Schreiadler verschlechtern, geht auch der Bruterfolg zurück.

Schon seit einigen Jahren ist zu beobachten, dass Brutplätze viel öfter gewechselt werden, zusammenhängende Brutgebiete mehr und mehr verinseln und bei einem Teil der Brutpaare die Fortpflanzungsrate sinkt. Auf den lehmigen Böden südwestlich der Insel Rügen sind bis heute größere Feuchtwälder erhalten geblieben. Sie sind für Vogelarten wie den Schreiadler ein einzigartiges Refugium. Dorthin können sie sich noch ungestört zurückziehen. Diese Wälder mit ihren Altholzbeständen müssen erhalten werden. Wenn aber die Nutzung der Wälder so weitergeht wie bisher, sind in fünf Jahren keine Flächen aus Altholzbuchen mehr übrig – und der Schreiadler ist zum Aussterben verurteilt. Um das zu verhindern, wird der Naturschutzbund demnächst um Paten werben, die für die Auswilderung von jungen Schreiadlern und die Unterstützung von Aktionen für den Schutz von Schreiadlern Geld spenden.

Tipps zur Erschließung eines Sachtextes findest du auf den Seiten 262/263.

1 Lies dir den Text durch. Worum geht es darin? Eine der folgenden Aussagen dazu ist richtig:

a Es geht um die Beobachtung von Vögeln in den Wäldern.
b Es geht um die genaue Beschreibung des Schreiadlers.
c Es geht um die Gefahr des Aussterbens eines Greifvogels.
d Es geht um das Leben in Buchenwäldern südwestlich von Rügen.

DIE BEDEUTUNG VON WÖRTERN IM TEXT ERMITTELN

2 In diesem Text kommen viele Fachausdrücke und Fremdwörter vor, die man nicht sofort versteht. Sie sind gelb markiert! Was sie bedeuten, könnt ihr auf verschiedene Weise ermitteln:

a Unterhaltet euch darüber. Fast immer gibt es jemanden in der Klasse, der euch erklären kann, was das eine oder andere Wort bedeutet.
b Lest euch genau durch, in welchem Zusammenhang Wörter und Ausdrücke vorkommen. Folgende Ausdrücke und Fachwörter erklären sich aus dem Zusammenhang: *im Aufwind befinden, kritische Situation, Refugium.*
c Schlagt in einem Fremdwörterbuch folgende Fremdwörter nach: *relativ, detailliert, intensiv.*

3 Zu den folgenden Ausdrücken sind jeweils drei Erklärungen gegeben. Welche davon sind richtig? Es ist immer nur eine!

Rückzug angetreten:
a Der Schreiadler wird mit der Eisenbahn in die Zoos gebracht.
b Die Anzahl der Schreiadler geht immer mehr zurück.
c Der Schreiadler hat sich in die Wälder zurückgezogen.

unzerschnittene Lebensräume:
d Die Bäume und Hecken dürfen nicht beschnitten werden.
e Die Wiesen müssen immer gemäht sein.
f Die Lebensräume dürfen nicht von Straßen und Hochspannungsleitungen zerschnitten sein.

strukturreiche Laub- und Mischwälder:
g Die Wälder müssen reich an Baumarten, abgestorbenen Bäumen und Gebüsch sein.
h Die Wälder müssen gut gegliedert und überschaubar sein.
i Die Wälder müssen von vielen Wegen durchkreuzt sein.

verinseln:
j Die Brutgebiete findet man nur noch auf Inseln.
k Es gibt nur noch ganz wenige Brutgebiete.
l Die Brutgebiete sind so vereinsamt, dass immer nur ein Schreiadler darin lebt.

die Fortpflanzungsrate sinkt:
m Die Adlermännchen finden keine Weibchen mehr.
n Die Paare ziehen immer weniger Junge auf.
o Die Adlerpaare versenken ihre Eier in zu tiefe Nester.

4 Was will der Autor dieses Textes bewirken? Zwei Antworten sind richtig:

a Er will eine spannende Geschichte über den Schreiadler erzählen.
b Er will für den Naturschutz eintreten.
c Er will über das Brutverhalten des Schreiadlers berichten.
d Er will darüber informieren, in welcher Situation sich Schreiadler befinden.

Übungsplatz für Seehunde

Büsingen a. Hochrhein (aw). Steigende Hochwasserpegel hielten am Wochenende ganz Baden-Württemberg in Atem. In den benachbarten Gemeinden Gailingen und Diessenhofen (Schweiz) wurde beidseits des Rheins „Land unter" gemeldet. Nur im Hegau berichteten Polizei und Feuerwehr: Keine Einsätze, alles ruhig.

Einzige Ausnahme: Der Radweg auf der Landstraße 202 zwischen Büsingen und Gailingen war zeitweilig auf einer kurzen Strecke wegen „Fahrbahnüberflutung" gesperrt. Das Gelände des Hundeübungsplatzes zwischen dem Büsinger Strandbad und der ehemaligen Kiesgrube glich einer Seenlandschaft. Hier konnten höchstens noch Seehunde üben. Der Zaun hatte dem Wasserandrang nicht standgehalten und der angrenzende Radweg war streckenweise nicht passierbar. Die Gailinger Feuerwehr war nach den vielen Regen-, Sturm- und Eiseinsätzen in der Vergangenheit froh, an diesem Wochenende verschont zu bleiben, half aber ihren Nachbarn in Büsingen mit Gerät aus: Hier wurden dringend Tauchpumpen benötigt. Feuerwehrkommandant Gerhard Weiß organisierte dies souverän zwischen den diversen Generalversammlungen.

Nur noch für Seehunde als Übungsplatz zu gebrauchen: das Gelände des Hundevereins in Büsingen.

Meine Meinung dazu:
Ich habe gestern in der Zeitung einen Bericht gelesen, in dem wieder einmal nur die Hälfte stimmt. Das Hochwasser des Rheins hat tatsächlich bei uns alles unter Wasser gesetzt. Der Zaun um unseren Hundeübungsplatz ist von den Wassermassen zerstört worden und viele der Übungsgeräte wurden weggeschwemmt.
Der Radweg, der am Hundeübungsplatz vorbeiführt, konnte nicht mehr befahren werden. Mit den Hunden zum Übungsplatz zu gelangen, war unmöglich geworden. Es war gar nicht daran zu denken, mit den Hunden Übungen durchzuführen. Ich habe mir das Gelände genau angesehen und einige Tage lang beobachtet, ob sich der Wasserstand nicht endlich verändert. Dabei ist mir allerdings zu keiner Zeit aufgefallen, dass sich dort Seehunde aufgehalten hätten, geschweige denn, dass Seehunde auf dem Platz Übungen durchgeführt hätten. Außerdem musste unsere Feuerwehr auch am Wochenende einige Rettungsdienste leisten. Ich muss es doch wissen, denn ich bin selbst in der Gailinger Feuerwehr! Was die Zeitung da wieder schreibt, ist also totaler Blödsinn!

1. Hier ist dem Bericht in einer Zeitung die Aussage eines jungen Feuerwehrmannes gegenübergestellt. Wer nun recht hat, die Zeitung oder der Leser, das wissen wir nicht. Wir müssen aber feststellen, dass der junge Mann manches, was in der Zeitung stand, bestätigt, manches korrigiert – und manches nicht richtig verstanden hat:

a In welchen Dingen gibt er der Zeitung recht? Vergleiche die beiden Texte und nenne die Stellen.
b Worin muss man höchstwahrscheinlich dem Feuerwehrmann recht geben und nicht der Zeitung? Und warum?
c Und worin hat der Mann zwar recht, aber die Zeitung nicht verstanden?

2. Sprecht darüber, wie ihr zu euren Ergebnissen gekommen seid.

INFORMATIONEN ENTNEHMEN: TEXT – DIAGRAMM

In Zeitungen und Zeitschriften findet man manchmal Texte, die durch Diagramme noch einmal anschaulich ergänzt werden. Man muss also beides lesen, um das Ganze zu verstehen:

Was Jugendliche am liebsten lesen:

- Zeitungen
- Comics
- Zeitschriften
- Bücher

1 Schau dir zunächst einmal das Diagramm an und ergänze die folgenden Aussagen schriftlich im Heft:

a Knapp die Hälfte der befragten Jugendlichen gibt an, dass sie am liebsten _____ lesen.
b Ein gutes Viertel der Jugendlichen _____.
c Das andere Viertel sind Leser von _____ und _____.

2 Beantworte mit Hilfe des Textes und des Diagramms die folgenden Fragen:

a Lesen die „Zeitungsleser" unter den Jugendlichen wirklich die ganze Zeitung? Oder lesen sie nur bestimmte Teile?
b Zeitschriften werden besonders häufig gelesen. Welche Zeitschriften werden von den befragten Jugendlichen genannt?
c Nur wenige Jugendliche lesen Bücher. Welche Bücher werden genannt?

Was Jugendliche lesen

„Also ich lese eigentlich nur, wenn ich etwas für die Schule lesen muss", sagt Janosch auf die Frage der Interviewerin. Und das trifft, wie eine Untersuchung ergeben hat, auf fast die Hälfte der 15-jährigen Mädchen und Jungen zu. In der Schule wird also gelesen, zu Hause aber eher selten. Natürlich gibt es sie: die Vielleser und Leseratten. Aber fast ebenso viele sind ausgesprochene Lesemuffel. Davon finden sich unter den Jungen mehr als unter den Mädchen.

 Wenn man etwas genauer unter die Lupe nimmt, was denn eigentlich gelesen wird, wenn überhaupt, dann zeigt sich, dass das gute alte Buch nur einen hinteren Platz einnimmt: „Ich lese manchmal eine Computerzeitschrift oder die Fanzeitschrift von meinem Verein." – „Ich lese am liebsten Comics." – „Ich lese montags immer den Sportteil in unserer Zeitung, das andere interessiert mich kaum." – „Ich kaufe mir immer *Das Pferd,* das ist so eine Pferdezeitschrift." – „Wenn meine Mutter das *ADAC-Blatt* kriegt, dann lese ich da manchmal drin rum." – „Manchmal lese ich eine Tiergeschichte aus *GEO,* das interessiert mich schon mal." Das sind typische Aussagen von Mädchen und Jungen, die nur selten lesen. Natürlich gibt es auch die anderen, die immer wieder gern zu Büchern greifen: „Sachbücher über Tiere lese ich am liebsten." – „Fantasy, das mag ich besonders." – „Ich hole mir jede Woche ein Buch aus der Bücherei. Ich könnte ohne Bücher gar nicht leben!" – „In der Schule haben wir meistens nicht so viel Zeit, im Lesebuch zu lesen. Aber ich habe fast alle Geschichten schon gelesen." Auch das gibt es also. Und manche Jugendliche lesen sogar manchmal Gedichte; doch das sind seltene Ausnahmen. Insgesamt sind die Leseinteressen so verteilt, wie es das Diagramm zeigt.

DIAGRAMME AUSWERTEN

In einem **Diagramm** werden Zahlenwerte grafisch dargestellt. Man kann in solchen Schaubildern die angegebenen Zahlen leichter überblicken als in einem Text mit vielen Worten. Die meisten Diagramme enthalten Prozentwerte. Es gibt Diagramme in Balkenform und in Kreisform. In unseren Beispielen ist das Leseverhalten von Jugendlichen in diesen beiden Formen wiedergegeben.

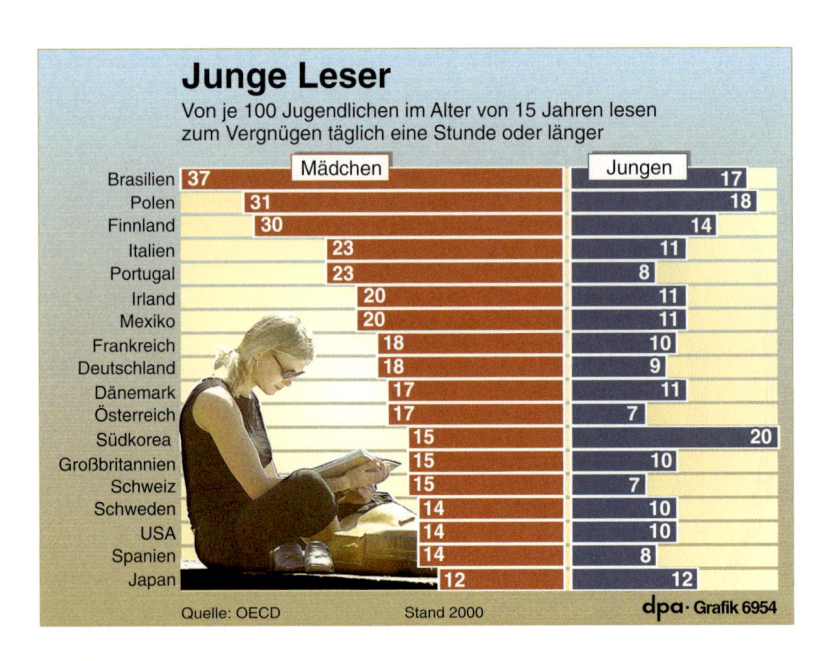

Junge Leser
Von je 100 Jugendlichen im Alter von 15 Jahren lesen zum Vergnügen täglich eine Stunde oder länger

Land	Mädchen	Jungen
Brasilien	37	17
Polen	31	18
Finnland	30	14
Italien	23	11
Portugal	23	8
Irland	20	11
Mexiko	20	11
Frankreich	18	10
Deutschland	18	9
Dänemark	17	11
Österreich	17	7
Südkorea	15	20
Großbritannien	15	10
Schweiz	15	7
Schweden	14	10
USA	14	10
Spanien	14	8
Japan	12	12

Quelle: OECD Stand 2000 dpa · Grafik 6954

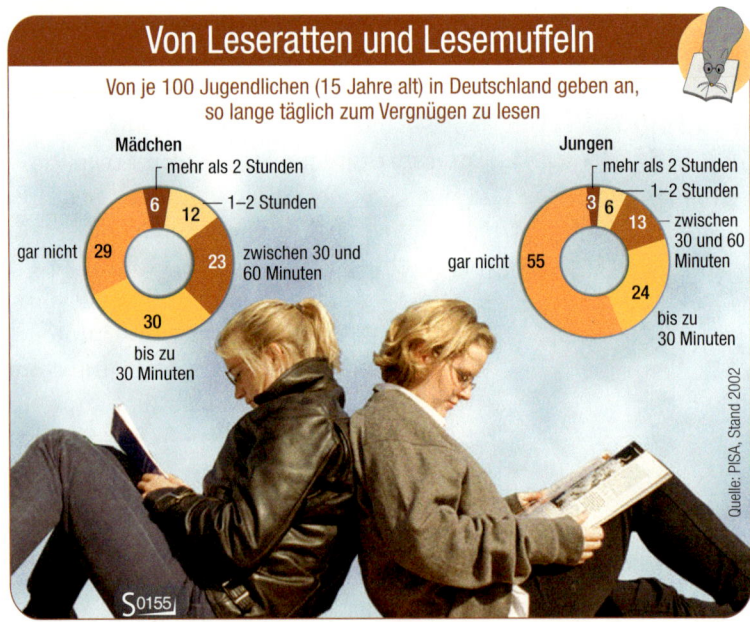

Von Leseratten und Lesemuffeln
Von je 100 Jugendlichen (15 Jahre alt) in Deutschland geben an, so lange täglich zum Vergnügen zu lesen

Mädchen
- mehr als 2 Stunden: 6
- 1–2 Stunden: 12
- zwischen 30 und 60 Minuten: 23
- bis zu 30 Minuten: 30
- gar nicht: 29

Jungen
- mehr als 2 Stunden: 3
- 1–2 Stunden: 6
- zwischen 30 und 60 Minuten: 13
- bis zu 30 Minuten: 24
- gar nicht: 55

Quelle: PISA, Stand 2002

1 Hier sind zwei Diagramme zum Leseverhalten von Mädchen und Jungen abgedruckt:
– Welches Diagramm gibt Auskunft über das Leseverhalten von Jungen und Mädchen im Vergleich? Das obere? Das untere? Oder alle beide?
– Welches gibt Auskunft über Mädchen und Jungen nur in Deutschland?
– Welches zeigt einen Vergleich von Lesern in verschiedenen Ländern?

2 Welcher Unterschied im Leseverhalten von Jungen und Mädchen lässt sich schon auf den ersten Blick erkennen?

DIAGRAMME AUSWERTEN

3 In welchem Land verwenden Jungen und Mädchen zusammen die längste Zeit zum Lesen?

4 In welchen Ländern gibt es die meisten „Lesemuffel", also Jungen und Mädchen, die ungern lesen? Das ist in zwei Ländern die gleiche Anzahl!

5 Welches Land bildet im Leseverhalten von Jungen und Mädchen eine absolute Ausnahme? Und worin besteht sie?

6 Das obere Diagramm zeigt, dass in Deutschland 18 % der Mädchen und 9 % der Jungen eine Stunde oder länger zum Vergnügen lesen. Das untere Diagramm informiert darüber noch etwas genauer. Gib Auskunft darüber.

Zum Knobeln

- Es gibt in Deutschland eine große Anzahl von 15-Jährigen, die überhaupt nicht zum Spaß lesen. Wie groß ist diese Zahl?

- Was ist aus dem unteren Diagramm herauszulesen?
  Achtung: Nur eine Antwort ist richtig!
  a) 55 % der Jungen in Deutschland lesen überhaupt nicht.
  b) 29 % der Mädchen können nicht lesen.
  c) Rund 42 % der Jugendlichen in Deutschland lesen nicht zum Spaß.

Zum Weiterdenken

- Wie erklärt ihr es euch eigentlich, dass es so viele Jugendliche in Deutschland gibt, die nicht gern lesen? Diskutiert darüber.

- Woran könnte es liegen, dass in Ländern wie Polen und Finnland so viele Jugendliche mehr und lieber lesen als in Deutschland?
  Stellt Vermutungen darüber an.

- Wie mag es zu erklären sein, dass in fast allen Ländern der Welt Mädchen lieber lesen als Jungen? Tauscht eure Meinungen dazu aus.

Zum Weiterarbeiten

- Verfasst einen kurzen zusammenfassenden Text über die Auskünfte, die das obere Diagramm gibt. Der Text sollte vor allem enthalten: Wie die deutschen Jugendlichen im Vergleich zu anderen Ländern stehen, welche Länder am besten bzw. am schlechtesten abschneiden. Der Text könnte so beginnen:

  Ein Vergleich von 18 Ländern der Welt hat ergeben, dass es unter den 15-jährigen Jungen und Mädchen mehr Lesemuffel als Leseratten gibt. Die meisten Leseratten gibt es in ...

- Wie würde ein Kreisdiagramm in eurer eigenen Klasse aussehen? Macht eine entsprechende Umfrage, errechnet die Prozentwerte und zeichnet ein Kreisdiagramm.

DIAGRAMME AUSWERTEN

Das folgende Diagramm gibt Auskunft darüber, wie Kinder und Jugendliche ihr körperliches Aussehen einschätzen. Befragt wurden Schülerinnen und Schüler bis zum 14. Lebensjahr.

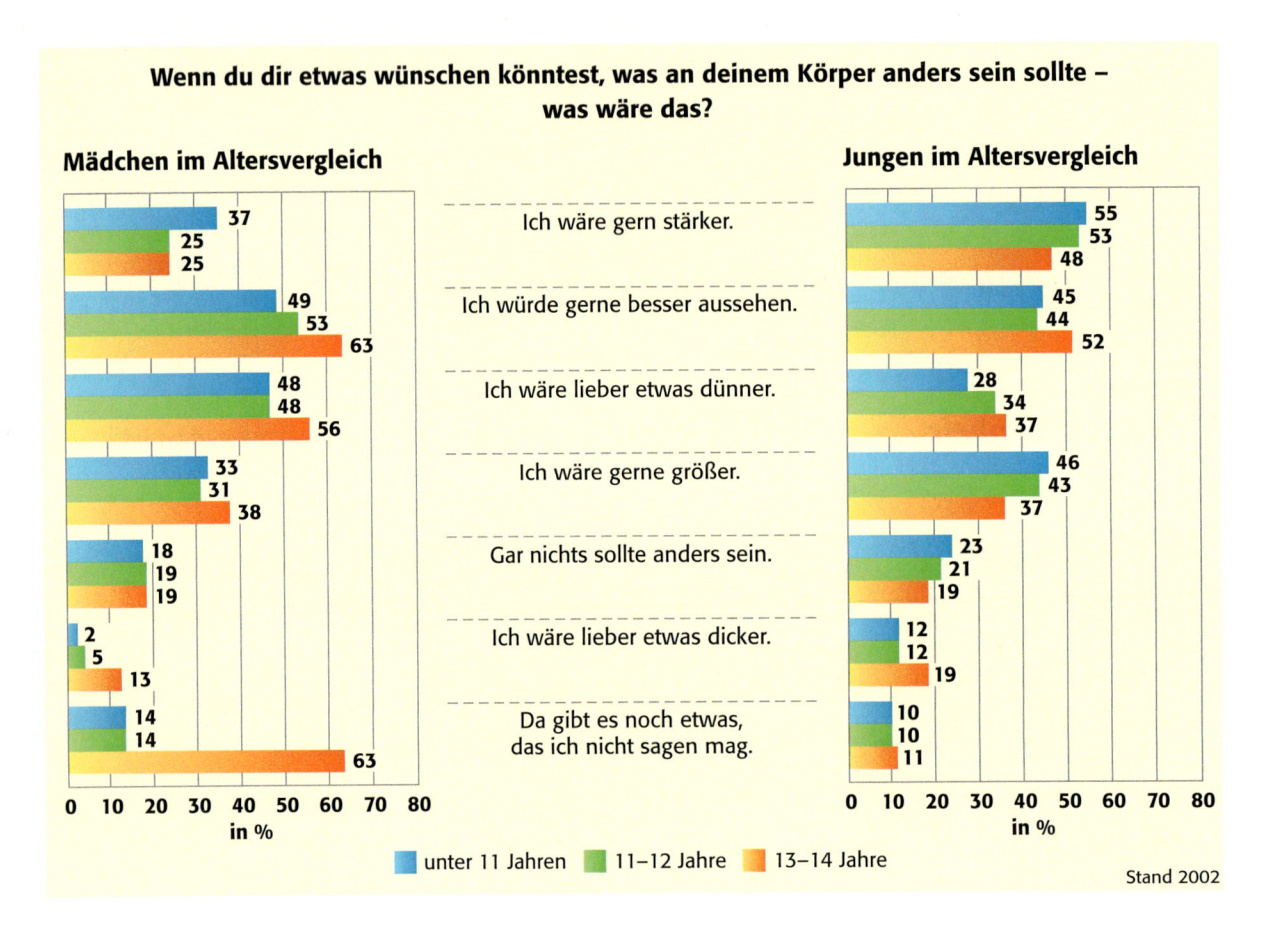

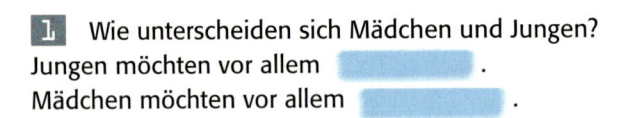

Wenn du dir etwas wünschen könntest, was an deinem Körper anders sein sollte – was wäre das?

Mädchen im Altersvergleich / **Jungen im Altersvergleich**

Aussage	Mädchen unter 11	Mädchen 11–12	Mädchen 13–14	Jungen unter 11	Jungen 11–12	Jungen 13–14
Ich wäre gern stärker.	37	25	25	55	53	48
Ich würde gerne besser aussehen.	49	53	63	45	44	52
Ich wäre lieber etwas dünner.	48	48	56	28	34	37
Ich wäre gerne größer.	33	31	38	46	43	37
Gar nichts sollte anders sein.	18	19	19	23	21	19
Ich wäre lieber etwas dicker.	2	5	13	12	12	19
Da gibt es noch etwas, das ich nicht sagen mag.	14	14	63	10	10	11

in %

■ unter 11 Jahren   ■ 11–12 Jahre   ■ 13–14 Jahre

Stand 2002

1 Wie unterscheiden sich Mädchen und Jungen?
Jungen möchten vor allem ▭ .
Mädchen möchten vor allem ▭ .

2 Worin unterscheiden sich die Mädchen am deutlichsten von den Jungen?
Viele Jungen wären gern ▭ . Bei den Mädchen aber sind es viel weniger.

3 In welchem Alter möchten Mädchen und Jungen besonders gern stärker sein?   **a** mit 14 Jahren   **b** mit 10 Jahren

4 In welchem Alter möchten sie besonders gern besser aussehen?

5 Sind die Jungen oder die Mädchen eher zufrieden mit ihrem Aussehen? Sind es eher die jüngeren oder die älteren?

In sein – Out sein – Ich sein

kultig
Performance
lol
chillen
Goa
Baggypants

Dance-Charts
Party-Locations
Downloads
Surfpunk
Techno-Szene
mega-in
Chatroom

richtig hip
Sporty Style
Piercings
Hip-Hop-Grooves
trendy
Absolut Kult!
Tattoos
Halfpipe

Was voll im Trend ist, ist IN.
Was nicht mehr im Trend liegt, ist OUT.
Wer bestimmt, was IN oder OUT ist?
Bin ich OUT, wenn ich einem Trend nicht folge?
Wie kann ich ICH SELBST sein?

Das folgende Kapitel gibt euch Anregungen, diesen Fragen nachzugehen. Es soll euch auch helfen, Standpunkte einzunehmen und begründet vorzutragen und die Standpunkte anderer zu verstehen.

TRENDS UND TRENDSETTER

Jugendliche in den 50er-Jahren

1 Auf der vorhergehenden Seite findet ihr „Trend-Wörter". Schaut sie euch an und sprecht darüber,
- welche Wörter ihr kennt,
- woher ihr sie kennt,
- was sie bedeuten können,
- ob ihr noch andere kennt.

Überlegt euch, warum es immer wieder neue „Trend-Wörter" gibt.

2 Mit dem Begriff „Trend" ist häufig gemeint, dass etwas IN ist. Was nicht mehr im Trend liegt, ist OUT. Trends gibt es in den verschiedensten Bereichen: Mode/Aussehen, Haarschnitt/Frisur, Musik/Musiksendungen, Sport/Freizeit, Fernsehen/Zeitschriften …
- Fertigt eine Hitliste oder ein Trend-Barometer an: Was ist in eurer Klasse/in eurer Freundesclique IN bzw. OUT?
- Diskutiert über unterschiedliche Meinungen. Gibt es Unterschiede zwischen Jungen und Mädchen?

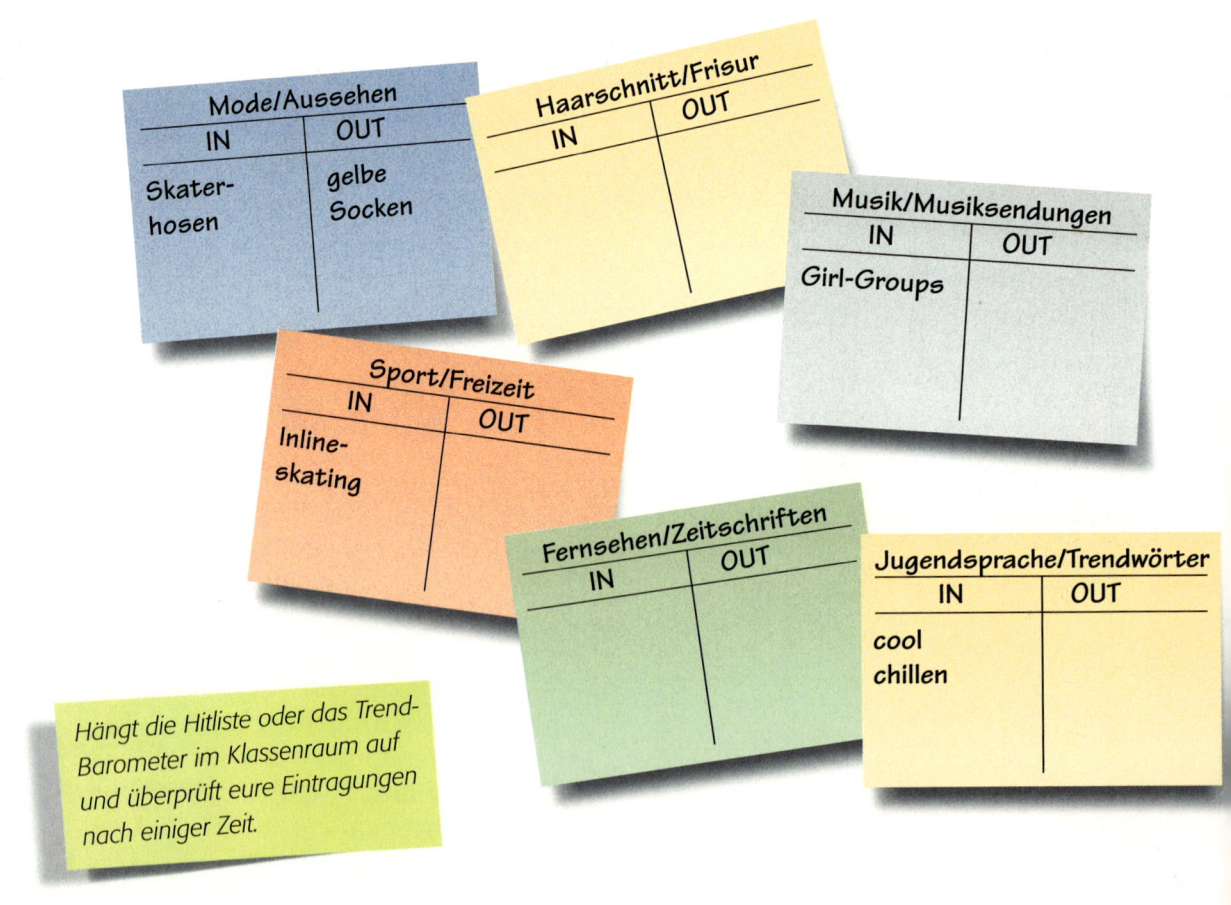

Mode/Aussehen	
IN	OUT
Skater-hosen	gelbe Socken

Haarschnitt/Frisur	
IN	OUT

Musik/Musiksendungen	
IN	OUT
Girl-Groups	

Sport/Freizeit	
IN	OUT
Inline-skating	

Fernsehen/Zeitschriften	
IN	OUT

Jugendsprache/Trendwörter	
IN	OUT
cool chillen	

Hängt die Hitliste oder das Trend-Barometer im Klassenraum auf und überprüft eure Eintragungen nach einiger Zeit.

3 Wie bekommt ihr Trends mit? Wer kann „Trendsetter"* sein? Hattet ihr auch schon einmal eine Trend-Idee?
Vielleicht findet ihr im folgenden Text einige Antworten.

Wie Trends entstehen

Die meisten erfahren in der Schule von neuen Trends. Irgendwer fängt mit irgendwas an und andere machen's nach. Das passiert besonders in Gruppen und Cliquen, dass man's da als Zeichen der Zusammengehörigkeit macht, sei's ein bestimmtes Sweatshirt, sei's eine Sicherheitsnadel, die irgendwo angesteckt wird.

Neben der Schule und der Clique kommt man auf neue Trend-Ideen besonders auch bei einem Stadtbummel. Da sieht man irgendwelche originellen Dinge oder Leute, die einem gefallen und die man nachmacht. Einige werden sicher auch selber Trendsetter, wenn z. B. jemand auf die Idee kommt, seine Schulsachen weder in die Schultasche noch in eine Plastiktüte noch in einen Rucksack oder Koffer zu stecken, sondern in irgendein anderes Behältnis. Wer irgendwas Verrücktes macht, findet meistens auch Nachahmer.

Die wichtigsten Trendsetter sind die vielen Stars und Musikgruppen. Sie verpassen sich irgendein hervorstechendes Outfit, das manchmal sogar auffälliger ist als ihre Musik. Und die Fans machen's nach und bei denen ist es dann oft noch auffälliger, dass in der wilden Hülle nur noch wenig von ihnen selber steckt.

Die wichtigsten und schnellsten Vermittler von Trends sind das Fernsehen und das Radio, aber auch Zeitschriften und Magazine.

Trend-Infos aus dem Web

Das Web liegt bei Jugendlichen, wenn sie sich über aktuelle Trends informieren wollen, mit 78,7 Prozent bereits an zweiter Stelle. Nur das Free-TV ist in dieser Hinsicht noch beliebter (81,2 Prozent). Dies geht aus einer aktuellen Studie hervor.

Bei der Internet-Nutzung nimmt das Empfangen und Verschicken von E-Mails mit 88,6 Prozent die Spitzenposition ein. 83,6 Prozent wollen „einfach nur surfen", 81,4 Prozent nützen das Web zur Infosuche für Schule, Beruf oder Studium. Musik laden 64,7 Prozent der Jugendlichen regelmäßig aus dem Web herunter. Gleichzeitig handelt es sich hier um die Nutzungsmöglichkeit, von der die meisten Befragten einen Bedeutungszuwachs erwarten (85,1 Prozent).

Beispiele für verschiedene Diagramme findet ihr auf den Seiten 19–22.

4 Sprecht über die Ergebnisse der Studie.

5 Stellt in einer Tabelle oder in einem Säulendiagramm dar:
– Wo informieren sich Jugendliche über aktuelle Trends?
– Wozu nutzen Jugendliche das Internet?

TRENDS WERDEN „GEMACHT"

Neue Trends dienen auch dem Geschäft. Kleidung, CDs, Inlineskater, Fan-Artikel, Zeitschriften … sollen sich durchsetzen und möglichst viel gekauft werden. Werbesprüche und Werbeslogans werden gemacht, um den Absatz anzukurbeln.

Ein eigener Stil kostet nicht viel.

STARKE TRENDS FÜR DIE NEW POWER GENERATION

VOLL IM TREND

On the top, in the top – tipptopp

Ehrlich unentbehrlich

Wer was drauf hat, ist jetzt dran

Je schriller, desto besser

HEISSER START IN DIE NEUE SAISON

Für einen tollen Trip sorgen diese top-aktuellen Outfits

Anziehen und wohl fühlen

Pack die Freiheit ein

HAUPTSACHE COOL

Das coole Fashion-Vergnügen

Das Mega-Event

Der Frische-Kick

Das hypt total!

1 Bei diesen Slogans wird das Produkt nicht erwähnt. Wofür könnte jeweils Werbung gemacht werden?

2 Um Slogans werbewirksam zu machen, werden sprachliche Mittel verwendet. Sucht weitere Beispiele für sprachliche Mittel von oben:
- Adjektive: höllisch gut …
- Metaphern: … macht bärenstark
- Sprachspiele: Mehr und Meer erleben.
- Alliteration: Leben – Lieben
- Imperative: Hol dir die Krönung!
- Reime: Fühlbar glatter, sichtbar schöner …
- Fremdwörter: Innovationen …

Weitere Tipps für eure Untersuchung von Werbung erhaltet ihr auf den Seiten 66/67.

3 Überall in den Medien begegnet uns Werbung, die uns Produkte anpreist, um uns in unserem Kaufverhalten zu beeinflussen.
Sammelt Werbeslogans und untersucht sie:
Wie wird für das Produkt geworben?
Welche Erwartungen werden geweckt?
Können diese Versprechen erfüllt werden?
Sprecht darüber, wie ihr auf Werbung reagiert und wie man mit Werbung umgehen sollte.

4 Denkt euch selbst Werbesprüche aus.
Vielleicht gestaltet ihr ein Werbeplakat oder eine Collage.

JEDER TREND HAT SEINE EIGENE SPRACHE

Wendeweste aufgesetzte Pattentaschen *schwarze Hemdjacke mit Zipper* Blusenjacke in Struktur-Karo *bi-elastischer Rippenrolli* Outdoor-Jacket *Ringeltop Kapuzenweste Bindebluse Hüfthose aerodynamisches* Radler-Shirt mit luftgekühlten Stretch-Einsätzen aus Netzstoff* Rennmini mit abschließbaren Seitentaschen und Leichtmetallreißverschlüssen *ampelrote Hose mit reichlich variablem Stauraum* kurvenstabile Stretch-Weste *Minikleid mit reflektierendem Sicherheitsstreifen* Luxus-Windbreaker mit versenkbarem Faltdach *stretchiger Rippenrock* knallfroschgrüne Satinhose *Luxus-Schlabberhose mit Gummizug* Neckholder-Top mit freiem Rücken *Blumen und Karos im Mustermix* papageibunte Hawaiihemden *Plateauschuhe* bleistiftschmale Hosen *nadelgestreifter Blazer* klassisches Sweatshirt

1 Alle diese Wörter stammen aus Mode-Anzeigen oder aus Zeitschriften, die über Modetrends informieren. Was soll damit erreicht werden?

2 Es ist nicht immer sofort zu verstehen, was gemeint ist. Sucht für eure Tischnachbarn jeweils einen Begriff aus der Liste heraus, den sie erklären sollen. Manche Begriffe lassen sich auch gut zeichnen.

3 Eine besondere Wirkung wird oft dadurch erreicht, dass die Bezeichnungen für die Kleidungsstücke
– aus zwei Nomen zusammengesetzt sind (z. B.: Hemd + Jacke = Hemdjacke),
– mit bestimmten Ergänzungen beschrieben werden (z. B.: mit *abschließbaren* Seitentaschen),
– mit Adjektiven anschaulich gemacht werden (z. B.: knallfroschgrün),
– durch Begriffe ergänzt oder ersetzt werden, die eigentlich nicht zum Wortfeld „Mode" gehören (z. B.: aerodynamisch, Stauraum),
– …

Findet weitere Beispiele für die genannten Möglichkeiten im Wortmaterial oben.

4 Macht euch einen Spaß und kombiniert die Wörter neu. Auch ganz neue Ideen sind toll. Ihr könnt eure Neuschöpfungen auch zeichnen.

Zur Jugendsprache erfährst du etwas auf der Seite 228.

Aerodynamische Bindebluse mit ampelrotem Stauraum

Papageibunte Plateauschuhe

Klamotten – und was auf die hohe Kante

Köln. Noch nie hatte eine junge Generation so viel Geld in der Tasche wie die Teenager heute. Alle zusammen verfügen über eine jährliche Kaufkraft von rund 7,5 Milliarden Euro.

■ Doch die Jugendlichen verprassen das Geld nicht blind. Im Gegenteil: Beim Kauf erwarten sie Qualität und achten auf den Preis. Auch an die Zukunft denken viele Jugendliche und legen regelmäßig etwas zur Seite. Zu diesen Schlüssen kommt das Institut der deutschen Wirtschaft (IW) nach Auswertung der aktuellen Studie „Bravo Faktor Jugend" des Münchener Instituts für Jugendforschung.

Erwachsene verweisen in zähen Taschengeld-Verhandlungen mit ihren hartnäckigen Sprösslingen gern auf ihre „entbehrungsreiche" Jugend. Doch die Zeiten, in denen der Nachwuchs Pfennig-Beträge in die Hand bekam, sind lange vorbei: Mittlerweile bekommen die 13- bis 17-Jährigen durchschnittlich 40 Euro Taschengeld im Monat. Insgesamt steckten Deutschlands Eltern ihren Kindern 2002 schätzungsweise 2,3 Milliarden Euro zu. Fast genauso viel bringen den 4,7 Millionen Jugendlichen die „Scheine" zum Geburtstag, zu Weihnachten oder beim Besuch der Großeltern ein.

Doch vielen ist das nicht genug. Knapp jeder Dritte verdient sich mit Jobs noch etwas dazu. Im Schnitt bekommen die 13- bis 17-Jährigen gut 90 Euro pro Monat fürs Rasenmähen, Zeitungaustragen und Regale-Einräumen. Eine feste Anstellung – etwa als Lehrling – haben dagegen nur sechs Prozent. Diese Jungarbeitnehmer können im Vergleich mit ihren Altersgenossen gut leben. Im Schnitt verdienen sie gut 360 Euro netto im Monat.

Unterm Strich verdienen Deutschlands Jugendliche nach aktuellen Berechnungen pro Jahr und Kopf rund 1440 Euro. Obwohl in der Bundesrepublik noch nie eine junge Generation finanziell so üppig ausgestattet war, leben nur wenige in den Tag hinein: Zwei von drei Jugendlichen haben Geld gespart. Durchschnittlich hortet ein Jugendlicher 1500 Euro auf dem Sparbuch oder dem Giro-Konto – zusammen haben alle 5,5 Milliarden Euro auf der hohen Kante.

Doch nicht jeder hat den verantwortlichen Umgang mit dem eigenen Geld gelernt: Immerhin jeder Zehnte macht Schulden. Im Schnitt waren das zum Zeitpunkt der Befragung jedoch nur 70 Euro pro Mädchen oder Junge. Bevorzugt pumpen die jungen Schuldner Eltern und Freunde an. Lediglich jeder vierte Jugendliche, der in den Miesen steckt, hat sich das Geld von der Bank geliehen. Außer für das Begleichen astronomischer Telefonrechnungen leihen sich die Jugendlichen vor allem Geld für neue Klamotten und Partys.

Kaum verwunderlich ist es, dass die drei wichtigsten Verschuldungsgründe gleichzeitig auch die ersten drei Plätze auf dem Einkaufszettel der ganzen Generation einnehmen. Allein in den Modegeschäften schieben die 12- bis 18-Jährigen monatlich insgesamt 211 Millionen Euro über die Ladentheken. Gut 70 Millionen Euro gehen fürs Telefonieren und Verschicken von Kurzmitteilungen via Handy (SMS) drauf.

Diese gigantischen Summen bringt die Jugend jedoch nicht allein über das reguläre Taschengeld auf. Vielmehr bitten die Jugendlichen bei bestimmten Anschaffungen ihre Eltern zusätzlich um Geld. Neue Kleidung beispielsweise sponsern bei 80 Prozent der 12- bis 18-Jährigen Mama und Papa. Vom eigenen Budget* leisten sich die jungen Kunden vor allem Fastfood, Zeitschriften und Musik-CDs. Ganz gleich, wer zahlt und was gekauft wird: Das Bild vom konsumbesessenen Teenager, der nur auf sein Image bedacht ist, trifft nicht zu. Gute Produkteigenschaften und ein vernünftiges Preis-Leistungs-Verhältnis sind für neun von zehn Jugendlichen wichtig oder sehr wichtig. Aktuelle Trends und den Geschmack der Freunde halten 79 beziehungsweise 68 Prozent der Befragten für bedeutend.

Jugendliche in den 60er-Jahren

TRENDS KOSTEN GELD

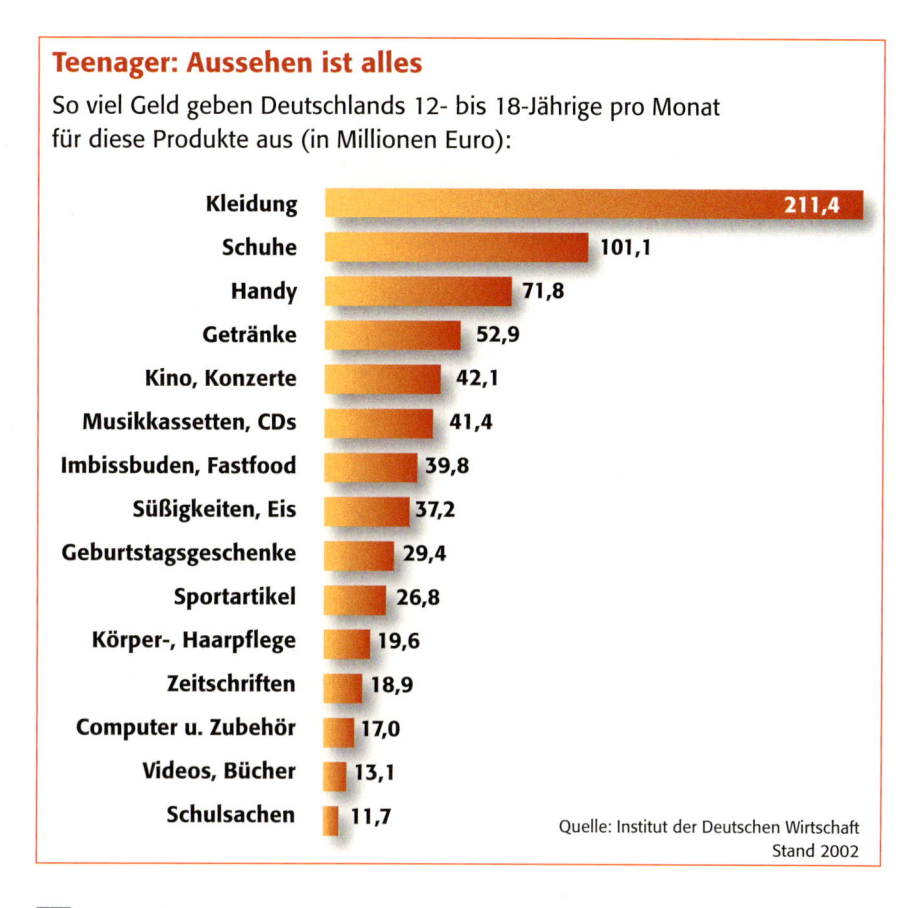

Teenager: Aussehen ist alles

So viel Geld geben Deutschlands 12- bis 18-Jährige pro Monat für diese Produkte aus (in Millionen Euro):

Produkt	Millionen Euro
Kleidung	211,4
Schuhe	101,1
Handy	71,8
Getränke	52,9
Kino, Konzerte	42,1
Musikkassetten, CDs	41,4
Imbissbuden, Fastfood	39,8
Süßigkeiten, Eis	37,2
Geburtstagsgeschenke	29,4
Sportartikel	26,8
Körper-, Haarpflege	19,6
Zeitschriften	18,9
Computer u. Zubehör	17,0
Videos, Bücher	13,1
Schulsachen	11,7

Quelle: Institut der Deutschen Wirtschaft
Stand 2002

1 Entnehmt dem Text Informationen darüber, wie viel Geld die Jugendlichen zur Verfügung haben, woher dieses Geld kommt und wofür sie es vorrangig ausgeben. Beachtet dazu auch die Grafik.

2 Viele Jugendliche kommen mit ihrem Geld nicht aus. Sie machen Schulden. Nenne Gründe dafür.

3 Vergleicht den Inhalt des Zeitungsartikels mit euren eigenen Erfahrungen und Erkenntnissen. Sprecht über Gemeinsamkeiten oder Unterschiede.

4 In dem Zeitungsartikel werden auch einzelne Probleme angesprochen. Benennt sie und setzt euch damit in einer Diskussion auseinander.

5 Verarbeitet die Informationen, die in der Grafik veranschaulicht sind, in einem kurzen Text. So könnt ihr beginnen:

Das Institut der Deutschen Wirtschaft hat in einer Umfrage herausgefunden, wofür 12- bis 18-jährige Jugendliche in Deutschland Geld ausgeben. An erster Stelle ...

6 Fragt eure Eltern oder Großeltern, wie es in ihrer Jugendzeit mit Taschengeld und modischen Trends war.

---

im Schnitt
diese gigantische Summe
verantwortlicher Umgang
jeder Zehnte
...

→ Groß oder klein?
Seite 209–214

Das war das Schlimmste

Mirjam Pressler

Seit zweieinhalb Jahren ärgere ich mich über Rike. Am Anfang hat sie mir gut gefallen, ich mag das, wenn jemand hübsch aussieht. Aber dann hatten wir einmal Streit, wegen einer ganz blöden Sache eigentlich.

Wir saßen in der Zeichenstunde nebeneinander, sie hatte eine sehr schöne, weiße Latzhose an. Ich war ein bisschen neidisch, denn ich wusste, dass Mama mir nie so eine Hose kaufen würde. So viel gab Mama für eine Hose nicht aus.

Nun, irgendwie, ich weiß auch nicht mehr genau, wie, kam ich an das Wasserglas, in dem wir unsere Pinsel sauber machten. Es fiel um und die ganze dreckige Brühe floss über Rikes neue Hose. Die war dann nicht mehr weiß und schön.

Sie regte sich schrecklich darüber auf und als ich ganz ruhig sagte, sie solle sich doch nicht so anstellen, das könne man bestimmt wieder auswaschen, schrie sie mich an: „Du bist ja nur neidisch, weil ich immer so schöne Sachen zum Anziehen habe und du selbst immer so hässlich bist. Das hast du bestimmt mit Absicht gemacht."

Es war fürchterlich. Ich fing vor lauter Schreck an zu heulen. Das ist mir danach nie wieder passiert, dass ich vor anderen geweint habe. Herr Rost, unser Zeichenlehrer, wurde richtig böse und verlangte von Rike, dass sie sich bei mir entschuldigte. Das tat sie dann auch. Aber ich konnte danach nicht mehr so tun, als wäre nichts gewesen. Ich werde auch nie vergessen, wie mich alle angestarrt haben. Das kann ich nun mal nicht ausstehen.

„Du bist neidisch, weil du selbst immer so hässlich bist", hatte sie gesagt. Das war das Schlimmste. Ich hatte vorher nie darüber nachgedacht, aber jetzt wusste ich es. Und weil Rike es laut gesagt hatte, wussten es auch die anderen. Und noch etwas: Vorher hatte ich auch nie gemerkt, dass die meisten Mädchen aus der Klasse viel besser angezogen waren als ich. Natürlich nicht alle, aber die, die wirklich beliebt waren, hatten tolle Sachen und immer wieder neue.

In den Wochen danach bildeten sechs Mädchen aus der Klasse die Clique. Rike war natürlich dabei. Die von der Clique geben den Ton an bei uns in der Klasse. Jedenfalls sind sie sehr laut. Und immer nach der neuesten Mode angezogen. Ich habe sogar mal eine Statistik gemacht. Ich habe jeden Tag aufgeschrieben, was sie anhatten, welche Hosen, Blusen, Pullis und so weiter. Drei Monate lang habe ich geschrieben und gezählt, dann konnte ich mir leicht ausrechnen, dass sie alle offensichtlich drei bis vier neue Sachen im Monat bekamen.

Jugendliche in den 70er-Jahren

DAZUGEHÖREN – ANDERS SEIN

Selbst wenn ich gewollt hätte, hätte ich nie dazugehören können, das war mir klar. Aber ich will ja gar nicht!

Ich laufe eben immer in alten Jeans rum und in einfachen T-Shirts, und die kauft Mama im Kaufhaus, weil es da billiger ist. Dafür sitzen sie dann auch nicht richtig und die T-Shirts werden schon nach der ersten Wäsche breit und kurz. Ich finde mich auch sonst nicht besonders hübsch, aber ich finde mich lange nicht so blöd wie die von der Clique, von denen gefallen mir nur Chris und Nina.

Ich habe mich dann mit Alex angefreundet. Sie ist nicht so auffällig wie die anderen, sehr zurückhaltend und ruhig, aber wirklich lieb und nett. Sie gehört auch nicht zur Clique.

1 In diesem Text spricht Karin (so heißt das Mädchen) Probleme an, die im Zusammenhang mit modischen Trends entstehen können. Um welche Probleme handelt es sich und wie geht Karin damit um?

2 Manchmal ist es schwer, einem Trend nicht zu folgen. Ist Karin IN oder OUT? Wovon hängt das ab?

3 Stell dir vor, du bist Rike. Schreibe die Geschichte aus ihrer Sicht entweder als Tagebucheintrag oder als Brief.
Du kannst auch aus der Sicht eines Unbeteiligten schreiben.

er ist „in" *Josef Reding*

er ist „in"
wo „in"?
in unseren kreisen,
in unserer runde,
in unserer clique,
in unserem verein,
in unserem haufen,
in unserer gesellschaft.
lohnt es sich,
hier immer „in" zu sein?
ist es eine schande,
auch „out" zu sein,
ein außenstehender,
ein ausgestoßener,
ein outsider?
und wer entscheidet,
ob jemand „in" oder „out" ist?
du, ich, wir?
schreib die namen derer auf,
die heute „in" sind,
dann schreib die namen derer auf,
die heute „out" sind.
und dann schreib deinen
namen dazu.

Jugendliche in den 80er-Jahren

1 Der Text enthält mehrere Fragen zum Thema „IN und OUT". Versucht darauf eine Antwort zu geben.

2 Der Text endet mit einer Aufforderung zum Schreiben. Wenn ihr die Aufgabe bearbeitet habt: An welche Stelle habt ihr euren Namen geschrieben? Begründet eure Entscheidung.

3 Schreibt selbst kleine Texte zum Thema „IN und OUT". Sucht euch aus den Schreibideen auf Seite 12 Vorlagen für eure Texte aus.

DEM TREND FOLGEN – ODER NICHT?

1 Lies den folgenden Text aufmerksam durch. Wie stellst du dir das Mädchen vor, von dem hier die Rede ist?

Spiegelfrätzchen *Godehard Schramm*

Zum Abwischen des Spiegels hat sie nie Zeit. Schminke sieht sie nur im eigenen Gesicht. Wann die neuen Zeitschriften im Laden sind, das weiß sie. Wann die dicken, glänzenden ausländischen erscheinen, auch; dann fährt sie zum Bahnhof. Die allerneueste Mode – da will sie drin sein. Grad wuchern die Schlumperhosen. Manchmal, wenn alles Geld vertan ist, näht sie vor dem Spiegel nach. Im Zimmer wachsen Lippenstifte, Zeitschriften, Parfums, Nagellack, Modeschmuck und Poster. Sie versucht sich – nicht nur vor dem Spiegel – in den neuesten Kleidern genauso zu bewegen wie in den neuesten Sendungen und Filmen. Man muss es ja nur genauso machen, um genauso zu sein wie … In ihrem Kopf scheint ein Knopf zu sein, der durch den Anblick von dem Neuesten sofort betätigt wird. Dann spitzt sie den Mund wie … Wackelt mit dem Hintern wie … Lässt sich anmachen wie … Fährt hinten auf dem neuesten Mofa mit wie … Trinkt Cola wie … Säuft mit allen Ohren den Discosound wie … Macht das Maul nicht auf wie … Empfindet die Seife X als das Meer selbst wie … und der Spiegel sagt, du bist wie …

Kaum geht man heute vor die Tür, schon sieht man sie: Jugendliche. Meist sind sie in Grüppchen versammelt und so einheitlich gekleidet wie eine Fußballmannschaft. Aber warum bloß? Gibt es in der Stadt nur ein Bekleidungsgeschäft oder wird gar nichts anderes mehr hergestellt?

Woher haben die das eigentlich? Um das zu beantworten, braucht man nur einmal den Fernseher anzuschalten und sich einen dieser Musiksender anzusehen. Die sehen da ganz genauso aus, ihre Helden, mit dieser lauten „Affenmusik" rund um die Uhr. Kein Wunder, dass unsere Kinder den Bezug zur Realität verlieren. Alle sind ganz toll und reich, die Haare sitzen in jeder Situation perfekt und natürlich sind sie auch alle immer sauber und teuer angezogen. Markenklamotten, versteht sich, die sollen die Konsumenten nämlich fleißig kaufen. Was sie ja auch tun. Und kommt mal einer der Stars mit nicht so ordentlichen Sachen, hat man einen neuen Trend, den morgen jeder nachmachen will.

---

2 Im zweiten Teil des Textes findest du viele Stellen, an denen etwas ausgelassen worden ist.
Was muss man sich an diesen Stellen dazudenken?

3 Der Spiegel spielt im Leben des Mädchens eine große Rolle. Beschreibe, was sie im Spiegel sieht. Fällt dir dabei etwas auf?

4 Der Text hat eine merkwürdige Überschrift. Kannst du sie erklären?

5 Aus wessen Sicht könnte der Text auf dem Zettel geschrieben sein?

6 Stimmt ihr dem Inhalt des Textes zu? Schreibt eure Stellungnahme dazu auf.

DEM TREND FOLGEN – ODER NICHT?

Ich finde es gut, mal anders auszusehen als die anderen. Wenn alle das Gleiche gut finden, wird's ja auch irgendwie langweilig.

Wenn jemand gegen den Trend schwimmt, ist er für mich immer besonders interessant. Der muss ja ein ganz schönes Selbstbewusstsein haben.

Wenn Leute sich anders kleiden und auch anders verhalten als wir, gehören sie eben nicht dazu.

Meine Freunde tragen alle … da kann ich doch nicht was völlig anderes anziehen.

Es ist doch schrecklich, immer nur dem hinterherzurennen, was die anderen gut finden.

Mir ist egal, ob die anderen das gut finden, was ich mache und wie ich aussehe. Hauptsache, mir gefällt's.

Mit der Kleidung zeigt man, dass man auf derselben Wellenlänge ist.

Ich trau mich nicht zu sagen, dass mir auch andere Musik gefällt. Die hör' ich nur, wenn ich alleine bin.

Auffallen möchte ich auf keinen Fall. Deshalb passe ich mich an.

1 Diskutiert die verschiedenen Meinungen. Überlegt, welche Argumente dafür sprechen, einem Trend zu folgen, und welche dagegen sprechen.

DEM TREND FOLGEN – ODER NICHT?

2 Welcher Meinung von den Zetteln könnt ihr euch anschließen? Welcher Meinung möchtet ihr widersprechen?

> Ich bin dafür, dass jeder das machen oder anziehen soll, was er will. Dabei können die modischen Trends ja viele Tipps und Anregungen geben, denn die sind so vielseitig, dass fast für jeden etwas dabei ist.
>
> Björn, 15 Jahre

> Ich finde Mode und Trends eigentlich schrecklich. Meiner Meinung nach geht dabei total die eigene Persönlichkeit unter. Ich sehe überhaupt nicht ein, warum ich plötzlich Orange oder Grün tragen soll, nur weil das gerade Mode ist. Vielleicht gefällt mir ja Schwarz viel besser. Oder warum soll ich mir Inlineskater kaufen, nur weil alle welche haben? Oder muss ich eine bestimmte Musik hören, nur weil die anderen dabei ausflippen?
>
> Katja, 14 Jahre

> Mir gefällt es sehr, mich modisch zu kleiden. Bei uns in der Schule wird sehr darauf geachtet, welche Marken man trägt. Wenn man dazugehören will, muss man sich da schon nach richten.
> Das wird natürlich teuer, wenn sich die Trends ständig ändern.
>
> Simone, 14 Jahre

3 Was ist eure Meinung über Trends? Schreibt sie auf. Ihr könnt Argumente aus den Sprechblasen und von den Zetteln verwenden. Lest euch eure Texte anschließend vor und sprecht darüber. Ihr könnt auch einen Leserbrief an eine Jugendzeitschrift oder eure Schülerzeitung schreiben.

Diskutieren, Argumentieren, Stellungnehmen

- Denke über die folgenden Behauptungen und Fragen nach und überlege dir, welchen Standpunkt du vertreten willst:
  - *Folge dem Trend – sonst bist du out!* Was meinst du dazu?
  - Markenklamotten oder No-Name-Kleidung?
  - *Dabei sein ist alles!* Stimmt das wirklich?
  - Braucht man als Fan auch Fankleidung und Fanartikel?
  - *Immer cool bleiben – keine Gefühle zeigen!* Ist das richtig?
  - *Ist mir doch egal, was die anderen von mir denken.* Kommt man damit weiter?

- Formuliere deine Stellungnahme:
  - Sage, worum es in der Behauptung oder Frage geht.
  - Formuliere dann deine Meinung.
  - Finde möglichst viele Argumente, die deinen Standpunkt begründen. Du kannst auch versuchen, deine Argumente näher zu erklären, indem du sie mit Beispielen erläuterst.
  - Besonders überzeugend wirkt es, wenn du auch einige Argumente der Gegenmeinung nennst und sie annimmst oder widerlegst.

> Meiner Meinung nach …
>
> Ich meine/finde/denke/ bin der Überzeugung/ vertrete die Ansicht …
>
> Für mich ist wichtig, …
>
> Ich bin dafür, dass …
>
> Mir gefällt (nicht) …

Kahlschnitt   *Kirsten Boie*

Ömchen stellte die Kanne auf den Tisch und setzte sich zu mir. „Mit den Umgangsformen bin ich ja schon bei deiner Mutter gescheitert", sagte sie und sah auf meinen Kopf, als nähme sie die neue Frisur jetzt überhaupt zum ersten Mal wahr. „Und bei dir habe ich auch nur deshalb noch Hoffnung, weil du gerade mitten in der Pubertät steckst, und da sagen ja die Psychologen, dass das rebellische Wesen dazugehört. Zwei Jahre gebe ich dir noch. Diese Haare!" Und sie schüttelte mehr verständnislos als wirklich angewidert den Kopf.

„Ist doch geil", sagte ich, weil mir sonst dazu nicht viel einfiel. Mit der neuen Frisur hatte ich wirklich einen guten Griff getan, auch wenn Irene[1] überhaupt nicht reagiert hatte. Und dass Irene reagieren sollte, war ja eigentlich der Grund für den Kahlschnitt gewesen.

In der Klasse hatten sie sich regelrecht in zwei Gruppen aufgespalten, die darüber stritten, ob ich nun mutig oder einfach nur blöde war. Die Theorie, ich wäre so hübscher, vertrat allerdings niemand ernsthaft.

Auch die Lehrer hatten mir einige Aufmerksamkeit geschenkt und bei Rübelsberger in Biologie hatte ich sogar nach vorne kommen müssen, weil er sich, sagte er, so eine einmalige Gelegenheit, die menschliche Schädelform am lebenden Beispiel zu demonstrieren, nicht entgehen lassen wolle.

Ich hatte ihn dreist gefunden, aber ich hatte nicht protestiert, weil das so hätte aussehen können, als wäre mir meine Glatze peinlich. Und das war sie ja nun ganz und gar nicht. Ich hatte sie mir ganz bewusst rasieren lassen, obwohl ich erst im dritten Friseursalon eine Friseuse gefunden hatte, die dazu bereit gewesen war. Die beiden vorigen hatten erklärt, dazu bräuchte ich als Minderjährige die Einwilligung meiner Eltern, was bestimmt der größte Unfug des Jahrhunderts ist. Ich glaube nicht, dass sich die Gesetzgeber in Stadt und Land jemals mit der Frage beschäftigt haben, wer über die Haarlänge von Minderjährigen entscheidet. Die Friseusen waren einfach zu feige.

Die dritte dagegen war von meiner Idee total begeistert gewesen und hatte dann auch noch den Einfall mit der lila Ponysträhne beigesteuert. Dafür war ich ihr jetzt regelrecht dankbar. Ganz kahl hätte ich mir vielleicht doch nicht so gut gefallen, aber dieser lila Pony, der zur linken Seite hin in einer langen Strähne vor dem Ohr auslief, machte die Frisur sogar noch ein bisschen verwegener.

Ömchen guckte immer noch auf meinen Kopf.

„Zum Wesen einer Dame gehört es seit eh und je, dass sie sich nicht auffällig benimmt", sagte Ömchen. „Na."

Ich schlürfte vorsichtig meinen Kaffee. „Zwei Jahre gibst du mir ja noch", sagte ich. „Bis dahin sind sie nachgewachsen."

„Und was sagt meine Tochter dazu?"

Ich zuckte die Achseln. Das war eben das Ärgerliche an der Sache, dass Irene gar nichts dazu gesagt hatte. Einen Blick hatte sie geworfen,

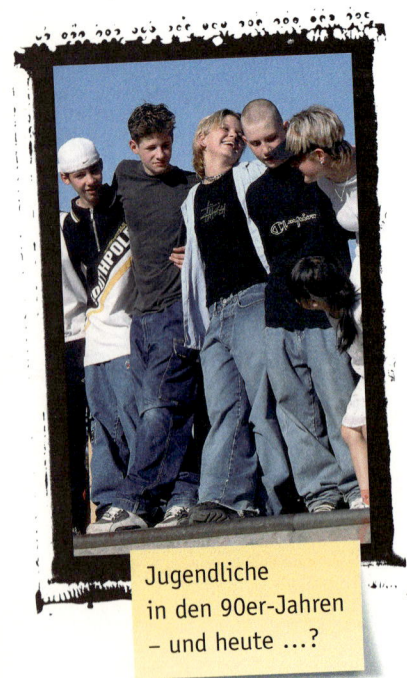

Jugendliche in den 90er-Jahren – und heute …?

[1] So sagt das Mädchen zu seiner Mutter.

SELBSTBEWUSSTSEIN

einen ziemlich spöttischen, und dann hatte sie Rudolf, der gerade in der Küche das Gemüse schnitt, zu uns gerufen.

„Guck dir deine Tochter an", hatte sie gesagt. Das war es gewesen und das wurmte mich immer noch.

Ich meine, ein bisschen mehr Reaktion kann man als Tochter wohl erwarten, wenn man sich fast eine Vollglatze scheren lässt. Wenigstens ein bisschen! Aber Irene erzählt ja immer diese Geschichte, wie sie sich als junges Mädchen die Haare wachsen lassen wollte und wie Ömchen jedes Mal mit einer Schere die ungepflegten Zotteln auf Ohrläppchenlänge zurückgeschnitten hatte, dass die dreizehnjährige Irene aussah wie ein Arsch mit Ohren.

„Und da hab ich mir geschworen", schloss Irene ihre Geschichte jedes Mal, „mich später in die Frisuren meiner Kinder nie, nie, niemals einzumischen. Niemals! Und daran halte ich mich."

Und sie hatte sich tatsächlich daran gehalten. Nicht einmal über meine Glatze hatte sie sich aufgeregt, und das war doch wirklich das Äußerste, was man ihr bieten konnte. Ich seufzte.

1 In der Klasse wird darüber gestritten, ob Anna mutig oder blöd ist, weil sie sich den Kopf hat scheren lassen. Wie ist eure Meinung dazu? Findet ihr, dass Anna selbstbewusst ist?

2 Anna nennt einen Grund für den Kahlschnitt. Was meint ihr dazu?

3 Sie ärgert sich über die Reaktion ihrer Mutter Irene. Warum wohl? Und warum seufzt sie am Schluss?

4 Habt ihr auch schon mal versucht, eure Eltern durch ein besonders modisches Trend-Verhalten oder durch ein bewusstes Anderssein zu provozieren? Erzählt davon.

5 Versucht euch auch in die Mutter (Irene) hineinzuversetzen.
Sie spricht mit ihrer Freundin über die Aktion ihrer Tochter. Wie könnte das Gespräch verlaufen? Versucht es im Rollenspiel darzustellen.

Irene: Stell dir vor, Anna hat …

SELBSTBEWUSSTSEIN

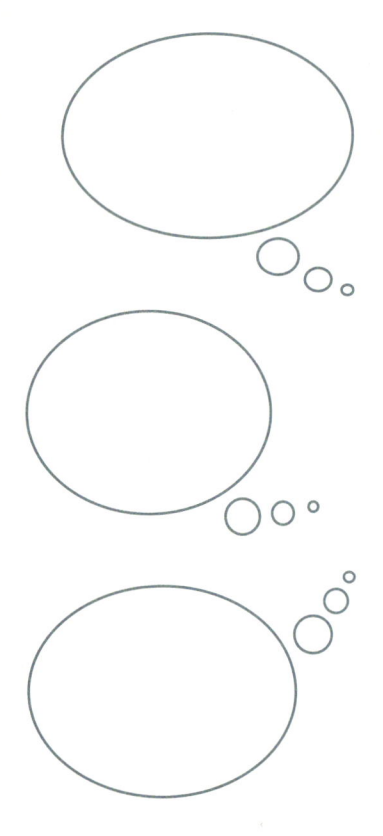

my own song *Ernst Jandl*
(mein eigenes lied)

ich will nicht sein
so wie ihr mich wollt
ich will nicht ihr sein
so wie ihr mich wollt
ich will nicht sein wie ihr
so wie ihr mich wollt
ich will nicht sein wie ihr seid
so wie ihr mich wollt
ich will nicht sein wie ihr sein wollt
so wie ihr mich wollt

nicht wie ihr mich wollt
wie ich sein will will ich sein
nicht wie ihr mich wollt
wie ich bin will ich sein
nicht wie ihr mich wollt
wie *ich* will ich sein
nicht wie ihr mich wollt
ich will *ich* sein
nicht wie ihr mich wollt will ich sein
ich will ich *sein*

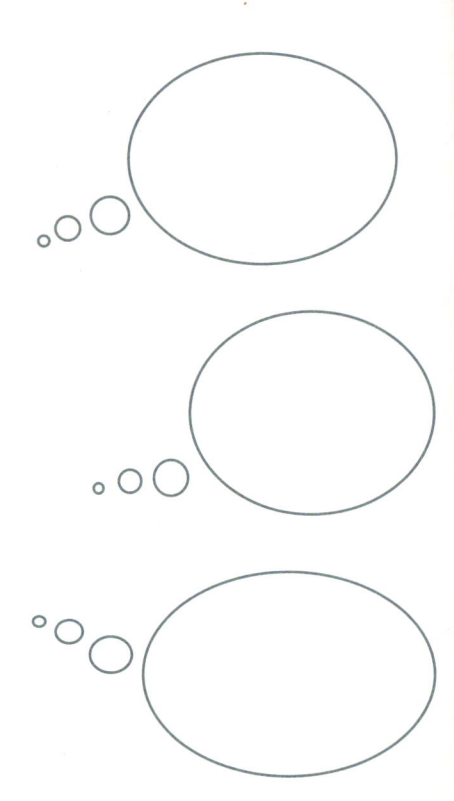

1 Notiere auf einer Kopie des Gedichtes oder auf Folie, was dir beim Lesen des Textes einfällt. Schreibe deine Gedanken in die Denkblasen.

2 Tauscht eure Gedanken zu dem Gedicht aus. Ihr könnt die Kopien mit euren Bemerkungen aushängen oder die Folien auf den Tageslichtprojektor legen.

3 Dieses Gedicht wird erst richtig lebendig, wenn man es vorliest. Das kann man auf ganz verschiedene Weise tun:
– ganz schnell lesen oder gelangweilt vortragen,
– mit einem Sprecher oder mit mehreren Sprechern,
– zeilenweise abwechselnd,
– gleichgültiger oder immer wütender werdend,
– den Vortrag mit Gesten verstärkend (z. B. auf den Tisch schlagen),
– unterschiedliche Betonungen ausprobieren,
– …

4 Untersucht die Struktur des Textes. Achtet z. B. auf Zeilenanfänge, Zeilenlänge, Wortwahl, Wiederholungen und *Kursivdruck*. Was fällt euch auf?

Auf den Seiten 126/127 könnt ihr den Vortrag einer Ballade üben.

„Anders sind wir, anders die Andern"

Für uns
sind die Andern anders.

Für die Andern
sind wir anders.

Anders sind wir,
anders die Andern,
wir alle andern.

James Krüss

In diesem Kapitel geht es um das Anders-Sein, z. B. weil man aus einem anderen Land kommt, sich anders verhält oder andere Meinungen hat.
Viele haben Vorurteile gegenüber dem Fremden oder Anderen, dabei sind wir doch alle manchmal fremd, z. B. wenn wir im Urlaub sind. Darüber könnt ihr in diesem Kapitel nachdenken – und auch darüber, wie man andere Verhaltensweisen und Meinungen respektieren und Konflikte sprachlich lösen kann. Beginnen könnt ihr so: Bildet Gruppen. Jede Gruppe schreibt das Gedicht von James Krüss auf ein großes Blatt Papier. Wem etwas einfällt, der schreibt seine Gedanken zum Text hinzu. Lasst euch von den Notizen der anderen zu neuen Anmerkungen und Gedanken anregen.

Spagetti für zwei *Federica de Cesco*

Heinz war bald vierzehn und fühlte sich sehr cool. In der Klasse und auf dem Fußballplatz hatte er das Sagen. Aber richtig schön würde das Leben erst werden, wenn er im nächsten Jahr seinen Töff* bekam und den Mädchen zeigen konnte, was für ein Kerl er war. Er mochte Monika, die Blonde mit den langen Haaren aus der Parallelklasse, und ärgerte sich über seine entzündeten Pickel, die er mit schmutzigen Nägeln ausdrückte. Im Unterricht machte er gerne auf Verweigerung. Die Lehrer sollten bloß nicht auf den Gedanken kommen, dass er sich anstrengte.

Mittags konnte er nicht nach Hause, weil der eine Bus zu früh, der andere zu spät abfuhr. So aß er im Selbstbedienungsrestaurant, gleich gegenüber der Schule. Aber an manchen Tagen sparte er lieber das Geld und verschlang einen Hamburger an der Stehbar. Samstags leistete er sich dann eine neue Kassette, was die Mutter natürlich nicht wissen durfte. Doch manchmal – so wie heute – hing ihm der Big Mac zum Hals heraus. Er hatte Lust auf ein richtiges Essen. Einen Kaugummi im Mund, stapfte er mit seinen Cowboy-Stiefeln die Treppe zum Restaurant hinauf. Die Reißverschlüsse seiner Lederjacke klimperten bei jedem Schritt. Im Restaurant trafen sich Arbeiter aus der nahen Möbelfabrik, Schüler und Hausfrauen mit Einkaufstaschen und kleinen Kindern, die Unmengen Cola tranken, Pommes frites verzehrten und fettige Fingerabdrücke auf den Tischen hinterließen.

Viel Geld wollte Heinz nicht ausgeben; er sparte es lieber für die nächste Kassette. „Italienische Gemüsesuppe" stand im Menü. Warum nicht? Immer noch seinen Kaugummi mahlend, nahm Heinz ein Tablett und stellte sich an. Ein schwitzendes Fräulein schöpfte die Suppe aus einem dampfenden Topf. Heinz nickte zufrieden. Der Teller war ganz ordentlich voll. Eine Schnitte Brot dazu und er würde bestimmt satt. Er setzte sich an einen freien Tisch, nahm den Kaugummi aus dem Mund und klebte ihn unter den Stuhl. Da merkte er, dass er den Löffel vergessen hatte. Heinz stand auf und holte sich einen. Als er zu seinem Tisch zurückstapfte, traute er seinen Augen nicht: Ein Schwarzer saß an seinem Platz und aß seelenruhig seine Gemüsesuppe! Heinz stand mit seinem Löffel fassungslos da, bis ihn die Wut packte. Zum Teufel mit diesen Asylbewerbern! Der kam irgendwo aus Uagadugu, wollte sich in der Schweiz breitmachen und jetzt fiel ihm nichts Besseres ein, als ausgerechnet seine Gemüsesuppe zu verzehren! Schon möglich, dass so was den afrikanischen Sitten entsprach, aber hierzulande war das eine bodenlose Unverschämtheit! Heinz öffnete den Mund, um dem Menschen lautstark seine Meinung zu sagen, als ihm auffiel, dass die Leute ihn komisch ansahen. Heinz wurde rot. Er wollte nicht als Rassist* gelten. Aber was nun?

Plötzlich fasste er einen Entschluss. Er räusperte sich vernehmlich, zog einen Stuhl zurück und setzte sich dem Schwarzen gegenüber.

EINE GESCHICHTE WEITERSCHREIBEN

Dieser hob den Kopf, blickte ihn kurz an und schlürfte ungestört die Suppe weiter. Heinz presste die Zähne zusammen, dass seine Kinnbacken schmerzten. Dann packte er energisch den Löffel, beugte sich über den Tisch und tauchte ihn in die Suppe. Der Schwarze hob abermals den Kopf. Sekundenlang starrten sie sich an. Heinz bemühte sich, die Augen nicht zu senken. Er führte mit leicht zitternder Hand den Löffel zum Mund und tauchte ihn zum zweiten Mal in die Suppe. Seinen vollen Löffel in der Hand, fuhr der Schwarze fort, ihn stumm zu betrachten. Dann senkte er die Augen auf seinen Teller und aß weiter. Eine Weile verging. Beide teilten sich die Suppe, ohne dass ein Wort fiel. Heinz versuchte nachzudenken. „Vielleicht hat der Mensch kein Geld, muss schon tagelang hungern. Dann sah er die Suppe da stehen und bediente sich einfach. Schon möglich, wer weiß? Vielleicht würde ich mit leerem Magen ähnlich reagieren? Und Deutsch kann er anscheinend auch nicht, sonst würde er da nicht sitzen wie ein Klotz. Ist doch peinlich. Ich an seiner Stelle würde mich schämen. Ob Schwarze wohl rot werden können?" Das leichte Klirren des Löffels, den der Afrikaner in den leeren Teller legte, ließ Heinz die Augen heben. Der Schwarze hatte sich zurückgelehnt und sah ihn an. Heinz konnte seinen Blick nicht deuten. In seiner Verwirrung lehnte er sich ebenfalls zurück. Schweißtropfen perlten auf seiner Oberlippe, sein Pulli juckte und die Lederjacke war verdammt heiß! Er versuchte den Schwarzen abzuschätzen. „Junger Kerl. Etwas älter als ich. Vielleicht sechzehn oder sogar schon achtzehn. Normal angezogen: Jeans, Pulli, Windjacke. Sieht eigentlich nicht wie ein Obdachloser aus. Immerhin, der hat meine halbe Suppe aufgegessen und sagt nicht einmal danke! Verdammt, ich habe noch Hunger!"

Der Schwarze stand auf. Heinz blieb der Mund offen. „Haut der tatsächlich ab? Jetzt ist aber das Maß voll! So eine Frechheit! Der soll mir wenigstens die halbe Gemüsesuppe bezahlen!" Er wollte aufspringen und Krach schlagen. Da sah er, wie sich der Schwarze mit einem Tablett in der Hand wieder anstellte. Heinz fiel unsanft auf seinen Stuhl zurück und saß da wie ein Ölgötze. „Also doch: Der Mensch hat Geld! Aber bildet der sich vielleicht ein, dass ich ihm den zweiten Gang bezahle?"

Heinz griff hastig nach seiner Schulmappe. „Bloß weg von hier, bevor er mich zur Kasse bittet! Aber nein, sicherlich nicht. Oder doch?"

Heinz ließ die Mappe los und kratzte nervös an einem Pickel. Irgendwie wollte er wissen, wie es weiterging.

Der Schwarze hatte einen Tagesteller bestellt. Jetzt stand er vor der Kasse und – wahrhaftig – er bezahlte! Heinz schniefte. „Verrückt!", dachte er. „Total gesponnen!" Da kam der Schwarze zurück. Er trug das Tablett, auf dem ein großer Teller Spagetti stand, mit Tomatensoße, vier Fleischbällchen und zwei Gabeln. Immer noch stumm, setzte er sich Heinz gegenüber, schob den Teller in die Mitte des Tisches, nahm eine Gabel und begann zu essen, wobei er Heinz ausdruckslos in die Augen schaute. Heinz' Wimpern flatterten. Heiliger Strohsack! Dieser Typ forderte ihn tatsächlich auf, die Spagetti mit ihm zu teilen! Heinz brach der Schweiß aus. Was nun? Sollte er essen? Nicht essen? Seine Gedanken überstürzten sich. Wenn der Mensch doch wenigstens reden würde! „Na gut. Er aß die Hälfte meiner Suppe, jetzt esse ich die Hälfte seiner Spagetti, dann sind wir quitt!" Wütend und beschämt griff Heinz nach der Gabel, rollte die Spagetti auf und steckte sie in den Mund. Schweigen. Beide verschlangen die Spagetti. „Eigentlich nett von ihm, dass er mir eine Gabel brachte", dachte Heinz. „Da komme ich noch zu einem guten Spagettiessen, das ich mir heute nicht geleistet hätte. Aber was soll ich jetzt sagen? Danke? Saublöd! Einen Vorwurf machen kann ich ihm auch nicht mehr. Vielleicht hat er gar nicht gemerkt, dass er meine Suppe aß. Oder vielleicht ist es üblich in Afrika, sich das Essen zu teilen? Schmecken gut, die Spagetti. Das Fleisch auch. Wenn ich nur nicht so schwitzen würde!"

Die Portion war sehr reichlich. Bald hatte Heinz keinen Hunger mehr. Dem Schwarzen ging es ebenso. Er legte die Gabel aufs Tablett und putzte sich mit der Papierserviette den Mund ab. Heinz räusperte sich und scharrte mit den Füßen. Der Schwarze lehnte sich zurück, schob die Daumen in die Jeanstasche und sah ihn an. Undurchdringlich. Heinz kratzte sich unter dem Rollkragen, bis ihm die Haut schmerzte. „Heiliger Bimbam! Wenn ich nur wüsste, was er denkt!" […]

---

ein cooler Typ
sein Gegenüber
etwas Irres
den Schwarzen
...

→ Groß oder klein?
Seite 209/210

EINE GESCHICHTE WEITERSCHREIBEN

1 Heinz ist ein cooler Typ. Lies noch einmal die ersten beiden Absätze der Geschichte (Z. 1–22) und beschreibe stichwortartig sein Aussehen und sein Verhalten.

2 An diesem Tag gerät Heinz in der Mittagspause ziemlich aus der Fassung. Fasse das Geschehen im Restaurant in eigenen Worten zusammen.

3 Heinz wird immer nervöser. Markiere im Text (mit Folie und Folienstift)
– die äußeren Anzeichen seiner Nervosität: *er sitzt fassungslos da, er wird rot …*
– die Gedanken, die ihm über sein Gegenüber durch den Kopf schießen.

4 Heinz ist außer sich vor Wut (Z. 39 f.). Soll er sagen, was er in seiner Wut denkt?

5 Am einfachsten wäre es doch gewesen, wenn Heinz seine Wut beherrscht und „den Schwarzen" gleich gefragt hätte, warum er „seine" Suppe aufisst. Wie könnte er ihn sachlich und höflich auf sein Verhalten ansprechen?

6 Die Geschichte ist an dieser Stelle noch nicht zu Ende.
– Schreibe einen Schluss.
– Lest euch eure Texte vor. Vergleicht sie dann mit dem Originalschluss von Federica de Cesco (S. 54).

*In der **Werkstatt Theater** findet ihr eine Spielanregung zu dieser Geschichte (S. 164).*

7 Als Heinz sein Versehen bemerkt, ist er beschämt (Z. 123 f.) und möchte sich entschuldigen. Wie könnte er seine Entschuldigung fortsetzen (Z. 124)?

ERFAHRUNGEN, MEINUNGEN, VORURTEILE

Schülerinnen und Schüler haben ihre Erfahrungen im täglichen Umgang miteinander aufgeschrieben. Über diese Erfahrungen und Meinungen wollen sie ein Klassengespräch führen.

Ich komme aus Afghanistan. In der Schule fühlte ich mich zuerst ziemlich einsam und stand in den Pausen immer allein herum. Warum konnte ich keinen Kontakt zu den anderen bekommen?
Ich glaube, die Deutschen können es nicht vertragen, wenn man sich anders kleidet als sie. Wenn ich mit meinem Kopftuch in die Schule komme, werde ich immer angestarrt. Einmal wurde ich auch schon von einem Jungen beleidigt.

Fatma

Ich habe keine Lust, immer so zu sein wie die anderen. Ich ziehe mich an, wie es mir gefällt, ich höre die Musik, die ich gut finde, und auf ein Handy kann ich auch ganz gut verzichten. Die meisten in meiner Klasse haben damit ein Problem. Erst haben sie sich lustig gemacht. Seit sie gemerkt haben, dass mir das egal ist, lassen sie mich in Ruhe. Aber viele Freunde habe ich so natürlich nicht gefunden.

Karsten

Alle gucken immer auf meine Schuhe! Sie sagen zwar nichts, wenn ich dabei bin, aber ich spüre, wie sie hinter meinem Rücken tuscheln und sich lustig machen. Aber was soll ich machen, ich muss die Schuhe doch tragen, weil ich eine leichte Gehbehinderung habe. Ich würde auch lieber coole Sportschuhe tragen, aber das geht nun mal nicht. Manchmal fühle ich mich so mies, dass mir bei dem Gedanken an die Schule ganz schlecht wird.

Simon

Es geht schon damit los, dass ich jedes Mal angeschnauzt werde, wenn wir etwas angestellt haben. „Geh doch zurück nach Afrika, wenn du dich hier nicht benehmen kannst!" – auch solche Sprüche musste ich mir schon anhören. Dabei bin ich in Ulm geboren und aufgewachsen. Die Deutschen kommen doch schon mit Vorurteilen auf die Welt. Wahrscheinlich finden sie das auch noch toll.

Aresi

Immer reden die Neuen Russisch. Ich glaube, die ziehen immer über uns und unsere Mädchen her. Wenn wir sie ansprechen, grinsen sie bloß. Die wollen gar keinen Kontakt mit uns. Von wegen: neue Freunde finden, Klassengemeinschaft bilden. Zum letzten Klassentreff sind sie auch nicht gekommen. Die bilden sich ganz schön was ein!

Sven

Ich bin Schüler einer 8. Klasse und komme aus Kasachstan. Es ist sehr schwer für mich in Deutschland. Ich bekomme kaum Kontakt zu Deutschen. Deshalb bin ich meist mit meinen russischen Freunden zusammen. In der Schule habe ich Angst, dass ich eine falsche Antwort gebe. Die anderen lachen dann immer.

Rudolf

ERFAHRUNGEN, MEINUNGEN, VORURTEILE

1 Lies zunächst still alle Schüleräußerungen durch:
- Finde aus jeder Äußerung das Problem heraus, um das es geht. Notiere es ganz kurz.
- Was meint ihr zu diesen Erfahrungen und Meinungen? Habt ihr Ähnliches beobachtet oder erfahren?
- Markiere auf Folie Textstellen, mit denen du nicht einverstanden bist oder zu denen du noch etwas sagen willst.

2 Allen Jugendlichen ging es in den schriftlichen Beiträgen darum, ihre Erfahrungen auszudrücken. Dabei haben sie jedoch manchmal ihre Meinung gedankenlos oder für andere verletzend formuliert.
Suche solche Textstellen heraus, die dich ärgern. Begründe deine Meinung. Wie könnte man das Gemeinte angemessener ausdrücken?

Klassenrat Gibt es in der eigenen Klasse Probleme im Umgang miteinander, werden diese im regelmäßig stattfindenden Klassenrat besprochen und gemeinsame Lösungen gesucht.

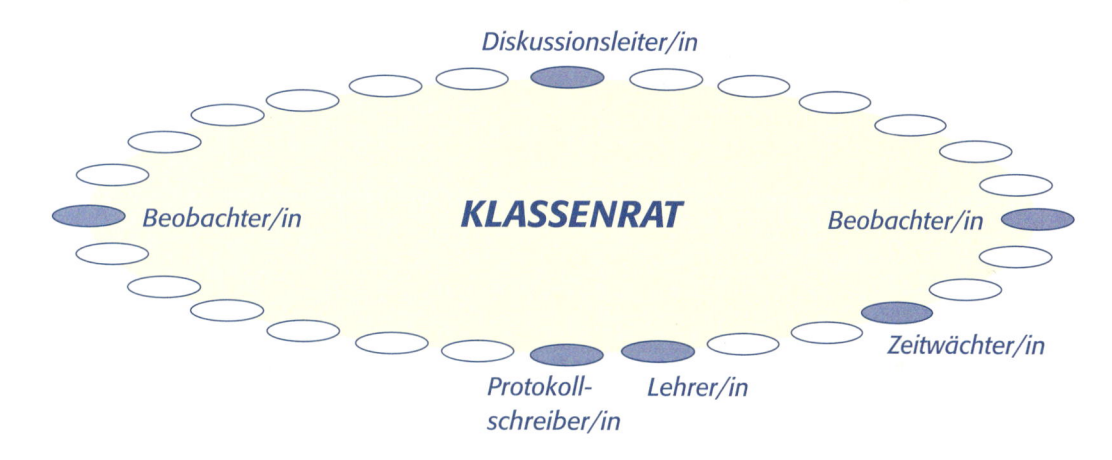

Diskussionsleiter/in

Beobachter/in   **KLASSENRAT**   *Beobachter/in*

Zeitwächter/in

Protokoll-schreiber/in   *Lehrer/in*

Gesprächsregeln im Klassenrat:
- Thema zu Beginn erklären und begründen!
- Aufmerksam zuhören!
- Ausreden lassen!
- Wortmeldung beachten!
- Sachlich bleiben und keine Beschuldigungen oder Beschimpfungen vorbringen!
- Entscheidungen verbindlich festhalten!

3 Informiere dich mit Hilfe der Skizze, in welchem äußeren Rahmen der Klassenrat abläuft. Sprecht über die Sitzordnung und die Ämter.

Den Vorsitz im Klassenrat übernimmt der Diskussionsleiter. Er kümmert sich im Einzelnen um folgende Aufgaben:
- Er eröffnet das Gespräch. Zuerst fordert er dazu auf, dass einzelne Schülerinnen und Schüler Lobenswertes aus der Klasse berichten.
- Er achtet auf die geordnete Abfolge des Gesprächs, ruft Tagesordnungspunkte auf und erteilt Rednern das Wort.
- Er fordert zuerst einen Lösungsvorschlag des „Beklagten" ein und bittet dann die Klasse um Vorschläge.
- Er lässt über die Lösungsvorschläge abstimmen.
- Er beendet den Klassenrat und fasst die vereinbarten Beschlüsse zusammen.

„ANDERS SIND WIR, ANDERS DIE ANDERN"

1 Lest die Erlebnisse, die Schülerinnen und Schüler im Ausland hatten:

Letzten Sommer waren wir im Urlaub in Griechenland. Was ich klasse fand: Die Kinder waren abends immer dabei, wenn die Eltern ausgingen. Auch die kleinen: Sie spielten auf der Straße, während die Eltern in den Tavernen* saßen. Die haben es vielleicht gut, weil sie so lange aufbleiben dürfen! Aber dafür schlafen sie auch mittags, wenn es heiß ist. Meiner Mutter gefiel es gut, dass häufig die ganze Familie unterwegs war: Großeltern, Eltern, Onkel, Tante und Freunde. Manchmal saßen 15 Leute am Tisch. Bezahlt hat immer einer für alle, nicht so wie bei uns jeder für sich. Manchmal haben sie sich richtig gestritten, wer bezahlen durfte. Das fand ich cool.

Anna

Im letzten Schuljahr habe ich an einem Schüleraustausch teilgenommen. Meine Gastfamilie war supernett. Und Thierry war voll lustig. Aber die französische Schule, das war vielleicht ein Schock! Es gelten viel strengere Regeln als bei uns. Wer zu spät kommt, mit einem Kaugummi im Mund oder einem Cap auf dem Kopf erwischt wird, wird gleich in einen Raum begleitet, in dem ihm schriftliche Aufgaben gegeben werden. Die Schule endet auch erst um 17.30 Uhr, ich konnte gar nicht so lange stillsitzen. Ganz schön anstrengend, sag ich euch! Wusstet ihr, dass das Mündliche in den meisten Fächern gar nicht zählt? Und Zeugnisse gibt es dreimal im Jahr. Das würde mir gerade noch fehlen …

Benni

Wir waren in den Herbstferien in Antalya. Das liegt in der Türkei. Was mich überrascht hat: Die meisten Frauen tragen gar keine Kopftücher, nur ein paar habe ich damit gesehen. Die sind dort ganz modern.
Die Jugendlichen sind total fußballbegeistert und kennen sich auch in der Bundesliga hervorragend aus.
Übrigens waren alle Leute sehr freundlich zu uns. Man hat immer jemanden gefunden, der Deutsch sprach. Meist erzählte er stolz, er hätte früher in Deutschland gelebt. Dabei werden die Türken in Deutschland doch manchmal ziemlich schlecht behandelt. Echt peinlich!

Pascal

Ihr könnt für eure Erfahrungen Schreibanregungen von S. 12 aufgreifen.

2 Vielleicht wart ihr auch schon einmal im Ausland. Schreibt auf, was euch dort besonders aufgefallen ist, was euch überrascht hat, was ihr gut fandet. Ihr könnt auch aufschreiben, was ihr hier in Deutschland mit Ausländern erlebt habt, z.B. zu Besuch bei einer Familie, auf einem Fest, mit Freunden, beim Sport …

3 Überlegt, wie ihr eure Texte den anderen vorstellen wollt: in der Klasse aushängen, in einem Ordner sammeln, vorlesen …

Das Boot ist voll! *Carolin Philipps*

Teil 1 In sechs Wochen sollte die neue Regierung gewählt werden. Also hatte Frau Pust, die Klassenlehrerin der 8a, beschlossen, dass man nicht früh genug damit anfangen konnte, Jugendliche auf das politische Leben vorzubereiten.

„Ich möchte, dass ihr zu denen gehört, die eine Ahnung davon haben, worum es geht. Ihr sollt Bescheid wissen, was die Parteien wollen und wem ihr später einmal eure Stimme gebt. Und darum werden wir uns in den nächsten Wochen im Geschichtsunterricht mit den Programmen der Parteien auseinandersetzen."

Die Antwort war ein einziges Stöhnen. Die Klasse schloss aus den Worten ihrer Lehrerin scharfsinnig, dass sehr viel zusätzliche Arbeit auf sie zukommen würde.

„Aber wir können doch frühestens in fünf Jahren wählen. Wir haben doch noch soooo viel Zeit", machte Björn einen zaghaften Versuch, Frau Pust von ihrer Idee abzubringen.

Vergeblich!

„Diese Zeit werden wir auch brauchen. Man wird nicht von heute auf morgen zu einem verantwortungsbewussten Staatsbürger. Und das wollt ihr doch sicher alle."

Das wollten sie zwar keineswegs, zumal den meisten gar nicht klar war, was das eigentlich bedeutete. Aber alle verstanden, dass es sinnlos war, gegen Frau Pusts Plan zu protestieren.

Sie nahm keine Rücksicht auf das Gemurmel in der Klasse, sondern stellte Gruppen zusammen und verteilte die Themen. Am Nachmittag sollten die Schülerinnen und Schüler durch die Straßen ziehen und Werbesprüche der verschiedenen Parteien sammeln, wobei sich jede Gruppe auf jeweils eine Partei konzentrieren sollte.

„O Scheiße! Und das bei dem tollen Wetter!", schimpfte Nele, Thaos beste Freundin, als sie gemeinsam nach Hause gingen. „Ich wollte heute zum Schwimmen. Stattdessen muss ich durch die Stadt laufen und Wahlparolen sammeln. Ich könnte die Pust erwürgen!"

„Damit sind wir schnell durch", meinte Patty. „Zum Glück haben wir die Arbeiterpartei erwischt. Die Sprüche kann ich euch jetzt schon sagen: Arbeit für alle! Mehr Lohn! Mehr Urlaub! Mein Vater wählt die schon seit Jahren ... Da ist schon das erste Plakat!"

Sie zeigte auf einen lächelnden Mann, der von einem roten Plakat auf sie herabschaute. Daneben standen die Worte: „Geben Sie mir Ihr Vertrauen! Ich werde Ihnen mehr Arbeitsplätze geben!"

„Los, wir fangen schon mal an. Die ganze Stadt ist voll von den Dingern. Bis wir zu Hause sind, haben wir die Hälfte geschafft." Nele holte ihren Block aus der Tasche und schrieb den Slogan hinein.

Sie teilten sich auf, Thao ging auf die rechte Straßenseite, Patty und Nele blieben auf der linken. Die Arbeiterpartei war fleißig gewesen, an jedem dritten Baum fanden sie ein rotes Plakat, an den Bäumen dazwischen hingen die schwarzen, gelben und grünen der anderen Parteien.

Auch Thao hatte schon sechs Werbesprüche aufgeschrieben, als sie plötzlich wie angewurzelt stehen blieb.

„Das Boot ist voll!"

Da war es wieder, das Plakat, dem sie seit Tagen aus dem Weg ging. Das braune Plakat hing auf einer riesigen Stellwand direkt an einer Kreuzung. Ein Ruderboot aus Holz, wie sie im Sommer überall auf den Seen rund um die Stadt zu sehen waren, schwamm auf dem Wasser. Die Wellen schlugen gegen die Bootswand. Das Boot schwankte, die Menschen im Boot sahen verängstigt aus. Darunter der Spruch: Das Boot ist voll!

Thao war noch nie mit einem der Boote auf dem See gefahren. Ihr Vater hatte nicht das Geld für solche Ausflüge mit der ganzen Familie. Und selbst wenn – freiwillig würde niemand von ihnen ein Boot besteigen.

Vor einem Jahr hatte Thaos Klasse einen Bootsausflug gemacht. Sie wäre gar nicht mitgekommen, wenn sie das gewusst hätte. Aber die Lehrerin hatte die Bootsfahrt als Überraschung geplant und die Kinder vorher nicht informiert. Eine Bootsfahrt im Sommer auf dem See, das war für alle Schüler immer ein Vergnügen. Wie konnte sie auch ahnen, dass Thao das ganz anders sah!

Sie war mit den anderen aus dem Bus gestiegen und hinter ihnen hergegangen. Das Schiff war schneeweiß, es schaukelte auf den Wellen, die Sonne schien. Es war alles ganz anders als in jener Nacht in Vietnam.

Als die Ersten schon oben auf dem Deck standen und ihr fröhlich zuwinkten, stand sie immer noch am Ufer, ohne sich zu bewegen.

„Thao! Los, einsteigen! Das Boot legt gleich ab!", rief die Lehrerin ihr zu. Da hatte Thao sich umgedreht und war davongelaufen. Sie hörte die Lehrerin rufen, ihre Freunde schreien. Sie lief und lief, bis sie keine Stimmen mehr hinter sich hörte.

Auf einer Bank am See hatte sie dann gesessen, das Boot beobachtet, wie es ablegte, über den See glitt. Thao schaute zu, und je weiter sich das Boot entfernte, umso mehr nahmen ihre Bauchkrämpfe ab.

Ein Boot von Weitem auf dem Wasser schwimmen zu sehen, das konnte sie inzwischen wieder, ohne Bauchschmerzen zu bekommen. Auch schwimmen hatte sie in der Schule gelernt. Aber niemals wieder würde sie in ein Boot steigen.

„Thao! Aufwachen!" Nele und Patty standen neben ihr und schüttelten sie.

„Das hier ist kein Plakat der Arbeiterpartei. Na los, wir wollen weiter. Noch zwei neue Sprüche und wir sind fertig. Schwimmbad, wir kommen!"

Thao ließ sich von ihren beiden Freundinnen mitziehen. Sie ging auch mit ins Schwimmbad, schwamm, tauchte, lachte mit ihnen, aber ihre Gedanken waren beim Boot.

Am nächsten Morgen machte sie einen Umweg, damit sie nicht an dem Plakat vorbeimusste. Sie wollte es vergessen. Aber sobald sie die Augen zumachte, sah sie jede Einzelheit deutlich vor sich. Die Menschen im Boot hielten ihre Hände abwehrend von sich gestreckt: Das Boot ist voll!

Mehr stand dort nicht. Aber das war auch nicht nötig. Jeder, der das Plakat sah, wusste, was es sagen wollte: In unserem Land ist kein Platz mehr frei, wir haben kein Geld für Fremde. Wir haben genug eigene Sorgen! Was können wir dafür, dass es euch nicht gutgeht. Versucht es woanders. Vielleicht habt ihr dort mehr Glück.

Sechs Wochen lang würde es dort hängen und sie an etwas erinnern, das sie lieber vergessen wollte. Seit sie das Plakat gesehen hatte, kamen die Träume zurück, die Träume von jener Nacht, die ihr Leben verändert hatte.

In sechs Wochen würde sie wieder den normalen Weg gehen können. Dann war die Entscheidung gefallen.

1 „Das Boot ist voll!" – Thao reagiert sehr heftig auf dieses Plakat.
Markiere Textstellen (Folientechnik), die ihre Reaktion beschreiben, oder schreibe sie heraus:
Zeile 47: ... *als sie plötzlich wie angewurzelt stehen blieb.*
Zeile 50: ... *das Plakat, dem sie seit Tagen aus dem Weg ging.*
Zeile ...:

2 Finde auch Hinweise im Text, *warum* Thao so schockiert reagiert.
Was könnte in ihrer Vergangenheit passiert sein?

Teil 2   Frau Pust war sehr zufrieden mit ihren Schülern. Trotz des guten Wetters hatten alle fleißig Werbesprüche gesammelt. Sie besprachen sie ausführlich, luden sogar Vertreter der schwarzen, roten, grünen und gelben Parteien in den Unterricht ein, damit die den Schülern erklären konnten, was sie für Pläne hatten, ob sie neben Arbeitsplätzen nicht auch eine neue Skateboardanlage für nötig hielten und was sie sonst für die Jugendlichen tun wollten.

Es wurde eine sehr ausführliche Untersuchung. Allerdings fehlte in der Sammlung das Plakat, das Thao so viel Angst machte. Die Partei, von der das Plakat stammte, hatte Frau Pust nur am Rande erwähnt.

„Es ist nur eine Minderheit, die solche Parolen verbreitet", erklärte sie mit einem vorsichtigen Blick auf Thao. „Natürlich wollen die Menschen, dass ihnen ihre Arbeitsplätze nicht von den Ausländern weggenommen werden. Aber diese Menschen leben doch nun mal bei uns. Wir können sie doch nicht hinauswerfen."

„Aber mein Vater sagt, dass es einfach zu viele sind. Das Boot ist voll, sagt er. Und wenn wir alle aufnehmen, die noch davorstehen, versinken wir alle."

Thao zuckte zusammen. Frau Pust warf Jens einen bösen Blick zu. „Na, das ist ja wohl etwas übertrieben. Wir sind im Vergleich zu anderen ein reiches Land. Wir können sicher nicht alle aufnehmen, die zu uns wollen, aber noch ist Platz. Und darum wird diese Partei auch nicht viele Stimmen bekommen."

„Das können Sie gar nicht wissen", meldete sich Jens wieder zu Wort. „Mein Vater wählt sie auf jeden Fall. Und seine Freunde und Arbeitskollegen auch."

Es klingelte, worüber nicht nur Frau Pust, sondern auch Thao sehr froh war. Egal, was Frau Pust auch sagte, Thao wusste, dass Jens recht hatte. Sie hatte die Blicke nicht vergessen, die ihnen manchmal folgten, wenn sie mit ihrem Vater und ihren Geschwistern durch die Stadt ging. Sie hatte auch die Worte nicht vergessen, die ihnen nachgerufen wurden.

„Jetzt essen die von unserem Geld Eis. Unsereins schuftet, damit sich die was leisten können. Wahrscheinlich sprechen sie noch nicht mal unsere Sprache."

Thao hätte sich umdrehen und ihnen in schönstem Deutsch versichern können, dass ihr Vater eine Stelle hatte und dass jedes Geldstück, das er ausgab, im Schichtdienst schwer erarbeitet war, aber ihr Vater hielt sie jedes Mal zurück.

„Du veränderst nichts, wenn du mit ihnen redest. Sie werden nur wütend und dann werfen sie nicht nur mit Worten nach uns. Es ist zu gefährlich."

„Aber es stimmt doch nicht, was sie sagen", protestierte Thao.

„Nein, aber daran musst du dich gewöhnen. Für diese Menschen sind alle Ausländer Schmarotzer*, die auf Kosten anderer leben. Wer weiß, ob wir zu Hause in Vietnam mit den Ausländern anders umgehen würden."

Mit dem Vater würde Thao jedenfalls nicht über das Plakat reden. Seine Meinung kannte sie. „Wir müssen ganz einfach abwarten und hoffen, dass die Mehrheit der Menschen hier anders denkt."

Drei Tage vor der Wahl war die Klasse besser informiert als viele Bürger, die ihre Stimme abgeben durften, und alle bedauerten, dass sie ihr Wissen nicht in Kreuzform auf einem Wahlzettel anbringen konnten.

Daher veranstaltete Frau Pust zum Abschluss eine Wahl mit richtigen Wahlzetteln. Wenn die Schüler hätten wählen dürfen, dann hätte die Arbeiterpartei knapp vor der schwarzen gewonnen. Die weiteren Stimmen waren gleichmäßig auf die anderen Parteien verteilt. Die braune hatte nur eine Stimme bekommen, die von Jens.

„Das Ergebnis zeigt, wie gut wir uns informiert haben. Jetzt kann man nur hoffen, dass die Bürger, die richtig wählen dürfen, das auch gemacht haben", meinte Frau Pust.

„Genau!", sagte Jens. „Und dann sieht das Ergebnis ganz anders aus! Wollen wir wetten?"

3 Jens hat als Einziger während einer Probeabstimmung in der Klasse die braune Partei gewählt. Er ist der Meinung, dass „das Boot voll ist". Die Lehrerin, Frau Pust, ist ganz anderer Ansicht. Markiere im Text die Argumente, mit denen sie Jens überzeugen will.

4 Thaos Familie wurde schon öfter mit dummen Sprüchen konfrontiert.
- Wie hätte Thao am liebsten darauf reagiert?
- Warum hält ihr Vater sie zurück?
Diskutiert in der Klasse über Thaos Einstellung und die ihres Vaters.

Teil 3 Am Wahlabend saß Thao allein vor dem Fernseher. Ihr Vater und ihre Geschwister waren von ihrem Besuch bei Bekannten noch nicht zurückgekommen. Sie wartete auf die ersten Hochrechnungen.

Wie viele Menschen hatten an diesem Tag ein Kreuz hinter der Partei mit dem Boot gemacht?

Das Boot ist voll!

Während sie wartete, sah sie ein anderes Boot vor sich, das Boot, in das sie in jener Nacht hatte hineinsteigen müssen:

Es war eng im Boot, die wenigen Sitzplätze waren schon lange besetzt. Mütter hatten ihre Kinder auf den Schoß genommen, die größeren hockten auf dem Boden. Außer einem kleinen Sack mit dem Nötigsten hatte niemand Gepäck dabei.

Es war eng auf dem Boot und noch immer stiegen Menschen ein. Andere standen am Ufer und schauten verzweifelt zu, wie sich das Boot füllte. Ihre Chance, mitgenommen zu werden, sank.

Es war dunkel am Fluss. Der Mond schien auf die Gestalten am Ufer und im Boot. Der Besitzer drängte zur Eile. Thao kletterte ins Boot, stolperte über die Menschen, die auf dem Boden saßen, fiel hin, schlug mit dem Kopf gegen einen Pfosten. Menschen schimpften. „Kannst du nicht aufpassen?" Thaos Schwestern kamen hinter ihr her, der Vater mit dem kleinen Bruder auf dem Arm.

„Das Boot ist voll!" Entsetzte Rufe am Ufer und im Boot. Mit Stöcken verhinderten der Besitzer und sein Helfer, dass weitere Menschen ins Boot stiegen. Sie legten ab. Das Letzte, was Thao von ihrer Mutter sah, war, dass sie am Ufer auf die Knie fiel und das Gesicht in den Händen versteckte.

Alle auf dem Boot hatten viel Geld bezahlt, um die Heimat Vietnam zu verlassen. Einige erhofften sich Arbeit und Geld in einem der reichen westlichen Länder, andere wollten frei leben, ohne Angst davor haben zu müssen, ihre Meinung zu sagen.

Auch Thaos Vater hatte für die ganze Familie bezahlt, für sich und seine Frau, seine drei Töchter und den kleinen Sohn. Dafür hatte er seinen ganzen Besitz, sein Land und sein Haus verkauft, einschließlich des Wasserbüffels. Alle hatten geweint, als der Bauer aus dem Nachbarort ihn abholte, denn er gehörte zur Familie.

Auch die Mutter hatte einen Platz sicher gehabt. Aber der Besitzer hatte mehr Plätze verkauft, als da waren. 40 statt 20. Im Boot saßen, lagen und standen 30 Personen, die Kleinsten nicht mitgerechnet. Die anderen mussten am Ufer zurückbleiben. Thao wollte zurück ans Ufer, zur Mutter, aber die anderen hinderten sie daran.

So lag sie auf dem Boden und weinte. Der Vater saß wie erstarrt da und streichelte seinem Sohn über den Rücken. „Nicht weinen! Ma kommt mit dem nächsten Boot", murmelte er.

Es war totenstill im Boot. Die kleinen Kinder schliefen in den Armen der Erwachsenen, die großen auf dem Boden. Auch viele Frauen und Männer waren durch das gleichmäßige Tuckern des Motors eingenickt. Reden war verboten.

Die Patrouillenboote* der Regierung waren auch in dieser Nacht wieder unterwegs, um Boote mit flüchtenden Menschen ausfindig zu machen und nach Vietnam zurückzubringen. Eine Entdeckung würde für fast alle Gefängnis bedeuten.

Manchmal konnte man in der Ferne den Lichtkegel eines Scheinwerfers erkennen, der einen großen, hellen Bogen auf dem Meer beschrieb.

Dann kauerten sich die Menschen noch enger aneinander, als könnten sie dadurch ihre Entdeckung verhindern.

Die Nacht verging und mit ihr die Angst vor den Patrouillenbooten. Mit dem Tag kam die Sonne. Von Stunde zu Stunde brannte sie stärker vom Himmel. Es gab keinen Schatten, keinen Schutz vor den brennenden Strahlen, nur Durst, flimmerndes Wasser und weinende Kinder.

Nach einigen Tagen wurde das Wasser knapp. Genau wie der Reis war es für 20 Personen berechnet. Jetzt hatten 30 Durst. Und die Fahrt würde noch Tage dauern.

Die meisten im Boot saßen apathisch* da. Angst, Hunger, Durst. Sogar die Kinder waren still.

Es gab noch mehr Boote auf dem Meer, alle mit Kurs Malaysia. Fast hatten sie es geschafft. Dann kamen die Polizeiboote der Malayen. Sie schleppten die Flüchtlinge aufs Meer zurück. Man wollte keine neuen Flüchtlinge. Es waren schon zu viele da.

Ein anderes Boot mit Flüchtlingen kenterte. Die Menschen schrien und versuchten, in das Boot zu klettern, in dem Thao saß. Es schwankte bedenklich, als sich acht Menschen an den Rand klammerten.

„Das Boot ist voll!", schrie der Kapitän. Er und sein Helfer schlugen mit Stöcken auf die Hände ein. Eine Hand nach der anderen löste sich.

„Macht die Augen zu!", befahl der Vater. Er wollte nicht, dass sie die Menschen im Wasser sahen. Aber Thao konnte ihre Augen nicht abwenden. Eine Frau reichte mit letzter Kraft ihr Baby hoch. Thao nahm es ihr ab.

„Wirf es zurück! Es ist kein Platz mehr!"

„Es braucht keinen Platz, ich behalte es auf dem Arm."

„Wir haben kein Wasser."

„Es kriegt mein Wasser!!"

So war Thanh zu ihnen gekommen. Der Vater hatte ihn wie seinen Sohn aufgenommen. Von Thaos Mutter gab es keine Nachrichten. Sie war nicht mit dem nächsten Boot gekommen. Verwandte berichteten später, dass alle, die am Ufer gestanden hatten, verhaftet worden waren, kurz nachdem das Boot abgelegt hatte.

Das war nun sechs Jahre her. Sie hatten schließlich doch den Weg ins Lager auf einer der Inseln im Pazifik gefunden und von dort in dieses Land. Der Vater hatte Arbeit, die Kinder Schulunterricht, es ging ihnen gut.

Und nun? Das Boot ist voll! Wenn die Mutter es aber doch noch schaffte? Thao hatte die Hoffnung nie ganz aufgegeben.

Sie zuckte zusammen, als die ersten Wahlergebnisse angekündigt wurden. Wer würde recht behalten: Frau Pust oder Jens?

5 Thaos Angst vor dem Wahlplakat kann man jetzt viel besser verstehen. Auch ihr Verhalten während des Schulausflugs erscheint plötzlich verständlich. Begründe, warum das so ist. Erkläre ihre Angst und ihr Verhalten.

6 Durch die Bearbeitung der folgenden Aufgaben kannst du dich noch besser in Thaos Situation versetzen und sie verstehen.

- Thao hat sich für die Zukunft vorgenommen, vor einer Bootsfahrt nicht mehr wegzulaufen. Sie möchte ihre Angst überwinden und dabei sein. Diese Gedanken vertraut sie ihrem Tagebuch an. Schreibe Thaos Tagebucheintrag.

- „Das Boot ist voll!" – Nele, Thaos beste Freundin, ist empört über Jens' Einstellung. Sie erklärt ihm in einem Brief, warum sie ganz anderer Meinung ist. Schreibe diesen Brief an Neles Stelle.

- Die Klassenlehrerin holt Thao zu sich und spricht ihr Mut zu. Bereitet in Partnerarbeit eine Gesprächsszene zwischen der Klassenlehrerin Frau Pust und Thao vor.

Lesetipps:
- Du bist nicht wie wir. Geschichten vom Anderssein. Wien: Ueberreuter-Verlag 2001.
- Kirsten Boie: Lisas Geschichte, Jasims Geschichte. Hamburg: Friedrich-Oetinger-Verlag 1989.
- Rafik Schami: Eine Hand voller Sterne. Weinheim und Basel: Beltz-Verlag 1992.
- Tahar Ben Jelloun: Papa, was ist ein Fremder? Berlin: Rowohlt-Verlag 1999.
- Nasrin Siege: Juma. Weinheim und Basel: Beltz-Verlag 1998.

Der Schluss der Geschichte *Spagetti für zwei* (S. 40–42)

Verwirrt, schwitzend und erbost ließ er seine Blicke umherwandern. Plötzlich spürte er ein Kribbeln im Nacken. Ein Schauer jagte ihm über die Wirbelsäule von den Ohren bis ans Gesäß. Auf dem Nebentisch, an den sich bisher niemand gesetzt hatte, stand – einsam auf dem Tablett – ein Teller kalter Gemüsesuppe.

Heinz erlebte den peinlichsten Augenblick seines Lebens. Am liebsten hätte er sich in ein Mauseloch verkrochen. Es vergingen zehn volle Sekunden, bis er es endlich wagte, dem Schwarzen ins Gesicht zu sehen. Der saß da, völlig entspannt und cooler, als Heinz es je sein würde, und wippte leicht mit dem Stuhl hin und her.

„Äh …", stammelte Heinz, feuerrot im Gesicht. „Entschuldigen Sie bitte. Ich …"

Er sah die Pupillen des Schwarzen aufblitzen, sah den Schalk in seinen Augen schimmern. Auf einmal warf er den Kopf zurück, brach in dröhnendes Gelächter aus. Zuerst brachte Heinz nur ein verschämtes Glucksen zu Stande, bis endlich der Bann gebrochen war und er aus vollem Halse in das Gelächter des Afrikaners einstimmte. Eine Weile saßen sie da, von Lachen geschüttelt. Dann stand der Schwarze auf, schlug Heinz auf die Schulter.

„Ich heiße Marcel", sagte er in bestem Deutsch. „Ich esse jeden Tag hier. Sehe ich dich morgen wieder? Um die gleiche Zeit?"

Heinz' Augen tränten, sein Zwerchfell* glühte und er schnappte nach Luft. „In Ordnung!", keuchte er. „Aber dann spendiere ich die Spagetti!"

Wasser ist Leben

Wenn ich an Wasser denke,
denke ich an …
denke ich an …
denke ich an …
fühle ich …

In diesem Kapitel befasst ihr euch mit den schönen, angenehmen, nützlichen, aber auch mit den bedrohlichen Seiten des Wassers und unserem manchmal allzu leichtfertigen Umgang mit diesem Leben spendenden Element.
Einen ersten Eindruck bekommt ihr, wenn ihr die Fotos auf dieser und den folgenden Seiten betrachtet.

WASSER – EIN VIELFÄLTIGES THEMA

Des Menschen Seele
Gleicht dem Wasser:
Vom Himmel kommt es,
Zum Himmel steigt es,
Und wieder nieder
Zur Erde muss es.
Ewig wechselnd.

Johann Wolfgang von Goethe

Gewitteranfang   *Christian Morgenstern*

Erste große Tropfen fallen
wie aus großer Siebe Augen.
Fels und Straße sprühn und saugen.

Laut betupft es Laub und Matten.
Sind es Tropfen, sind es Schloßen*?
Da zerreißt ein Blitz die Schatten –
und der Regen kommt geschossen.

Jemand hat nah am Wasser gebaut.

Sie kann kein Wässerchen trüben.

Wir können uns kaum über Wasser halten.

Das ist Wasser auf seine Mühle.

*Findet weitere Redewendungen, die das Wort **Wasser** beinhalten.*

Redewendungen sind bildliche Ausdrücke, die etwas anderes bedeuten, als sie sagen. Wenn jemand sagt *Das ist ein Sprung ins kalte Wasser*, dann meint er nicht, dass er ins Wasser springt, sondern dass er etwas Ungewisses riskiert.
Man benutzt Redewendungen, weil sie sehr anschaulich sind.

WASSER – EIN VIELFÄLTIGES THEMA

Wasser [das], eine chemische Verbindung aus Wasserstoff und Sauerstoff (H_2O). Wasser siedet unter Normaldruck bei 100 °C und erstarrt bei 0 °C zu Eis. Wasser ist einer der wichtigsten Stoffe, die in der Natur vorkommen. Es bedeckt als Flüssigkeit oder als Eis mehr als 3/4 der ganzen Erdoberfläche. Das in der Natur vorkommende Wasser enthält unterschiedliche Mengen von Salzen und Gasen. Wasser ist für alle Organismen lebensnotwendig, da die chemischen Prozesse in den Zellen nur in wässrigen Lösungen ablaufen können. Pflanzen bestehen bis zu 90 %, der tierische und der menschliche Körper bis zu 70 % aus Wasser.

W ellen
A ngst
S uche
S ee
E ntsetzen
R ettung

Du kannst ...

- dir eines der Bilder zum Thema *Wasser* aussuchen und dazu deine Gedanken in einigen Sätzen frei aufschreiben;
- dir einen der Texte aussuchen, der dir gut gefällt, und ihn in einer besonderen Schrift, die zum Inhalt passt, aufschreiben und ihn mit einem Bild illustrieren;
- die Satzanfänge auf Seite 55 weiterschreiben;
- ein „Wasserwort" senkrecht aufschreiben und passende Begriffe oder Sätze ergänzen;
- ein Gedicht zum Thema *Wasser* erfinden (mögliche Anfänge: *Schäumende Wogen … Im Wasser spiegeln …*);
- herausfinden, was die Redewendungen (S. 56) bedeuten, oder sie im Gespräch klären;
- weitere Redewendungen oder Sprichwörter suchen, in denen Wasser vorkommt, und sie erklären. Zum Thema *Sprichwörter* könnt ihr auch in der *Werkstatt Sprache* (S. 230) weiterarbeiten;
- Wörter aus dem Lexikonartikel nachschlagen, die du nicht genau verstehst;
- weiteres Material zum Thema *Wasser* sammeln, auch im Internet (z. B. www.wasser-lexikon.de oder www.wasser.de).

*Schreibanregungen, die ihr für das Thema **Wasser** nutzen könnt, findet ihr auch auf S. 12.*

Wasser *Hartmut Böhme*

Wasser tritt aus der Erde als Quelle, bewegt sich als Fluss, steht als See, ist in ewiger Ruhe und endloser Bewegtheit das Meer. Es verwandelt sich zu Eis oder zu Dampf; es bewegt sich aufwärts durch Verdunstung und abwärts als Regen, Schnee oder Hagel; es fliegt als Wolke.

Es spritzt, rauscht, sprüht, gurgelt, gluckert, wirbelt, stürzt, rollt, riesel, zischt, wogt, sickert, kräuselt, murmelt, spiegelt, quillt, tröpfelt, brandet.

Es ist farblos und kann alle Farben annehmen. Im Durst weckt es das ursprünglichste Verlangen, rinnt erquickend durch die Kehle; es wird probiert, schlückchenweise getrunken, hinuntergestürzt.

Es ist formlos, passt sich jeder Form an; es ist weich, aber stärker als Stein. So bildet es selbst Formen: Täler, Küsten, Grotten. Es gestaltet Landschaften und Lebensformen durch extremen Mangel (Wüsten) oder periodischen Überfluss (Regenzeit). Es ängstigt, bedroht, verletzt und zerstört den Menschen und seine Einrichtungen durch Überschwemmungen, Sturmfluten, Hagelschlag.

Wasser fordert den menschlichen Erfindungsgeist heraus: Flussregulierung, Dammbau, Bewässerungsanlagen, Kanalisation, Schiffsbau, Navigation*, Fischereitechnik …

Weitere Übungen zu Wortfeldern findet ihr auf den Seiten 233/234.

1 Markiert im Text alle Nomen, Verben und Adjektive, die etwas mit Wasser zu tun haben (Folientechnik).
– Untergliedert diese Wörter in **Wortfelder** und schreibt zu jedem Wortfeld weitere passende Wörter hinzu, z. B.:

Wie Wasser in der Natur vorkommt:
Quelle, Fluss …
Eis, Dampf …

Wie Wasser klingt und sich bewegt:
rauscht, gurgelt …
spritzt, sprüht …

Welche Eigenschaften Wasser haben kann:
farblos, formlos …

In einem Rechtschreibgespräch die Kommas im Text „Wasser" begründen.

→ Das Komma zwischen Haupt- und Nebensatz Seite 220–223

– Ergänzt eure Zusammenstellung mit Wassersportarten:
Schwimmen, Wasserski …

2 Erkläre folgende zwei Begriffe aus dem Textzusammenhang: erquickend (Z. 9); periodisch (Z. 14).
Schlage weitere dir unbekannte Wörter im Wörterbuch nach.

3 Stellt eine **Wortfamilie** „Wasser" zusammen. Beispiel:
Wasser, Abwasser, entwässern, wässrig …

GEWALT DES WASSERS

1. Hast du schon einmal von einem Tsunami gehört? Schreibe auf, was du darüber weißt oder dir darunter vorstellst.

2. Lies nun den folgenden Informationstext und sieh dir die Fotos an.

Tsunami

Am zweiten Weihnachtstag zerstörte eine riesige Welle, ein so genannter Tsunami, viele Küstenabschnitte in Südostasien. Lest hier, woher die tödlichen Wellen kommen, warum sie erst harmlos sind und plötzlich mordsgefährlich werden.

Am Morgen des 26. Dezembers 2004 sahen die Küstenbewohner in Südostasien erst, wie das Wasser vom Strand immer weiter zurückwich, bis der Grund des Ozeans trocken dalag. Aber schon wenige Momente später rollte eine gewaltige Welle auf das Land zu: ein Tsunami. Mit einer Geschwindigkeit von mehreren hundert Stundenkilometern rasierte die Monsterwelle in den küstennahen Gebieten alles ab, was sich ihr in den Weg stellte. Rund 200 000 Menschen in Indonesien, Thailand, Malaysia, Sri Lanka und Indien starben an diesem Tag. Und die Überlebenden werden ihn nie vergessen.

Wenn das Meer explodiert

Tsunami ist japanisch und bedeutet „Große Welle im Hafen". Aber weshalb „im Hafen"? Weil sie erst dort, an der Küste also, ihre unheimliche Energie entfesselt! Vorher sind die Riesenwellen so gut wie „unsichtbar": Kein Sturm, kein Wölkchen am Himmel kündigt sie an.

Das Leben solcher Ungeheuer beginnt nämlich meist tief unter der Wasseroberfläche: Tsunamis werden oft durch Seebeben ausgelöst. Diese Unterwasser-Erdbeben erschüttern den Meeresgrund bisweilen so stark, dass sich ein großes Stück Ozeanboden ruckartig hebt oder senkt. Und das lässt dann auch das Wasser darüber nicht in Ruhe: Die blaue Haut des Meeres „beult" sich aus oder ein – und schickt beim Zurückschwappen nach allen Seiten Wellen auf den Weg. Als plumpse ein Stein in einen Tümpel, gerät das Meer mit einem Schlag in Wallung. Auch unterseeische Erdrutsche und Vulkanausbrüche können das Wasser so in Bewegung versetzen.

Wettlauf mit dem Wasser: Am 26. Dezember 2004 überflutete ein Tsunami große Teile der Küstenregionen in Südostasien, hier das Touristengebiet Phuket in Thailand.

Zerstörung in Sekundenschnelle: Am 26. Dezember 2004 vernichtete eine fast 30 Meter hohe Flutwelle die Provinz Aceh in Indonesien. Allein im Nordwesten Indonesiens kamen 20 000 Menschen zu Tode. Solche Wasserwalzen stoßen mit der Energie mehrerer Atombomben auf die Strände.

Einmal in Fahrt gebracht, überqueren die Wellen dann ganze Ozeane. Draußen auf dem Meer sind sie kaum höher als ein Meter. Dafür aber sehr lang: Oft liegen Hunderte von Kilometern zwischen den Wellenbergen. Diese Minihügel rauschen mit über 700 km/h durch den Ozean – keine normale Welle kann bei diesem Jet-Tempo mithalten! Erst wenn die

Übers Meer mit Jet-Geschwindigkeit

Wassermassen auf eine Küste zusausen, zeigt sich ihre wahre Größe: Der ansteigende Meeresboden bremst sie ab – und weil die Wellen ihre ungeheure Energie „loswerden" müssen, wachsen sie in die Höhe, manche Tsunamis sogar höher als ein zehnstöckiges Haus!

Das „Hauptreisegebiet" der Tsunamis ist der Pazifik, denn dort rumort es besonders häufig unter dem Meeresboden. Bis zu einem Dutzend Mal im Jahr jagen solche Flutwellen über den „Stillen Ozean" – und suchen oft gleich mehrere Küsten heim: Am 1. April 1946 ließ ein Seebeben den Meeresboden in der Nähe von Alaska erzittern. Die Wogen erwischten erst eine Insel bei Alaska, über vier Stunden danach Hawaii und weitere Pazifikinseln, später auch noch die Westküste Südamerikas. Allein auf Hawaii töteten die Tsunamis 159 Menschen. Die Kraft der Wellen riss eine Brücke von den Pfeilern, zerstörte Hunderte Gebäude und schob eine Sporthalle 50 Meter weit!

Zwei Jahre nach diesem Unglück gründeten Wissenschaftler auf Hawaii eine Tsunami-Station: Messgeräte erfassen seitdem jedes Seebeben, Bojen im Pazifik melden ungewöhnliche Schwankungen des Meeresspiegels. Heute beteiligen sich 26 Staaten an diesem Tsunami-Frühwarnsystem. Bei Gefahr alarmieren sie die Bevölkerung über Radio und Fernsehen.

Auf Papua-Neuguinea wäre jede Warnung zu spät gekommen. Denn bei dieser Katastrophe bebte der Meeresboden nur wenige Kilometer von der Küste entfernt: Schäumend hob sich daraufhin das Meer und senkte sich wieder. Dann war es still. Doch schon sechs Minuten später reckten sich die Monsterwellen aus dem Wasser. Forscher haben für solche Fälle nur einen Rat: Sobald die Erde in der Nähe einer Küste erzittert – wegrennen, so schnell die Beine können!

Jörn Auf dem Kampe

Tipps für die Erarbeitung von Sachtexten erhaltet ihr auf den Seiten 262/263.

3 Bearbeite den Text so:
- Schreibe in wenigen Sätzen auf, worum es in diesem Artikel geht. Vergleicht anschließend eure Arbeitsergebnisse.
- Unterschlängele beim zweiten Durchlesen alle dir unbekannten Wörter (Folientechnik). Versuche sie aus dem Textzusammenhang oder durch Nachfragen und Nachschlagen zu klären.
- Lies den Text jetzt noch einmal langsam und aufmerksam durch. Unterstreiche Textstellen, die besonders wichtig sind (Folie).
- Der Text ist in sieben Absätze gegliedert. Gib den einzelnen Absätzen Zwischenüberschriften, z. B.: „Flutkatastrophe in Südostasien", „Wie Tsunamis entstehen" …
- Prüfe, ob du die folgenden Fragen beantworten kannst.
  Achtung: Auf eine Frage findest du in diesem Artikel keine Antwort!
  a) Aus welcher Sprache kommt das Wort *Tsunami*?
  b) Wie häufig entstehen Tsunamis?
  c) Wie heißen die drei Weltmeere?
  d) Wieso werden Tsunamis erst an der Küste gefährlich hoch?
  e) Welche Aufgaben hat die Tsunami-Station auf Hawaii?

4 Der Artikel ist ein Informationstext über Tsunamis. An vielen Stellen ist er sachlich verfasst. Manche Textabschnitte informieren über das Naturereignis aber auch anschaulich und spannend.
- Welche Absätze berichten eher sachlich?
- Welche Abschnitte erzählen eher anschaulich und spannend?
Begründe deine Meinung.

5 Abbildungen in Verbindung mit einem Text veranschaulichen den Textinhalt und machen ihn besser verständlich. Sieh dir die Grafik und den Text daraufhin an und überprüfe, warum die Grafik besonders wichtig ist.

So entsteht ein Tsunami

Die meisten der gefährlichen Riesenwellen nehmen ihren Lauf, wenn ein Erdbeben den Meeresboden hochdrückt ①. Der Unterwasser-Hügel verdrängt das Wasser in seiner Umgebung – und das muss nun irgendwohin. Also läuft es in Form gigantischer Wellen ab. Die sind zwar nicht hoch, aber schnell und unglaublich lang – der Abstand zwischen zwei Wellenkämmen ② kann Hunderte Kilometer betragen. Auf hoher See sind die Wellen ungefährlich: Sogar Schiffe können problemlos auf ihnen dahingleiten.

Erst wenn sich die Wasserwalze einer Küste nähert, wird's brenzlig ③: Die Tsunamis werden abgebremst, die Wellenkämme rücken näher zusammen, das Wasser wird zusammengestaucht – und türmt sich schließlich zu einer Wand auf, die Dutzende Meter hoch werden kann ④!

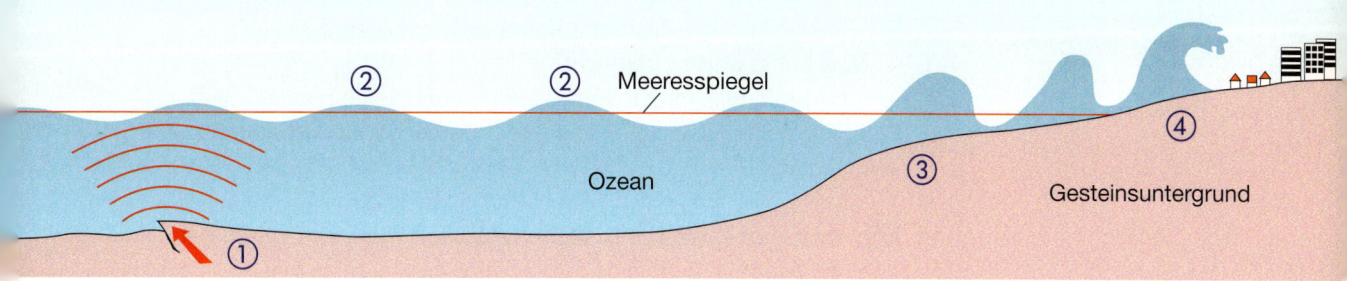

GEBRAUCHSGUT WASSER

Das unentbehrliche Nass

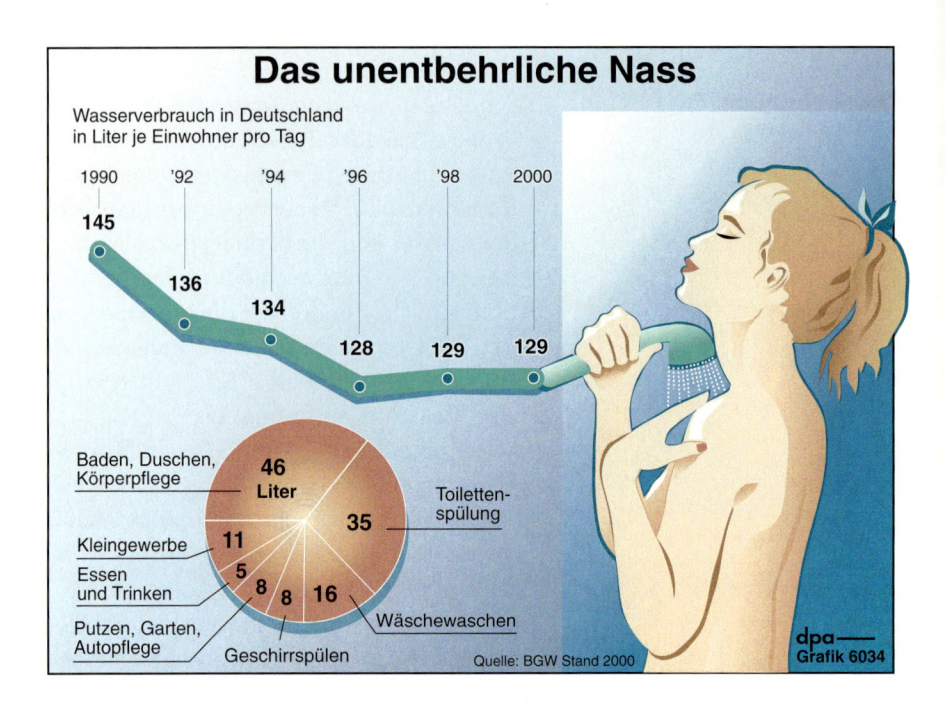

Wasserverbrauch in Deutschland in Liter je Einwohner pro Tag

1990	'92	'94	'96	'98	2000
145	136	134	128	129	129

- Baden, Duschen, Körperpflege: 46 Liter
- Toilettenspülung: 35
- Kleingewerbe: 11
- Essen und Trinken: 5
- Putzen, Garten, Autopflege: 8
- Geschirrspülen: 8
- Wäschewaschen: 16

Quelle: BGW Stand 2000

dpa Grafik 6034

1 Sprecht zunächst über die Grafik: Was findet ihr an den Informationen zum Wasserverbrauch besonders bemerkenswert?

2 Informiert in einem kurzen Sachtext über den Wasserverbrauch in privaten Haushalten. Verwendet dafür die Angaben aus der Grafik.

Den folgenden Text hat ein Journalist zu der Grafik *Das unentbehrliche Nass* geschrieben:

Am meisten für Sauberkeit und Hygiene

Nur ein geringer Teil unseres Trinkwassers wird auch tatsächlich als Trinkwasser genutzt: Knapp vier Prozent des täglichen Verbrauchs (das sind fünf Liter) rinnen durch die Kehle – sei es pur, sei es in Essens- oder Getränkezubereitungen. Die übrigen 96 Prozent dienen anderen Zwecken, insbesondere der Sauberkeit und der Hygiene*. So sind 46 Liter (fast 36 Prozent) für die Körperreinigung bestimmt, werden also vornehmlich zum Baden oder Duschen genutzt. Und 35 Liter (27 Prozent) rauschen nach dem kleinen oder großen Geschäft durch die Toilette.

3 Vergleicht eure Texte mit dem des Journalisten:
– Was hat er anders gemacht?
– Überprüft, was ihr zur Verbesserung eurer Texte nutzen könnt:
Wollt ihr etwas ergänzen, kürzen oder deutlicher und anschaulicher ausdrücken?

4 Beschreibe, welche Bedeutung Wasser in deinem Leben hat.

GEBRAUCHSGUT WASSER 63

5 Zwischen 1980 und 2000 ist der tägliche Wasserverbrauch pro Person um 16 Liter (von 145 auf 129 Liter) zurückgegangen. Das sind immerhin 11 Prozent weniger. Denkt darüber nach, welche Gründe es dafür geben kann: neue Wasser sparende Armaturen, gestiegene Abwassergebühren …

6 Überlegt, weshalb eine Grafik wie auf Seite 62 erstellt worden ist: Soll sie lediglich informieren oder hat sie noch einen weiteren Zweck?
Schaut euch dazu auch den Text zur Grafik noch einmal an.

*Grafiken können Unterschiedliches leisten:
Sie informieren …*

7 Lest den folgenden Text und sprecht darüber, was man tun kann, um weniger Wasser zu verbrauchen. Berücksichtigt dabei auch, wofür unser Trinkwasser außer zum Trinken sonst noch genutzt wird.

8 Schreibe den Satz oder die Sätze aus dem Text heraus, die zu folgenden Aussagen passen:
a) Das meiste Wasser auf der Erde ist Salzwasser.
b) 50 Prozent des Grundwassers kommt in zu großen Tiefen vor.
c) Der Mensch greift störend in den Grundwasserhaushalt der Natur ein.

Unser Trinkwasservorrat

Von dem gesamten Wasservorrat der Erde sind nur 2,8 Prozent Süßwasser. Und auch davon steht uns nicht alles als Trinkwasser zur Verfügung, z. B. nicht das Wasser der Eiskappen am Nord- und Südpol. Nur 0,6 Prozent der gesamten Wassermenge kommen in Seen, Flüssen und als Grundwasser vor. Die Hälfte des Grundwassers liegt für uns zu tief. Unser Trinkwasservorrat ist also sehr begrenzt.
Ein Beispiel: Eine Badewanne fasst 150 Liter Wasser. Nehmen wir dies als Gesamtwassermenge der Erde, dann ist davon nur 1/2 Eimer (4,2 l) Süßwasser. 3,2 Liter dieser Menge sind im Eis gebunden, ein Liter ist Grundwasser und 0,02 Liter können wir nutzen – ein Fingerhut voll. Durch viele Aktivitäten wie z. B. Bergbau und Tieftagebau, Waldbehandlung, Bebauung, Bodenversiegelung*, Überdüngung*, Flussregulierung … stören wir den für uns wichtigen Grundwasserhaushalt und nehmen uns damit unser wichtigstes Lebensgut.

So könnt ihr weiterarbeiten

■ Sammelt aktuelles Bild- und Textmaterial und schreibt einen Beitrag für eure Schülerzeitung, in dem ihr auf Wasserverschwendung hinweist und zum sorgsameren Umgang mit Wasser auffordert.

1 Lies den folgenden Text genau und formuliere anschließend in einem Satz sein Hauptanliegen.

Trinken

Gesundheitsexperten haben bei einer Untersuchung der Trinkgewohnheiten von Kindern und Jugendlichen zwischen 6 und 19 Jahren festgestellt, dass diese durchschnittlich 20 Prozent weniger trinken, als sie müssten. Eine Folge davon ist: Sie können sich schlechter konzentrieren und ihre Leistungsfähigkeit, z. B. im Unterricht, lässt schneller nach. Schlimmer aber ist, dass die Nieren, die die Giftstoffe des Körpers mit dem Urin ausscheiden, nicht richtig arbeiten können und der Körper von innen vergiftet.

Warum trinken Kinder und Jugendliche so wenig? Beim konzentrierten Spielen oder Arbeiten am Computer unterdrücken sie ihr Durstgefühl. Im Vergleich zu Erwachsenen brauchen sie aber viel mehr Wasser. 30 Prozent aller Schülerinnen und Schüler gehen morgens aus dem Haus, ohne gefrühstückt und oft auch ohne etwas getrunken zu haben. Wenn sie dann auch in den Pausen nichts trinken, ergibt sich schnell eine Unterversorgung mit Wasser. Der Körper gibt aber während der gesamten Zeit Flüssigkeit ab: Zwischen dem Abend und dem Schulende des folgenden Tages verliert der Körper bis zu 2 Prozent Flüssigkeit – und das bedeutet eine Verminderung der körperlichen und geistigen Leistungsfähigkeit um 8 Prozent.

Wie kann man das verhindern? Zu jeder Mahlzeit – auch zum Schulfrühstück – gehört ein geeignetes Getränk, z. B. Trinkwasser, Mineralwasser, Früchte- oder Kräutertee. Jugendliche sollten mindestens 1,5 Liter Flüssigkeit pro Tag trinken. Bei besonderer Anstrengung oder Hitze kann der Flüssigkeitsbedarf auch das Drei- bis Vierfache erreichen. Bei längeren Klassenarbeiten müssten deshalb Trinkpausen möglich sein.

2 Welche der folgenden Aussagen passen zum Text?
Schreibe die richtigen Sätze ins Heft.

a Kinder und Jugendliche trinken nicht genug.
b Wenn man zu wenig trinkt, dann ergeben sich Konzentrationsschwächen.
c Durch zu viel Trinken können die Nieren den Körper nicht entgiften.
d Beim Spielen und Arbeiten trinken Kinder und Jugendliche zu wenig.
e Erwachsene brauchen aber noch mehr Wasser.
f Viele Schülerinnen und Schüler gehen ohne ausreichende Trinkmengen zur Schule.
g Der Körper gibt ständig Flüssigkeit ab und ohne Nachschub vermindert sich die geistige Leistungsfähigkeit.
h Zu den Mahlzeiten sollte man immer etwas trinken.
i Wenn es heiß ist, brauchen Jugendliche über 10 Liter Wasser.

EINE PODIUMSDISKUSSION FÜHREN

Ihr könnt zum Thema „Sollte das Trinken im Unterricht erlaubt sein?" auch eine **Podiumsdiskussion** durchführen.

Möglichkeiten der Zusammensetzung von Zufallsgruppen sind:
– Losnummern ziehen,
– Farbkärtchen ziehen,
– mehrere Bilder (z. B. Postkarten) zerschneiden und ziehen lassen, die Gruppen „puzzlen" sich dann zusammen.

Eine Diskussion gelingt, wenn ihr
– euch mit Namen ansprecht und beim Diskutieren anschaut,
– keine Beleidigungen ausspecht,
– jeden aussprechen lasst,
– eure Beiträge begründet,
– nachfragt, wenn ihr etwas nicht versteht.

Weitere Informationen zum Zeitungsbericht findet ihr auf S. 90.

So könnt ihr euch auf die Diskussion vorbereiten und sie auswerten:

- Legt mit Hilfe von Losnummern zwei Gruppen fest: eine, die für das Trinken im Unterricht argumentiert, eine andere, die dagegen ist.
- Bereitet euch in beiden Gruppen auf die Diskussion vor, indem ihr Argumente und Beispiele für euren Standpunkt zusammentragt.
- Bestimmt jeweils zwei bis drei Vertreter, die vor der Klasse miteinander diskutieren sollen.
- Legt auch fest, wer die Diskussion leiten und für einen geordneten Ablauf sorgen soll. Näheres zum Diskussionsleiter erfahrt ihr auf Seite 45.
- Bestimmt zwei Schüler, die ein Protokoll schreiben.
- Die übrigen Klassenmitglieder sitzen in den Zuschauerreihen. Sie beobachten das Gespräch und machen sich Notizen zum Ablauf der Diskussion und zum Verhalten der Diskussionsteilnehmer.
- Zum Schluss wird die Diskussion ausgewertet:
    – Welche Argumente waren überzeugend?
    – Was ist besonders gut gelaufen? Was sollte man ändern?
    – Wie wurden die Argumente vorgetragen?
    – Haben eure Vertreter, die ihr gewählt habt, ihre Aufgabe gut erfüllt?
    – Wie hat sich der Diskussionsleiter verhalten?
- Überlegt gemeinsam, welche Konsequenzen ihr für zukünftige Diskussionen oder Gespräche daraus ziehen wollt.

Tipp: Ihr könnt auch als Reporter über die Diskussion berichten, z. B. in der Schüler- oder Klassenzeitung. Interessant für den Bericht ist: Wann und wo die Diskussion stattfand, wer daran teilnahm, welche Argumente ausgetauscht wurden, wie das Meinungsbild in der Klasse war und in welcher Atmosphäre (sachlich, gereizt …) die Diskussion verlief.

WERBUNG MIT WASSER UNTERSUCHEN

Dieser Text steht unten in der Anzeige:

Wasser ist unsere Lebensgrundlage. Ein guter Grund, die Produktion unserer Hosen chlor- und giftfrei und damit so wasser- und umweltfreundlich wie möglich zu gestalten: Double saddle stitched, chlorfrei gebleicht und mit Farben, die auch nach x-mal waschen noch strahlen, ist eine Joker also ein echter Umweltschützer. Anprobieren und Gutes tun …

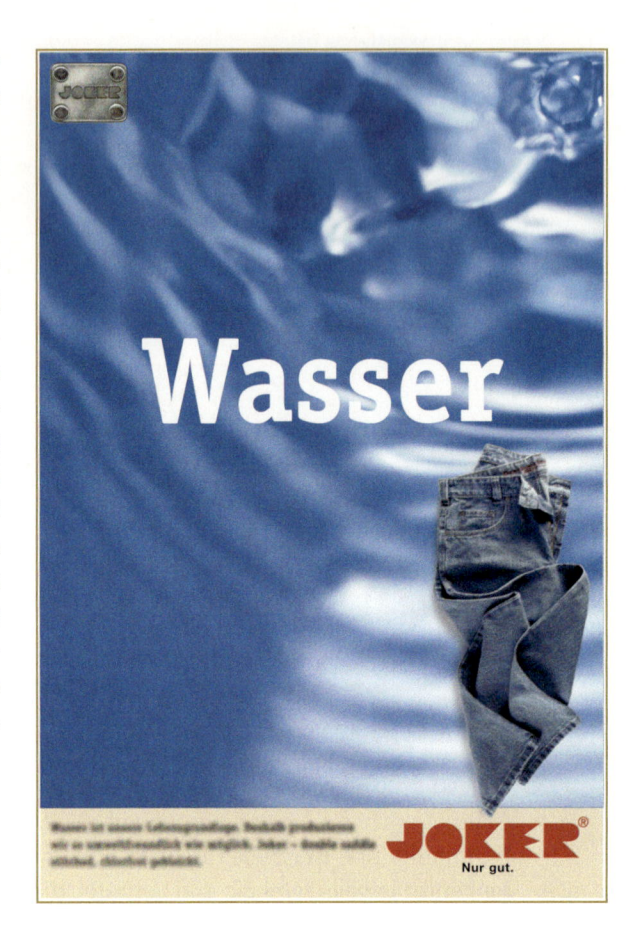

Werbestrategie AIDA

Attention
   (Aufmerksamkeit)
Interest
   (Interesse)
Desire
   (Wunsch)
Action
   (Handlung)

Werbefachleute, die für ein Produkt eine Werbeaktion planen, wissen sehr genau, wie sie Menschen beeinflussen können. Wenn es so läuft, wie die Werbeprofis es geplant haben, werden dabei vier verschiedene Stufen durchlaufen:
- Zuerst wird **Aufmerksamkeit** erregt, damit die Leute hinsehen.
- Dann wird ihr **Interesse** geweckt, damit sie sich intensiver mit dem Produkt beschäftigen.
- Jetzt muss der **Wunsch** entstehen, das Produkt zu besitzen.
- Am Ende steht das Wichtigste: Die Leute werden **aktiv** und verhalten sich so, wie beabsichtigt: Sie kaufen das Produkt.

1 Untersucht die Jeans-Anzeige nach diesem Muster:
- Aufmerksamkeit: Welches Wort und welche Abbildung fällt besonders ins Auge? Und worum geht es eigentlich?
- Interesse: Lest euch den klein gedruckten Text durch, der unten in der Anzeige steht. Was wird über das Produkt ausgesagt?
- Kaufwunsch: Was könnte jemanden dazu bewegen, die Jeans zu kaufen?

2 Sammelt Anzeigen, in denen Wasser eine Rolle spielt, und untersucht sie nach demselben Muster. Achtet auf zentrale Werbeaussagen, Abbildungen, Farben, Wortwahl, Informationen …

WERBUNG MIT WASSER UNTERSUCHEN 67

H₂OFFNUNG

Wir können den Durst an jedem Wasserhahn löschen. Über eine Milliarde Menschen können das nicht. Mädchen und Frauen brauchen täglich Stunden bis zum nächsten Tümpel oder Brunnen. Und können nur hoffen, dass das Wasser dort nicht verseucht ist. UNICEF baut Brunnen, damit Kinder sauberes Trinkwasser haben. Und nicht an Durchfall sterben. Helfen Sie UNICEF dabei. Spendenkonto 300 000, Bank für Sozialwirtschaft (BLZ 370 205 00). Oder über Spendenhotline 0137/300 000.

unicef
Kinderhilfswerk der Vereinten Nationen

www.unicef.de

3 Untersucht auch diese Anzeige. Wendet dabei die AIDA-Formel an. Worin seht ihr die Unterschiede zu der Anzeige von S. 66?

Ideen für gute Werbetexte erhältst du auf den Seiten 26/27.

4 Entwirf eine eigene Werbeanzeige.
– Lege fest, wofür du werben willst.
– Sammle Ideen und entscheide dich für die überzeugendste.
  Denke daran, dass Wasser in deiner Werbeanzeige eine Rolle spielen soll!
– Lege fest, wie du die Werbeanzeige gestalten willst, und mache einen Grobentwurf.

5 Stellt eure Entwürfe in der Klasse vor und erläutert sie mit Hilfe der AIDA-Formel.

Mittel, die du für eine Werbeanzeige einsetzen kannst:

– griffige Slogans und Überschriften
– Fotos, Zeichnungen
– verschiedene Schriftgrößen und Farben
– kurze, schnell lesbare Texte
– Bild und Text können sich ergänzen oder einen Gegensatz bilden, um Aufmerksamkeit zu wecken
– Ansprache an die Betrachter: sie zu etwas auffordern, ihnen Mut machen, ihr Gewissen ansprechen …

Oft treffen in Umweltfragen verschiedene Meinungen und Interessen aufeinander. In einem Naherholungsraum des Ruhrgebiets, wo viele Menschen Erholung und Entspannung suchen, aber sich auch sportlich betätigen wollen, kam es deshalb zu einem Konflikt.

Mahnender Appell der KVR-Förster

Heidesee geht „baden"

Tierarten von der „Roten Liste" sind bedroht

(nas) „Lange geht das nicht mehr gut, allein mit Appellen an die Vernunft der Leute kommen wir nicht weiter." KVR[1]-Förster Elmar Kleibrink fürchtet um das biologische Gleichgewicht im Heidesee. Zehntausende von spärlich Bekleideten haben in den letzten Tagen das Riesenbiotop in der Heide zu einem Riesenbadesee umfunktioniert. Die Folge: Enten und Haubentaucher haben mit ihrem Nachwuchs das Weite gesucht; die Fischbrut verliert ihren Lebensraum, die Uferzone. Schon heute prognostiziert* Kleibrink eine biologische Katastrophe für den Heidesee: „In ein paar Jahren werden die Algen wuchern, weil der See durch die Badenden überdüngt wird." Oder zu Deutsch: Da es weit und breit am Heidesee keine Toiletten gibt, wird im Gewässer „entsorgt".

Tagtäglich dasselbe Bild, zum Beispiel gestern: Eine Frau schickt ihren Schäferhund auf Entenjagd in den See. Einige Jugendliche benehmen sich ebenso „tierisch" und haben es auf „Familie Schwan" abgesehen. „Ich muss mal eben das Bier wegbringen", schreit einer von ihnen. Mitten auf dem See bekämpfen sich zwei „verfeindete" Ruderboot-Besatzungen, unweit der Insel, auf der Vögel brüten. Und auf Schritt und Tritt tritt man auf Feuerstellen.

Selbst im streng abgezäunten Südteil des Sees, der ganz besonders für brütende Vögel geschaffen wurde, haben es sich einige auf dem Badelaken bequem gemacht, „weil es uns dahinten zu voll ist."

Arg gebeutelt von der „Schwimmer-Schwemme" sind die vom Aussterben bedrohten Fischarten, die vom Bottroper Angelsportverein Petri Heil nach streng ökologischen* Gesichtspunkten im See angesiedelt wurden. Nachdem sich Maler- und Teichmuscheln (jede von ihnen filtert täglich 500 Liter Wasser) ausgebreitet hatten, wurden Bitterling, Grünling, Rotfeder, Rotauge, Seeforelle, Seesaibling, Zander, Schleie und Karpfen ausgesetzt. Hecht und Barsch wurden von Enten angeschleppt.

Doch die Fischbrut, die Schutz und Nahrung in Flachwasserzonen sucht, muss vor den Menschen jetzt in tiefere Regionen abtauchen und wird dort Opfer von Raubfischen.

Und an Stelle von Haubentaucher und anderem scheuen Wassergeflügel werden Ratten und Möwen am Heidesee heimisch – sie machen es sich bei den Tonnen von Abfällen gemütlich. „Mit drei Leuten mussten wir am Montag den ganzen Tag rund um den See den Dreck wegräumen", so Kleibrink.

Zu beaufsichtigen sei der See kaum. Der KVR-Förster schließt daher nicht aus, dass im kommenden Jahr der Zugang zum Wasser an vielen Stellen dicht sein wird: „Wir werden mächtig Pflanzen setzen." Und er erinnert an das Konzept des Heidesees: Naturschutz und stille Erholung.

1 Kommunalverbund Ruhrgebiet

Klein Viktoria kriegt im Freibad immer Pickel

Badegäste am Heidesee genießen (noch) die Ruhe

(nas) „Baden verboten!" warnen rund um den Heidesee kleine grüne Schilder. Loni Kraus aber sieht gar nicht ein, auf das Schwimmen zu verzichten: „Der See ist ja schließlich mit unseren Steuergeldern finanziert worden." Sagt's und steigt in die Fluten.

Seit acht Jahren genießt sie mit ihrem Mann die Ruhe an den Gestaden des am Reißbrett entstandenen Gewässers. Für die 59-jährige Grafenwälderin besitzt der Heidesee sogar therapeutische Bedeutung. „Für mein operiertes Knie ist das Schwimmen hier ideal." Freibäder sind für sie kein Thema, weil sie unter einer Atmungsallergie leidet:

„Ich vertrage das Chlor nicht, kriege sofort Asthma*."

Rabauken nehmen zu

Mittlerweile drückt auch der „Hausherr", der Kommunalverband Ruhrgebiet, ein Auge zu und gönnt den Revierbürgern den Badeurlaub vor der Haustür. Wenn alles im Rahmen bleibt. „Aber die Rabauken nehmen ständig zu", bedauert die gebürtige Berlinerin, „ich bin schon übel von Jugendlichen beschimpft worden, wenn ich sie gebeten habe, das Radio mal leiser zu machen."

Und dann der Müll – seit der Flutung des ehemaligen Baggerloches ein Dauerproblem. Wie Loni Kraus halten auch das **Ehepaar Stoellger** aus Mülheim und der Bottroper Reinhold Czieminga ihre Liegewiese peinlich sauber. „Ich habe Mitarbeiter des KVR gebeten, an den Zaun hier an unserem Platz einen Müllsack hinzuhängen. Da schmeißen wir dann die Abfälle rein", betont **Reinhold Czieminga**, „aber was nutzt das, wenn andere ihren Dreck überall liegen lassen."

Noch sei das Wasser einigermaßen sauber und klar, aber wie lange noch? Das fragen sich auch die drei Studenten **Sonja**, **André** und **Markus**. Schon als Jugendliche bevorzugten sie den See, „weil du im Freibad vor lauter Menschen nicht mehr richtig schwimmen kannst." Inzwischen fühlen sich die drei wegen des Massenandrangs auch am Heidesee nicht mehr wohl.

Eine Premiere feierten gestern **Inge** und **Sandra** aus Oberhausen-Sterkrade. „Bisher sind wir immer nur mit dem Fahrrad um den See spazieren gefahren", gestand die schwarzhaarige Inge, „sonst waren wir immer im Sterkrader Freibad Alsbachtal – aber da ist das Wasser eiskalt."

Das Wasser ist angenehm warm

Die angenehmen Temperaturen schätzen auch die Kinder. „So richtig schön zum Spielen", freute sich die siebenjährige **Katrin** aus Dorsten, die mit ihrer Mutter in den Ferien fast jeden Tag nach Kirchhellen radelt. Allerdings fehlen oft die Spielkameraden. Im Freibad gibt es da mehr, weiß auch **Viktoria** (6) aus Gladbeck. „Unsere Kleine verträgt das Chlor aber nicht", begründet ihre Mutter, **Ursula Zurek**, die lange Tour zur Heide, „zuletzt hat sie immer Pickel bekommen."

Für einen 33-jährigen arbeitslosen Bauleiter aus Bottrop bedeutet der Heidesee eine preiswerte Alternative*. Fast täglich strampelt er in den Ferien mit seinen beiden Kindern im Fahrradanhänger Richtung Heidesee. Aber er schätzt auch die Natur: „Mir ist das Vogelgezwitscher lieber als das Geplärre der Menschen im Freibad."

NATURSCHUTZ ODER FREIZEITSPASS?

1 Am Heidesee passiert so einiges.
- Lest beide Zeitungsartikel und nennt den Konflikt, um den es geht.
- Klärt auch Dinge, die ihr nicht versteht.

2 Stell dir vor: Du bist Naturschützer und möchtest den Heidesee für Badende sperren.
Oder: Du wohnst in der Nähe des Heidesees und möchtest dort baden und deine Freizeit verbringen.

Hilfen für die Darstellung deiner Standpunkte erhältst du auf den Seiten 180–182.

Entscheide dich für eine Möglichkeit und suche in den Artikeln nach Begründungen und Beispielen für deinen Standpunkt. Notiere sie stichwortartig:

Naturschützer:
- biologisches Gleichgewicht gefährdet
- Fischbrut verliert Lebensraum
- ...

Freizeitler:
- Ruhe genießen
- kein Chlor im Wasser
- ...

Weitere Informationen zum Leserbrief erhaltet ihr auf S. 93.

3 Du möchtest deine Meinung möglichst vielen Menschen mitteilen. Dazu eignet sich besonders ein Leserbrief, den du an die Zeitung schreibst.

Dabei musst du Folgendes beachten:
- Beziehe dich auf den/die Zeitungsartikel.
- Gib deinen Standpunkt zu dem Problem deutlich wieder. Wenn du zusätzliche Informationen hast, kannst du sie anführen.
- Du darfst dich in deinem Brief auch auf eine in den Artikeln gemachte Äußerung beziehen, sie unterstützen oder kritisieren.
- Du musst knapp und genau formulieren und darfst keine verletzenden oder unfairen Formulierungen gebrauchen.
- Abwechslung im Ausdruck und etwas Humor können nicht schaden.
- Damit dein Brief eine Chance hat, veröffentlicht zu werden, sollte er nicht mehr als 150 Wörter enthalten.
- Am Schluss des Leserbriefes müssen Name und Anschrift stehen.

> zu: Heidesee geht „baden"
>
> Können wir es uns erlauben, eines unserer wenigen Biotope* so zu misshandeln? Wo können wir Schüler denn schon mal seltene Tiere oder Pflanzen in der Natur erleben? Die Badefreunde denken nur an sich und ihr Vergnügen. Das können sie auch woanders haben. Die Naturfreunde und vor allem die Pflanzen und Tiere müssen auch zu ihrem Recht kommen.
>
> Kathrin Brauer
> Poststraße 17
> 45257 Essen

4 Jetzt formuliere deine Meinung und begründe sie. Du darfst einzelne Teile des Leserbriefes übernehmen, andere um- oder ganz neu formulieren.

Traumberufe – Berufsträume

Wenn ich groß bin, werde ich Pilotin...

Wenn ich groß bin, werde ich Zoowärter

Wenn ich groß bin, werde ich Konditorin.

Wenn ich groß bin, werde ich Mutter...

Wenn ich groß bin, werde ich ... Sicher hast du schon von dem einen oder anderen Beruf geträumt – und das ist gut so. Wichtig ist aber auch herauszufinden, welche Fähigkeiten in dir stecken, damit du weißt, welchen Träumen sich nachzugehen lohnt. Schau dich um, informiere dich und spüre Berufe auf, die deinen Begabungen und Interessen entsprechen. Dieses Kapitel möchte dich bei deiner Berufsfindung unterstützen.

TRAUMBERUFE – BERUFSTRÄUME

Viel Zeit möchte ich haben.

Ich will mir aussuchen können, wann ich die Arbeit erledige.

Mir ist wichtig, dass ich in meinem Beruf zufrieden bin.

Viel Geld möchte ich auf jeden Fall verdienen.

Fußballprofi – ja, das ist mein Traum. Dann könnte ich den ganzen Tag meiner Lieblingsbeschäftigung, dem Fußballspielen, nachgehen.

Kfz-Mechaniker möchte ich werden, weil ich Autos klasse finde.

Mein Traumberuf ist Filmstar. Immer im Rampenlicht und auf Partys.

Kosmetikerin

Schreinerin, ich arbeite so gerne mit Holz!

Ich möchte anderen helfen können.

1 Schülerinnen und Schüler einer 8. Klasse haben diese Berufswünsche und Traumberufe genannt.
– Worin unterscheiden sich ihre Berufsvorstellungen?
– Welche Wünsche stecken in ihren Berufsträumen?

2 Sprecht darüber, welche Wünsche realistisch sind und welche eher unerfüllt bleiben werden. Begründet eure Einschätzung.

TRAUMBERUFE – BERUFSTRÄUME 73

3 Setzt euch in Gruppen zusammen und sammelt auf großen Papierbögen Wünsche, die euch für das spätere Berufsleben wichtig sind. Sprecht darüber.

- geachtet werden
- beliebt sein
- Karriere machen
- Außergewöhnliches tun
- anderen helfen
- gestalten
- unabhängig sein
- zufrieden sein

4 Zeichne das Schattenbild deines Kopfes mit Hilfe des Tageslichtprojektors auf ein DIN-A2-Zeichenblatt. Fülle den Kopf mit Wörtern aus, die deutlich machen, was dir besonders wichtig für deinen Beruf ist. Die Wörtersammlung aus der Gruppenarbeit hilft dir dabei.

Tipp: Mit unterschiedlichen Farben, Schriftgrößen und Schriftstärken kannst du wichtige Dinge besonders hervorheben. Auch Wortwiederholungen setzen Schwerpunkte.

5 Hängt eure Bilder in der Klasse auf und versucht herauszufinden, wer sich hinter den Berufsträumen versteckt.

6 Sprecht über Berufsvorstellungen,
– die besonders originell sind,
– die häufig auftreten oder
– die selten genannt werden.
Was mögen Gründe für diese Unterschiede sein?

Am liebsten berühmt

Pete Johnson

Meine Mutter schleppte mich in die Stadt, um beim Arbeitsamt vorzusprechen. Der Typ hinterm Schreibtisch – ein dürrer, schlaksiger Mann mit einem gigantischen Adamsapfel – blätterte immer wieder meine Papiere durch, als könne er nicht fassen, dass es so schlechte Zeugnisse gibt. Mir selbst ging es kaum anders. Gut, ich habe nie etwas dafür getan, also habe ich keine Wunder erwartet, aber trotzdem … nein, kein Wort mehr darüber. Ich möchte niemanden zu Tränen rühren.

„Hat dir nicht wenigstens ein Fach in der Schule Spaß gemacht?", fragte der Berater. Ich schüttelte den Kopf.

„Irgendwas muss dir doch gefallen." Er näherte sich dem Stadium der Verzweiflung. Doch, es gab etwas. Aber er hätte es nicht verstanden. Dir kann ich es allerdings verraten. Im Englischunterricht übten wir uns in freier Rede. Ich habe über die Lebensweise eines Schnürsenkels referiert.

Total verrückt – selbst die Paarungsgewohnheiten der Schnürsenkel habe ich nicht ausgespart – meine Klasse fand es spitze. Ich entlockte ihnen Lachsalven, selbst der Lehrer lächelte (wenn auch sehr verhalten). Überwältigender Beifall am Ende! Aber nicht nur dieser Beifall ließ mich schweben. Es war die Art, wie sie mich ansahen. Als hätten sie mich richtig gern.

Natürlich hatte ich die Klasse schon häufiger zum Lachen gebracht, aber dieses eine Mal war anders. Ich stand dem Publikum richtig gegenüber, wie im Fernsehen – mit einem Unterschied: Meine Zuhörerschaft war anspruchsvoller als die in einem Studio. Die Klasse zeigte mir nämlich sofort, wenn ihr etwas nicht passte.

Ich hatte den einzigen Beruf entdeckt, den ich ausüben könnte. Wie oft habe ich Showmaster gesehen, denen es nicht einmal ansatzweise gelungen ist, freundlich und locker zu wirken. Ich weiß, dass ich besser wäre als die. Ich bin nun mal eine schillernde und schlagfertige Person. Das bestätigt dir jeder. Ich bringe die Leute dazu, dass sie sich wohl fühlen, und ich kann aufmerksam zuhören, selbst wenn ich null Interesse habe (Berufsberater ausgenommen). Ich bin aufgeweckt, spritzig und freundlich – und ich liebe es, vor Publikum aufzutreten.

Ich habe das Zeug, eine Show zu leiten. Ohne Übertreibung. Sicher, ich weiß, dass ich in keinerlei Hinsicht Talent habe. Ich kann weder singen noch tanzen, noch schaupielern – noch sonst etwas. Wahrscheinlich kann ich rein gar nichts, außer eine Show leiten.

Jetzt weißt du bedeutend mehr über mich, als der Typ vom Arbeitsamt jemals erfahren hat. Selbstverständlich habe ich keine Silbe über meine Neigung verloren. Ich sagte nur: „Ich will einen aufregenden Beruf ausüben."

Er und meine Mama tauschten Blicke, als hätten sie es mit einer Vierjährigen zu tun, die gerade etwas absolut Herziges geplappert hat.

„Das Leben ist selten so aufregend, wie wir es uns wünschen", sagte der Berufsberater noch immer lächelnd. „Um genau zu sein, ist es mit wenigen Ausnahmen recht gewöhnlich und nüchtern."

Es muss fürchterlich traurig und deprimierend sein, diese Erkenntnis auszusprechen. Besonders für einen Berater beim Arbeitsamt. Meine Mama saß da und nickte.

1. Jennifers Bild von sich selbst und die Beobachtungen ihrer Mutter und des Berufsberaters sind unterschiedlich. Stelle in einer Tabelle dem Selbstbild des Mädchens das Fremdbild der beiden Erwachsenen gegenüber.

2. Was haltet ihr von Jennifer und ihren beruflichen Vorstellungen? Sprecht darüber.

3. Die Schülerin hat das Gespräch mit dem Berufsberater als wenig nützlich empfunden. Mache Vorschläge, wie sie selbst zum Erfolg der Beratung beitragen könnte.

4. Jennifer konnte im Englischunterricht ihre Klasse begeistern. Auch du kannst bestimmte Dinge gut. Berichte darüber.

5. Schreibe einen Text über deine Berufsträume. Du brauchst dich nicht auf einen Beruf festzulegen, sondern kannst verschiedene Möglichkeiten ansprechen oder darüber schreiben, was, womit und wo du arbeiten möchtest.

Mädchen, pfeif auf den Prinzen!
Josef Reding

Es kommt kein Prinz, der dich erlöst,
wenn du die Jahre blöd verdöst,
wenn du den Verstand nicht übst,
das Denken stets auf morgen schiebst.

5 Es kommt kein Prinz, der dich umfängt,
von nun an deine Schritte lenkt.
Befrei dich selbst vom Dauerschlaf,
sonst bleibst du nur ein armes Schaf.

Es kommt kein Prinz mit einem Kuss,
10 macht nicht mit deinen Sorgen Schluss:
es bringt dich auch kein Königssohn
vom Kochtopf auf den Herrscherthron.

Du kannst dir selbst dein Leben bauen,
musst allen deinen Kräften trauen.
15 Mach noch heute den Versuch
und pfeif auf den Prinzen im Märchenbuch!

---

1 In seinem Gedicht gibt der Autor den Rat: „Mädchen, pfeif auf den Prinzen!"
Welche Gründe führt er dafür an?
Wozu fordert er auf?

2 Was wird von Mädchen und was von Jungen erwartet?
Entspricht das deinen Fähigkeiten? Was möchtest du gerne anders machen?
Schreibe darüber.

3 Mein Leben in zehn Jahren – wie könnte es aussehen?
Schreibe einen Text zu diesem Thema.
Stellt eure Texte in der Klasse vor und sprecht darüber.

Du kannst deine Ideen auch mit Bildern aus Zeitungen zu einer Bildcollage
zusammenstellen oder den Text durch eine Zeichnung ergänzen.

ℝ Ich habe gehört, ihr wollt nichts lernen
Bertolt Brecht

Ich habe gehört, ihr wollt nichts lernen
Daraus entnehme ich: ihr seid Millionäre.
Eure Zukunft ist gesichert – sie liegt
Vor euch im Licht. Eure Eltern
5 Haben dafür gesorgt, daß eure Füße
An keinen Stein stoßen. Da mußt du
Nichts lernen. So wie du bist
Kannst du bleiben.

Sollte es dann doch Schwierigkeiten geben, da doch die Zeiten
10 Wie ich gehört habe, unsicher sind
Hast du deine Führer, die dir genau sagen
Was du zu machen hast, damit es euch gut geht.
Sie haben nachgelesen bei denen
Welche die Wahrheit wissen
15 Die für alle Zeiten Gültigkeit haben
Und die Rezepte, die immer helfen.

Wo so viele sind
Brauchst du keinen Finger zu rühren.
Freilich, wenn es anders wäre
20 Müßtest du lernen.

1 Schau dir zuerst die erste Strophe an.
– Wer spricht? Wer wird angesprochen?
– Wie werden die Angesprochenen beschrieben?
– Was schließt das lyrische Ich daraus?

2 In der zweiten Strophe beschreibt Brecht eine andere Art, wie sich manche Menschen in schwierigen Situationen verhalten.
Welche Beobachtungen macht er?

3 Woraus leiten die „Führer" ihren Führungsanspruch ab?
Wie beurteilst du diese Begründung?

4 Erkläre die letzten beiden Zeilen.
Welche Schlussfolgerung müssen die Angesprochenen ziehen?

So könnt ihr weiterarbeiten
- Vergleiche mit der Aussage Redings in *Mädchen, pfeif auf den Prinzen!*

Die heimliche Revolution

In Deutschlands Mädchenzimmern wächst eine Generation junger Frauen heran, die ganz andere Träume, Ziele und Werte hat als alle Generationen vor ihr. Die Mädchen glauben, dass ihnen jeder Lebensweg offen steht. Haben sie recht – oder droht ihnen eine riesige Enttäuschung?

Fast unbemerkt hat sich eine Revolution in den Mädchenzimmern vollzogen. Am deutlichsten zeigt sich das Fräuleinwunder in der Schulbildung: Da sind die Mädchen durchgestartet und lassen die Jungen im Kreidestaub zurück. Diese Entwicklung entspricht dem Gesamttrend innerhalb der Europäischen Gemeinschaft. Welche Folgen dieser Boom an hoch qualifizierten, ehrgeizigen Frauen mittelfristig für den Arbeitsmarkt und die Gesellschaft haben wird, darüber lässt sich heute allenfalls spekulieren.

Bei den meisten jungen Frauen ist die Botschaft angekommen, dass Ausbildung und Job die wichtigsten und gesellschaftlich anerkanntesten Lebensinhalte sind. Mit viel größerer Selbstverständlichkeit als ihre Mütter gehen Mädchen davon aus, dass sie erwerbstätig sein werden – und dass sie ein hart umkämpfter Arbeitsmarkt erwartet. Ein Leben ohne Job kann sich fast keine junge Frau vorstellen, denn der Job verheißt Selbstbestätigung.

Was aber wird aus diesem Energieschub, wenn die jungen Frauen den Schonraum Ausbildung verlassen? Wird ihr neues Selbstbewusstsein sie im Berufsleben schnurstracks an die Spitze führen? Es sieht nicht so aus. Denn offensichtlich träumen Mädchen nur selten von der Chefetage – auch weil sie wissen, dass ihnen der Aufstieg schwer gemacht werden wird. Nur rund ein Drittel der befragten jungen Frauen steuerte eine leitende Stellung an, während mehr als die Hälfte ihrer männlichen Altersgenossen sich zum Boss berufen fühlte.

Selbstverwirklichung, Spaß und Soziales: Diese Dreieinigkeit der Berufsziele herrscht bei jungen Frauen im Westen vor. Im Osten kommt das Geld dazu.

Für Kaviar im Kühlfach wird es jedoch bei den wenigsten reichen. Denn die weiblichen Auszubildenden beschränken sich nach wie vor auf einen winzigen Ausschnitt des Berufsangebots. Vier Fünftel qualifizieren sich in nur 30 von insgesamt 400 Ausbildungsberufen. Mehr als die Hälfte aller weiblichen Azubis in Ost- und Westdeutschland ist in insgesamt zehn Berufen zu finden, darunter die Sackgassen-Klassiker Friseuse, Lebensmittelverkäuferin und Arzthelferin. Auch die Nachwuchsakademikerinnen verhalten sich nicht geschickter.

Mit bunten Broschüren, „Mädchen-Technik-Tagen" und Schnupperkursen für Schülerinnen versuchen die Frauenbeauftragten der Universitäten seit Jahren, den weiblichen Nachwuchs in technische und naturwissenschaftliche Disziplinen zu locken. Neuerdings versuchen sich auch große Unternehmen als Frauenförderer. Denn zurzeit sind in Managerkreisen die so genannten Soft Skills angesagt: Teamfähigkeit, Kommunikation und Einfühlungsvermögen, die Frauen eher mitbringen.

Diese wundersame Entwicklung aber endet an der Schwelle zum Berufsleben: In diesem Verdrängungswettbewerb greifen wieder alte Vorurteile; Jungen werden häufiger bevorzugt. Plötzlich gelten die prächtigen Abschlüsse der Mädchen nichts mehr. Auf den Höhenflug der Mädchen im Ausbildungssystem folgt die Bruchlandung in der Arbeitswelt.

SICH ÜBER AUSBILDUNGSMÖGLICHKEITEN INFORMIEREN

1 Kläre in dem Zeitungstext zuerst die unbekannten Wörter. Schreibe sie mit Erklärung in dein Heft.

2 Der Zeitungstext spricht von einer „heimlichen Revolution" in „Deutschlands Mädchenzimmern". Umschreibe in eigenen Worten, was damit gemeint ist.

3 Bildet Gruppen und fasst wesentliche Aussagen und Meinungen dieses Textes in jeweils einem Satz zusammen (Thesenpapier).
Führt ein Klassengespräch über diese Ergebnisse.

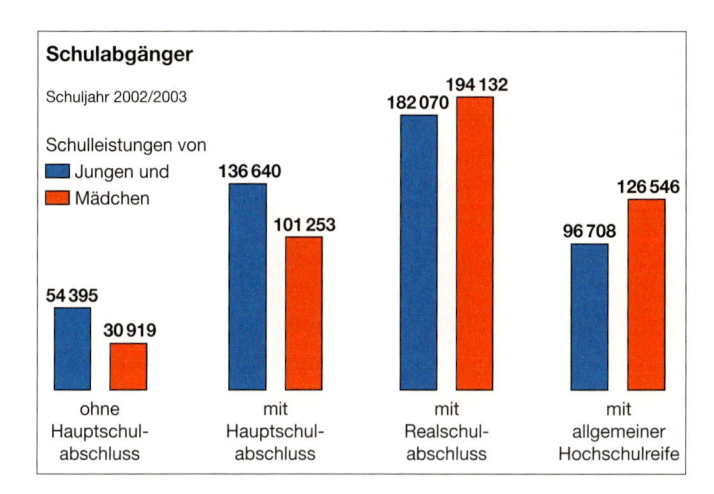

Schulabgänger
Schuljahr 2002/2003

Schulleistungen von
- Jungen und
- Mädchen

	Jungen	Mädchen
ohne Hauptschulabschluss	54 395	30 919
mit Hauptschulabschluss	136 640	101 253
mit Realschulabschluss	182 070	194 132
mit allgemeiner Hochschulreife	96 708	126 546

Sitzenbleiber
Anteil der Schülerinnen und Schüler, die im Schuljahr 2002/2003 eine Klasse wiederholten

	Mädchen	Jungen
an Grundschulen	1,6 %	1,8 %
an Hauptschulen	3,5 %	4,6 %
an Realschulen	4,9 %	6,2 %
an Gymnasien	2,3 %	3,4 %

Schulleistungen von
- Mädchen und
- Jungen

4 Betrachte die beiden Diagramme und werte sie aus.
Schreibe einen zusammenhängenden Text, der die Unterschiede in den Schulleistungen von Jungen und Mädchen erläutert.

Top Ten der Ausbildungsberufe 2003
Zahl der Auszubildenden Ende 2003 in Deutschland

Junge Frauen		Junge Männer	
Bürokauffrau	46 645	Kraftfahrzeugmechatroniker	78 442
Arzthelferin	46 180	Elektroniker (Energie- u. Gebäudetechnik)	38 793
Einzelhandelskauffrau	39 780	Anlagenmechaniker (Sanitär, Heizung, Klimatechnik)	36 711
Zahnmedizinische Fachangestellte	39 634	Maler und Lackierer	31 764
Friseuse	38 688	Einzelhandelskaufmann	30 868
Industriekauffrau	31 650	Koch	29 154
Fachverkäuferin (Nahrungsmittelhandwerk)	27 184	Metallbauer	27 323
Kauffrau für Bürokommunikation	26 488	Tischler	25 125
Bankkauffrau	23 287	Groß- und Außenhandelskaufmann	22 592
Hotelfachfrau	22.564	Mechatroniker	19 666

Quelle: Staatliches Bundesamt

5 Jungen und Mädchen entscheiden sich für unterschiedliche Berufsfelder. Fasse die einzelnen Berufe zu Gruppen zusammen. Welche Schwerpunkte der Berufswahl lassen sich bei Mädchen, welche bei Jungen erkennen?
Welche Berufsfelder fehlen jeweils?

Was ich werden soll *Siegfried Lenz*

Kurz vor meiner Schulentlassung, im Frühjahr, wir gingen schon barfuß, saß meine Mutter in der Werkstatt von Onkel Adam, und während er eine Lischke reparierte, einen aus Span geflochtenen Tragekorb, sprachen sie über mich, erörterten geduldig meine Neigungen und Fähigkeiten und paßten mir verschiedene Berufe an, erwogen dies und verwarfen das. Ich stand hinter der angelehnten Tür, ich lauschte ihrem pausenreichen Gespräch und hörte zum ersten Mal, wofür sie mich hielten und was sie mir zutrauten; ich erfuhr auch, auf welch ein Lebensstockwerk sie mich hinaufkatapultieren wollten zu ihrer eigenen Genugtuung: meine Mutter suchte mir „einflußreiche Berufe" aus, Onkel Adam dagegen sah mich in einem „dienenden" Beruf aufgehen. Was sie sich ausdachten für mich! Wie sie ihren unterschiedlichen Ehrgeiz gestillt sehen wollten! Am bästen, sagte meine Mutter, wenn unser Siechmunt kennte auf Gendarm lernen, da hätte er immer die Aufsicht ieber alles. Onkel Adam schmeckte den Vorschlag ab und bekannte: Kürschner wär mir lieber; er hat Blick für Stoffe und Felle; er könnte Pelzboas und Müffe und Felldecken herstellen, die kein Frost schafft. Aus Furcht, dies könnte nur ein Saisonberuf sein, schlug meine Mutter vor, ich sollte bei Struppek – von Struppek & Sausmikat – in die Lehre gehen, als Verkäufer von Mänteln, Hosen und Matrosenanzügen, weil „da kennte Siechmunt jeden Lachodder* vorteilhaft ausstaffieren".

Dann schon lieber Kunsttischler, sagte Onkel Adam, denn Leim- und Holzgeruch sind allemal gesünder als Textilgeruch, und außerdem wird er nicht gezwungen, halb Lucknow im Unterzeug zu erleben. Als sie gemeinsam erwogen, mich Holzveredler werden zu lassen, in der Sperrholzfabrik draußen, hielt ich es nicht mehr aus, ich schlich an der Tür vorbei, tappte nach unten und lief durch den Garten zum Lucknow-Fluß, nicht bereit, anzunehmen, was sie da in ihrem bedächtigen Gespräch für mich heraussiebten.

1. Der Ich-Erzähler lauscht hinter einer angelehnten Tür einem Gespräch zwischen seiner Mutter und seinem Onkel.
Worüber unterhalten sich die beiden?
Warum findet das Gespräch sein besonderes Interesse?

2. Welche Motive erkennt er hinter den Vorschlägen der beiden?

3. Die Zeiten und die Berufe haben sich verändert. Trotzdem spielen viele Überlegungen der beiden Erwachsenen auch heute bei der Berufswahl eine Rolle.
Formuliere diese grundsätzlichen Überlegungen zeitgemäß und in Frageform. Ergänze weitere Fragen.

4. Wie reagiert der Junge auf die Ideen der beiden Erwachsenen?
Kannst du sein Verhalten verstehen?

5. Am Abend sucht er das Gespräch mit seiner Mutter zu diesem Thema. Stellt zusammen, was er mit ihr besprechen möchte, und führt das Gespräch als Rollenspiel.

FÄHIGKEITEN UND INTERESSEN AUFSPÜREN

Es gibt heute über 400 Berufe, die du erlernen kannst. Jährlich kommen neue hinzu, manche verändern sich in ihren Aufgaben und Tätigkeiten und einige gibt es gar nicht mehr. Natürlich kennst du nicht alle und kannst auch nicht alle in deiner näheren Umgebung erlernen. Die Berufsberater und das Berufsinformationszentrum (BIZ) der Bundesagentur für Arbeit können dich frühzeitig informieren und beraten.

Dabei sind sie auf deine Mithilfe angewiesen. Zuerst musst du deinen eigenen Interessen auf die Spur kommen und deine Fähigkeiten erkennen: Wo liegen deine Stärken und Schwächen? Welche Tätigkeiten möchtest du ausüben? Womit und wo würdest du gerne arbeiten? Mit diesen Informationen kann der Berufsberater herausfinden, welche Berufe zu dir passen.

So erfährst du eine Menge über dich

- Sei offen für die verschiedenen Aufgaben in der Arbeitswelt. Vielleicht stößt du dabei auf Tätigkeiten und Berufe, die dich interessieren:
    - Überlege, welche Berufe dir im Alltag begegnen. Denke z. B. an ein großes Warenhaus, an eine Werkstatt, an ein Krankenhaus ... Vielleicht kannst du auch beobachten, was dort getan wird.
    - Frage nach, was Eltern, Geschwister und Bekannte an ihrem Arbeitsplatz tun.

- Beobachte dein Verhalten in Schule und Freizeit:
    - Welche Schulfächer machen dir am meisten Spaß?
    - Welche Fächer liegen dir weniger?
    - Womit beschäftigst du dich in deiner Freizeit am liebsten?
    - Wofür hättest du gerne mehr Zeit?

- Befrage Eltern und Freunde über deine besonderen Fähigkeiten, Vorlieben und Abneigungen. Vielleicht kennen sie dich von einer Seite, die dir gar nicht bewusst ist.

- Auf dem Zettel findest du viele Tätigkeiten, die in verschiedenen Berufen vorkommen. Gemeinsam könnt ihr diese Liste noch erweitern. Bestimmt ist etwas dabei, was dich interessieren könnte ...

- Fasse in einem Text zusammen:
    - deine besonderen Fähigkeiten, Vorlieben und Abneigungen,
    - deine Erwartungen und Anforderungen an einen Beruf.

```
montieren reparieren
reinigen verpacken
behandeln pflegen
erziehen unterrichten
anbauen prüfen
Maschinen steuern
untersuchen
programmieren
Material bearbeiten
Geräte bedienen
transportieren
schreiben verwalten
herstellen einkaufen
verkaufen bedienen
beraten installieren
Computer bedienen ...
```

Ich bin in einem Modellbauclub. Da arbeite ich oft mit Holz. Das macht sehr viel Spaß und die Modelle werden recht gut. Oft werde ich dafür gelobt. Deshalb finde ich es gut, etwas aus Holz herzustellen und Holz zu bearbeiten.
Peter

BERUFE KENNEN LERNEN

Es gibt viele Möglichkeiten

- **Informationsmaterialien**
  Interessante, gut geschriebene und verständliche Informationen enthält z. B. die Zeitschrift *Was werden?*, die regelmäßig von der Bundesagentur für Arbeit herausgegeben wird. Auch im Internet könnt ihr euch informieren, z. B. unter www.was-werden.de.

- **Berufs- und Arbeitsplatzerkundung, Schnupperpraktikum**
  Um einen ersten Einblick in die Arbeitswelt zu gewinnen, werden an vielen Schulen Arbeitsplatzerkundungen durchgeführt. Zusätzlich zum Betriebspraktikum kann man in den Ferien auch ein freiwilliges Schnupperpraktikum machen.

- **Betriebspraktikum**
  Meist wird das BORS-Praktikum im Rahmen des themenorientierten Projekts *Berufsorientierung Realschule* in der 9. Klasse durchgeführt, aber es wird am Ende des vorhergehenden Schuljahres vorbereitet. Ihr müsst euch also frühzeitig überlegen, welches Berufsfeld ihr erkunden wollt und wo ihr die Berufs- und Arbeitsplatzerkundung durchführen könnt.

Eine Berufs- und Arbeitsplatzerkundung vorbereiten

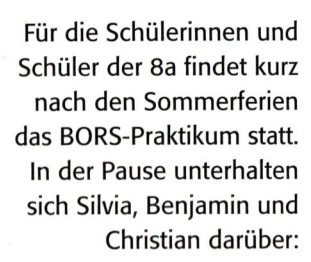

Für die Schülerinnen und Schüler der 8a findet kurz nach den Sommerferien das BORS-Praktikum statt. In der Pause unterhalten sich Silvia, Benjamin und Christian darüber:

Silvia: Benni, wohin gehst du eigentlich während des BORS-Praktikums?
Benjamin: Ich sehe mir den Beruf des Elektromechanikers an, mein Traumjob. Ich möchte wissen, welche Anforderungen in diesem Beruf gestellt werden. Und du?
Silvia: Ich gehe zu Hendker. Der Beruf des Mechatronikers interessiert mich. Der Betrieb ist echt gut. Ich habe ihn angesehen und mich vorgestellt.
Christian: Als Mädchen in so einem Beruf? Ganz schön mutig.
Benjamin: Willst du das auch mal werden?
Silvia: Das ist doch jetzt noch gar nicht entscheidend! Ich will erst einmal sehen, wie der Berufsalltag aussieht und ob mir solche Arbeit überhaupt Spaß macht. Ich werde das einfach mal ausprobieren, ohne mich gleich festzulegen.

Christian:	Klar, im Betrieb bekommt man mehr mit, als wenn man nur darüber etwas hört und liest. Ich gehe in die Schreinerei meines Onkels. Ich arbeite gerne mit Holz und vielleicht darf ich sogar etwas selber machen. Obwohl es mir bestimmt nicht erlaubt wird, an den großen Maschinen zu arbeiten.
Benjamin:	Ich denke auch, dass ich selbst nicht viel ausprobieren kann. Aber ich werde die Leute beobachten und Fragen stellen.
Silvia:	Genau! Ich nehme auch meine Kamera mit, dann habe ich später für meinen Bericht etwas zum Einkleben.
Benjamin:	Darfst du das denn?
Silvia:	Den Chef hab ich schon gefragt. „Na klar!", hat er gesagt. Wenn ich mich bedanke, schenke ich ihm eine Karte mit einem Foto.
Christian:	Typisch Mädchen!
Silvia:	Tu doch nicht so! Es ist echt prima, dass wir in den Betrieben sein dürfen, und vielleicht möchte ich später dort eine Ausbildung anfangen.
Christian:	Wie seid ihr überhaupt auf die Berufe gekommen?
Benjamin:	Ich hab mich erkundigt, was für Betriebe es hier in der Umgebung gibt und was mich davon interessieren könnte.
Silvia:	Und ich hab in der Zeitung einen interessanten Bericht über neue Berufe gelesen. Da habe ich Lust bekommen.

1 Nach welchen Überlegungen wählen Benjamin, Christian und Silvia ihre Betriebe aus? Welche Erfahrungen wollen sie dort sammeln?

2 Warum ist es so wichtig, wie Silvia einfach etwas auszuprobieren?

3 Die Schüler tauschen wichtige Tipps aus. Unterstreicht auf Folie,
- was Silvia vor dem Betriebspraktikum gemacht hat.
- was Benjamin, Christian und Silvia sich für das Betriebspraktikum vorgenommen haben.
- was Silvia nach dem Betriebspraktikum geplant hat.

4 Ergänzt die Tipps mit eigenen Ideen.

5 Sammelt diese Tipps auf Plakaten. So bekommt ihr eine Checkliste für die Vorbereitung und Planung eures eigenen Betriebspraktikums.

Vor dem Betriebspraktikum:
- Eltern, Freunde und Bekannte nach interessanten Berufen befragen
- sich aus Zeitungen und Infoblättern informieren
- … Fotos …
- …

Während des Betriebspraktikums:
- die Arbeit genau beobachten
- … befragen …
- … Fotos …
- …

Nach dem Betriebspraktikum:
- Material für eine Präsentation auswerten
- eine Dokumentation zusammenstellen (Berichte, Bilder, Fragebogen, evtl. Arbeitsproben …)
- … bedanken …
- …

BERUFE KENNEN LERNEN

Viele Berufe sind unbekannt. Manche Berufe haben ein negatives Image. Am besten ist es also, möglichst viele Berufe kennen zu lernen, sich Informationen zu beschaffen und Berufe unvoreingenommen zu prüfen. So sind die Chancen am größten, einen passenden und zukunftsträchtigen Beruf zu finden.

Azubis müssen kleine Supermänner sein

Gestank und Schmutz kommt den meisten beim Wort „Kläranlage" in den Sinn. Vorurteile halten auch viele Schulabgänger davon ab, sich trotz Lehrstellenmangels für eine Ausbildung als Fachkraft für Abwassertechnik zu bewerben. „Und dabei ist der Beruf vielfältig und interessant", sagt Hubert Traub, Betriebsleiter der Ellwanger Kläranlagen.   *Von Verena Schiegl*

Wie viele bewerben sich für die Ausbildung?
In der Regel sind es bei uns zwischen zwei und vier. Von Kollegen habe ich aber schon gehört, dass bei ihnen die Nachfrage gleich null ist. Meist bewerben sich nur diejenigen, die woanders keinen Lehrstellenplatz bekommen. In der Regel sind es Hauptschüler mit schlechten Abschlusszeugnissen.

Warum ist das so?
Für viele ist es kein Vorzeigeberuf. Der Großteil verbindet aus Unkenntnis heraus die Tätigkeiten mit Gestank und Schmutz. Aber der Anteil an Schmutzarbeit wird immer weniger. Wir lassen die Maschinen arbeiten. Unsere Haupttätigkeit besteht aus Überwachungs- und Steuerungsaufgaben. Viele wissen auch nicht, dass der Beruf vielseitig und interessant ist.

Welche Voraussetzungen müssen die Bewerber mitbringen?
Die Bewerber müssen den Hauptschulabschluss haben. Mittlere Reife wird zwar nicht vorausgesetzt, ist aber ratsam. Hauptschüler sind meist den Anforderungen der qualifizierten Ausbildung nicht gewachsen. Zudem sollte man selbstständige Entscheidungen treffen, Probleme lösen und Zusammenhänge erkennen können. Handwerkliche Fähigkeiten und naturwissenschaftliche Kenntnisse in Chemie oder Physik sind ratsam. Kurzum: Die Bewerber müssen einfach Supermänner sein, die auch bereit sind, am Wochenende zu arbeiten und den Bereitschaftsdienst in Kauf zu nehmen.

Wie lange dauert die Ausbildung?
Drei Jahre. Die meiste Zeit verbringt der Azubi bei der Kläranlage. Zudem besucht er die Berufschule in Feuerbach und bekommt auf dem Personal- und Tiefbauamt der Stadt einen Einblick in Gesetze und Verordnungen.

Wie sieht die praktische Ausbildung aus?
Die Azubis lernen Prozessabläufe zu überwachen, zu steuern und zu dokumentieren. Sie entnehmen Proben und analysieren sie im Labor und lernen, wie man Maschinen oder Rohrleitungssysteme inspiziert und wartet und elektronische Arbeiten ausführt. Was die Elektronikausbildung anbelangt, kommt es darauf an, ob bei der Kläranlage ein Elektromeister beschäftigt ist. Bei uns übernimmt dies ein Meister vom Baubetriebshof, mit dem wir zusammenarbeiten. Das Gleiche gilt für Arbeiten für Regenüberlaufbecken und Pumpwerke.

Gibt es Aufstiegsmöglichkeiten?
Nach der Ausbildung kann man den Abwassermeister machen und Leiter von größeren Anlagen werden oder man macht eine Weiterbildung zum Abwassertechniker. Wenn man studiert hat, kann man auch Ingenieur werden.

Mit solchen Kurzbeschreibungen lassen sich Berufe gut vergleichen.

1. Welcher Beruf wird in dem Interview vorgestellt?
2. Worüber klagt der Betriebsleiter der Kläranlagen?
3. Welche Vorzüge sieht er in dem beschriebenen Beruf?
4. Fertige eine Kurzbeschreibung dieses Berufs in tabellarischer Form an.

BERUFE KENNEN LERNEN

Ein Arbeitstag im Klärwerk

Während der Berufs- und Arbeitsplatzerkundung am 6. Oktober begleitete ich Herrn Meyer, eine Fachkraft für Abwassertechnik:

Im offenen Kanal: Beobachtung und Prüfung von Farbe und Geruch

Kontrolle aller Geräte, Reparatur des Keilriemens beobachtet

Entnahme von Wasserproben

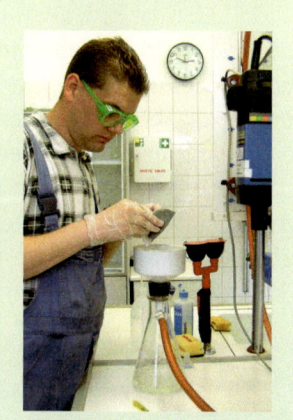

Im Labor: Überprüfung der Proben

Mein Arbeitstag in Begleitung von Herrn Meyer:

7.30	Begrüßung
7.40	Rundgang durchs Klärwerk und Überprüfung einzelner Stationen
9.15	Frühstückspause
9.30	Proben entnehmen
9.45	Im Labor Überprüfung der Proben
12.00	Mittagessen
12.30	Kontrolle des Maschinenparks, Reparatur eines Keilriemens
14.30	Reinigung der Probeflaschen
16.15	Verabschiedung/Feierabend – müde!

Was ich über den Beruf erfahren und gelesen habe:

– seit Herbst 2002 Ausbildung als Fachkraft für Abwassertechnik möglich
– technisches Verständnis und Interesse an naturwissenschaftlichen Fächern nötig
– Beruf ist vielseitig
– in Gebäuden und draußen arbeiten
– Arbeit ist manchmal anstrengend und nicht immer sauber
– wenige Ausbildungsplätze z. B. im Klär- oder Wasserwerk, in der Industrie
– Informationen im Klär- oder Wasserwerk und bei der Bundesagentur für Arbeit/Berufsberatung

Insgesamt hat mir der Erkundungstag im Klärwerk gut gefallen. Der Geruch hat mich am meisten gestört. Herr Meyer sagte aber: „Daran gewöhnt man sich schnell." Gut finde ich an dem Beruf der Fachkraft für Abwassertechnik, dass man praktisch arbeiten kann, technische Geräte steuern und bedienen muss und sogar im Labor arbeitet. Viele Interessen kann ich hier einbringen.

Ingo

BERUFE KENNEN LERNEN

Einen Betrieb finden

- Schlage im Branchenfernsprechbuch *Gelbe Seiten* nach.

- Frage Eltern, Freunde und Bekannte nach geeigneten Betrieben.

- Achte auf Werbeanzeigen und Stellenanzeigen von Unternehmen in der Tageszeitung.

- Informiere dich im BIZ über Ausbildungsbetriebe deiner Region und deren Ausbildungsberufe.

Telefonieren

Am besten rufst du in den Betrieben an, die du dir herausgesucht hast. So kannst du am schnellsten klären, ob ein Praktikum oder Erkundungstag überhaupt möglich und für dich interessant ist. Vor dem Gespräch solltest du einen Notizzettel vorbereiten, damit du nichts Wichtiges vergisst. Knicke dazu einen Zettel in der Mitte. In die linke Spalte schreibst du deine Fragen, dann kannst du wichtige Informationen während des Telefongesprächs in die rechte Spalte schreiben.

1. Es hilft euch, solche Telefongespräche im Rollenspiel zu proben:
- Ihr braucht einen Gesprächspartner, der etwas vom Berufsleben versteht: Lehrer/in, Eltern …
- Jeder überlegt sich, mit welchem Betrieb er telefonieren will, und bereitet einen passenden Stichwortzettel vor.
- Sammelt Formulierungen, die ihr im Gespräch verwenden könnt.
- Plant Schwierigkeiten ein, mit denen ihr zurechtkommen müsst: falsch verbunden; gewünschter Gesprächspartner hat Urlaub, hat augenblicklich keine Zeit, hat schlechte Laune; es gibt gar keine Praktikumsplätze …
- Die anderen beobachten den Verlauf des Gesprächs, machen sich Notizen und geben hinterher Tipps, was man besser machen kann.

- Name der Firma, Telefonnummer notieren
- eigenen Namen nennen
- mit Personalabteilung verbinden lassen
- sich kurz vorstellen
- Praktikum vom … bis … möglich?
- persönlich vorstellen?
- schriftliche Bewerbung nötig?

- Guten Tag. Mein Name ist …
- Ich möchte mich um einen Praktikumsplatz bewerben. Könnten Sie mich bitte mit der Personalabteilung verbinden?

- Guten Tag, Herr/Frau …
- Mein Name ist …
- Ich möchte mich zum … um einen Praktikumsplatz als … bei Ihnen bewerben.

Bei einer positiven Antwort:
- Ich gehe in die 8. Klasse der … Schule.
- Ich interessiere mich …
- Kann ich mich einmal persönlich bei Ihnen vorstellen?
- Brauchen Sie von mir eine schriftliche Bewerbung?
- …

Bei einer negativen Antwort:
- Vielen Dank für die Auskunft.
- Auf Wiederhören, Herr/Frau …

Eine Zeitung wird „gemacht"

Ich würde viel mehr Zeitung lesen, wenn …

Den Sportteil lese ich gern.

Fernsehen und Internet sprechen mich mehr an.

Das meiste, was in der Zeitung steht, verstehe ich gar nicht.

Wir haben zu Hause keine Zeitung.

Fernsehen, Internet, Rundfunk und eine Vielzahl von Zeitungen und Zeitschriften – jeder von euch hat sicher schon Erfahrungen mit diesen Medien gemacht. In diesem Kapitel geht es um das klassische Informationsmedium: die Zeitung. Ihr erfahrt, wie Informationen präsentiert werden und welche Absichten damit verbunden sind. Ihr lernt den Aufbau einer Titelseite kennen und erfahrt, wo die Nachrichten überhaupt herkommen. Außerdem geht es um die Bedeutung von Schlagzeilen und Fotos bei der Übermittlung von Nachrichten.
Im zweiten Teil seid ihr selbst Redakteure. Ihr bekommt viele Tipps und Anregungen, wie ihr eine Klassenzeitung erstellen könnt.

IDEENBÖRSE „ZEITUNG"

Zum Thema *Zeitung* könnt ihr viele interessante Dinge tun. Einiges geht ohne großen Aufwand, anderes muss vorbereitet und mit einem gewissen zeitlichen Vorlauf geplant werden. Am besten lest ihr euch die Ideen auf diesen beiden Seiten erst einmal durch und entscheidet euch, was ihr tun wollt und vorbereiten müsst. Die regionalen Zeitungen bieten für Schulklassen die Teilnahme am Projekt ZIS (Zeitung in der Schule) an. Erkundigt euch bei der Redaktion eurer Tageszeitung danach. Vielleicht habt ihr auch noch ganz andere Ideen für euer Zeitungsprojekt …

- **Zeitungsverlage anschreiben und um Freiexemplare bitten**
  Zeitungsverlage sind in der Regel gern bereit, Schulklassen für einen gewissen Zeitraum (ein oder zwei Wochen) Freiexemplare zur Verfügung zu stellen.
  Welche Zeitung/en wollt ihr ansprechen? Wer übernimmt das?

- **Zeitungsressorts kennen lernen**
  Schneidet Überschriften von Zeitungsressorts (Politik, Wirtschaft, Sport …) aus, klebt sie auf Tapete oder einem großen Bogen Papier auf und heftet Artikel, die euch interessieren und dazu passen, darunter.

- **Tageszeitungen untersuchen**
  Bringt (gelesene) Tageszeitungen von zu Hause mit und schaut sie euch genauer an:
  - Was steht überhaupt in einer Tageszeitung?
  - Wie ist sie aufgebaut?
  - Gibt es auffällige Gemeinsamkeiten und Unterschiede zwischen verschiedenen Tageszeitungen?

- **Eine Titelseite selbst gestalten**
  Schneidet Texte und Bilder aus einer Tageszeitung aus, die ihr wichtig findet, und ordnet sie auf eurer Titelseite neu an.
  Vergleicht anschließend eure Titelseiten und sprecht über die Wirkung von Textauswahl, Schlagzeilen und Bildern.

- **Nachrichten/Schlagzeilen vergleichen**
  Sammelt aus verschiedenen Tageszeitungen Nachrichten, Berichte und Schlagzeilen zum selben Thema und vergleicht sie miteinander.

- **Gute Nachrichten, schlechte Nachrichten**
  Markiert auf der Titelseite und/oder im Innenteil der Zeitung „gute" Nachrichten, die von positiven Ereignissen berichten, und „schlechte" Nachrichten, die von Kriegen, Unfällen, Katastrophen und sonstigen negativen Ereignissen berichten.
  Zählt ihre Anzahl aus und sprecht darüber, wieso das Verhältnis so ist.

- Erstellt eine Hitliste der beliebtesten Zeitungen in eurer Klasse.

IDEENBÖRSE „ZEITUNG"

- **Ein Thema verfolgen**
  Verfolgt ein aktuelles Thema in einer oder verschiedenen Tageszeitungen über mehrere Tage.
  – Schneidet die Schlagzeilen aus und klebt sie Tag für Tag untereinander. Vergleicht die Darstellung des Themas.
  – Ihr könnt natürlich auch die ganzen Berichte aufkleben und vergleichen: die Schlagzeile, den Inhalt, den Umfang und die Platzierung in der Zeitung (auf der Titelseite, im Innenteil vorn, weiter hinten, unter „Vermischtes" …).

- **Eine Redakteurin/einen Redakteur in die Schule einladen**
  – Wie stellt ihr den Kontakt her? Wer kann euch dabei unterstützen?
  – Wie formuliert ihr die Einladung?
  – Welche Fragen wollt ihr stellen?
  – Wer macht Fotos, protokolliert, schreibt einen Bericht?
  – In welcher Form wollt ihr euch für den Besuch bedanken?

- **Am Projekt „Zeitung in der Schule" (ZIS) teilnehmen**
  Um am Projekt ZIS teilzunehmen, könnt ihr eine Regionalzeitung in eurer Nähe anschreiben:

  ```
  Klasse 8b                          Eugen-Bolz-Realschule
                                              Berliner Str. 27
                                              73479 Ellwangen


                                                   15.02.2005
  An die Schwäbische Post

  Bahnhofstr. 65
  73431 Aalen

  Teilnahme am Projekt ZIS

  Sehr geehrte Damen und Herren,

  wir, die Klasse 8b der EBR Ellwangen,
  möchten in diesem Schuljahr am Projekt
  ZIS teilnehmen ...
  ```

- **Einen Zeitungsverlag besuchen**
  Wenn ihr mehr darüber wissen wollt, was alles getan werden muss, bis eine Zeitung fertig gestellt ist, solltet ihr einen Zeitungsverlag in eurer Gegend besuchen. Dafür müsst ihr einiges planen:
  – Wer macht Verlag und Ansprechpartner ausfindig?
  – Wie bittet ihr schriftlich um einen Besuch? Wer schreibt den Brief?
  – Was interessiert euch im Verlag? Welche Fragen wollt ihr stellen?
  – Wer begleitet euch? Wie erreicht ihr die Zeitung?
  – Dürft ihr während des Besuches fotografieren? Wer übernimmt das?
  – Wer macht sich Notizen und schreibt anschließend ein Protokoll oder einen Bericht über den Besuch?

NACHRICHT, MELDUNG, BERICHT

- Dachzeile — Aufregung um einen Aal:
- Schlagzeile — **„Aalfred" darf bleiben**
- Unterzeile — Tierschützer gegen Tierhaltung in Badewanne
- Quellenangabe — **Bochum** (Eigener Bericht).
- Vorspann — Ein Aal namens „Aalfred" lebt seit über 30 Jahren in der Badewanne einer Bochumer Familie. Nun sind Tierschützer aktiv geworden und fordern Freiheit für den Flussaal.

- Nachrichtenkörper —

Vor 33 Jahren hatte Paul Richter den Aal aus dem Rhein-Herne-Kanal gefischt und ihn als Festschmaus mit nach Hause gebracht. Aus Mitleid wurde das Tier nicht geschlachtet.

So entschloss man sich, dem Aal ein Zuhause zu geben – in Form der häuslichen Badewanne. Seitdem wurde das Tier artgerecht gefüttert und es wurde auf die richtige Wassertemperatur geachtet.

Nach dem Bekanntwerden dieser Geschichte forderten Tierschützer die Freilassung des Tieres wegen angeblicher Tierquälerei. Mittlerweile hat das Ordnungsamt Bochum Familie Richter die Erlaubnis erteilt, den Aal weiterhin zu behalten – unter einer Bedingung: Der Aal erhält ein Rohr, in das er sich zurückziehen kann.

Eine Nachricht oder ein Bericht zu einem Ereignis soll die Leserinnen und Leser informieren und dabei auf die W-Fragen antworten: Was ist geschehen? Wann und wo hat es sich zugetragen? Wer war daran beteiligt? Wie und warum ist es geschehen?

Außerdem wird von einer Nachricht erwartet, dass sie wahr ist, dass ihre Quelle genannt wird (eigener Bericht oder die Nachrichtenagentur, z. B. dpa, rtr, sid), dass sie sachlich abgefasst ist und keine Meinung des Verfassers enthält.

In der **äußeren Form** und im Aufbau ähneln sich die meisten Zeitungsberichte. Typische Merkmale sind Schlagzeile, (manchmal) Dachzeile, Unterzeile, Vorspann (engl. *lead*), der kurz das Wichtigste nennt, und Nachrichtenkörper (engl. *body*).

---

1 Überprüft, ob der Bericht über den Aal „Aalfred" die W-Fragen beantwortet. Markiert die entsprechenden Textstellen mit Folienstift auf Folie und schreibt anschließend Fragen und Antworten auf.

2 Einigt euch auf ein Ereignis, das allen in eurer Klasse bekannt ist: einen Konflikt in der Klasse, eine Klassenparty, ein Schulfest, einen Sportunfall …

Verfasst nun selbst Nachrichten über dieses Ereignis und vergleicht sie miteinander.

Nachricht/Bericht
- W-Fragen
- Quellenangabe
- wahr
- sachlich
- keine Meinung

Aalfred von der Wanne

■ **Seit 33 Jahren lebt der Aal bei Familie Richter**

Langsam schlängelt sich „Aalfred", der Flussaal, in den Eimer. Das Ritual kennt er schon: Für kurze Zeit muss er sein Domizil, die Badewanne der Familie Richter, verlassen. Nämlich immer dann, wenn seine „Mitbewohner" sie selbst benutzen wollen. Das geht nun schon seit 33 Jahren so.

„Ich mag Aale", sagt Paul Richter und lacht, „am liebsten geräuchert!" Nur sein „Aalfred", der gehört einfach nicht auf den Teller. Die Freundschaft zwischen ihm und dem Aal begann im Jahr 1969. Damals zog Paul Richter den Aal aus dem Rhein-Herne-Kanal – für den Festschmaus am Abend, so dachte er. Die Rechnung hatte er aber ohne seine Kinder gemacht, die die Schlachtung des Tieres verhinderten.

Aalfreds neue Behausung: ein Rohr, in das er sich zurückziehen kann.

Der „adelige Aal" aus Bochum

Der Aal fand Platz in der Badewanne, bekam einen „adeligen" Namen – „Aalfred von der Wanne" – und regelmäßig rote Mückenlarven und Maden. „Andere Sachen rührt er nicht an", erklärt Hannelore Richter, die die tägliche Fütterung übernommen hat. Und so kam es, dass Aalfred der Aal seit 33 Jahren aus dem Haushalt der Familie Richter nicht mehr wegzudenken ist. „Man hat sich an ihn gewöhnt", meint Paul Richter mit einem fast liebevollen Blick in die Wanne. „Er macht keinen Krach und bellt nicht."

Freunde bis in die Ewigkeit

Die Richters sind eine tierliebe Familie: Jede Menge Haustiere wurden schon angeschafft, aber noch keins geschlachtet. Und schon gar nicht ausgesetzt. „Das geht doch gar nicht", entrüstet sich Hannelore Richter, „der hat sich doch an uns gewöhnt."
Ob der Aal in freier Wildbahn tatsächlich überhaupt noch überleben könnte, bezweifelt auch Wolfgang Gettman, Direktor des Düsseldorfer Aquazoos. „Er wird einige natürliche Fähigkeiten verloren haben", meint Gettmann.
Und so kann es sein, dass der Aal „Aalfred" neben Hund und Papagei noch lange die Hausgemeinschaft Richter mit seiner Anwesenheit erfreut – immerhin ist der älteste Aal, über den Buch geführt worden ist, 88 Jahre alt geworden.

Aalfred und seine Familie

Reportage
– lebendiger Bericht
– Reporter beim Geschehen
– Beteiligte kommen zu Wort

1 Lest die Reportage über „Aalfred von der Wanne" laut vor. Was fällt euch im Vergleich zu dem ersten Bericht über Aalfred auf? Werden die W-Fragen beantwortet? Markiert auf Folie.

2 Arbeitet die Unterschiede zwischen Bericht und Reportage heraus und schreibt sie auf.

■ Der Kommentar

Von Tierquälerei keine Spur

Nun ist es also entschieden, das Schicksal des „armen" Aals „Aalfred": Er darf dort bleiben, wo er seit 33 Jahren lebt, wohl umsorgt von einer Familie, der Tierliebe über alles geht.

Was hat diese Familie nicht alles getan, um ihre Tierliebe zu demonstrieren: Sie hat dem Aal das Schicksal erspart, das den meisten Aalen droht, nämlich als leckeres Mahl auf dem Teller zu landen. Sie hat dem Tier ein sicheres Zuhause gegeben: eine wohl temperierte Badewanne. Sie hat ihn artgerecht ernährt: mit Mückenlarven und Maden. Und nun hat er auch noch ein Rohr als Rückzugsort bekommen.

In diesem Fall sind die Tierschützer mit ihrer Forderung, den Aal in die Freiheit zu entlassen, weit über das Ziel hinausgeschossen. Sie sollten sich lieber um das Wohl der Tiere kümmern, die wirklich bemitleidenswert sind: Vögel in viel zu engen Käfigen, angekettete Hunde, verwahrloste Katzen – nicht zu vergessen die Tiere, die unter fürchterlichen Umständen zur Schlachtbank geführt werden.

Niklas Ludwig

1 Überlegt gemeinsam, welcher entscheidende Unterschied zwischen dem Bericht und der Reportage über Aalfred (S. 90/91) und dem Kommentar auf dieser Seite besteht.

2 Welche Meinung vertritt der Verfasser des Kommentars? Welche Gründe führt er an? Markiere Meinung und Begründung im Text (Folientechnik) oder schreibe sie heraus.

> **Der Kommentar gibt die Meinung eines Redakteurs oder der Redaktion zu einer Nachricht wieder.** Die meisten Zeitungen trennen deutlich zwischen Nachricht und Kommentar (durch die Überschrift und die grafische Gestaltung).

3 Diskutiert darüber, welchen Grund die Trennung zwischen Nachricht und Kommentar haben könnte.

Kommentar
persönliche Stellungnahme eines Redakteurs zu einem Ereignis

4 Versetzt euch in einen überzeugten Tierschützer und schreibt einen Kommentar, der eine gegensätzliche Meinung vertritt. So könnt ihr beginnen.

Absolute Fehlentscheidung
Nun haben sie es tatsächlich erreicht, dass dieses arme Tier weiter leiden muss. Wenn man sich vorstellt ...
kahle Wände ... keine natürliche Umgebung ... Einsamkeit

LESERBRIEF

Endloses Fischleiden

Zum Bericht über Aal „Aalfred":

Mit welchen naiven, unwissenden Tierfreunden haben wir es eigentlich zu tun? Ist diesen Leuten wirklich nicht klar, was diesem beklagenswerten Tier angetan wird? Für jede Legehenne fordern sie eine artgerechte Haltung, und das auch zu Recht. Für den Aal soll dies aber nicht gelten.
In Höhlen im dunklen Bodengrund oder in unterspülten Ufern fühlt sich ein Aal am wohlsten, ein Leben in einer Badewanne muss für ihn die reine Hölle sein, denn er hat keinerlei Rückzugsmöglichkeit. Auch ein Plastikrohr ändert daran nicht viel.
Noch schlimmer müssen für ihn die Gerüche sein, denen er ausgesetzt ist: der Geruch nach Shampoo, nach Seife und chemischen Reinigungsmitteln. Und alles andere als artgerecht ist es, dass dieses Tier ohne Hautkontakt mit seinen Artgenossen sein trauriges Leben fristen muss.
Man darf auch nicht den Stress unterschätzen, dem dieses Tier ausgesetzt ist, wenn mal wieder „Badetag" angesagt ist: Raus aus der Badewanne, an deren Wassertemperatur sich der Fisch gewöhnt hat, rein in einen engen Eimer mit kälterem oder wärmerem Wasser.
Es wird höchste Zeit, dass die Behörden einschreiten und dieser Tierquälerei ein Ende machen.

Wolfgang Hänsel
Hobbyfischer und Vorsitzender des Angelsportvereins „Petri Heil"

---

1 Überprüft, welche Gründe der Leserbriefschreiber für das Leiden Aalfreds anführt. Welche Forderung stellt er auf?

2 Die vier Pfeile deuten auf typische Merkmale eines Leserbriefes. Benennt sie.

3 Die Zeitungsredaktion entscheidet, ob sie einen Leserbrief abdruckt oder nicht. Zumeist befindet sich ein Hinweis wie der folgende auf der Leserbriefseite:

> „Leserbriefe sind in keinem Fall Meinungsäußerungen der Redaktion. Wir behalten uns die Kürzung der Texte vor. Es können nur Zuschriften abgedruckt werden, die sich auf benannte Artikel in unserer Zeitung beziehen. Briefe ohne Angabe des vollen Namens und der vollständigen Adresse können wir leider nicht bearbeiten."

Leserbrief
persönliche Meinung eines Lesers zu einem Bericht

Diskutiert darüber, worauf die Zeitungsredaktion besonderen Wert legt und weshalb dies so sein könnte.

Janina und Liesa aus einer 8. Klasse in Heidelberg haben das folgende Interview mit einem Redakteur einer Zeitung geführt:

Wie kommen die Nachrichten in die Zeitung?

Hallo, Herr Böckling. Wir befassen uns im Deutschunterricht gerade mit dem Thema „Zeitung", und da wollten wir mal einen richtigen Fachmann interviewen.
Wir möchten zum Beispiel gern wissen, woher Sie die Nachrichten bekommen.

Dann will ich gleich zur Sache kommen. Zuerst einmal bekommen wir die Nachrichten von einer Presseagentur, z. B. von dpa (das heißt „Deutsche Presseagentur"), rtr (Reuter, England) oder vom sid (Sportinformationsdienst). Ihr seht hier auf meinem Bildschirm das Fenster „Agenturtext". Darunter sind die Agenturen zu finden, die uns die Nachrichten per Internet übermitteln. Also öffne ich das Fenster „Agentur", klicke ein Stichwort oder ein Ressort an, z. B. Sport oder Wirtschaft, und schon habe ich die aktuelle Übersicht über die neuesten Nachrichten. – Wenn ihr Zeitungsartikel lest, werdet ihr feststellen, dass immer ein Kürzel vor dem Text oder am Ende des Textes auftaucht, z. B. dpa. Dann weiß der Leser, woher die Redaktion die Information hat.

Und woher bekommen die Agenturen diese Nachrichten?
Die haben freie und feste Mitarbeiter in der ganzen Welt beschäftigt. Man nennt sie Korrespondenten. Sie berichten direkt vor Ort oder fahren in Windeseile dorthin, von wo es etwas Interessantes zu berichten gibt. Wie zum Beispiel am 11. September 2001 beim Attentat auf das World Trade Center. Da gibt es verschiedene Aufgaben und damit verschiedene Berichte: Der eine berichtet, wer für das Attentat verantwortlich ist, der andere berichtet über die Opfer, wieder ein anderer über die Rettungskräfte. Diese Berichte kommen dann zur Nachrichtenagentur, die sie an die Redaktionen der Medien weiterleitet.

Und die Nachrichten aus Heidelberg und Umgebung, woher sind die?
Das läuft natürlich anders. Die Leute rufen bei uns an, Vereine, Behörden, Firmen oder Betriebe, auch Privatleute, die uns mitteilen, dass irgendwelche Entscheidungen oder Ereignisse anstehen, und uns bitten, davon zu berichten. Manche schicken uns auch Unterlagen zu, damit wir uns informieren können. – Außerdem muss ein Journalist selbst recherchieren*; er muss ein Gespür bekommen, wo er durch Nachfragen weitere Informationen herbekommen kann.

Wer bestimmt eigentlich, was der „Aufmacher" des Tages wird?
In der Regel der Chefredakteur. Ich z. B. bin für den Lokalteil eines Stadtteils verantwortlich und bestimme selbst, was der Aufmacher wird, was untergeordnet wird, ob ein Bild hinzukommt. Natürlich kann es vorkommen, dass plötzlich etwas total Wichtiges passiert, dann wird dies als Aufmacher gewählt. Das letzte Wort hat auch hier der Chefredakteur, der ist schließlich für das gesamte Produkt verantwortlich.

Wie wichtig sind die Fotos für die tägliche Berichterstattung?
Die sind sehr wichtig, sie sind gestalterische Elemente. Ein Text mit Bild wird nachweislich häufiger gelesen als nur ein Text. Das Bild oder Foto soll schon das erzählen, was im Artikel genauer vorhanden ist. Das nennen wir „Eyecatcher". Bilder und Grafiken gestalten eine Zeitungsseite einfach luftiger.

Wir sind in der Schule mit dem Projekt „Zeitung" beschäftigt. Dabei erstellen wir mit einem Computerprogramm selbst eine Zeitung. Uns sind zwei Spalten vorgegeben, die wir mit Bildern und Text gestalten. Wir haben das Problem, dass das oft so vollgequetscht aussieht.
Das Problem haben wir immer. Wir müssen kürzen, wo es sinnvoll ist. – Wonach ihr noch nicht gefragt habt: wie sich eine Zeitung finanziert. Zu zwei Drittel wird die Zeitung über Anzeigen, also Werbung finanziert, nur zu ein Drittel durch den Verkauf.

Herr Böckling, vielen Dank für das Gespräch.

Interviews führen

Für ein Interview solltet ihr diese Tipps beachten:

Vorbereitung
- Termin telefonisch absprechen
- Treffpunkt und Uhrzeit notieren
- Kassettenrekorder, Leerkassette, Mikrofon besorgen
- Ausprobieren, ob Rekorder und Mikrofon funktionieren
- Fragen gut überlegen und aufschreiben
- Fotoapparat mitnehmen

Durchführung
- Einstieg überlegen, der die Nervosität abbaut
- Keine Fragen stellen, die die Antwort schon enthalten (Sie sind doch sicher auch der Meinung, dass ...)
- Nachfragen, wenn man etwas nicht verstanden hat

Nachbereitung
- Fragen und Antworten mit PC aufschreiben, dabei leicht bearbeiten und kürzen (Ähs, Wiederholungen, Satzbau ...)
- Text dem Interviewten mit der Bitte um sein Einverständnis zumailen/zuschicken
- Der Klasse vorstellen (Rekorderaufnahme oder vorlesen)
- Fragen der Klasse beantworten, Fragen an die Klasse stellen

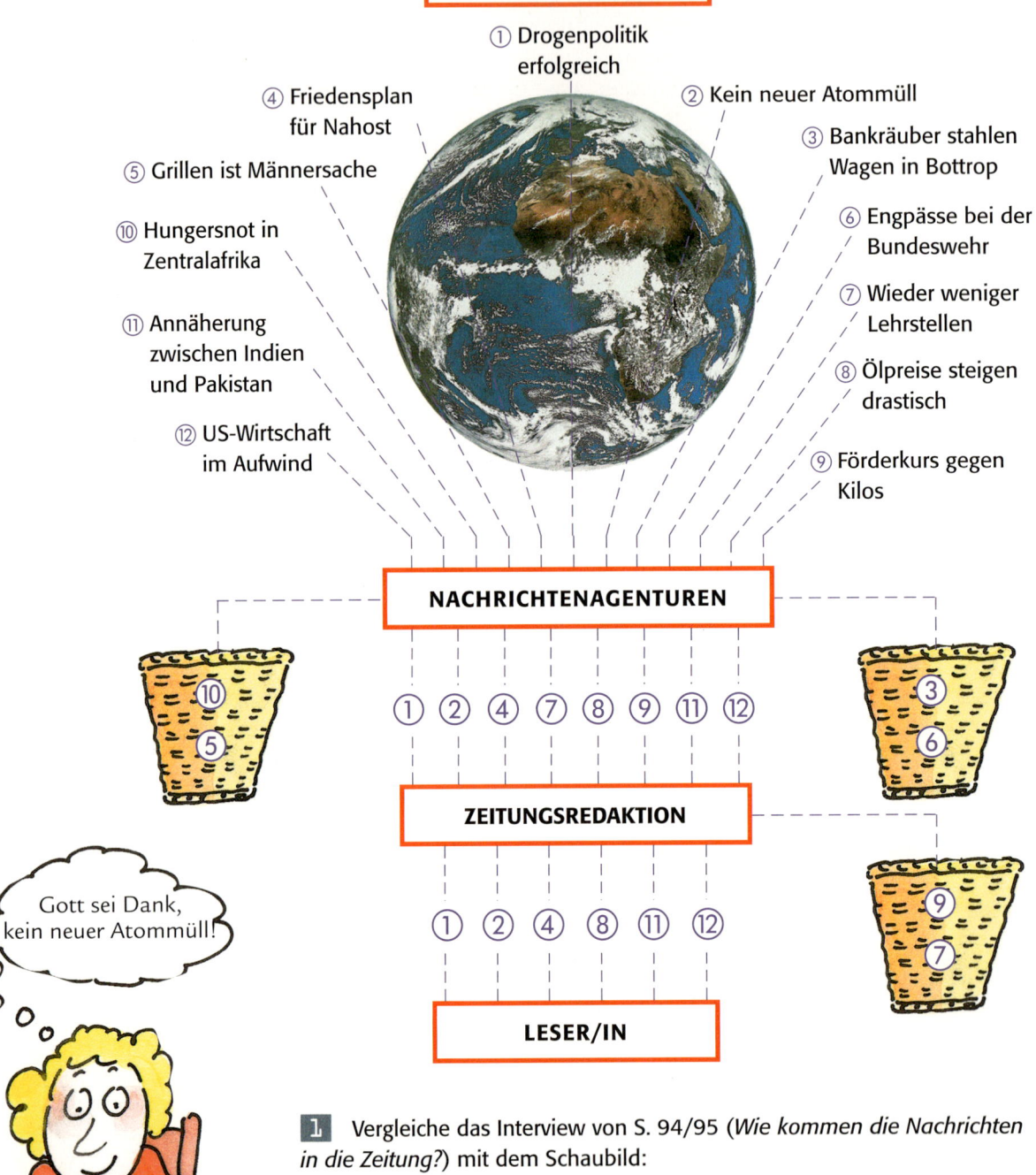

SCHAUBILD, GRAFIK

KORRESPONDENTEN

① Drogenpolitik erfolgreich
② Kein neuer Atommüll
③ Bankräuber stahlen Wagen in Bottrop
④ Friedensplan für Nahost
⑤ Grillen ist Männersache
⑥ Engpässe bei der Bundeswehr
⑦ Wieder weniger Lehrstellen
⑧ Ölpreise steigen drastisch
⑨ Förderkurs gegen Kilos
⑩ Hungersnot in Zentralafrika
⑪ Annäherung zwischen Indien und Pakistan
⑫ US-Wirtschaft im Aufwind

NACHRICHTENAGENTUREN

① ② ④ ⑦ ⑧ ⑨ ⑪ ⑫

(Korb links: ⑩ ⑤)
(Korb rechts: ③ ⑥)

ZEITUNGSREDAKTION

① ② ④ ⑧ ⑪ ⑫

(Korb rechts: ⑨ ⑦)

LESER/IN

Gott sei Dank, kein neuer Atommüll!

1 Vergleiche das Interview von S. 94/95 (*Wie kommen die Nachrichten in die Zeitung?*) mit dem Schaubild:
– Welche Informationen aus dem Interview finden sich in dem Schaubild wieder?
– Welche zusätzlichen Informationen enthält das Interview?
– Welche Vorteile hat ein Schaubild wie dieses gegenüber einem Text?

2 „Ich lese meine Zeitung und bin über alles bestens informiert."
Was haltet ihr von der Aussage dieses zufriedenen Zeitungslesers?

LAY-OUT: DER AUFBAU EINER TITELSEITE

- Zeitungskopf
- verschiedene Schriftgrößen
- Spalten
- Aufmacher (wichtigste Nachricht des Tages)
- Hinweis auf Kommentar zum Aufmacher
- Kurzmeldung
- weitere Berichte
- Lokales
- Foto

1 In der äußeren Form, dem Lay-out, ähneln sich viele Tageszeitungen. Beschreibt mündlich oder schriftlich, wie die Titelseite einer Tageszeitung aufgebaut ist. Dazu solltet ihr die Fachbegriffe verwenden, die in der Randspalte stehen.

2 Überlegt, welchen Sinn der Druck in Textspalten haben könnte.

3 Vergleicht die Titelseiten verschiedener Tageszeitungen vom gleichen Tag: Aufmacher, Fotos, weitere Berichte, Kurzmeldungen usw.

DIE „ANMACHER": SCHLAGZEILEN UND FOTOS

Wir Menschen wollen gerne unterhalten werden. Damit unser Interesse für eine Sache geweckt wird, müssen deshalb so manche Mittel und Tricks angewendet werden. Das wissen die „Medienmacher" ganz genau und deshalb setzen sie geschickt Schlagzeilen und Fotos ein, die sie „Eyecatcher" nennen.

> **Schlagzeilen** sollen „einschlagen wie der Blitz", kurz und griffig sein, nur das Wichtigste enthalten.

1 Überlegt, wie man die folgenden Sätze zu einer Schlagzeile verkürzen kann: Welche Informationen könnte man wegstreichen? Wie könnte das Verb „verschwinden"?

Bei einem Verkehrsunfall in der Moltkestraße verursachte ein Tanklastwagen ein totales Verkehrschaos.

Der neue Harry-Potter-Film begeisterte Kinder, Jugendliche und Erwachsene in allen Vorstellungen.

Die Amerikaner haben einen Friedensplan entwickelt, damit der Dauerkonflikt zwischen Palästinensern und Israelis beendet wird.

> Schlagzeilen sollen witzig und ansprechend sein. Die Medienmacher verwenden daher sprachliche „Tricks":
> – bildhafte Ausdrücke (Metaphern): *Bayern München macht Dampf*
> – einprägsame, gleiche Anfangsbuchstaben (Alliterationen):
>   *Malerei, Musik und Mitmachaktionen*
> – Gegensätze: *Starkes Spiel nach schwachem Start*
> – Umgangssprache: *Sind die Amis denn bescheuert?*
> – Fragen, die die Antwort schon enthalten (rhetorische Fragen):
>   *Müssen Jugendliche unbedingt ein Handy besitzen?* (Natürlich nicht!)
> – Anspielungen: *Süßer die Kassen nie klingeln* (gemeint ist das Weihnachtsgeschäft; angespielt wird auf ein bekanntes Weihnachtslied)

2 Findet einige dieser Tricks in den folgenden Schlagzeilen wieder:

Passanten, Passagen, Paläste

NEUER RAMBO-ORKAN

Sieger und Verlierer legen Berufung ein

Bauern, Bettler und Banditen

Die Nerven liegen blank

`... der sich den Wolf tanzt`

Die hohen Herren Politiker steigen hinab in die Bütt

Ende des Jahres 4,5 Millionen Arbeitslose?

Null Bock auf Schule

3 Sammelt aus Zeitungen Schlagzeilen, die mit solchen „sprachlichen Tricks" gemacht worden sind.

„Ein Bild sagt mehr als tausend Worte!" – so lautet ein bekanntes Sprichwort. Deshalb werden viele Berichte in der Zeitung mit Fotos versehen, damit wir uns einen Sachverhalt besser vorstellen können. Auch hierbei gebrauchen die Medienmacher häufig kleine Tricks, die wir durchschauen sollten.

Ansichten aus Rajasthan

Zehntausende Kamele und bis zu 200 000 Menschen treffen sich jedes Jahr in Pushkar im indischen Bundesstaat Rajasthan zum größten Kamelmarkt der Welt. Fünf Tage wird am Rande der Wüste Tar gehandelt und gefeiert, werden Esel- und Kamelrennen abgehalten, weshalb der Markt von Pushkar längst auch zu einer Attraktion für Touristen geworden ist, die fasziniert sind vom malerischen Treiben. Deshalb wird eine junge Frau, die ihre Last anmutig auf dem Kopf trägt, zum viel belichteten Model. Und ein Korb mit einer Ladung Kameldung geht als Bild um die Welt.
Foto: AP

1 Betrachtet das Foto genau und äußert euch darüber, welchen Eindruck es vermittelt.

2 Fotografen überlegen sich genau, welches **Motiv** und welche **Perspektive** (Position der Kamera) sie wählen, um den Betrachtern einen bestimmten Eindruck zu vermitteln. Wie seht ihr dies hier bestätigt?

3 Medienwissenschaftler ordnen Fotos verschiedene **Funktionen** zu:
– Das Foto ergänzt den Bericht, es illustriert und informiert.
– Das Foto will unterhalten, Spaß bereiten.
– Das Foto will nur Aufmerksamkeit erregen, es hat mit dem eigentlichen Geschehen wenig zu tun.
– Das Foto versucht, die Meinung der Betrachter zu beeinflussen.

Welche dieser Funktionen treffen auf das Foto oben zu?

4 Überprüft die verschiedenen Funktionen, die Fotos haben können, an anderen Bildberichten aus der Tageszeitung.

PROJEKT: EINE KLASSENZEITUNG ENTSTEHT

Über das Massenmedium Zeitung habt ihr einiges gelernt:
- Ihr kennt verschiedene journalistische Textsorten: Nachricht, Bericht, Reportage, Kommentar, Interview …
- Ihr wisst über Aufbau und Aufmachung sowie über die Herstellung der Tageszeitung Bescheid: Titelseite, Schlagzeile, Spaltensatz, Abbildungen, Kolumnen …
- Ebenso sind euch die Informationsquellen bekannt: Nachrichtenagenturen, eigene Berichte …

Vieles von eurem Wissen könnt ihr anwenden, wenn ihr in Projektarbeit eine Klassenzeitung erstellt.

Planung Um das Projekt „Eine Klassenzeitung entsteht" durchzuführen, bedarf es einer genauen Planung.

1. Themenfindung Als Erstes müsst ihr euch überlegen, was alles in eure Zeitung kommen soll. Welche verschiedenen Ressorts wollt ihr bearbeiten? …
Haltet eure Ideen und eure Vorschläge in einer Mindmap fest.

2. Gruppenbildung Je nach Interesse entscheidet ihr euch für ein Thema, das ihr in der Gruppe bearbeiten solltet. Vielleicht klappt es, dass je nach Neigung 3er- oder 4er-Gruppen entstehen. Sollte ein Thema nicht abgedeckt sein, so könnt ihr Gruppen nach folgenden Möglichkeiten bilden:
- Jeder Schüler gibt einen Erst- und einen Zweitwunsch an.
- Das Los entscheidet über die Zusammenstellung einer Gruppe.
- Verschiedenfarbige Klebepunkte werden der Reihe nach verteilt. Die Schüler mit der gleichen Farbe bilden eine Gruppe.
- Zerschneidet ebenso viele Bilder, wie ihr Gruppen benötigt, und mischt die Puzzleteile. Jeder zieht ein Teil und die Gruppen „puzzeln" sich zusammen.

PROJEKT: EINE KLASSENZEITUNG ENTSTEHT

3. Projektbeschreibung

Bevor ihr mit der eigentlichen Projektarbeit beginnt, solltet ihr euer Vorgehen beschreiben. Folgende Fragen können euch dabei helfen:
- Worüber wollen wir schreiben?
- Wer macht was?
- Wie und wo können wir uns informieren?

Jede Gruppe erstellt nun ein Formular, in dem ihr eure Ideen zusammenfassen könnt.

Worüber ihr schreiben könnt:
Schulleben
Klassenfahrten
Schulfeste
Sportveranstaltungen
Computerspiele
neue Filme …

Projektbeschreibung

Projektthema der Gruppe	Sport
Projektgruppe	Florian, Kathrin …
Projektinhalte	Unterthemen: Tischtennisturnier in der Schule Stadtlauf (regionales Thema) Bundesliga (überregionales Thema)
Informationsquellen	Radio, Fernsehen, Internet Interview mit Teilnehmern und Fachleuten
Ziele	Reportage über den Stadtlauf Nachrichten aus der Bundesliga Bericht über das Tischtennisturnier

4. Zeit- und Arbeitsplan

Für euer weiteres Vorgehen erstellt zunächst einen Zeit- und Arbeitsplan. Legt dafür eine Tabelle an:

Was? Aufgaben	Wer?	Wann?	Vorbereitung
Stadtlauf	Florian	Samstag 14.00 Uhr	Schreibzeug Kamera/ Aufnahmegerät
Tischtennisturnier	Kathrin	…	Infos sammeln zu den Vereinen
Redaktionskonferenz	gesamte Gruppe	Donnerstag 1. u. 2. Stunde	Schlüssel für den Computerraum, Fotos
Texte überarbeiten	…	…	…

PROJEKT: EINE KLASSENZEITUNG ENTSTEHT

Durchführung

1. Material sammeln und auswerten

Führt euer Projekt nun so durch, wie ihr es in eurem Arbeitsplan festgelegt habt:
- Material sammeln, Notizen/Stichwortzettel während der Veranstaltungen anlegen,
- vorhandenes Material und Informationen in der Gruppe sichten und den Unterthemen zuordnen,
- Fotos auswählen,
- Interviews und Reportagen etc. auswerten,
- Berichte, Reportagen, Nachrichten schreiben,
- Überschriften formulieren,
- Beiträge illustrieren,
- in Schreibkonferenzen die Beiträge überarbeiten.

> *Tipps für das Lay-out und den Seitenaufbau erhaltet ihr auf Seite 103.*
> *Wie ihr Beiträge schreiben und redigieren könnt, erfahrt ihr auf den Seiten 104/105.*

Wenn eure Arbeitsergebnisse in der Gruppe vorliegen, findet eine allgemeine Redaktionskonferenz statt. Hier werden die Beiträge der einzelnen Gruppen besprochen und es wird überlegt, wo die Beiträge platziert werden sollen. Es ist sinnvoll, einen Chefredakteur oder eine Chefredakteurin zu bestimmen.

Folgendes muss geklärt werden:
- Wie viele Seiten sollen den einzelnen Ressorts eingeräumt werden?
- Wie sollen die Seiten gestaltet werden (Fotos, Illustrationen, Text)?
- Wie soll das Lay-out der Seiten aussehen (Kopf, Spalten, Zeilen, Schriftgröße)?
- Welche technischen Geräte braucht ihr für die Herstellung (Computer, Fotokopierer, Drucker …)?

2. Vorbereitung der Präsentation

Wenn alles geklärt ist, gestaltet jede Gruppe ihren Teil der Klassenzeitung mit ihren Beiträgen. Jedes Gruppenmitglied bereitet jetzt die Präsentation seiner Arbeit vor. Wichtig ist, dass nicht nur das Ergebnis, sondern auch der Arbeitsprozess vorgestellt wird.
Die Präsentation solltet ihr vorher in eurer Gruppe üben.

Präsentation

Jeder stellt nun seine Arbeitsergebnisse der gesamten Klasse vor. Führt auch aus, wie ihr zu euren Ergebnissen gekommen seid.

Macht euch nach der Präsentation über folgende Fragen Gedanken und sprecht darüber:
- Seid ihr mit euren Ergebnissen zufrieden?
- Was ist gut gelungen?
- Was müsste verbessert werden?
- Hat jedes Gruppenmitglied seinen Beitrag geleistet?
- Würdest du noch einmal in derselben Gruppe arbeiten?
- Gab es Probleme bei der Erledigung der Aufgaben?
- Habt ihr Hilfe benötigt?
- Wie bewertet ihr euer Produkt?

> *Tipps für den Vortrag*
> - *sprecht langsam und deutlich,*
> - *lest nicht ab,*
> - *haltet Blickkontakt zu euren Zuhörern,*
> - *setzt eure Körpersprache gezielt ein*

PROJEKT: EINE KLASSENZEITUNG ENTSTEHT

Lay-out festlegen

Für das Lay-out (die Aufmachung, das „Gesicht") eurer Klassenzeitung sind einige Absprachen zu treffen:
- Wie wird auf der Titelseite der Zeitungskopf gestaltet?
- Wie viele Textspalten soll es geben? Wie breit?
- Soll eine Schrift oder sollen mehrere Schriften verwendet werden?
- Welche Schriftgrößen für Texte und Überschriften sollen vorkommen?
- Wie groß soll der Zeilenabstand sein? Wie viele Zeilen pro Seite?
- Welche Hervorhebungen soll es geben: **fett,** *kursiv,* g e s p e r r t ?

In diesem „Rahmen" werden die einzelnen Seiten aufgebaut. Das erfordert einige handwerkliche Arbeiten, die je nach Zeitaufwand und technischem Können einfacher oder anspruchsvoller sein können.
In jedem Fall solltet ihr die Texte am Computer schreiben und entsprechend den Lay-out-Vorgaben formatieren.

Seiten aufbauen

■ **mit Schere und Klebstoff:**
- Ihr faltet ein DIN-A3-Blatt in der Mitte; dann habt ihr vier DIN-A4-Seiten zur Verfügung. Falls ihr mehr Platz braucht, nehmt ihr mehrere Blätter, die ineinandergelegt werden.
- Druckt Artikel und Schlagzeilen aus und schneidet sie aus.
- Bilder, Fotos und Grafiken, die ihr den Beiträgen zuordnet, könnt ihr auf einem Kopierer passend verkleinern/vergrößern und ebenfalls ausschneiden.
- Schiebt Texte und Abbildungen so lange auf dem Papier hin und her, bis euch die Anordnung gefällt. Vielleicht müsst ihr die Texte noch einmal kürzen oder auf einen Teil der Abbildungen verzichten.
- So baut ihr Seite für Seite auf.

■ **am Computer:**
- Mit einem **Textverarbeitungsprogramm** wie *Word* lässt sich ein Seiten-Lay-out gut erstellen. Dazu müsst ihr das Dokument entsprechend einrichten: Spalten, Schriftgröße, Zeilenabstand …
- Die Dateien mit den abgespeicherten Artikeln werden geöffnet, kopiert und in die entsprechende Spalte eingefügt.
- Abbildungen, die ihr eingescannt, aus dem Internet gezogen oder digital fotografiert und auf eurem PC gespeichert habt, könnt ihr nun in das Dokument einfügen. Das Gleiche gilt für Clipart-Elemente.
- Abbildungen, die ihr nur auf Papier habt, müsst ihr später in der passenden Größe in die ausgedruckten Seiten einkleben.
- Wenn ihr Computer-Experten in der Klasse habt, könnt ihr eure Klassenzeitung auch mit einem speziellen **Lay-out-Programm** wie *Publisher* erstellen. Wie das im Einzelnen funktioniert, hängt von dem Programm ab, das ihr verwenden wollt.

Auf Seite 106 seht ihr, wie die Klasse 8b ihre Klassenzeitung gestaltet hat.

PROJEKT: EINE KLASSENZEITUNG ENTSTEHT

Beiträge schreiben und redigieren*

1 Die Schülerredaktion fand den folgenden Erlebnisbericht schon ganz gut. Nur stand nicht mehr so viel Platz zur Verfügung.
Kürze diesen Bericht zunächst um die Hälfte, indem du auf einer Kopie oder mit Folienstift und Folie überflüssige Textstellen streichst.

Wie jedes Jahr hat unsere Schule ein Spielsportfest für die Klassen 7–10 ausgerichtet. Wie jedes Jahr durften wir „unsere" Sportart wählen, damit auch nur derjenige mitspielt, der Spaß daran hat. Und wir von der Volleyballgruppe hatten unseren Spaß. Wir trafen uns morgens um 7 Uhr 50 an der Sporthalle der Ludwig-Erhard-Schule, weil unsere eigene Halle ja von den Basketballern besetzt war. Wir zogen uns erst einmal in den fremden Umkleideräumen um. In der Halle trafen wir uns dann mit unseren Sportlehrern, die uns den Turnierplan vorstellten, den sie für uns wirklich sehr sorgfältig zu Hause erstellt hatten.

Zuerst mussten wir uns vor dem Turnierplan auf den Boden setzen. Danach teilten uns die beiden Sportlehrer in fünf etwa gleich starke Mannschaften auf. Die Sportlehrer kannten ja unsere Stärken und Schwächen, deshalb gab es wenig Proteste. Bis auf Manuel, der ja immer seinen Senf dazugeben muss.

Nun konnte das Turnier beginnen. Jetzt wurde auf zwei Spielfeldern gleichzeitig 20 Minuten gespielt und um jeden Ball heiß gekämpft. Dann nach Abpfiff mussten die beiden Spielführer das Ergebnis der Turnierleitung mitteilen. Dabei gab es allerdings Ärger. Fabian, der Spielführer von Mannschaft 2, regte sich mal wieder tierisch über eine Schiri-Entscheidung auf und brüllte rum: „Die Stürwald ist doch halb blind, der letzte Ball war eindeutig im Aus!"

Dies war aber der einzige Konflikt während des Turniers. Die Spieler und Spielerinnen gingen sehr fair miteinander um. Keiner wurde dumm angemacht, wenn er mal einen Fehler beging. Die Spieler klatschten sich sogar nach Spielende unter dem Volleyballnetz ab, wie das auch die Profis tun.

Sieger des Turniers, das bis 12 Uhr dauerte, wurde die Mannschaft 3 mit vier klaren Siegen. Spielführer war Alexej aus der 9b. Alexej nahm den Siegerpokal aus den Händen von Frau Stürwald entgegen. Jeder Spieler der Mannschaft 3 durfte sich danach aus einem Karton eine Süßigkeit herausnehmen.

Platz 2 belegte Mannschaft 4, Platz 3 die Mannschaft 5, der 4. Platz war doppelt belegt, da Mannschaft 2 und 1 die gleiche Punktzahl erreicht hatten. Auch die Loser-Mannschaften bekamen ihren Trostpreis, nämlich Süßigkeiten in kleinerer Form.

Das absolute Highlight kam am Schluss des Turniers: Das Spiel der „Toptwelve" des Turniers. In diesem Spiel wurde professionell gebaggert und geschmettert. Sodass die Zuschauer begeistert mitgingen. Sogar die La-Ola-Welle wurde begeistert gemacht. Mit denkbar knappem Spielergebnis (25:23) siegte die Mannschaft um unseren Topstar Alexej.

Nass geschwitzt, aber zufrieden gingen die Spieler nach Hause, nachdem die Halle wieder aufgeräumt worden war und Unrat wie Trinkflaschen und Papier entsorgt worden waren. Und alle waren sich einig: So ein Turnier muss jedes Jahr stattfinden!

2 Manche Formulierungen fand die Redaktion überflüssig oder auch nicht geglückt und hat sie deshalb angestrichen. Überarbeite diese Textstellen und schreibe den gekürzten Bericht auf.

3 Finde auch eine Überschrift, die Lust macht, den Bericht zu lesen.

PROJEKT: EINE KLASSENZEITUNG ENTSTEHT

4 In der Schülerzeitung soll ein Bericht über das Streitschlichter-Programm erscheinen.
- Lies den ersten Bericht und markiere auf Folie wichtige Informationen.
- Lies dann den zweiten Bericht und markiere die Informationen, die er zusätzlich enthält.
- Fasse die beiden Berichte zu einem Artikel zusammen, der alle wichtigen Informationen enthält.
- Gib dem Bericht eine Überschrift, die zum Lesen anregt.

1

Immer wieder kommt es an unserer Schule zu Streitigkeiten: in der Klasse, auf dem Schulhof, im Sport. Dann knallt es sehr schnell, Fäuste fliegen und manchmal gibt es sogar Verletzte.

Dagegen will unsere Schule weiterhin etwas tun. Deshalb wurden in den letzten Wochen zusätzliche Streitschlichter ausgebildet. Viele Schülerinnen und Schüler wollten sich gerne zum Streitschlichter ausbilden lassen. Da sich zu viele bewarben, musste die Betreuerin, Frau Hirt, eine Auswahl treffen. Es wurden zu neuen Streitschlichtern ernannt: Claudia, Samira und Yvonne, Lisa, Lara, dazu Eugen und Sven.

Nun kam die Ausbildung. In einer Doppelstunde pro Woche erfuhren die Schülerinnen und Schüler, wie man sich in Streitsituationen verhalten sollte. Natürlich müssen die zukünftigen Streitschlichter ihr „Handwerk" erst lernen. Der Projekttag sollte ihnen dabei helfen, Erfahrung zu sammeln. Sie lernen auch von der bereits ausgebildeten Gruppe von Streitschlichtern.

Die Streitschlichter haben ein gutes Image bei Schülern und Lehrern, weil sie ihre Freizeit opfern, um Jüngeren zu helfen. Lehrer und Schüler sind gespannt, ob sich die Streitigkeiten auf diese Weise regeln lassen.

2

An unserer Schule sollen weitere Streitschlichter ausgebildet werden. Und zwar aus den Klassen 7, 8 und 9. Besonders für die Schüler und Schülerinnen der Klassen 5–7 sind die Streitschlichter sehr wichtig. Sie sind älter, sie sind neutral im Streitfall und die Schüler haben mehr Vertrauen zu ihnen als zu Gleichaltrigen oder gar zu Lehrern. Die meisten Schüler wenden sich nämlich bei einem Streit nicht so gerne an die Lehrer.

Damit die jüngeren Schüler sich im Streitfall sofort an die neuen Schlichter wenden können, werden in der Pausenhalle ihre Fotos ausgehängt. Im Streitschlichterraum (neben dem Hausmeisterzimmer) werden die Konflikte besprochen. In jeder Pause ist dort ein Streitschlichter anzutreffen.

Ein Streitschlichtergespräch läuft etwa so ab:
1. Jeder Konfliktpartner trägt seinen Standpunkt vor.
2. Die Streitschlichter gehen auf jede Seite ein, fragen nach, stellen Unklarheiten und Missverständnisse klar.
3. Jeder der Streitenden schreibt einen möglichen Lösungsweg auf einen Zettel, der von den Streitschlichtern vorgelesen wird.
4. Die beiden Streitenden schließen einen Vertrag zur Versöhnung oder zur Zurückhaltung.

In einem Rechtschreibgespräch im Text über Streitschlichter die Kommas begründen

- Das Komma zwischen Haupt- und Nebensatz
  Seite 220–223

KLASSENZEITUNG
der 8b

News aus unserer Klasse und für unsere Klasse

ENDLICH!

**Inlinerfahren im Sportunterricht
Klasse 8b als Trainer**

Super, klasse, cool, wir haben es geschafft: Wir fahren Inliner im Sportunterricht! Lange Zeit haben wir mit den Sportlehrern diskutiert, auch mit unserem Rektor. Jetzt hat die Schule einen ganzen Klassensatz angeschafft mit Inlinern und Protektoren*.
Und die Topfahrer aus unserer 8b haben sich freiwillig zur Verfügung gestellt und geben in einer AG ihre Tipps an die jüngeren Schüler weiter, die noch nicht so gut fahren können.

Zuerst hatte unsere Sportlehrerin Frau Stürwald Bedenken, dass wir die Inliner und Protektoren nicht ordentlich wegräumen würden. Doch das war schnell geklärt. Bei so viel Spaß im Sportunterricht war es für die meisten Schüler gar keine Frage, die Sachen ordentlich wegzuräumen. Natürlich hat sich unser neuer Sport schon rumgesprochen; die Schülerinnen und Schüler unserer Nachbarschule sind schon ganz heiß!

Claudia Drews, 8b

Gelungenes Spielsportfest

Wie jedes Jahr veranstaltete unsere Schule ein Spielsportfest für die Klassen 8–10. Wir durften wieder wählen, welche Sportart wir am liebsten betreiben.
So spielten nur die Schülerinnen und Schüler zusammen, die auch wirklich Spaß haben an dem Spiel, das sie gewählt haben. Der große Teil der 8b hat dieses Mal Basketball gewählt.
Angetreten waren sechs Mannschaften, Mädchen und Jungen gemischt, wobei jeder gegen jeden antreten musste.

Es war ein Super-Turnier mit einer tollen Stimmung; Turniersieger wurde die Mannschaft A, die im Endspiel knapp mit 16 zu 14 Körben die Mannschaft C schlug.
Aus unserer Klasse standen Anna, Ludmilla, Matthias und Steffen in der Siegermannschaft.
Besonders gut fanden wir, dass die Klassen untereinander vermischt wurden. So kam man sich näher und so mancher Streit war vergessen.

Steffen Rabert, 8b

Inliner kauft man bei

Rollersport

Skates in allen Größen und Ausführungen vorrätig

Kleidung, Zubehör und mehr …

---

1. Verteilt eure Klassenzeitung in der Klasse (ausdrucken oder kopieren) und diskutiert darüber, was gut gelungen ist und was noch verbessert werden könnte.

MAGAZIN

Krimis und Detektivgeschichten

Es gibt wohl kaum einen Menschen, der nicht schon Krimis gelesen, gesehen oder gehört hat. Auch ihr kennt sicherlich verschiedene Krimiserien und Kriminalgeschichten.
Es macht Spaß, sich gemeinsam mit einem Detektiv oder einer Kommissarin auf die Spur des Täters zu begeben. Dazu bekommt ihr in diesem Magazin Gelegenheit. Außerdem könnt ihr euch über die Geschichte und typische Merkmale von Krimis informieren, bekommt Lesetipps und werdet angeregt, Kriminalfilme einmal genauer zu untersuchen und eigene Kriminalgeschichten zu schreiben. Und ihr erfahrt Wissenswertes aus dem Alltag der wirklichen Ermittler.
Aber vielleicht beginnt ihr erst einmal damit, euch gegenseitig eure Lieblingskrimis und -detektive vorzustellen. Warum gefallen sie euch so gut?

MAGAZIN

Dem Täter auf der Spur – Krimirätsel lösen

Der Inselschreck *Wolfgang Ecke*

Seit Tagen fahren die Bewohner und Besucher der winzigen Insel Beltrum Nacht für Nacht in ihren Betten hoch.

Es ist weder das gischtig auflaufende Wasser bei Einsetzen der Flut, noch sind es die Donnerschläge eines Gewitters, die sie zusammenschrecken lassen. Nein, es handelt sich um furchtbare Heulgeräusche, die ihnen die Nachtruhe rauben.

Siebenundvierzig Einwohner und einundzwanzig Sommergäste hat Beltrum zum Zeitpunkt dieser Geschichte. Doch ganz gleich ob Insulaner oder Feriengast, alle haben den gleichen Gesprächsstoff: das sirenenähnliche Heulen. Die einen behaupten, es sei eine Naturerscheinung, die anderen meinen, es sei der Wind, der sich an einem hohlen Gegenstand auf der Insel bricht. Doch da in den letzten Nächten Windstille herrschte, scheidet diese Theorie aus.

Nur ganz wenige sind der Meinung, dass das Heulen einem Scherzvogel zu verdanken sei, der dieses durch Mark und Bein gehende Geräusch mittels irgendwelcher Silvesterraketen zu Stande bringt.

Einmal jaulte es in der ehemaligen Werft, dann wieder hinter der Kirche. Das dritte Mal kommt das Geräusch vom Fuß des Leuchtturms.

Ein junger Kaufmann aus Lüneburg, Hiller ist sein Name, ein Buchdrucker aus Hamburg mit Namen Seidel, der ehemalige Kapitän Christensen, Herr Harmsen, der Lehrer von Beltrum, sowie der Bürgermeister der Liliputgemeinde, Herr Jensen, der auch den Vorsitz übernimmt, tun sich zu einer Art Untersuchungsausschuss zusammen. Sie sind sicher, dass der Inselschreck zwei Beine und einen Kopf hat. Und sie beschließen, alle Maßnahmen geheim zu halten.

Der so genannte „Untersuchungsausschuss" lost täglich zwei Personen aus, die sich an einer der drei Stellen zwischen Mitternacht und 3 Uhr auf die Lauer legen, um dem Inselschreck auf die Schliche zu kommen.

In der ersten Nacht sind es Jensen und Seidel, die in der ehemaligen Bootswerft Posten beziehen. Umsonst! 1 Uhr 15 heult es am Leuchtturm.

In der zweiten Nacht verstecken sich Harmsen und Christensen am Leuchtturm. Um 2 Uhr 30 heult es hinter der Kirche.

In der dritten Nacht beziehen Hiller und Jensen in der Nähe der Kirche Quartier. Um 3 Uhr 10 heult es wiederum am Leuchtturm.

In der vierten Nacht wachen Harmsen und Seidel ebenfalls am Leuchtturm. Das Heulen jedoch findet Punkt 2 Uhr in der alten Werft statt.

In der fünften Nacht heult es hinter der Kirche, und zwar 3 Uhr 15. Dienst haben Christensen und Hiller.

Dem Täter auf der Spur – Krimirätsel lösen

In der sechsten Nacht postieren sich Seidel und Harmsen an der Kirche. Es heult 20 Minuten nach Mitternacht am Leuchtturm.

In der siebten Nacht – Einwohner und Badegäste haben sich fast an das Geräusch gewöhnt – stehen Hiller und Christensen Wache hinter der Werft. 3 Uhr 5 heult es wiederum hinter der Kirche.

In der achten Nacht werden Jensen und Seidel ausgelost. Man beratschlagt auch über den Ort und einigt sich auf den Leuchtturm. Genau um Mitternacht heult es hinter der Kirche …

Noch vor der Auslosung zur neunten Nacht fällt es Johannes Jensen wie Schuppen von den Augen. Es gibt gar keinen Zweifel: Der „Inselschreck" befindet sich in den eigenen Reihen. Im eigens zu seiner Entlarvung eingerichteten Untersuchungsausschuss!

Wütend zieht der Bürgermeister seinen blauen Anzug an. Er wird es ihm zeigen … Seine geballte Faust zeigt seine gesammelte Entrüstung!

Wer war der Inselschreck?

Krimis lesen – Krimis sehen – Krimis schreiben

Krimis, wie sie kurz genannt werden, sind bei Erwachsenen und Jugendlichen sehr beliebt. Besonders Kino und Fernsehen haben dazu beigetragen. Jeden Tag werden zahlreiche Krimiserien oder Kriminalfilme im Fernsehen gesendet, vom Morgenprogramm bis spät in die Nacht. Aber auch Kriminalromane werden in rauen Mengen von begeisterten Leserinnen und Lesern verschlungen.

Krimis erzählen die Geschichte eines Verbrechens. Die Aufklärung der Tat und die Überführung des Täters werden in der Regel von einem Detektiv durchgeführt: Das kann ein einzelner Kriminalbeamter, ein Ermittlungsteam, ein Privatdetektiv oder ein Geheimagent sein; manchmal sind es auch Personen, die beruflich gar nichts mit Kriminalfällen zu tun haben (z.B. Miss Marple oder Pater Brown), und gelegentlich sind sogar Tiere an den Ermittlungen beteiligt („Kommissar Rex"). Als Täter kommen in der Regel mehrere Personen in Frage. Zeugenaussagen, Indizien, Alibis der Tatverdächtigen und sonstige Spuren des Verbrechens müssen genauestens überprüft werden, damit der oder die Täter überführt werden können.

Der Reiz und die Spannung liegen darin, dass Leser oder Zuschauer an der Lösung des Falles beteiligt werden: Sie können mitraten und mitkombinieren – und manchmal wissen sie sogar etwas mehr als die ermittelnden Kriminalisten. Meist wird die Auflösung des Falles hinausgezögert, sodass die Spannung bis zum Schluss erhalten bleibt.

Kriminalgeschichten und **Detektivromane** gab es schon vor zweihundert Jahren. Zu den berühmtesten Krimiautorinnen und -autoren gehören Conan Doyle (mit seinem Detektiv Sherlock Holmes), Agatha Christie (Miss Marple), Raymond Chandler (Philip Marlowe), Ian Fleming (James Bond), George Simenon (Kommissar Maigret), Edgar Wallace, Patricia Highsmith, Henning Mankell (Kommissar Wallander), Donna Leon (Commissario Brunetti) und Andrea Camilleri (Commissario Montalbano). Zu den größten Kriminalfilmregisseuren zählt Alfred Hitchcock.

Natürlich gibt es auch viele Krimis, die speziell für jugendliche Leser geschrieben wurden. Hier einige Lesetipps:
– Andreas Steinhöfel: Beschützer der Diebe
– Robert Cormier: Das Verhör
– Frank Stieper: Sleepy Simon
– Thomas Feibel: Spyland Island

Ratekrimis:
– Rainer Crummenerl: Kommissar Hell und der Millionenraub
– Wolfgang Ecke: Club der Detektive
– Jürg Obrist: Alles klar?, Klarer Fall?, Klare Sache?

Tatortkommissarin Charlotte Lindholm (Maria Furtwängler)

Meisterdetektiv Sherlock Holmes

Krimis lesen – Krimis sehen – Krimis schreiben

Kameraeinstellungen:

Totale

Halbnah

Nah

Close-up/Kopf

Makro/Detail

Krimis haben eine spannende Handlung, in der es immer um die gleiche Sache geht: ein Verbrechen und seine Aufklärung. Auch die beteiligten Figuren folgen meist dem gleichen Grundmuster: Opfer, Tatverdächtige, Suchende/Ermittler, Täter. Dabei spielt es keine Rolle, ob man einen Krimi liest oder einen Kriminalfilm sieht.

Etwas anderes sind die Mittel, mit denen Spannung erzeugt wird. Hier unterscheiden sich Buch und Film deutlich. Das liegt an den unterschiedlichen Möglichkeiten, die diese Medien bieten. Ein Buch ist auf das geschriebene Wort angewiesen; ein Film kann alle Möglichkeiten nutzen, die Sprache, Bild und Ton bieten.

■ Untersucht einmal einen **Kriminalfilm** oder eine Folge einer Krimiserie daraufhin, wie **Spannung** erzeugt wird. Wenn ihr den ganzen Film kennt, könnt ihr einzelne Szenen herausgreifen. Achtet auf

– **Handlung und Dialoge:** Was wird verraten, verschwiegen oder nur angedeutet?

– **Szenenwechsel:** Bricht die Handlung mittendrin ab? Gibt es mehrere Handlungen, die abwechselnd gezeigt werden?

– **Kameraeinstellungen, Bildausschnitte:** Was ist im Bild zu sehen, was wird nicht gezeigt? In welcher Größe wird es gezeigt?

– **Kameraperspektiven:** Augenhöhe? Von oben (Vogelperspektive)? Von unten (Froschperspektive)?

– **Musik:** An welchen Stellen kommt sie vor? Wie wirkt sie: beruhigend, nervös machend …?

■ Macht euch während des Films zu euren Beobachtungen Notizen:

Szene: _____	
(stichwortartige Beschreibung, um welche Szene es geht)	
Was zu beobachten ist	Was damit erreicht werden soll

■ Vergleicht anschließend, was euch aufgefallen ist:
– Wann war die Spannung besonders hoch?
– Mit welchen Mitteln hat der Fernsehkrimi das erreicht?

MAGAZIN

Krimis lesen – Krimis sehen – Krimis schreiben

Junge Mädchen als Detektive

Esslingen. Sehr mutig zeigten sich die beiden Esslinger Mädchen, Elke M. (16) und Tina S. (17), als sie Detektive spielten. Sicher ist ihnen indessen aber auch klar geworden, dass sie sich auf ein gewagtes Spiel eingelassen hatten, bei dem sie Kopf und Kragen hätten riskieren können.

Die beiden Mädchen waren am Mittwochabend in eine Diskothek in Esslingen gegangen und hatten dort die Bekanntschaft zweier Männer gemacht, die sie zu einem „kleinen Abenteuer" aufforderten.

Da die beiden Männer (20 und 21 Jahre) nicht unsympathisch waren, gingen die Mädchen mit ihnen. Das „Abenteuer" bestand dann aber darin, in eine Apotheke einzudringen und dort verschiedene Medikamente zu stehlen. Die Mädchen hatten dabei nichts anderes zu tun, als sich als Aufpasser zu betätigen.

Als dann die beiden Männer mit ihrem Diebesgut aus dem Nebeneingang zur Apotheke herauskamen, zog plötzlich eines der Mädchen eine Schreckschusspistole und erklärte den beiden verdutzten Männern, dass sie verhaftet seien. Die Burschen waren so überrascht, dass sie sich ohne Gegenwehr zur nächsten Polizeidienststelle führen ließen, wo sie von den Beamten in Empfang genommen wurden. Die Polizei stellte das Diebesgut sicher. Es handelte sich um eine Reihe verschiedener Aufputschmittel, die verschreibungspflichtig sind.

Was ihr mit diesem Text machen könnt:

- In eine spannende Erzählung umformen: Aus der Sicht eines Mädchens in der Ich-Form oder aus der Perspektive eines Erzählers schreiben. Worauf ihr dabei achten müsst, erfahrt ihr auf den Seiten 174/175.

- Einen Gemeinschafts-Kriminalroman schreiben. Wie ihr dazu den Erzählplan erstellen könnt, erfahrt ihr ebenfalls in der *Werkstatt Schreiben* (S. 171–173).

- In ein kleines Kriminalhörspiel umformen, das folgende Einzelszenen haben könnte:
    1. Vorbereitungen zum Besuch der Disko im Zimmer von Elke M.
    2. Ankunft in der Disko, Bestellungen
    3. Gespräch mit den beiden Männern
    4. Fahrt mit dem Auto in die Innenstadt
    5. Vor der Apotheke
    6. „Gefangennahme" der beiden Männer
    7. Auf dem Polizeirevier

    Überlegt, wie ihr die Einzelszenen mit Inhalt füllt (Was passiert genau?), welche Sprecherrollen vorkommen und was gesagt wird.
    Was kann man sonst noch hören? Wie könnt ihr diese Geräusche erzeugen? Soll Musik eingespielt werden?

- Natürlich könnt ihr euch auch ganz andere Kriminalgeschichten ausdenken. Oder ihr sucht euch Kurzmeldungen aus der Zeitung heraus und schreibt den „Krimi hinter der Meldung".

Nehmt die Einzelszenen nacheinander auf und schneidet sie später zusammen.

Unter die Lupe genommen: Kriminalisten bei der Arbeit

**Asservaten-
kammern**

**Aus der Rumpelkammer
des Verbrechens**

Zum Keller des größten deutschen Kriminalgerichts in Berlin-Moabit haben nur ganz wenige Zutritt. Dort lagern in der muffigen Asservatenkammer Beweisstücke (Asservate) zu den verschiedensten Kriminalfällen: der Bademantel im italienischen Design ebenso wie der Zierdolch, mit dem ein Mann auf einen Mitarbeiter des Arbeitsamtes losgegangen war. Beide Asservate sind Beweisstücke: der Bademantel, weil er einem Schauspieler angeblich gestohlen und später im Haus einer fremden Frau gefunden worden war, der Dolch, weil er als Tatwaffe diente.

> In der **Werkstatt Schreiben** erfahrt ihr auf den Seiten 172/173, wie ihr gemeinsam Kriminalgeschichten schreiben könnt.

> Eine eigene Kriminalgeschichte schreiben:
> – harmlose Ausgangssituation
> – langsamer Spannungsaufbau
> – Tat
> – Überraschungseffekt
> – Motiv des Täters
> – …
> – Lösung des Falls

Tausende solcher Asservate lagern in dieser riesigen Rumpelkammer des Verbrechens. Sie sind stumme Zeugen für Diebstahl, Raub und Körperverletzungen, für Verstöße gegen das Markengesetz, für Totschlag oder Mord. In der Kammer harren diese Zeugen aus, bis die Täter verurteilt sind; manchmal wenige Wochen, manchmal viele Jahre.

Das älteste Stück ist ein Lodenmantel aus dem Jahre 1952, den ein bisher nicht identifizierter Toter trug. Vielleicht wird der Mantel als Beweisstück noch einmal gebraucht: Mord verjährt schließlich nicht.

Ist ein Verfahren abgeschlossen, erhält der Bestohlene sein Eigentum zurück. Messer und Schlagstöcke vernichtet die Polizei. Asservate, die niemand mehr will, werden von einem Gerichtsvollzieher versteigert. Stoff für unzählige Kriminalgeschichten schlummern im Keller des Gerichts. Es müsste nur jemand Zeit haben, die Geschichten aus der Rumpelkammer zu erzählen …

Diese stummen Zeugen

… könnt ihr zum Sprechen bringen – schreibt ihre „Kriminalgeschichten" auf!

ein zerbeulter Schulranzen, ein tragbarer Fernseher, nagelneue Autoreifen, ein Handy, eine Schweinchen-Eieruhr, eine aufgebrochene Geldkassette, ein einzelner Schuh, eine gut gefüllte Aktentasche, ein hochmoderner Laptop, eine alte Reiseschreibmaschine, zehn verschweißte Packungen Kaffee, ein Sparschwein, Ansichtskarten, ein Tauchermesser, Kassetten, ein Bolzenschneider, ein Faxgerät …

MAGAZIN

Unter die Lupe genommen: Kriminalisten bei der Arbeit

Privatdetektive

Der Alltag hinter dem Klischee

Schenkt man Fernsehserien und Kriminalromanen Glauben, sind Detektive Kettenraucher, die reichlich Whisky pur vertragen, mit hochgeschlagenem Mantelkragen und einer Waffe in der Tasche. Doch dieses Klischee* ist völlig falsch, versichert Mario Krupp, Privatdetektiv aus Braunschweig: „In der Öffentlichkeit herrschen immer noch fantastische Vorstellungen von unserer alltäglichen Arbeit. Anders als der offen oder verdeckt ermittelnde Polizist ist ein privater Ermittler nicht dazu da, Ganoven zu fangen; er hat vielmehr zu 99 Prozent den Eigentums- und Interessenschutz seiner Klienten* wahrzunehmen." Das Aufgabenfeld reicht von der Zeugenermittlung bis zur Verhinderung von Sabotage*, vom Datendelikt bis zum Aufspüren von Raubkopien im Buch-, Video- und Tonwesen. Nur selten geht es dabei um spektakuläre Verbrechen. Außerdem muss jeder Klient bei Auftragserteilung ein „berechtigtes Interesse" nachweisen. Kein seriöser* Detektiv darf gegen irgendeinen Mitbürger ermitteln, nur weil es der Konkurrenz oder einer eifersüchtigen Ex-Freundin so gefällt. Der klassische Detektivauftrag – Mit wem betrügt mich meine Frau? – zählt zwar zu den so genannten „berechtigten Interessen", ist aber eher selten geworden.

Zur erfolgreichen Detektivarbeit gehören Geduld und vor allem Unauffälligkeit: „Wer mit Trenchcoat, Hut und dunkler Sonnenbrille herumläuft und Verfolgungsjagden inszeniert, ist eine Lachnummer." Privatdetektive brauchen Menschenkenntnis, Einfühlungsvermögen, schauspielerisches Talent, die soziale Bereitschaft, mit und für Menschen zu arbeiten, und vor allem eine gute Spürnase. Üblicherweise wird bei Bewerbern ein Mindestalter von 21 Jahren vorausgesetzt, ein Haupt- oder Realschulabschluss, eine abgeschlossene Lehre oder eine mehrjährige Tätigkeit bei Polizei, Bundesgrenzschutz oder Bundeswehr. Auch sportlich sollten Privatdetektive sein, Kenntnisse in der waffenlosen Selbstverteidigung gelten als nützlich. Die Einstellungschancen nach abgeschlossener Ausbildung sind gut. Von 6000 Detektiven in Deutschland, so eine Schätzung der Zentralstelle für die Ausbildung im Detektivgewerbe (ZAD), sind etwa 5000 als Kaufhausdetektive tätig, 700 selbstständig (davon ca. 10 Prozent Frauen), 150 in Detekteien fest angestellt und einige wenige als Hotel- oder Versicherungsdetektive registriert.

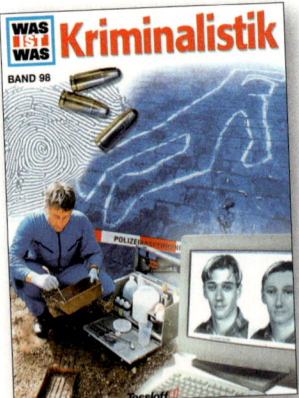

Auch mit einem weiteren Klischee räumt Krupp auf. Diejenigen, die als Privatdetektiv Fuß gefasst haben, genießen nicht die Hoheitsrechte ihrer Fernsehkollegen: „Wenn die Radarfalle zuschnappt, weil ich zu schnell gefahren bin, dann muss ich genauso Bußgeld zahlen und Punkte kassieren wie jeder andere Bürger auch. Der Hinweis, ich hätte einen Steuerflüchtling verfolgt, hilft überhaupt nichts."

Eine Kriminalgeschichte lesen

Lammkeule *Roald Dahl*

Das Zimmer war aufgeräumt und warm, die Vorhänge waren zugezogen, die beiden Tischlampen brannten – ihre und die vor dem leeren Sessel gegenüber. Zwei hohe Gläser, Whisky und Sodawasser auf dem Büfett hinter ihr. Frische Eiswürfel im Thermoskübel.

Mary Maloney wartete auf ihren Mann, der bald von der Arbeit nach Hause kommen musste.

Hin und wieder warf sie einen Blick auf die Uhr, aber ohne Ungeduld, nur um sich an dem Gedanken zu erfreuen, dass mit jeder Minute der Zeitpunkt seiner Heimkehr näher rückte.

> **Warten auf Mr. Maloney**

Eine heitere Gelassenheit ging von ihr aus und teilte sich allem mit, was sie tat. Die Art, wie sie den Kopf über ihre Näharbeit beugte, hatte etwas Beruhigendes. Sie war im sechsten Monat ihrer Schwangerschaft und ihre Haut wies eine wunderbare Transparenz* auf, der Mund war weich, die Augen mit ihrem neuen, zufriedenen Blick wirkten größer und dunkler als zuvor.

Um zehn Minuten vor fünf begann sie zu lauschen und wenig später, pünktlich wie immer, knirschten draußen die Reifen auf dem Kies. Die Wagentür wurde zugeschlagen, vor dem Fenster erklangen Schritte und dann drehte sich der Schlüssel im Schloss. Sie legte die Handarbeit beiseite, stand auf und ging zur Tür, um ihn mit einem Kuss zu begrüßen.

„Hallo, Liebling", sagte sie.

„Hallo", antwortete er.

Sie nahm seinen Mantel und hängte ihn in den Schrank. Dann machte sie am Büfett die Drinks zurecht – einen ziemlich starken für ihn und einen schwachen für sie – und bald saßen sie in ihren Sesseln einander gegenüber, sie mit der Näharbeit, während er die Hände um das hohe Glas gelegt hatte und es behutsam hin und her bewegte, sodass die Eiswürfel leise klirrten.

Für sie war dies immer die glücklichste Zeit des Tages. Sie wusste, dass er nicht gern sprach, bevor er das erste Glas geleert hatte, und sie selbst genoss es, ruhig dazusitzen und sich nach den langen Stunden der Einsamkeit in seiner Nähe zu wissen.

> **Mrs. Maloney ist glücklich**

Sie liebte es, sich ganz auf die Gegenwart dieses Mannes zu konzentrieren und – wie man bei einem Sonnenbad die Sonne fühlt – jene warme männliche Ausstrahlung zu fühlen, die von ihm ausging, wenn sie beide allein waren. Sie liebte die Art, wie er sich lässig im Sessel zurücklehnte, die Art, wie er zur Tür hereinkam oder langsam mit großen Schritten das Zimmer durchquerte. Sie liebte den angespannten, gedankenverlorenen Blick, mit dem seine Augen oft auf ihr ruhten, die charakteristische Form seines Mundes und vor allem die Art, wie er über seine Müdigkeit schwieg und still dasaß, bis der Whisky ihn etwas aufgemuntert hatte.

„Müde, Liebling?"

„Ja", sagte er, „ich bin müde." Und bei diesen Worten tat er etwas Ungewöhnliches. Er hob sein Glas und leerte es auf einen Zug, obgleich es noch halb voll war, mindestens noch halb voll war. Sie sah es nicht, aber sie wusste, was er getan hatte, denn sie hörte die Eiswürfel auf den Boden des leeren Glases fallen, als er den Arm senkte. Er beugte sich im Sessel vor, zögerte einen Augenblick, stand dann auf und ging zum Büfett, um sich noch einen Whisky einzuschenken.

„Lass mich das machen!", rief sie und sprang hilfsbereit auf.

„Setz dich hin", sagte er.

Als er zurückkam, verriet ihr die dunkle Bernsteinfarbe des Drinks, dass er sehr viel Whisky und sehr wenig Wasser genommen hatte.

„Liebling, soll ich dir deine Hausschuhe holen?"

MAGAZIN

Eine Kriminalgeschichte lesen

„Nein."

Sie beobachtete, wie er das tiefbraune Getränk schlürfte. Es war so stark, dass sich in der Flüssigkeit kleine ölige Wirbel bildeten.

„Eigentlich", meinte sie, „ist es doch eine Schande, dass ein Polizist, der so viele Dienstjahre hat wie du, noch immer den ganzen Tag auf den Beinen sein muss."

Gespräch zwischen den Eheleuten

Er antwortete nicht. Sie nähte mit gesenktem Kopf weiter, aber jedes Mal, wenn er das Glas an die Lippen hob, hörte sie die Eiswürfel klirren.

„Liebling", begann sie von Neuem, „möchtest du etwas Käse essen? Ich habe heute nichts gekocht, weil Donnerstag ist."

„Nein", sagte er.

„Wenn du zu müde zum Ausgehen bist", fuhr sie fort, „dann bleiben wir eben zu Hause. In der Kühltruhe ist eine Menge Fleisch und Gemüse, und wenn wir hier essen, brauchst du gar nicht aus deinem Sessel aufzustehen."

Ihre Augen warteten auf eine Antwort, ein Lächeln, ein kleines Nicken, doch er reagierte nicht.

„Jedenfalls", sagte sie, „hole ich dir erst einmal etwas Käse und ein paar Kekse."

„Ich will nichts."

Sie rückte unruhig hin und her, die großen Augen forschend auf ihn gerichtet. „Aber du musst doch zu Abend essen. Ich kann uns schnell etwas braten. Wirklich, ich tu's gern. Wie wär's mit Koteletts? Vom Lamm oder vom Schwein, ganz nach Wunsch. Es ist alles da."

„Ich habe keinen Hunger."

„Aber Liebling, du musst essen! Ich mach einfach irgendwas zurecht und dann kannst du es essen oder nicht, wie du willst."

Sie stand auf und legte ihre Handarbeit auf den Tisch neben die Lampe.

„Setz dich hin", sagte er. „Setz dich noch einen Moment hin."

Erst jetzt wurde ihr unheimlich zumute.

„Na los, setz dich hin", wiederholte er.

Sie ließ sich langsam in den Sessel sinken und blickte dabei ihren Mann mit großen, verwirrten Augen an. Er hatte seinen zweiten Whisky ausgetrunken und starrte nun finster in das Glas.

„Hör zu", murmelte er. „Ich muss dir etwas sagen."

„Was hast du denn, Liebling? Was ist los?"

Er saß jetzt mit gesenktem Kopf da und rührte sich nicht.

Das Licht der Lampe neben ihm fiel nur auf den oberen Teil seines Gesichts; Kinn und Mund blieben im Schatten. Sie sah einen kleinen Muskel an seinem linken Augenwinkel zucken.

„Dies wird ein ziemlicher Schlag für dich sein, fürchte ich", begann er. „Aber ich habe lange darüber nachgedacht und meiner Ansicht nach ist es das einzig Richtige, dir alles offen zu sagen. Ich hoffe nur, dass du es nicht zu schwernimmst."

Und so sagte er ihr alles. Es dauerte nicht lange, höchstens vier oder fünf Minuten. Sie hörte ihm zu, stumm, wie betäubt, von ungläubigem Entsetzen erfüllt, während er sich mit jedem Wort weiter von ihr entfernte.

Mrs. Maloney ist entsetzt

„Das ist es also", schloss er. „Ich weiß, dass es nicht gerade die rechte Zeit ist, darüber zu

Eine Kriminalgeschichte lesen

sprechen, aber mir bleibt keine andere Wahl.
160 Natürlich werde ich dir Geld geben und dafür sorgen, dass du einfach hast, was du brauchst. Aber ich möchte jedes Aufsehen vermeiden. Ist ja auch nicht nötig. Ich muss schließlich an meine Stellung denken, nicht wahr?"

165 Ihre erste Regung war, nichts davon zu glauben, es weit von sich zu weisen. Dann kam ihr der Gedanke, dass er möglicherweise gar nichts gesagt, dass sie sich das alles nur eingebildet hatte. Wenn sie jetzt an ihre Arbeit ging und so
170 tat, als hätte sie nichts gehört, dann würde sie vielleicht später, beim Aufwachen sozusagen, entdecken, dass nie etwas Derartiges geschehen war.

„Ich werde das Essen machen", flüsterte sie
175 schließlich, und diesmal hielt er sie nicht zurück.

Als sie das Zimmer verließ, fühlte sie nicht, dass ihre Füße den Boden berührten. Sie fühlte überhaupt nichts – bis auf ein leichtes Schwindelgefühl und einen Brechreiz. Alles lief jetzt
180 automatisch ab. Die Kellertreppe, der Lichtschalter, die Tiefkühltruhe, die Hand, die in der Truhe den ersten besten Gegenstand ergriff. Sie nahm ihn heraus und betrachtete ihn. Er war in Papier gewickelt, also riss sie das Papier ab und
185 betrachtete ihn von Neuem. Eine Lammkeule.

Nun gut, dann würde es Lamm zum Abendessen geben. Sie umfasste das dünne Knochenende mit beiden Händen und trug die Keule nach oben. Als sie durch das Wohnzimmer ging,
190 **Die Lammkeule** sah sie ihn mit dem Rücken zu ihr am Fenster stehen. Sie machte Halt.

„Um Gottes willen", sagte er, ohne sich um-
195 zudrehen, „koch bloß kein Essen für mich. Ich gehe aus."

In diesem Augenblick trat Mary Maloney einfach hinter ihn, schwang, ohne sich zu besinnen, die große gefrorene Lammkeule hoch in
200 die Luft und ließ sie mit aller Kraft auf seinen Hinterkopf niedersausen.

Ebenso gut hätte sie mit einer eisernen Keule zuschlagen können.

Sie wich einen Schritt zurück und wartete.
205 Seltsamerweise blieb er noch mindestens vier, fünf Sekunden leicht schwankend stehen. Dann stürzte er auf den Teppich.

Der krachende Aufprall, der Lärm, mit dem der kleine Tisch umfiel – diese Geräusche hal-
210 fen ihr, den Schock zu überwinden. Sie kehrte langsam in die Wirklichkeit zurück, empfand aber nichts als Kälte und Überraschung, während sie mit zusammengekniffenen Augen den leblosen Körper anstarrte. Ihre Hände umklam-
215 merten noch immer die idiotische Fleischkeule.

Na schön, sagte sie sich. Ich habe ihn also getötet.

Erstaunlich, wie klar ihr Gehirn auf einmal arbeitete. Die Gedanken überstürzten sich fast.
220 Als Frau eines Polizeibeamten wusste sie genau, welche Strafe sie erwartete. Gut, in Ordnung. Ihr machte das gar nichts aus. Es würde sogar eine Erlösung sein. **Mrs. Maloney denkt nach**
Aber das Kind? Wie verfuhr das Gesetz mit
225 Mörderinnen, die ungeborene Kinder trugen? Tötete man beide – Mutter und Kind? Oder wartete man bis nach der Geburt? Was geschah mit den Kindern?

Mary Maloney wusste es nicht. Und sie war
230 keineswegs gewillt, ein Risiko einzugehen. Sie brachte das Fleisch in die Küche, legte es in

Eine Kriminalgeschichte lesen

eine Bratpfanne und schob es in den eingeschalteten Ofen. Dann wusch sie sich die Hände und lief nach oben ins Schlafzimmer. Sie setzte sich vor den Spiegel, ordnete ihr Haar und frischte das Make-up auf. Sie versuchte ein Lächeln. Es fiel recht sonderbar aus. Auch der zweite Versuch missglückte.

Das Fleisch kommt in den Ofen

„Hallo, Sam", sagte sie laut und munter. Die Stimme klang viel zu gezwungen.

„Ich hätte gern Kartoffeln, Sam. Ja, und vielleicht eine Dose Erbsen."

Das war besser. Sowohl die Stimme als auch das Lächeln wirkten jetzt natürlicher. Sie probierte es wieder und wieder, bis sie zufrieden war. Dann eilte sie nach unten, schlüpfte in ihren Mantel, öffnete die Hintertür und ging durch den Garten auf die Straße.

Es war erst kurz vor sechs und beim Kaufmann brannte noch Licht.

„Hallo, Sam", sagte sie munter und lächelte dem Mann hinter dem Ladentisch zu.

Beim Kaufmann

„Ach, guten Abend, Mrs. Maloney. Wie geht's denn?"

„Ich hätte gern Kartoffeln, Sam. Ja, und vielleicht eine Dose Erbsen."

Der Kaufmann drehte sich um und nahm eine Büchse vom Regal.

„Patrick ist heute so müde, dass er keine Lust hat, sich ins Restaurant zu setzen", erklärte sie. „Wir essen sonst donnerstags immer auswärts, wissen Sie, und jetzt habe ich kein Gemüse im Haus."

„Und was ist mit Fleisch, Mrs. Maloney?"

„Fleisch habe ich, danke. Eine schöne Lammkeule aus der Kühltruhe."

„Aha."

„Eigentlich lasse ich ja das Fleisch lieber erst auftauen, bevor ich's brate, aber es wird wohl auch so gehen. Meinen Sie nicht, Sam?"

„Wenn Sie mich fragen", sagte der Gemüsehändler, „ich finde, dass es gar keinen Unterschied macht. Wollen Sie die Idaho-Kartoffeln?"

„O ja, die sind gut. Zwei Tüten bitte."

„Sonst noch etwas?" Er neigte den Kopf zur Seite und sah sie wohlgefällig an.

„Na, und der Nachtisch? Was wollen Sie ihm zum Nachtisch geben?"

„Hm … Wozu würden Sie mir denn raten, Sam?"

Der Mann schaute sich im Laden um. „Wie wär's mit einem schönen großen Stück Käsekuchen? Den isst er doch gern, nicht wahr?"

„Ja, das ist ein guter Gedanke. Auf Käsekuchen ist er ganz versessen."

Als alles eingewickelt war und sie bezahlt hatte, verabschiedete sie sich mit ihrem freundlichsten Lächeln. „Vielen Dank, Sam. Auf Wiedersehen."

„Auf Wiedersehen, Mrs. Maloney. Ich habe zu danken."

Und jetzt, sagte sie sich auf dem Heimweg, jetzt kehrte sie zu ihrem Mann zurück, der auf sein Abendessen wartete. Und sie musste es gut kochen, so schmackhaft wie möglich, denn der arme Kerl war müde. Und wenn sie beim Betreten des Hauses etwas Ungewöhnliches vorfinden sollte, etwas Unheimliches oder Schreckliches, dann würde es natürlich ein Schock für sie sein. Verrückt würde sie werden vor Schmerz und Entsetzen. Wohlgemerkt, sie erwartete nicht, etwas Derartiges vorzufinden. Sie ging nur mit ihren Einkäufen nach Hause. Mrs. Patrick Maloney ging am Donnerstagabend mit ihren Einkäufen nach Hause, um das Abendessen zu kochen.

Gedanken auf dem Heimweg

So ist es recht, ermunterte sie sich. Benimm dich natürlich, genauso wie immer. Lass alles ganz natürlich an dich herankommen, dann brauchst du nicht zu heucheln.

So summte sie denn ein Liedchen vor sich hin und lächelte, als sie durch die Hintertür in die Küche trat.

„Patrick?", rief sie. „Ich bin wieder da, Liebling."

Eine Kriminalgeschichte lesen

Sie legte das Paket auf den Tisch und ging ins Wohnzimmer. Und als sie ihn dort liegen sah, auf dem Boden zusammengekrümmt, einen Arm unter dem Körper, da war es wirklich ein Schock.

Die Liebe und das Verlangen nach ihm wurden von Neuem wach und sie lief zu ihm hin, kniete neben ihm nieder und weinte bittere Tränen. Es war nicht schwer. Sie brauchte nicht zu heucheln.

Ein paar Minuten später stand sie auf und ging zum Telefon. Die Nummer der Polizeistation wusste sie auswendig. Als sich der Wachtmeister vom Dienst meldete, rief sie: „Schnell! Kommen Sie schnell! Patrick ist tot!"

Anruf bei der Polizei

„Wer spricht denn da?"

„Mrs. Maloney. Mrs. Patrick Maloney."

„Sie sagen, Patrick Maloney ist tot?"

„Ich glaube, ja", schluchzte sie. „Er liegt auf dem Boden und ich glaube, er ist tot."

„Wir kommen sofort", sagte der Mann. Der Wagen fuhr gleich darauf vor. Sie öffnete die Haustür und zwei Polizisten traten ein. Beide waren ihr bekannt – wie fast alle Beamten des Reviers – und sie fiel hysterisch weinend in Jack Noonans Arme. Er setzte sie sanft in einen Sessel und ging dann zu seinem Kollegen O'Malley hinüber, der neben dem Leichnam kniete.

„Ist er tot?", flüsterte sie.

„Ich fürchte, ja. Was ist geschehen?"

Mrs. Maloneys Geschichte

Sie erzählte kurz ihre Geschichte – wie sie zum Kaufmann gegangen war und Patrick bei der Rückkehr leblos auf dem Boden gefunden hatte. Während sie sprach, weinte und sprach, entdeckte Noonan etwas geronnenes Blut am Hinterkopf des Toten. Er zeigte es O'Malley und der stürzte sofort zum Telefon.

Bald erschienen noch mehr Männer. Zuerst ein Arzt, dann zwei Detektive – den einen kannte sie dem Namen nach. Später kam ein Polizeifotograf und machte Aufnahmen; auch ein Experte für Fingerabdrücke traf ein. Es wurde viel geflüstert und gemurmelt neben dem Toten, und die Detektive stellten ihr Fragen über Fragen. Aber sie behandelten sie sehr freundlich. Sie erzählte wieder ihre Geschichte, diesmal von Anfang an: Patrick war nach Hause gekommen, und sie hatte genäht, und er war müde, so müde, dass er nicht zum Abendessen ausgehen wollte. Sie berichtete, wie sie das Fleisch in den Ofen geschoben hatte – „es ist immer noch drin" –, wie sie wegen der Kartoffeln und der Erbsen zum Kaufmann gelaufen war und wie sie Patrick bei der Rückkehr leblos auf dem Boden gefunden hatte.

„Welcher Kaufmann?", fragte einer der Detektive.

Sie sagte es ihm. Er drehte sich schnell um und flüsterte dem anderen Detektiv etwas zu. Der Mann verließ sofort das Haus. Nach einer Viertelstunde kam er mit einer Seite Notizen zurück. Wieder wurde leise verhandelt und durch ihr Schluchzen hindurch drangen ein paar Satzfetzen an ihr Ohr: „… hat sich völlig normal benommen … sehr vergnügt … wollte ihm ein gutes Abendessen machen … Erbsen … Käsekuchen … unmöglich, dass sie …" Kurz darauf verabschiedeten sich der Fotograf und

MAGAZIN

Eine Kriminalgeschichte lesen

der Arzt; zwei Männer traten ein und trugen die Leiche auf einer Bahre fort.

Besorgte Polizisten

Dann ging auch der Experte für Fingerabdrücke. Die beiden Detektive aber blieben da, die beiden Polizisten ebenfalls. Sie waren ausgesprochen freundlich zu ihr. Jack Noonan erkundigte sich, ob sie nicht lieber anderswo hingehen wolle, vielleicht zu ihrer Schwester oder zu seiner Frau, die sich gern um sie kümmern und sie für die Nacht unterbringen werde. Nein, sagte sie. Im Augenblick sei sie einfach nicht fähig, auch nur einen Schritt zu tun. Hätten sie etwas dagegen, wenn sie hier bliebe, bis sie sich besser fühlte? Wirklich, im Augenblick könne sie sich zu nichts aufraffen.

Dann solle sie sich doch ein Weilchen hinlegen, schlug Jack Noonan vor.

Nein, sagte sie. In diesem Sessel sei sie am besten aufgehoben. Später vielleicht, wenn es ihr etwas besser ginge …

Sie blieb also sitzen, während die Männer das Haus durchsuchten. Gelegentlich stellte einer der Detektive ihr eine Frage. Manchmal sprach Jack Noonan ihr sanft zu, wenn er vorbeikam. Von ihm erfuhr sie auch, dass ihr Mann durch einen Schlag auf den Hinterkopf getötet worden war, durch einen Schlag mit einem stumpfen Gegenstand, höchstwahrscheinlich einem großen Stück Metall. Sie suchten die Waffe. Der Mörder, sagte Jack, habe sie vermutlich mitgenommen; er könne sie aber ebenso gut im Garten oder im Haus versteckt haben.

„Es ist die alte Geschichte", schloss er. „Wenn man die Waffe hat, hat man auch den Täter."

Später kam einer der Detektive und setzte sich neben sie. Vielleicht habe irgendein Gegenstand im Hause als Waffe gedient, meinte er. Würde sie wohl so freundlich sein und nachsehen, ob etwas fehlte – ein sehr großer Schraubenschlüssel zum Beispiel oder eine schwere Metallvase?

Metallvasen hätten sie nicht, antwortete sie. „Aber einen großen Schraubenschlüssel?"

Nein, auch nicht. Höchstens in der Garage. Die Suche ging weiter. Sie wusste, dass draußen im Garten noch mehr Polizisten waren, denn sie hörte ihre Schritte auf dem Kies und manchmal sah sie durch

Wo ist die Mordwaffe?

einen Spalt zwischen den Vorhängen das Aufblitzen einer Taschenlampe. Es war schon ziemlich spät, fast neun, wie ihr ein Blick auf die Uhr zeigte. Die vier Männer, die die Zimmer durchsuchten, machten einen müden, leicht gereizten Eindruck. „Jack", sagte sie, als Wachtmeister Noonan wieder einmal vorbeikam. „Würden Sie mir wohl etwas zu trinken geben?"

„Natürlich, Mrs. Maloney. Von dem Whisky hier?"

„Ja, bitte. Aber nur ganz wenig. Vielleicht wird mir davon besser."

Er reichte ihr das Glas.

„Warum trinken Sie nicht auch einen Schluck?", fragte sie. „Bitte, bedienen Sie sich doch. Sie müssen schrecklich müde sein und Sie haben sich so rührend um mich gekümmert."

„Hm …" Er zögerte. „Eigentlich ist es ja nicht erlaubt, aber einen kleinen Tropfen zur Stärkung könnte ich ganz gut gebrauchen."

Nach und nach fanden sich auch die anderen ein und jeder wurde überredet, einen Schluck Whisky zu trinken. Sie standen recht verlegen mit ihren Gläsern herum, fühlten sich etwas unbehaglich in Gegenwart der Witwe und suchten krampfhaft nach tröstenden Worten. Wachtmeister Noonan ging aus irgendeinem Grund in die Küche, kam sofort zurück und sagte: „Hören Sie, Mrs. Maloney, Ihr Ofen ist noch an und das Fleisch ist noch drin."

„Ach herrje", rief sie. „Das hatte ich ganz vergessen."

„Am besten drehe ich ihn wohl aus, was?"

„Ja, Jack, das wäre sehr nett von Ihnen. Herzlichen Dank."

Eine Kriminalgeschichte lesen

Als der Sergeant zum zweiten Mal zurückkam, sah sie ihn mit ihren großen, dunklen, tränenfeuchten Augen an.

„Jack Noonan …", begann sie zaghaft.

„Ja?"

„Würden Sie mir einen kleinen Gefallen tun – Sie und die anderen?"

„Wir wollen's versuchen, Mrs. Maloney."

„Nun", fuhr sie fort, „Sie alle sind doch gute Freunde meines lieben Patrick gewesen und jetzt bemühen Sie sich, den Mann zu fangen, der ihn umgebracht hat. Inzwischen werden Sie wohl schon schrecklichen Hunger haben, denn Ihre Essenszeit ist ja längst vorbei. Ich weiß, dass Patrick – Gott sei seiner Seele gnädig – mir nie verzeihen würde, wenn ich Sie in seinem Haus nicht anständig bewirtete. Wollen Sie nicht den Lammbraten essen, der im Ofen ist? Ich denke, er wird gar sein."

„Kommt überhaupt nicht in Frage", wehrte Jack Noonan bescheiden ab.

Einladung zum Lammbraten

„Bitte", sagte sie flehentlich. „Bitte, essen Sie das Fleisch. Ich könnte keinen Bissen davon anrühren, weil es für Patrick bestimmt war, verstehen Sie? Aber für Sie ist das etwas anderes. Sie würden mir einen Gefallen tun, wenn Sie alles aufäßen. Hinterher können Sie ja weiterarbeiten."

Die vier Polizisten widersprachen zwar, doch sie waren tatsächlich sehr hungrig, und nach einigem Hin und Her willigten sie ein, in die Küche zu gehen und sich zu bedienen. Die Frau blieb in ihrem Sessel sitzen. Durch die offene Tür konnte sie hören, wie sich die Männer unterhielten. Ihre Stimmen klangen dumpf, wie verschleiert, da sie den Mund voller Fleisch hatten.

„Noch ein Stück, Charlie?"

„Nein. Wir wollen lieber nicht alles aufessen."

„Aber sie will, dass wir's aufessen. Wir tun ihr einen Gefallen damit, hat sie gesagt."

„Na gut. Dann gib mir noch was."

„Muss eine verdammt dicke Keule gewesen sein, mit der dieser Kerl den armen Patrick erschlagen hat", bemerkte einer der Polizisten. „Der Doktor sagt, sein Schädel ist völlig zertrümmert. Wie von einem Schmiedehammer."

„Na, dann dürfte es nicht schwer sein, die Mordwaffe zu finden."

„Ganz meine Meinung."

„Wer's auch getan hat – er wird so ein Ding nicht länger als nötig mit sich herumschleppen."

Einer von ihnen rülpste.

„Also ich glaube ja, dass es noch hier im Haus oder im Garten ist."

„Wahrscheinlich genau vor unserer Nase, was, Jack?"

Und im Wohnzimmer begann Mary Maloney zu kichern.

> Einen Vorschlag, wie ihr diese Geschichte als kleines Theaterstück inszenieren könnt, findet ihr in der **Werkstatt Theater**, S. 165.

Eine Kriminalgeschichte lesen

1 In dieser ungewöhnlichen Kriminalgeschichte weiß der Leser von Anfang an mehr als die Ermittler. Dennoch ist die Geschichte spannend bis zum Schluss. Warum?

2 Zu Beginn der Geschichte scheint es, als sei bei den Maloneys alles in Ordnung. Doch es gibt Anzeichen dafür, dass doch nicht alles stimmt. Nenne entsprechende Textstellen.

3 „ ‚Das ist es also', schloss er." (Z.157) Was Mr. Maloney seiner Frau mitgeteilt hat, muss der Leser selbst erschließen.
Was könnte es sein? Schreibe Mr. Maloneys folgenschwere Erklärung.

4 Wie gelingt es dem Autor, Spannung aufzubauen?
Wie verläuft die Spannungskurve?
Bildet sechs Gruppen. Jede Gruppe untersucht einen Textabschnitt (Zeile 1–149, Zeile 150–207, Zeile 208–289, Zeile 290–363, Zeile 364–467 und Zeile 468–545). Fügt eure Ergebnisse am Ende zusammen.

Der Tote

„Wir müssen sofort den Sheriff benachrichtigen!", sagte Mrs. Beershower zu ihrem Mann, als sie den Toten in dem alten Holzgebäude hängen sahen. „Er hat sich also aufgehängt", stellte Mr. Beershower fest. – Den halben Tag über waren die beiden durch die Salzwüste gefahren, als sie von fern plötzlich diesen Schuppen gesehen hatten – wahrscheinlich der letzte Rest einer Kulissenstadt, die ein Filmteam vor Jahren hier aufgebaut hatte. Und nun hatten sie ihn gefunden. Der Tote hing hoch über ihnen an einem Balken. „Mindestens ein Meter fünfzig", konstatierte Mr. Beershower. „Einssiebzig", korrigierte ihn Mrs. Beershower, „und kein Tisch, kein Stuhl, kein gar nichts darunter!" – Dann hatten sie auch den Lastwagen gefunden – hinter dem Holzgebäude, abgestellt unter dem Vordach. „Keine Menschenseele zu sehen", sagte Mr. Beershower. „Die Reifenspur hat der Wind verwischt", sagte Mrs. Beershower. – „Aufgehängt!", polterte Mr. Beershower. „Das hätte er deswegen doch nicht tun müssen!" – „Wir müssen den Sheriff benachrichtigen", sagte Mrs. Beershower. „Aber – mein lieber Eric, es wird dir nicht leichtfallen, aus dieser Affäre herauszukommen!"

Der Inselschreck, Lösung:
Der Mann mit den Sirenen war der Kaufmann Hiller. Immer, wenn er Wachdienst hatte, fand das Geheul erst nach 3 Uhr statt. Und wenn er nicht Wache hielt, heulte es grundsätzlich an einem nicht bewachten Ort.

**Klarer Fall?
Die Auflösung findest
du auf S. 154.**

WERKSTATT GEDICHTE

Einem Gedicht die Reime wiedergeben

Herbstbild *Friedrich Hebbel*

Dies ist ein Herbsttag, wie ich keinen sah!
Die Luft ist still, als atmete man kaum,
Und dennoch fallen raschelnd, nah und fern,
Die schönsten Früchte von jedem Baum ab.

O stört sie nicht, die Feier der Natur!
Dies ist die Lese, die sie selber hält,
Denn heute löst sich nur von den Zweigen,
Was vor dem milden Strahl der Sonne fällt.

1 *Herbstbild* von Friedrich Hebbel ist eines der bekanntesten Herbstgedichte unserer Literatur. Hier ist es aber nicht ganz richtig abgedruckt. Beim lauten Lesen kannst du feststellen, an welchen Stellen etwas nicht stimmt.

2 Wende die Klangprobe an, um herauszufinden, wie die drei Verse umgestellt werden müssen. Schreibe dann das Gedicht richtig ab.

3 Sprecht über die Bedeutung des Verses „Dies ist die Lese, die sie selber hält". „Lese" bedeutet hier Ernte, z. B. Weinlese.

WERKSTATT GEDICHTE

Gedichte verstehen und vergleichen

Mondnacht   Joseph von Eichendorff

Es war, als hätt der Himmel
Die Erde still geküsst,
Dass sie im Blütenschimmer
Von ihm nun träumen müsst.

5 Die Luft ging durch die Felder,
Die Ähren wogten sacht,
Es rauschten leis die Wälder,
So sternklar war die Nacht.

Und meine Seele spannte
10 Weit ihre Flügel aus,
Flog durch die stillen Lande,
Als flöge sie nach Haus.

Joseph von Eichendorff (1788–1857) ist ein Vertreter der Romantik. Informiere dich über diese Richtung im Internet oder mit Hilfe eines Lexikons.

1 Erde und Himmel werden in diesem Gedicht personifiziert. Welche Bilder verwendet der Dichter für ihre Beziehung? Gib Beispiele aus dem Text an.

2 Wie wird die Natur in diesem Gedicht beschrieben? Welche Wirkung hat sie auf den Menschen, der sie erlebt?

3 Welcher Zusammenhang besteht zwischen der Überschrift und den Strophen des Gedichts? Beschreibe mit eigenen Worten, welche Situation das lyrische Ich erlebt.

Gedichte verstehen und vergleichen

Erde *Elke Oertgen*

Zeitlebens sind wir Gäste
der Erde,
die uns nährt und trägt
und uns annimmt
5 im Tod, der großen Anverwandlung
an ihren Staub.
Wir hätten Grund,
sie zärtlich zu lieben
und das Gastrecht zu achten.
10 Wir haben nur
diese eine Erde.

Wir schlagen Löcher ins Fleisch,
rasieren von ihrer Haut
die Wälder,
15 und in die Wunden gießen wir
den alles erstickenden Asphalt.

Wir Herren der Erde,
Räuber mit Wegwerflaunen,
plündern sie aus
20 über und unter Tag,
Schatzgräber ohne Maß.
Mag sie verenden am Gift
zu Wasser, zu Lande
und in der Luft,
25 wie die Fische verenden
und Wasservögel
mit Öl im Gefieder.
Der heilige Franz*,
der ihre Sprache verstand,
30 nannte sie Brüder.

Der Erde
bleibt im Gedächtnis,
was wir ihr antun
und ihren Geschöpfen.

35 Nach uns
die Sintflut.

1 In dem Gedicht *Erde* wird die Beziehung zwischen Mensch und Natur beschrieben. Ergänze die Zeichnung in deinem Heft:

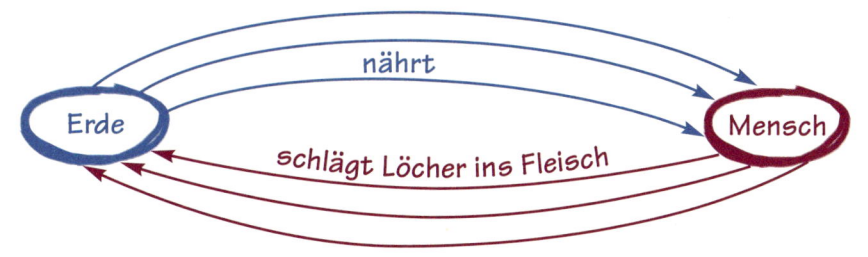

Erde —nährt→ Mensch
Mensch —schlägt Löcher ins Fleisch→ Erde

Zum Konjunktiv II findest du auf den Seiten 243/244 einige Übungen.

2 Erkläre die Verwendung des Konjunktivs in „Wir hätten Grund …" (Z. 7).

3 Der Begriff „Wunde" ist hier nicht im ursprünglichen Sinn zu verstehen, sondern hat eine übertragene Bedeutung (Metapher). Kannst du sie erklären? Suche weitere Metaphern.

4 Beschreibe die Unterschiede in der äußeren Form der beiden Gedichte *Mondnacht* und *Erde*. Stelle eine Verbindung zu den Inhalten her. Welches Gedicht gefällt dir besser? Warum?

Eine Ballade vortragen

Erlkönig Johann Wolfgang von Goethe

Wer reitet so spät durch Nacht und Wind?
Es ist der Vater mit seinem Kind;
Er hat den Knaben wohl in dem Arm,
Er fasst ihn sicher, er hält ihn warm.

5 Mein Sohn, was birgst du so bang dein Gesicht? –
Siehst, Vater, du den Erlkönig nicht?
Den Erlenkönig mit Kron und Schweif? –
Mein Sohn, es ist ein Nebelstreif. –

„Du liebes Kind, komm, geh mit mir!
10 Gar schöne Spiele spiel ich mit dir;
Manch bunte Blumen sind an dem Strand,
Meine Mutter hat manch gülden Gewand."

Mein Vater, mein Vater, und hörest du nicht,
Was Erlenkönig mir leise verspricht? –
15 Sei ruhig, bleibe ruhig, mein Kind;
In dürren Blättern säuselt der Wind. –

„Willst, feiner Knabe, du mit mir gehn?
Meine Töchter sollen dich warten schön;
Meine Töchter führen den nächtlichen Reihn
20 Und wiegen und tanzen und singen dich ein."

Mein Vater, mein Vater, und siehst du nicht dort
Erlkönigs Töchter am düstern Ort? –
Mein Sohn, mein Sohn, ich seh es genau:
Es scheinen die alten Weiden so grau. –

25 „Ich liebe dich, mich reizt deine schöne Gestalt;
Und bist du nicht willig, so brauch ich Gewalt." –
Mein Vater, mein Vater, jetzt fasst er mich an!
Erlkönig hat mir ein Leids getan! –

Dem Vater grauset's, er reitet geschwind,
30 Er hält in Armen das ächzende Kind,
Erreicht den Hof mit Mühe und Not;
In seinen Armen das Kind war tot.

GEDICHTE 127

Eine Ballade vortragen

1 In dieser berühmten Ballade von Goethe wird ein unheimliches Geschehen erzählt. Gib den Inhalt kurz in eigenen Worten wieder.

Übungen zum sinn-gestaltenden Lesen findet ihr auf S. 15.

2 Um den Text zu verstehen, könnt ihr eine szenische Lesung der Ballade vorbereiten:
- Bildet zunächst Vierergruppen.
- Verteilt die Rollen.
- Markiert (auf Folie oder einer Kopie), welchen Textteil jeder spricht.
- Überprüft dann die Aufteilung bei einem Probedurchlauf.
- Überlegt jetzt, mit welcher Stimme, in welcher Lautstärke und mit welcher Betonung jeweils gelesen werden soll, z. B.

> Vater: besorgt, vielleicht zunehmend ärgerlich ...
> Erlkönig: zunächst sanft, verführerisch ...

- Kennzeichnet eure Textstellen entsprechend.

3 Tragt eure Gedichtversion vor.

4 Ihr könnt eure Version auch auf Kassette aufnehmen und dabei passende Geräusche einfügen: *Pferdegetrappel, Windrauschen, verschiedene unheimliche Geräusche in der Nacht* ... Auch passende Musik als Steigerung der Dramatik oder zwischen den einzelnen Strophen kann die Wirkung erhöhen. Überlegt genau, was zu welcher Strophe passt und wie laut es jeweils sein soll.
Präsentiert eure Fassungen und besprecht die Ergebnisse.

5 Sicherlich fällt es einigen von euch jetzt nicht mehr schwer, das ganze Gedicht auswendig zu lernen und auch einzeln wirkungsvoll vorzutragen.

6 Probiert eine Rap-Version des *Erlkönigs* aus und tragt sie der Klasse vor.

„Erlkönig", Lithographie von Ernst Barlach (1870–1938)

WERKSTATT GEDICHTE

Einen Rap vortragen

MfG   *Die Fantastischen Vier*

ARD, ZDF, C&A
BRD, DDR und USA
BSE, HIV und DRK
GbR, GmbH – ihr könnt mich mal
5   THX, VHS und FSK
RAF, LSD und FKK
DVU, AKW und KKK
RHP, USW, LMAA
PLZ, UPS und DPD
10 BMX, BPM und XTC
EMI, CBS und BMG
ADAC, DLRG – ojemine
EKZ, RTL und DFB
ABS, TÜV und BMW
15 KMH, ICE und Eschede
PVC, FCKW – is nich OK

MfG – mit freundlichen Grüßen
die Welt liegt uns zu Füßen denn wir stehen drauf
wir gehen drauf für ein Leben voller Schall und Rauch
20 bevor wir fallen fallen wir lieber auf

HNO, EKG und AOK
LBS, WKD und IHK
UKW, NDW und Hubert K
BTM, BKA, hahaha
25 LTU, TNT und IRA
NTV, THW und DPA
H+M, BSB und FDH
SOS, 110 – tatütata
SED, FDJ und KDW
30 FAZ, BWL und FDP
EDV, IBM und WWW
HSV, VFB, oleole
ABC, DAF und OMD
TM3, A+O und AEG
35 TUI, UVA und UVB
THC in OCB is was ich dreh

MfG – mit freundlichen Grüßen
die Welt liegt uns zu Füßen denn wir stehen drauf
wir gehen drauf für ein Leben voller Schall und Rauch
40 bevor wir fallen fallen wir lieber auf

1 Lest den Text durch und erklärt euch zuerst einmal gegenseitig die Abkürzungen. Viele von ihnen werden auch in Wörterbüchern erläutert. Alle Abkürzungen müsst ihr aber nicht kennen, um den Text zu verstehen!

2 Findet heraus, was der Refrain am Schluss bedeutet, was er kritisieren will. „MfG" ist die Schlussformel in einem Brief und heißt „Mit freundlichen Grüßen".

3 Übt den Text so ein, dass ihr ihn als Rap vortragen könnt. Ihr könnt ihn auch in der Klasse im Sprechchor einüben. Wichtig ist aber, dass ihr nicht durcheinanderkommt, sondern ihn rhythmisch genau sprecht.
Bedenkt dabei: Dieser Rap hat in jeder Zeile vier Betonungen, und die Silben dazwischen müssen manchmal sehr schnell gesprochen werden:

ARD, ZDF, C&A
BRD, DDR und USA

M f G – mit freundlichen Grüßen
die Welt liegt uns zu Füßen denn wir
    stehen drauf
wir gehen drauf für ein Leben voller
    Schall und Rauch
bevor wir fallen fallen wir lieber auf

Ein Gedicht ergänzen

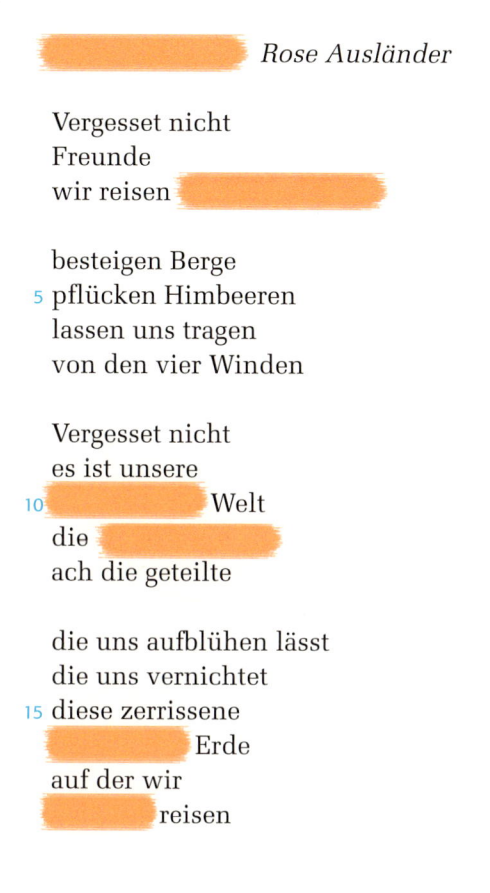

███████████   *Rose Ausländer*

Vergesset nicht
Freunde
wir reisen ████████

besteigen Berge
5 pflücken Himbeeren
lassen uns tragen
von den vier Winden

Vergesset nicht
es ist unsere
10 ████████ Welt
die ████████
ach die geteilte

die uns aufblühen lässt
die uns vernichtet
15 diese zerrissene
████████ Erde
auf der wir
████ reisen

1 Das Gedicht enthält Lücken.
Schreibe den Text mit dem Computer ab und ergänze dabei Wörter, die deiner Ansicht nach hineinpassen.

2 Vergleicht eure Texte und besprecht die Unterschiede.
Rose Ausländers Originalgedicht findet ihr am Ende des Kapitels auf Seite 134.

3 Um hervorzuheben, was ihr wichtig ist, wendet die Autorin die Stilmittel Wiederholung und Gegensatz an.
Belege diese Behauptung mit Textstellen.

4 „Wir reisen" ist hier sicher nicht im Sinne von verreisen zu verstehen, sondern als Metapher.
Versuche mit eigenen Worten zu umschreiben, was hier gemeint ist.

> **Metapher:**
> Ein Wort, das nicht im eigentlichen Sinn gebraucht wird, sondern eine übertragene Bedeutung hat, z. B. Stuhlbein, Redefluss.

WERKSTATT GEDICHTE

Textmontagen untersuchen

Obdachlose – Obdachlos *Schülertext*

Dunkel
Fast täglich
Gehüllt in Zeitungspapier
Werden unter Brücken
Hände gefaltet
Im Schlaf erstarrt
Oder in den Parks großer Städte
Den Kopf zur Seite gedreht
Sich selbst überlassen
Liegt er da
Obdachlose
Und friert
Ausgeraubt und
In seine Augen trifft
Der Strahl meiner Taschenlampe
Ihrem Schicksal
Überlassen
Er wendet den Blick

Über Zeitungsnachrichten könnt ihr etwas auf S. 90 erfahren.

1 In diesem Text hat ein Schüler ein Gedicht und eine kurze Zeitungsnachricht ineinander verflochten. Wie lautet das Gedicht? Wie die Zeitungsnachricht? Woran erkennst du den Unterschied?

2 Welche Überschrift gehört wohl zu welchem Text? Begründe!

3 Lest euch gegenseitig vor, was ihr als Gedicht erkannt habt. Vergleicht eure Fassungen miteinander.

4 Ihr könntet diesen Text gemeinsam vorlesen. Die Zeitungsnachricht sollten mehrere im Chor sprechen, die Gedichtverse nur ein Einzelner.

5 Schreibe ein Gedicht zu der folgenden Zeitungsmeldung. Es muss sich nicht reimen! Schreibe dann die Zeitungsnachricht und das Gedicht ineinander.

■ Jedes Jahr werden in den großen Ferien Hunderte von Tieren auf Autobahnparkplätzen verantwortungslos ausgesetzt und einem unvorstellbar grausamen Schicksal überlassen.

Du kannst dir natürlich auch eine andere kurze Nachricht aus der Zeitung heraussuchen und dazu schreiben!

Textmontagen untersuchen

Reklame *Ingeborg Bachmann*

Wohin aber gehen wir
ohne sorge sei ohne sorge
wenn es dunkel und wenn es kalt wird
sei ohne sorge
aber
mit musik
was wollen wir tun
heiter und mit musik
und denken
heiter
angesichts eines Endes
mit musik
und wohin tragen wir
am besten
unsre Fragen und den Schauer aller Jahre
in die Traumwäscherei ohne sorge sei ohne sorge
was aber geschieht
am besten
wenn Totenstille

eintritt

Auch hier sind anscheinend zwei Texte ineinander verwoben. Ein solches Verfahren nennt man **Montage.**

1 Lies zuerst fortlaufend den Text ohne die kursiv gedruckten Zeilen. Wie viele Fragen unterscheidest du und wonach wird gefragt?

2 Überprüfe, ob die kursiv gedruckten Zeilen Antworten auf die Fragen sind. Lies genau und begründe deine Meinung.
Woher kennst du solche Formulierungen?

3 Zu welchem Textteil passt die Überschrift?
Was bedeutet die Leerzeile vor dem letzten Vers?

4 Lest den Text mit verschiedenen Sprechern. Verständigt euch vorher, wie ihr die Verse betonen wollt. Die kursiv gedruckten Zeilen können auch von einem Chor gesprochen werden. Probiert dabei unterschiedliche Lautstärken und Anordnungen im Raum aus. Was passt am besten?

> **Montage:**
> – Stilmittel in der modernen Lyrik
> – Zerlegen, Umbauen und Neuordnen von Wortmaterial, das ursprünglich nicht zusammengehört
> – Überraschungen durch neue Bezüge und Kombinationen

So könnt ihr weiterarbeiten
- Die gegensätzlichen Gedanken des Gedichts kannst du mit einem Partner zusammen in einer Collage darstellen: Sammelt Zeitungsschlagzeilen und -bilder, Sprüche aus Werbeanzeigen …

WERKSTATT GEDICHTE

Eine Textmontage selbst erstellen

Kürzestbiografie *Roland Stockmar*

geboren zuerst

ungefragt

Beruf ausgeübt

erst gefragt

in Pension gegangen

ungefragt

herumgereicht

Neues gewagt

geheiratet dann

ungefragt

aufgezogen

unverzagt

ausgebildet

viel gefragt   ungefragt

Kinder erzogen

ungefragt

gestorben schließlich

1 Montiere mit diesem Material selbst eine Biografie (einen Lebenslauf) in Kurzfassung:
- Dabei sollen die Textlücken der linken und der rechten Seite im Wechsel montiert werden.
- Bringe dazu zunächst die Etappen des Lebens von der linken Seite in eine sinnvolle Reihenfolge.
- Füge nun einen Ausdruck von der rechten Seite, der dir passend erscheint, unter jede Zeile ein.
- Welcher Lebenslauf ergibt sich? Vergleicht eure Ergebnisse.

2 Das Originalgedicht von Roland Stockmar steht auf Seite 134.
Was ist anders?
Welche Stelle überrascht dich? Warum?

Gemeinsam über ein Gedicht sprechen

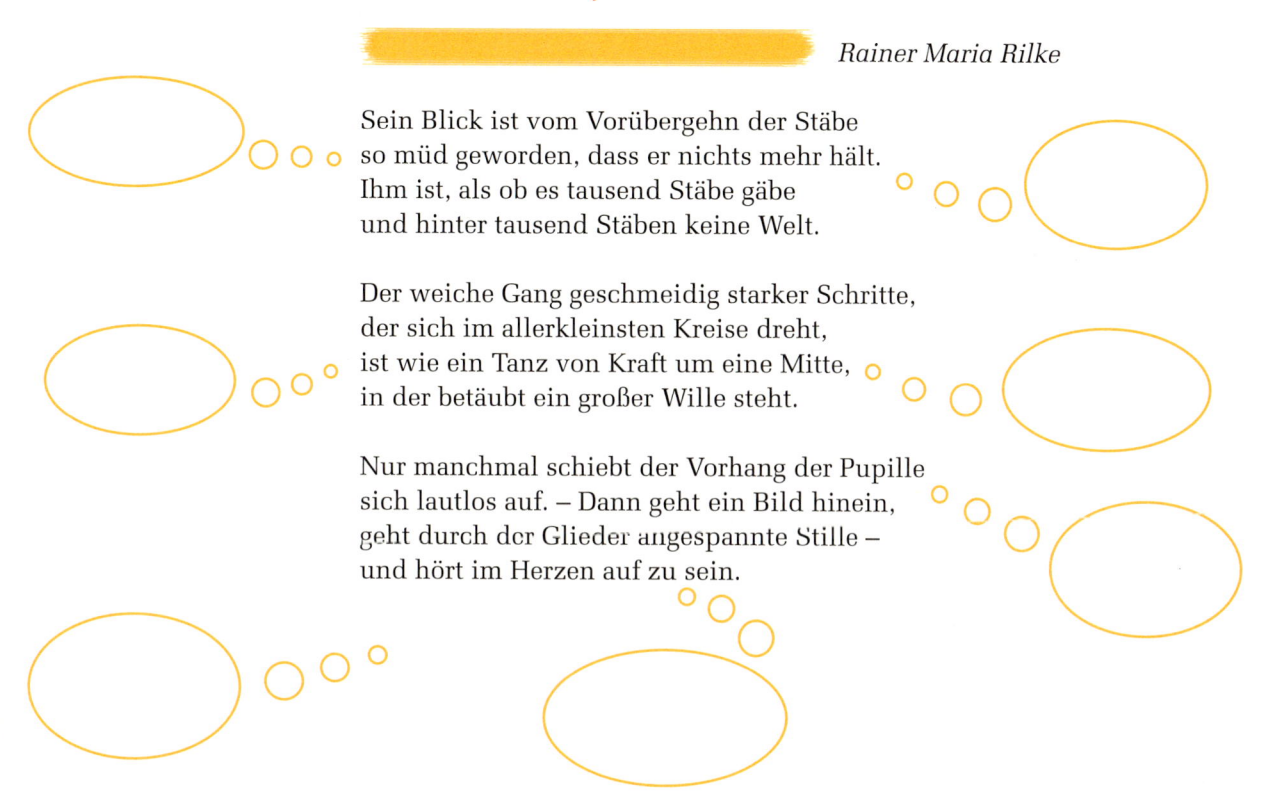

Rainer Maria Rilke

Sein Blick ist vom Vorübergehn der Stäbe
so müd geworden, dass er nichts mehr hält.
Ihm ist, als ob es tausend Stäbe gäbe
und hinter tausend Stäben keine Welt.

Der weiche Gang geschmeidig starker Schritte,
der sich im allerkleinsten Kreise dreht,
ist wie ein Tanz von Kraft um eine Mitte,
in der betäubt ein großer Wille steht.

Nur manchmal schiebt der Vorhang der Pupille
sich lautlos auf. – Dann geht ein Bild hinein,
geht durch der Glieder angespannte Stille –
und hört im Herzen auf zu sein.

1 In diesem Gedicht von Rilke wird ein Wesen beschrieben, das viele von euch sicher schon einmal gesehen haben. Schreibe, nachdem du den Text gelesen hast, zunächst eine Überschrift auf.

2 Unterhaltet euch darüber, von wem hier die Rede sein könnte und in welcher Situation sich dieses Wesen befinden mag.

3 Lest jetzt auf S. 134 nach, wie die Überschrift im Original lautet.

4 Fertigt euch jeder eine Kopie des Gedichtes an. Verseht die Kopie mit Denkblasen. Schreibt in die Denkblasen hinein, wie ihr folgende Ausdrücke versteht:
müder Blick, Stäbe, im allerkleinsten Kreise dreht, betäubt ein großer Wille, Vorhang der Pupille, ein Bild, hört im Herzen auf zu sein.

5 Lest euch gegenseitig eure Denkblasennotizen vor. Erklärt, was ihr unter den Ausdrücken versteht.

6 Hat dieses Gedicht etwas mit Menschen zu tun – vielleicht mit euch selbst? Sprecht darüber.

Die Gedichte

Gemeinsam   *Rose Ausländer*

Vergesset nicht
Freunde
wir reisen gemeinsam

besteigen Berge
pflücken Himbeeren
lassen uns tragen
von den vier Winden

Vergesset nicht
es ist unsere
gemeinsame Welt
die ungeteilte
ach die geteilte

die uns aufblühen lässt
die uns vernichtet
diese zerrissene
ungeteilte Erde
auf der wir
gemeinsam reisen

Kürzestbiografie   *Roland Stockmar*

geboren zuerst
ungefragt
aufgezogen
ungefragt
herumgereicht
ungefragt
ausgebildet
ungefragt
geheiratet dann
erst gefragt
Beruf ausgeübt
viel gefragt
Kinder erzogen
unverzagt
in Pension gegangen
Neues gewagt
gestorben schließlich
ungefragt

Das Gedicht von Rilke (S. 133) hat die Überschrift:

Der Panther
Im Jardin des Plantes, Paris

(Das ist ein berühmter zoologischer Garten.)

Dies ist Hebbels Gedicht, das hier mit Zeichen für das sinngestaltende Vortragen versehen ist:

Herbstbild   *Friedrich Hebbel*

Dies | ist ein Herbsttag, | wie ich keinen sah! ||
Die Luft ist still, | als atmete man kaum, |
Und dennoch fallen raschelnd, fern und nah,
Die schönsten Früchte ab | von jedem Baum. ||

O stört sie nicht, | die Feier der Natur! ||
Dies ist die Lese, | die sie selber hält, |
Denn heute | löst sich von den Zweigen nur,
Was vor dem milden Strahl der Sonne fällt. ||

WERKSTATT
Geschichten

Die Abbildung zeigt die Anekdote vom Ei des Kolumbus, wie sie **William Hogarth** (1697–1760) dargestellt hat: Als neidische Mitmenschen behaupteten, die Entdeckung Amerikas sei gar nichts Besonderes gewesen, stellte Kolumbus ihnen die Aufgabe, ein Ei auf eine Spitze zu stellen. Als sie sagten, das sei nicht möglich, zeigte er ihnen die Lösung: Er zerbrach die Spitze des Eis, sodass es stehen blieb. Ganz einfach – man muss nur darauf kommen!

In der *Werkstatt Geschichten* findet ihr Anekdoten, die von Personen mit besonderen Eigenschaften und von merkwürdigen Ereignissen erzählen. Und ihr findet Kurzgeschichten, die von ganz alltäglichen Begebenheiten berichten.

Alle Texte werden so angeboten, dass ihr etwas mit ihnen tun könnt: Einige Geschichten sind unvollständig und ihr müsst sie weiterschreiben. Der Vergleich eurer Ideen mit den Originalschlüssen lässt euch dann genauer über die Texte nachdenken und diskutieren.

Ihr werdet dazu aufgefordert, Texte mit verteilten Rollen zu lesen, sie um- und auszugestalten, sie zu inszenieren und selbst kurze Geschichten zu schreiben.

All das soll euch Vergnügen bereiten. Immer geht es aber auch darum, dass ihr euch im Anschluss an eure eigenen Schreib- und Gestaltungsversuche wieder dem Originaltext zuwendet, um ihn besser zu verstehen.

WERKSTATT Geschichten

Beim Lesen einer Anekdote Zeilen einfügen

Albert Einstein *Aleksander Litwin/Horacy Safrin*

Albert Einstein fuhr einmal zu einer Bank, um einen Scheck einzuwechseln.
Als er zum Auto zurückkam, bemerkte er, dass sein Mantel verschwunden war.
Alsbald umringten ihn etliche Menschen.

A Wir alle sind schuldig.
B „Es ist Eure Schuld",
C „Es ist die Schuld des Chauffeurs,
D „Es ist die Schuld des Portiers von der Bank,

❶
sagte einer von ihnen: „Man lässt einen Mantel nicht unbewacht liegen."
„Nein", unterbricht ihn der zweite.
❷
weil er nicht Acht gegeben hat …"
❸
mischt sich ein dritter ein. „Er hätte sehen müssen, wie der Dieb mit dem Mantel wegläuft."
Albert Einstein nickt mit dem Kopf: „Stimmt!
❹
Unschuldig ist bloß der Dieb, denn er muss doch, Nebbich*, davon leben.

1 Lies diese Anekdote erst einmal leise durch.

2 An welchen Stellen gehören die Zeilen **A**–**D** in den Text? Füge sie beim zweiten Lesen ein.

3 Lies die vollständige Anekdote den anderen vor. Begründe anschließend, warum die Aussagen an die Stellen gehören, an denen du sie eingefügt hast:
❶ ist **B**, weil danach der Satz steht: „Man lässt einen Mantel nicht unbewacht liegen."

Eine Anekdote „übersetzen"

Seltener Gewinn *Adolf Glasbrenner*

Zu einem vornehmen Manne kam neulich ein fremder Barbier*, packte seine Siebensachen aus und schickte sich zum Rasieren an.
„Was wollen Sie hier?", wurde er barsch angeredet.
„Ihnen balbieren*!"
„Ich brauche Sie nicht, ich habe schon einen Barbier!"
„Ne", antwortete der Bartvertilger, „ick bin jetzt Ihr Barbier; Sie müssen sich jetzt von mir balbieren lassen. Nämlich ick und Ihr eijentlicher Balbier, wir spielten jestern Abend beede in 'ne Tabajie* Schafskopp, un er verlor alle sein Jeld an mir, und wie er keen Jeld mehr hatte, da spielten wir um unsere Kunden Schafskopp*, un da hab ick Ihnen jewonnen."

1 Lies die Anekdote zuerst mit halblauter Stimme, damit du den Sinn erfasst.

2 Die Anekdote ist zum Teil in Berliner Mundart geschrieben:
Viele Wörter werden anders geschrieben und gesprochen als im Hochdeutschen. Gelegentlich kommen auch grammatisch falsche Formen vor: *Ihnen* balbieren, er verlor alle sein Jeld an *mir*, da hab ick *Ihnen* jewonnen. Lies den Text möglichst echt in Berliner Mundart vor.

3 Versuche einmal, die Anekdote zu „übersetzen". Dafür gibt es verschiedene Möglichkeiten:
– ins Hochdeutsche,
– in eine Mundart, die in deiner Gegend gesprochen wird oder die du gut kannst,
– in Jugendsprache.
– Du kannst die Anekdote auch modernisieren und statt des Barbiers einen anderen Beruf einsetzen: Klempner, Gärtner … Dann musst du natürlich auch noch einiges andere anpassen.

Näheres zur Jugendsprache erfährst du auf S. 228.

WERKSTATT Geschichten

Anekdoten genau lesen

1 Lest die folgende Anekdote. Sie handelt von dem berühmten Schriftsteller Bertolt Brecht, der in der Schule so manche Probleme hatte:

Die schlechte Zensur

Herbert Ihering

Brecht, der schwach im Französischen war, und ein Freund, der schlechte Zensuren im Lateinischen hatte, konnten Ostern nur schwer versetzt werden, wenn sie nicht noch eine gute Abschlussarbeit schrieben. Aber die lateinische Arbeit des einen fiel ebenso mäßig aus wie die französische des anderen. Darauf radierte der Freund mit einem Federmesser einige Fehler in der Lateinarbeit aus und meinte, der Professor habe sich wohl verzählt. Der aber hielt das Heft gegen das Licht, entdeckte die radierten Stellen, und eine Ohrfeige tat das Übrige.

Brecht, der nun wusste, so geht das nicht, …

2 Überlegt, welche Idee Brecht hatte, um doch noch versetzt zu werden, und schreibt die Anekdote zu Ende.

3 Den Originalschluss findet ihr auf S. 154. Vergleicht ihn mit euren Ideen.

4 Ist diese Geschichte eine Anleitung zum Betrug? Oder aus welchem anderen Grund mag Herbert Ihering sie aufgeschrieben haben? Denkt über diese Fragen nach und diskutiert sie.

5 Lest nun den Informationstext über Anekdoten auf S. 139 und findet heraus, welche Merkmale der Anekdote der Text *Die schlechte Zensur* enthält. Begründet jeweils das Textmerkmal der Anekdote, z. B. so:

Brecht ist eine Person mit besonderen Verhaltensweisen, weil …

Anekdoten genau lesen

Die **Anekdote** ist eine kurze Erzählform, die zunächst vor allem mündlich weitergegeben wurde. Auch heute noch erzählt man im Freundeskreis über „Originale", über merkwürdige Ereignisse oder über Personen mit besonderen Eigenschaften und Verhaltensweisen.
Die Anekdote erzählt oder berichtet von einer unerhörten Begebenheit, von dem Charakterzug einer bekannten Person, die durch ihr Verhalten auffällt oder sich mit einer denkwürdigen, witzigen Aussage hervortut. Oft handelt es sich dabei um eine bekannte historische* Persönlichkeit. Doch nicht nur um solche Menschen geht es, vielmehr will die Anekdote insgesamt auf menschliche Eigenschaften wie Geiz, Habsucht, Schlagfertigkeit oder Mut hinweisen. Dabei will sie nicht belehren (wie die Fabel oder die Parabel), sondern unterhalten, zum Lachen bringen und zum Nachdenken anregen.

1 Lies die folgende Anekdote zunächst leise durch und schreibe die Eigenschaften der im Text vorkommenden Personen heraus.

R Der Floh *Kurt Tucholsky*

Im Departement du Gard* – ganz richtig, da, wo Nimes* liegt und der Pont du Gard*: im südlichen Frankreich – da saß in einem Postbureau* ein älteres Fräulein als Beamtin, die hatte eine böse Angewohnheit: sie machte ein bißchen die Briefe auf und las sie. Das wußte alle Welt. Aber wie das so in Frankreich geht: Concierge*, Telephon und Post, 5 das sind geheiligte Institutionen*, und daran kann man schon rühren, aber daran darf man nicht rühren, und so tut es denn auch keiner.
   Das Fräulein also las die Briefe und bereitete mit ihren Indiskretionen* den Leuten manchen Kummer.
   Im Departement wohnte auf einem schönen Schlosse ein kluger 10 Graf. Grafen sind manchmal klug, in Frankreich. Und dieser Graf tat eines Tages folgendes: Er bestellte sich einen Gerichtsvollzieher auf das Schloß und schrieb in seiner Gegenwart an einen Freund:
Lieber Freund!
Da ich weiß, daß das Postfräulein Emilie Dupont dauernd unsre Briefe 15 öffnet und sie liest, weil sie vor lauter Neugier platzt, so sende ich dir anliegend, um ihr einmal das Handwerk zu legen, einen lebendigen Floh.   Mit vielen schönen Grüßen Graf Koks.
   Und diesen Brief verschloß er in Gegenwart des Gerichtsvollziehers. Er legte aber keinen Floh hinein. Als der Brief ankam, war einer drin. 20

2 Sprecht darüber, wie der Floh in den Brief gekommen ist.
Wer hat am Ende eigentlich den anderen hereingelegt: der Graf das Postfräulein oder das Postfräulein den Grafen?

3 Findet auch an diesem Text die Merkmale der Anekdote heraus.

WERKSTATT
Geschichten

Ist das nun eine Anekdote oder nicht?

1 Lest euch den folgenden Text leise durch und notiert Stichwörter zu dem beschriebenen Konflikt:

Kletterpartie
Thomas Bergmann

Frankfurt. Buchstäblich aufs Dach stieg eine 81-jährige Hauseigentümerin ihrem Nachbarn, einem 55-jährigen Invaliden*. Die alte Dame hatte sich über den Mieter geärgert, der sich geweigert hatte, eine Erhöhung der Umlagen von monatlich 10 Mark zu bezahlen.

Obwohl ihr das Gericht in einer erstrichterlichen Entscheidung Recht zusprach und der Mieter zahlen musste, ließ sie von nun an nicht mehr locker. Sie begann, fortan dem Mann das Leben schwer zu machen. Spielte er z. B. abends eine Partie Schach, schaltete sie ihm das Licht aus.

Gipfelpunkt aber waren die Kletterpartien, von deren Wahrheitsgehalt sich der ungläubige Richter erst per Ortstermin überzeugen ließ. Die alte Dame pflegte, mit einem Besen bewaffnet, bei morgendlicher Dämmerung behände* aus dem Schlafzimmerfenster zu steigen, akrobatisch das Dach des vermieteten Anbaus zu erklimmen und ihrem Mieter mit wuchtigen Besenschlägen den Schlaf zu rauben.

Angesichts ihres fortgeschrittenen Alters und nachdem die Greisin versprochen hatte, ihrem Mieter künftig nicht mehr aufs Dach zu steigen, sah der Richter von einer Geldbuße (die zuvor die Verwaltungsbehörde festgesetzt hatte) ab. Er stellte das Verfahren ein, nicht ohne zuvor der Beweglichkeit der jugendlichen Uroma seinen Respekt bezeugt zu haben.

2 Erkläre die Begriffe, wie sie im Text gemeint sind: Partie (Z. 8), akrobatisch (Z. 13), Respekt (Z. 20). Du kannst ein Wörterbuch zu Hilfe nehmen.

3 Diese unglaubliche Geschichte beruht auf einer wahren Begebenheit. Was meint ihr: Warum hört die alte Dame nicht auf, den Mieter zu attackieren, obwohl sie ihr Geld bekommen hat?

4 Handelt es sich bei diesem Text um eine Anekdote? Lest dazu noch einmal den Informationstext von S. 139 und begründet eure Meinung.

5 Überlegt, ob ihr andere Beispiele für nervige, absurde oder unglaubliche Nachbarschaftsstreitereien kennt. Berichtet darüber und findet Gründe für diese Streitigkeiten heraus.

Schreibt einen Streit zwischen Nachbarn auf. Wählt zwischen der Form des Streitgesprächs, einer witzigen, unterhaltsamen Geschichte, einem Zeitungsbericht oder einer szenischen Darstellung.

Aus einer Anekdote eine Zeitungsmeldung machen

Überraschendes Urteil

Sigismund von Radecki

Von dem ehemaligen New Yorker Bürgermeister La Guardia erzählt man sich folgende Geschichte: Eines Tages fungierte er, wie er zuweilen tat, als Polizeirichter. Es war ein eiskalter Wintertag. Man führte ihm einen zitternden alten Mann vor. Anklage: Entwendung eines Laibes Brot aus einer Bäckerei.

Der Angeklagte entschuldigte sich damit, dass seine Familie am Verhungern sei.

„Ich muss Sie bestrafen", erklärte La Guardia. „Das Gesetz duldet keine Ausnahme. Ich kann nichts tun, als Sie zur Zahlung von zehn Dollar verurteilen."

Dann aber griff er in die Tasche und setzte hinzu: „Well, hier sind die zehn Dollar, um Ihre Strafe zu bezahlen. – Und nun erlasse ich Ihnen die Strafe."

Hierbei warf La Guardia die Zehndollarnote in seinen grauen Filzhut.

„Und nun", setzte er mit erhobener Stimme fort, „bestrafe ich jeden Anwesenden in diesem Gerichtssaal mit einer Buße von fünfzig Cent – und zwar dafür, dass er in einer Stadt lebt, wo ein Mensch Brot stehlen muss, um essen zu können! Herr Gerichtsdiener, kassieren Sie die Geldstrafen sogleich ein und übergeben Sie sie dem Angeklagten."

Der Hut machte die Runde. Und ein noch halb ungläubiger alter Mann verließ den Saal mit siebenundvierzig Dollar fünfzig Cent in der Tasche.

NEW YORK. Gestern ist ein Mann von einem hiesigen Gericht zu einer Geldstrafe von zehn Dollar verurteilt worden ...

STUTTGART. Vor einem New Yorker Gericht wurde am 18. Februar ein Mann wegen Diebstahls eines Brotes angeklagt ...

1 Häufig sind Anekdoten aus Zeitungsmeldungen entstanden. Hier sollst du einmal den umgekehrten Weg beschreiben und aus einer Anekdote wieder eine Zeitungsmeldung machen.
Darauf solltest du beim Umschreiben achten:
– Antworten auf die W-Fragen geben,
– sachlich berichten, keine eigene Meinung einbringen,
– eine Schlagzeile formulieren, die auf den Inhalt der Meldung gespannt macht.

Sieh dir dazu auch noch einmal die Seite 90 im Zeitungskapitel an.

2 Stellt euch eure Zeitungsmeldungen vor und probiert aus, wie ihr die Anekdote und wie die Zeitungsmeldungen vorlesen wollt.

WERKSTATT
Geschichten

Eine Anekdote nach einem Vorfall schreiben

Die ersten Inlineskates

Von dem belgischen Erfinder Joseph Merlin wird berichtet, dass er 1760 die ersten Rollschuhe, die Vorläufer der Inlineskates, erfand. Als er sie auf einem großen Fest in London vorführen will, um seine Erfindung den Gästen vorzustellen, passiert ein Unglück. Da er noch ungeübt im Laufen ist und die Rollschuhe auch keine Bremsen haben, saust er im Ballsaal in einen großen Spiegel, der in tausend Stücke zersplittert. Das ist das vorläufige Ende seiner Erfindung. Die Menschen bekamen einen Horror vor diesem gefährlichen Gerät. Erst zweihundert Jahre später kommen die Inliner dann wirklich in Mode.

1 Schreibe nach diesem Vorfall eine Anekdote. Achte dabei auf folgende Merkmale:
– Die Anekdote erzählt von einer bekannten Person (hier: Joseph Merlin).
– Sie steht in der Vergangenheitsform (Präteritum, Perfekt).
– Sie schildert eine besondere Situation (hier: das Fest im Ballsaal).
– Sie baut ihren Inhalt spannend auf (hier: die Vorführung der Inliner).
– Sie ist in anschaulicher Sprache geschrieben (hier: möglichst eure eigene Sprache!).
– Sie hat einen überraschenden Schluss (hier: das Unglück).
– Sie hat eine Überschrift, die zum Lesen anregt.

2 Lest euch die Schilderung des Vorfalls und eine eurer Anekdoten einmal nacheinander vor. Beschreibt die Unterschiede, die ihr beim Vorlesen einer Anekdote und einer sachlichen Wiedergabe macht.

Eine Geschichte aus einer anderen Perspektive erzählen

1 Lies den Text zunächst genau durch.

Die Macht des Wortes

Erwin Strittmatter

Jedes Jahr setzte Großvater vorgezogene Kürbispflanzen in Kompost und zog große gelbe Kürbisse für den Winter. Der Komposthaufen war auf dem Felde. Durch die Felder schlichen zuweilen redliche Menschen, wenn man den Worten der Bibel trauen kann: Sie säten nicht und sie ernteten doch, und deshalb nächtigte Großvater, wenn die Kürbisse reiften, draußen. Er breitete seine blaue Schürze aus, legte sich hin und schlief im Raingras*, und da er beim Schlafen schnarchte, waren die Diebe gewarnt. Eine Weile ging's gut, aber Großmutter war noch eifersüchtig. Sie wollte kein Mannsbild, das nachts „umherzigeunerte". „Denk an den Winter! Denk an dein Rheuma. Ich reib dich nicht ein, wenn es dich wieder quält. Im Grase liegen – bist doch kein Rehbock!"

Großvater nahm seine Schürze und ging zur Großmutter in die Kammer, doch bevor er das Feld verließ, nahm er sein Messer und ritzte in alle Kürbishäute: „Gestohlen bei Kulka."

Die Kürbisse wuchsen. Großvaters Schrift wuchs mit. GESTOHLEN BEI KULKA. Die Diebe umschlichen den Komposthaufen und ließen die Kürbisse, wo sie waren. Großvaters Buchstaben wirkten wie Zauberrunen*.

2 Der Großvater ist offensichtlich ein kluger Mann: Welche Mittel setzt er gegen die Kürbisdiebe ein? Was hält die Großmutter davon?

3 Was ging in den Köpfen der Diebe vor, als sie den Komposthaufen mit den Kürbissen umschlichen? Schreibe ihre Gedanken zunächst in Form von Denkblasen auf.

4 Schreibe nun die Geschichte noch einmal neu, indem du sie aus der Sicht eines Diebes erzählst. Füge die zuvor notierten Gedanken ein.

5 Du kannst auch ausprobieren, wie sich die Geschichte verändert, wenn du sie aus der Sicht der Großmutter oder des Großvaters erzählst.

6 Stellt euch eure Geschichten vor und sprecht darüber, wie sich das erzählte Geschehen verändert.

7 Denkt gemeinsam über den letzten Satz des Textes und über die Bedeutung der Überschrift nach.

*Worauf du beim Schreiben aus einer anderen Perspektive achten solltest, kannst du in der **Werkstatt Schreiben** nachlesen (S. 174/175).*

WERKSTATT
Geschichten

Eine kurze Geschichte weiterschreiben

1 Lest die folgende Geschichte zunächst genau durch.

Zu Hause *Marie Luise Kaschnitz*

Die Ersten, die zurückkamen, erregten durch ihre frischen Stimmen, ihr gutes Aussehen und ihr normales Verhalten Erstaunen. Sie schlugen uns auf die Schultern, fragten, nun wie gehts auf der alten Erde, und freuten sich offensichtlich, uns wiederzusehen. Ihre Frage war rhetorisch*, sie sind dort über alles, was uns betrifft, genau im Bilde, so wie auch wir über das Leben auf der Weltraumstation genau im Bilde sind. Wir kennen nicht nur ihre Arbeitsstätten und ihre etwas öden, aber bequemen Wohnungen, sondern auch ihre künstlichen Gärten, Maiglöckchen aus Plastik mit Maiglöckchenparfüm, Rasen aus Plastik mit dem Geruch von frischem Gras. Auch das runde, mit Humus gefüllte und von vier Weltraumpolizisten Tag und Nacht bewachte Becken, das im Mittelpunkt ihrer öffentlichen Anlage steht, ist uns bekannt. Wir bedauern diese armen Menschen mit ihren Plastikblumen und ihrem Humusbecken, und natürlich hatten wir uns schon lange überlegt, wie wir ihnen eine Freude machen könnten. Schließlich waren wir darauf verfallen, sie gleich nach ihrer Ankunft in einen Wald zu fahren. Der Wald war recht abgelegen, es gab in ihm noch einsame Tümpel, schroffe Felsen und dickes Moos. Wir erwarteten, …

2 Sprecht darüber, wie die Erdbewohner die Lebensweise der Bewohner der Weltraumstation bewerten:
Möchten sie auch so leben – oder lieber nicht? Sucht entsprechende Textstellen heraus.

3 Die Erdbewohner wollen ihren Gästen eine Freude machen und fahren mit ihnen in den Wald.
Schreibt die Geschichte an dieser Stelle weiter:
– Was erwarten die Erdbewohner: Wie werden ihre Gäste reagieren?
– Schreib auf, wie die Gäste deiner Meinung nach reagieren.

4 Lest eure Textfortsetzungen einander vor und vergleicht sie anschließend mit dem Originalschluss (S. 154).

5 Die Geschichte spielt in der Zukunft. Ob es einmal so kommen wird? Sprecht darüber, wie Marie Luise Kaschnitz sich die Weiterentwicklung einer zukünftigen Welt vorstellt und äußert eure Meinung dazu.

Parallelgeschichten schreiben

Der Elefant und die Blinden

Hans Georg Lenzen

Eine japanische Fabel erzählt von einer Gruppe von blinden Männern, die zum ersten Mal in ihrem Leben einem Elefanten gegenüberstehen. Durch Tasten versucht jeder der Blinden von seinem Standort aus festzustellen, was er da vor sich hat.

„Es ist ein Ding wie ein Baumstamm", sagt der, der den Rüssel zwischen den Händen hat.

„Nein, es ist eher wie ein Seil – oder wie eine Schlange!", ruft der Blinde am Schwanzende.

„Eine Wand ist es, eine Wand, die atmet", sagt der Blinde, der seine Hände gegen die Flanken des Elefanten stemmt.

Man sagt, jeder Japaner kenne die Fabel aus seinem Lesebuch. Und die Kinder könnten daraus lernen, dass man mit seinem Urteil zurückhaltend sein soll, solange man von dem, was man beurteilt, noch nicht genügend weiß.

An anderer Stelle kann man lesen, ein König habe sich den Spaß gemacht, die blinden Männer mit dem Elefanten zusammenzubringen, weil er sehen wollte, wie die Menschen es anstellen, eine Wirklichkeit, die ihnen unbekannt ist, kennen zu lernen.

Was können die Blinden denn überhaupt machen, um so viel wie nur möglich von dem unbekannten Wesen zu erfahren, das ihnen da gegenübersteht?

1 Versuche die Frage am Schluss des Textes zu beantworten. Lest euch anschließend eure Antworten vor und begründet sie.

2 Die Geschichte ist an dieser Stelle noch nicht zu Ende. Lest den Originalschluss auf S. 154 und vergleicht ihn mit euren Antworten.

3 Die Blinden erfahren die Welt durch Tasten. Denkt darüber nach, wie ihr die Geschichte auf die Wahrnehmung Sehender übertragen könnt: Sie betrachten dasselbe und nehmen doch alle etwas anderes wahr!

4 Schreibe eine entsprechende Geschichte mit Sehenden. Du brauchst nur die Geschichte zu erzählen, wie sie in Zeile 5–10 steht. So hat ein Schüler seinen Text begonnen:

> Ein Neuer kommt in die Fabrik. Alle schauen ihn an.
> Der Erste sagt: „Der sieht aber stark aus!"
> Der Nächste sagt: „Der Neue sieht gefährlich aus."
> Der Dritte meint: „Der ist doch nett!"
> Keiner war sich mit dem anderen einig. Alle sahen etwas anderes.
> Nach einiger Zeit …
>
> Dirk

WERKSTATT Geschichten

Eine Parallelgeschichte schreiben

Ein Tag *Robert Gernhardt*

Wenn meine Frau und ich morgens satt und etwas schwerfällig nach Hause kommen, gilt unser erster Gang den Kinderzimmern. Paul ist meistens noch nicht da. „Das ist ein Bursche", sage ich, „der kann es mit jedem aufnehmen. So eine Ausdauer." In meiner Stimme schwingt väterlicher Stolz, und meine Frau nickt.

Leise öffne ich dann die Tür von Vivians Zimmer. Sie hängt festgekrallt an ihrem Schlafbalken. Die Vorhänge sind zugezogen, und im dämmrigen Licht des Morgens erkennt man, wie schön ihr Haar ist, das schwer und glänzend fast bis auf den Boden fällt. Sie hört das Geräusch und öffnet die Augen. Sie hört jedes Geräusch.

„Bist du schon lange hier, Vivian", frage ich.

Sie lächelt und fährt mit ihrer Zunge die Zähne entlang. Die sind weiß und spitz, es gibt keine schöneren weit und breit. „Noch nicht sehr lange, Papa."

„Hast du etwas mitgebracht?" Ich stelle diese Frage nur zum Schein, denn Vivian bringt immer etwas mit. Aber sie freut sich, wenn sie wie gewöhnlich antworten kann: „Es steht in der Küche."

Um ehrlich zu sein, Paul ist nicht so pflichtbewusst. Er bringt selten etwas mit. Darüber habe ich mit meiner Frau schon oft gesprochen. Sie verteidigt ihn immer. „Er ist noch jung", sagt sie, „er denkt nur an sich. So sind junge Menschen nun einmal." Insgeheim gebe ich meiner Frau recht, ich war früher auch nicht anders. Aber nach außen muss ich natürlich hart sein.

Vor Tonis Tür zögern wir beide und schauen uns an. Toni ist unser Sorgenkind, aber jedes Mal hoffen wir, dass über Nacht ein Wunder geschehen ist.

„Ich habe Toni gestern Abend ein Kaninchen gebracht", sage ich zu meiner Frau. „Vielleicht hat sie Hunger bekommen."

Ich öffne die Tür, und wir schauen hinein. Meinem Herzen gibt es immer einen Stich, wenn ich Toni schlafen sehe. Sie hat ihre Beine angezogen und liegt zusammengekauert in der Ecke. Aber heute ist es noch schlimmer als sonst. Mit dem linken Arm umschlingt sie das Kaninchen, das uns aus großen Augen anblickt und wegzuhoppeln versucht. Davon wacht Toni auf und schaut uns etwas ängstlich ins Gesicht.

„Toni", sage ich streng, „wie schläfst du denn schon wieder? Was meinst du, warum deine Eltern dir den schönen Balken da angebracht haben?"

„Ich habe versucht, so zu schlafen, wie ihr gesagt habt", entgegnet Toni mit trauriger Stimme. „Ich kann es nicht. Meine Nägel sind zu schwach. Ich falle immer herunter."

Nun mischt sich meine Frau ein: „Die Nacht ist überhaupt nicht zum Schlafen da. Was hast du seit gestern Abend gemacht? Vivian

Eine Parallelgeschichte schreiben

konnte in deinem Alter schon draußen herumfliegen. Warum weinst du?"

„Weil ich Hunger habe", sagt Toni kläglich.

Hier werde ich wütend. „Warum habe ich dir wohl gestern Abend das Kaninchen mitgebracht? Weißt du, was du mit dem Kaninchen machen sollst?"

„Ich weiß, aber ich trau' mich nicht."

„Was willst du also?"

„Am liebsten Milch."

Daran ist meine Frau schuld. Weiß der Himmel, wie sie damals auf die Idee kam, Toni Milch zu geben, als sie kein Blut trinken wollte.

„Oh", sage ich, „wie konntest du nur."

Meine Frau weiß genau, was ich meine und zieht mich ängstlich aus dem Zimmer. „Wir können uns doch nicht in Gegenwart des Kindes streiten. Davon wird die Sache auch nicht besser." Sie hat recht, und ich gebe mich geschlagen.

„Ich gehe jetzt schlafen, Liebling", sagt sie lächelnd.

„Ich schaue nach Großvater", entgegne ich. „Bis gleich."

Jeden Morgen spielt sie diese Komödie. Denn ich weiß natürlich genau, dass sie jetzt noch schnell auf die Straße fliegt und von den Milchwagen, die klirrend die Stadt durchfahren, etwas Milch für Toni stibitzt. Gegen Mutterliebe ist kein Kraut gewachsen.

Ich sehe währenddessen in die Küche. Vivian war wieder fleißig, drei Flaschen hat sie mitgebracht. Eine nehme ich für Großvater mit.

„Komm rauf, Junge", sagt er, als ich sein Zimmer betrete. Er öffnet die Flasche und schnuppert an ihr.

„Kuhblut", sagt er glücklich. „Es ist noch warm." Großvater kommt vom Lande, von Menschen hat er nie viel gehalten, aber Tiere mag er.

„Es gibt nichts Besseres als warmes Kuhblut", pflegt er immer zu sagen. Er sagt es auch diesmal und hält mir die Flasche hin. „Willst du einen Schluck?"

„Nein danke, ich bin satt."

„Umso besser."

„Hast du irgendeinen Kummer?", fragt er mich dann teilnahmsvoll.

„Nun ja, das Übliche."

„Toni?"

„Ja."

„Mach dir nichts draus, Junge, so etwas kommt vor. Kinder schlagen manchmal aus der Art. Schlimmstenfalls wird sie ein Mensch."

WERKSTATT Geschichten

Eine Parallelgeschichte schreiben

So reden wir etwas, bis ich ins Nebenzimmer gehe und mich müde neben meine Frau hänge. Ich schließe die Augen und höre noch, wie Paul geräuschvoll nach Hause kommt. Er ist ein rücksichtsloser Junge, aber man kann ihm nicht böse sein. Toni wird jetzt wohl mit dem Kaninchen spielen. So ist das im Leben, wo viel Licht ist, ist auch Schatten. Aber alles in allem habe ich wohl Grund, zufrieden zu sein. Unter solchen Gedanken schlafe ich ein und wache nicht eher auf, als bis wir uns abends wieder versammeln, die Zähne nachfeilen, Erfahrungen austauschen und Scherzworte wechseln. Dann schwingen wir uns in die Luft, und unsere Wege trennen sich. Paul fliegt nach Osten, Vivian nach Westen, meine Frau nach Norden und ich in die wohlhabenden Vorstädte des Südens, wo sich die feisten Herren und ihre Ehefrauen gerade ins Bett begeben.

1 An welchen Stellen hast du gemerkt, dass in dieser Geschichte von einer Vampirfamilie die Rede ist? Notiere die Zeilen und lies die Textstellen den anderen vor.

2 Eine merkwürdige Geschichte! Sprecht über die Idee, die dem Text zu Grunde liegt.

3 Obwohl in der Vampirfamilie vieles anders ist, gibt es auch viele Gemeinsamkeiten mit einer menschlichen Familie, wie ihr sie kennt. Lies den Text noch einmal und mache dir Notizen, wie die einzelnen Familienmitglieder charakterisiert werden:

Vater	– ist stolz auf Paul und Vivian – macht sich Sorgen wegen Toni, ist streng mit ihr – ist sauer, weil seine Frau nachsichtig mit Toni ist – …
Mutter	
Paul	
Vivian	
Toni	
Großvater	

4 Schreibe eine Geschichte, in der sich die Figuren so ähnlich verhalten wie in dem Text von Robert Gernhardt. Jetzt soll sie aber unter Menschen spielen.
So könnte deine Geschichte beginnen:

Wir kommen von einer Einladung nach Hause. Es ist spät geworden. Unser erster Gang geht zu den Kinderzimmern. Ich öffne die Tür zu Pauls Zimmer und sehe hinein …

Zu einer kurzen Geschichte schreiben

Im Spiegel *Margret Steenfatt*

„Du kannst nichts", sagten sie, „du machst nichts", „aus dir wird nichts." Nichts. Nichts. Nichts.

Was war das für ein NICHTS, von dem sie redeten und vor dem sie offensichtlich Angst hatten, fragte sich Achim, unter Decken und Kissen vergraben.

Mit lautem Knall schlug die Tür hinter ihnen zu.

Achim schob sich halb aus dem Bett. Fünf nach eins. Wieder mal zu spät. Er starrte gegen die Zimmerdecke. – Weiß. Nichts. Ein unbeschriebenes Blatt Papier, ein ungemaltes Bild, eine tonlose Melodie, ein ungesagtes Wort, ungelebtes Leben.

Eine halbe Körperdrehung nach rechts, ein Fingerdruck auf den Einschaltknopf seiner Anlage. Manchmal brachte Musik ihn hoch.

Er robbte zur Wand, zu dem großen Spiegel, der beim Fenster aufgestellt war, kniete sich davor und betrachtete sich: lang, knochig, graue Augen im blassen Gesicht, hellbraune Haare, glanzlos. „Dead Kennedys" sangen: „Weil sie dich verplant haben, kannst du nichts anderes tun als aussteigen und nachdenken."

Achim wandte sich ab, erhob sich, ging zum Fenster und schaute hinaus. Straßen, Häuser, Läden, Autos, Passanten, immer dasselbe. Zurück zum Spiegel, näher heran, so nahe, dass er glaubte, das Glas zwischen sich und seinem Spiegelbild durchdringen zu können. Er legte seine Handflächen gegen sein Gesicht im Spiegel, ließ seine Finger sanft über Wangen, Augen, Stirn und Schläfen kreisen, streichelte, fühlte nichts als Glätte und Kälte.

Ihm fiel ein, dass in dem Holzkasten, wo er seinen Kram aufbewahrte, noch Schminke herumliegen musste. Er fasste unters Bett, wühlte in den Sachen im Kasten herum und zog die Pappschachtel heraus, in der sich einige zerdrückte Tuben fanden. Von der schwarzen Farbe war noch ein Rest vorhanden. Achim baute sich vor dem Spiegel auf und malte zwei dicke Striche auf das Glas, genau dahin, wo sich seine Augenbrauen im Spiegel zeigten. Weiß besaß er reichlich. Er drückte eine Tube aus, fing die weiche ölige Masse in seinen Händen auf, verteilte sie auf dem Spiegel über Kinn, Wangen und Nase und begann, sie langsam und sorgfältig zu verstreichen. Dabei durfte er sich nicht bewegen, sonst verschob sich seine Malerei. Schwarz und Weiß sehen gut aus, dachte er, fehlt noch Blau. Achim grinste seinem Bild zu, holte sich das Blau aus dem Kasten und färbte noch die Spiegelstellen über Stirn und Augenlidern.

Eine Weile verharrte er vor dem bunten Gesicht, dann rückte er ein Stück zur Seite, und wie ein Spuk tauchte sein farbloses Gesicht im Spiegel wieder auf, daneben eine aufgemalte Spiegelmaske.

WERKSTATT Geschichten

Zu einer kurzen Geschichte schreiben

Er trat einen Schritt zurück, holte mit dem Arm weit aus und ließ seine Faust in die Spiegelscheibe krachen. Glasteile fielen herunter, Splitter verletzten ihn, seine Hand fing an zu bluten. Warm rann ihm das Blut über den Arm und tröpfelte zu Boden. Achim legte seinen Mund auf die Wunden und leckte das Blut ab. Dabei wurde sein Gesicht rot verschmiert.

Der Spiegel war kaputt. Achim suchte sein Zeug zusammen und kleidete sich an. Er wollte runtergehen und irgendwo seine Leute treffen.

Was ihr mit diesem Text tun könnt:

- ein Gespräch mit Achims Spiegelbild führen und aufschreiben
- den Schluss weiterschreiben
- eine eigene Spiegelgeschichte schreiben

Eine Kurzgeschichte lesen und untersuchen

> **Kurzgeschichten** sind in Deutschland nach dem Zweiten Weltkrieg entstanden. Trotz ihres Namens können sie auch lang sein. Zu dieser Gattung gehören erzählende Texte, die folgende Merkmale besitzen können:
> – Sie beleuchten blitzlichtartig einen Ausschnitt im Leben eines Menschen.
> – Ein alltägliches Geschehen wird in den Mittelpunkt gestellt.
> – Die Personen der Kurzgeschichte sind keine außergewöhnlichen Menschen. Sie werden nicht näher beschrieben und sind austauschbar.
> – Häufig fehlen genaue Orts- und Zeitangaben.
> – Der Anfang einer Kurzgeschichte ist unvermittelt, ebenso abrupt ist ihr Ende. Der offene Schluss fordert den Leser auf, selbst weiterzudenken und eine Lösung zu finden.

Nachts schlafen die Ratten doch

Wolfgang Borchert

Das hohle Fenster in der vereinsamten Mauer gähnte blaurot voll früher Abendsonne. Staubgewölke flimmerte zwischen den steil gereckten Schornsteinresten. Die Schuttwüste döste.

Er hatte die Augen zu. Mit einmal wurde es noch dunkler. Er merkte, dass jemand gekommen war und nun vor ihm stand, dunkel, leise. Jetzt haben sie mich!, dachte er. Aber als er ein bisschen blinzelte, sah er nur zwei etwas ärmlich behoste Beine. Die standen ziemlich krumm vor ihm, dass er zwischen ihnen hindurchsehen konnte. Er riskierte ein kleines Geblinzel an den Hosenbeinen hoch und erkannte einen älteren Mann. Der hatte ein Messer und einen Korb in der Hand. Und etwas Erde an den Fingerspitzen.

Du schläfst hier wohl, was?, fragte der Mann und sah von oben auf das Haargestrüpp herunter. Jürgen blinzelte zwischen den Beinen des Mannes hindurch in die Sonne und sagte: Nein, ich schlafe nicht. Ich muss hier aufpassen. Der Mann nickte: So, dafür hast du wohl den großen Stock da?

Ja, antwortete Jürgen mutig und hielt den Stock fest.

Worauf passt du denn auf?

Das kann ich nicht sagen. Er hielt die Hände fest um den Stock.

Wohl auf Geld, was? Der Mann setzte den Korb ab und wischte das Messer an seinen Hosenbeinen hin und her.

Nein, auf Geld überhaupt nicht, sagte Jürgen verächtlich. Auf ganz etwas anderes.

Na, was denn?

Ich kann es nicht sagen. Was anderes eben.

Na, denn nicht. Dann sage ich dir natürlich auch nicht, was ich hier im Korb habe. Der Mann stieß mit dem Fuß an den Korb und klappte das Messer zu.

WERKSTATT Geschichten

Eine Kurzgeschichte lesen und untersuchen

Pah, kann mir denken, was in dem Korb ist, meinte Jürgen geringschätzig, Kaninchenfutter.

Donnerwetter, ja!, sagte der Mann verwundert, bist ja ein fixer Kerl. Wie alt bist du denn?

Neun.

Oha, denk mal an, neun also. Dann weißt du ja auch, wie viel drei mal neun sind, wie?

Klar, sagte Jürgen, und um Zeit zu gewinnen, sagte er noch: Das ist ja ganz leicht. Und er sah durch die Beine des Mannes hindurch. Dreimal neun, nicht?, fragte er noch einmal, siebenundzwanzig. Das wusste ich gleich.

Stimmt, sagte der Mann, und genau so viel Kaninchen habe ich.

Jürgen machte einen runden Mund: Siebenundzwanzig?

Du kannst sie sehen. Viele sind noch ganz jung. Willst du?

Ich kann doch nicht. Ich muss doch aufpassen, sagte Jürgen unsicher.

Immerzu?, fragte der Mann, nachts auch?

Nachts auch. Immerzu. Immer. Jürgen sah an den krummen Beinen hoch. Seit Sonnabend schon, flüsterte er.

Aber gehst du denn gar nicht nach Hause? Du musst doch essen.

Jürgen hob einen Stein hoch. Da lag ein halbes Brot und eine Blechschachtel. Du rauchst?, fragte der Mann, hast du denn eine Pfeife?

Jürgen fasste seinen Stock fest an und sagte zaghaft: Ich drehe. Pfeife mag ich nicht.

Schade, der Mann bückte sich zu seinem Korb, die Kaninchen hättest du ruhig mal ansehen können. Vor allem die jungen. Vielleicht hättest du dir eines ausgesucht. Aber du kannst hier ja nicht weg.

Nein, sagte Jürgen traurig, nein, nein.

Der Mann nahm den Korb hoch und richtete sich auf. Na ja, wenn du hierbleiben musst – schade. Und er drehte sich um.

Wenn du mich nicht verrätst, sagte Jürgen da schnell, es ist wegen den Ratten. Die krummen Beine kamen einen Schritt zurück: Wegen den Ratten?

Ja, die essen doch von Toten. Von Menschen. Da leben sie doch von.

Wer sagt das?

Unser Lehrer.

Und du passt nun auf die Ratten auf?, fragte der Mann.

Auf die doch nicht! Und dann sagte er ganz leise: Mein Bruder, der liegt nämlich da unten. Da. Jürgen zeigte mit dem Stock auf die zusammengesackten Mauern. Unser Haus kriegte eine Bombe. Mit einmal war das Licht weg im Keller. Und er auch. Wir haben noch gerufen. Er war viel kleiner als ich. Erst vier. Er muss hier ja noch sein. Er ist doch viel kleiner als ich.

Der Mann sah von oben auf das Haargestrüpp. Aber dann sagte er plötzlich: Ja, hat euer Lehrer euch denn nicht gesagt, dass die Ratten nachts schlafen?

Eine Kurzgeschichte lesen und untersuchen

Nein, flüsterte Jürgen und sah mit einmal ganz müde aus, das hat er nicht gesagt.

Na, sagte der Mann, das ist aber ein Lehrer, wenn er das nicht mal weiß. Nachts schlafen die Ratten doch. Nachts kannst du ruhig nach Hause gehen. Nachts schlafen sie immer. Wenn es dunkel wird, schon.

Jürgen machte mit seinem Stock kleine Kuhlen in den Schutt. Lauter kleine Betten sind das, dachte er, alles kleine Betten.

Da sagte der Mann (und seine krummen Beine waren ganz unruhig dabei): Weißt du was? Jetzt füttere ich schnell meine Kaninchen und wenn es dunkel wird, hole ich dich ab. Vielleicht kann ich eins mitbringen. Ein kleines oder, was meinst du? Jürgen machte kleine Kuhlen in den Schutt. Lauter kleine Kaninchen. Weiße, graue, weißgraue. Ich weiß nicht, sagte er leise und sah auf die krummen Beine, wenn sie wirklich nachts schlafen.

Der Mann stieg über die Mauerreste weg auf die Straße. Natürlich, sagte er von da, euer Lehrer soll einpacken, wenn er das nicht mal weiß.

Da stand Jürgen auf und fragte: Wenn ich eins kriegen kann? Ein weißes vielleicht?

Ich will mal versuchen, rief der Mann schon im Weggehen, aber du musst hier solange warten. Ich gehe dann mit dir nach Hause, weißt du? Ich muss deinem Vater doch sagen, wie so ein Kaninchenstall gebaut wird. Denn das müsst ihr ja wissen. Ja, rief Jürgen, ich warte. Ich muss ja noch aufpassen, bis es dunkel wird. Ich warte bestimmt. Und er rief: Wir haben auch noch Bretter zu Hause. Kistenbretter, rief er.

Aber das hörte der Mann schon nicht mehr. Er lief mit seinen krummen Beinen auf die Sonne zu. Die war schon rot vom Abend, und Jürgen konnte sehen, wie sie durch die Beine hindurchschien, so krumm waren sie. Und der Korb schwenkte aufgeregt hin und her. Kaninchenfutter war da drin. Grünes Kaninchenfutter, das war etwas grau vom Schutt.

Wie du die Inhalte eines literarischen Textes am besten zusammenfassen kannst, erfährst du auf den Seiten 184–187.

Der Junge geht mir nicht aus dem Kopf. Ich wollte ihm helfen, ob mir das wohl gelungen ist? ...

1 Gib den Inhalt der Geschichte mit eigenen Worten wieder. Beantworte dabei folgende Fragen: Wo spielt die Geschichte? Wann spielt die Geschichte? Welche Personen spielen eine Rolle? Welches Verhältnis haben die Handelnden zueinander? Verändert es sich?

2 Welche sprachlichen Mittel (z. B. Wortwahl, sprachliche Bilder, Satzbau, Sprachstil) fallen dir in Borcherts Kurzgeschichte auf? Belege sie am Text.

3 Finde mit Hilfe des Merkkastens auf S. 151 die Merkmale einer Kurzgeschichte heraus und belege sie am Text.

4 Nimm die Position des Mannes ein, nachdem er Jürgen zurückgelassen hat, und schreibe auf, was ihm durch den Kopf geht (innerer Monolog).

Originaltexte, Schlüsse

Die schlechte Zensur (S. 138)

… nahm rote Tinte und strich sich noch einige Fehler mehr an. Dann ging er zum Professor und fragte ihn, was hier falsch sei. Der Lehrer musste bestürzt zugeben, dass diese Worte richtig seien und er zu viel Fehler angestrichen habe. „Dann", sagte Brecht, „muss ich doch eine bessere Zensur haben."

Der Professor änderte die Zensur und Brecht wurde versetzt.

Zu Hause (S. 144)

… dass die Heimkehrer darüber in Entzücken geraten, ja dass sie sich womöglich auf den Boden werfen und das Moos und die feuchten Herbstblätter aufwühlen würden. Sie taten nichts dergleichen, sondern standen höflich gelangweilt herum. Dann verlangten sie zurück in die Stadt. Sie wollten das Fernsehprogramm nicht versäumen, die Nachrichten von dort. (Von zu Hause, sagten sie)

Der Elefant und die Blinden (S. 145)

…
Sie sollten sich nicht zu sehr auf die Richtigkeit ihrer ersten Erfahrung verlassen, sie sollten bereit sein, *ihren Standpunkt* öfter zu wechseln. Und sie sollten über ihre Erfahrungen miteinander sprechen. Das also kann man machen, wenn man von der unbekannten Welt so viel wie möglich kennen lernen will.

Der Tote (S. 122), Lösung

Der Tote hat sich selbst erhängt. Er war mit dem Lastwagen voller Eisblöcke in die Wüste hinausgefahren, hatte die Blöcke aufgestapelt, sich obendrauf gestellt und sich, da das Eis in der Hitze sehr schnell schmolz, auf diese Weise erhängt. Warum er das auf diese Art getan hatte? – Das gäbe einen spannenden Kurzkrimi, wenn ihr auch das noch beantworten wollt! Möglich wäre ja: Mr. Beershower, der eine große Bierfirma besitzt, hatte seinen Bierfahrer entlassen; der wollte nun seinen Chef des Mordes verdächtigen, indem er die absolute Unmöglichkeit eines Selbstmordes vortäuschte. So wäre zu erklären, warum sich Mr. Beershower weigerte, den Sheriff zu benachrichtigen. – Aber es könnte auch ganz anders sein.

WERKSTATT THEATER

Im ersten Teil der *Werkstatt Theater* bekommt ihr wie gewohnt Übungen zum Einspielen und besseren Zusammenspielen (S. 156/157), zu Körperausdruck und Wahrnehmung sowie zum Improvisieren kleiner Szenen (S. 158/159). Sie dienen dazu, in Fahrt zu kommen, sich freizuspielen. So wird es euch leichter fallen, auch längere Texte szenisch zu interpretieren. Einige Inszenierungsvorschläge beziehen sich auf Texte, die an anderer Stelle im Buch stehen (S. 40–42, 54: Spagetti für zwei; S. 115: Lammkeule), zu den anderen Spielideen findet ihr die Texte in der *Werkstatt Theater.* Die Inszenierungsvorschläge wollen euch auch dazu anregen, Texte aus *wortstark* oder anderen Büchern im Spiel darzustellen. Geeignet sind in der Regel Texte, die viele Dialoge enthalten. Dabei gilt der Grundsatz: Nicht im Detail nachspielen, sondern Schwerpunkte setzen, um Textaussagen hervorzuheben und zu verstärken.

WERKSTATT THEATER

Sich einspielen

Begrüßungen – Begegnungen

Geht durch den Raum, ohne euch zu berühren. Wechselt dabei das Tempo: werdet langsamer, dann wieder schneller, gehetzt, schlendert gemächlich … Begrüßt euch im Vorübergehen durch Kopfnicken, Handschlag, Umarmung – auch auf ungewohnte Weise: mit den Knien, den Schultern, den Füßen …

Bildet nun Paare. Außerdem braucht ihr einen Spielleiter. Die Paare stehen sich an zwei Seiten des Raumes gegenüber, sodass die Spieler zwei Reihen bilden. Der Spielleiter sagt an, wie ihr euch begrüßen sollt. Die Paare gehen aufeinander zu, begrüßen sich nach den Vorgaben des Spielleiters und gehen aneinander vorbei auf die andere Seite. Auf eine neue Ansage des Spielleiters gehen sie wieder aufeinander zu usw.

Vorschläge für die Vorgaben des Spielleiters:
- zwei redselige Frauen, die gern klatschen und tratschen
- zwei alte Männer, die früher Kollegen waren
- zwei total zerstrittene Nachbarn, die sich am liebsten gar nicht mehr grüßen möchten
- zwei Freunde, die sich nach langer Zeit wiedersehen
- zwei Streitende, die sich versöhnen wollen
- zwei Fußballer nach einem Tor
- zwei Jogger, die sich fast umrennen
- zwei Modepüppchen, die sich ganz toll finden
- zwei korrekte Beamte mit Aktentasche, die sich auf keinen Fall verspäten wollen
- zwei ausgelassene Kinder
- zwei Inuits, die sich zur Begrüßung die Nase reiben

... und besser zusammenspielen

Theatersport
Beim Theatersport geht es darum, schnell zu reagieren und kleine Szenen zu improvisieren. Die Anzahl der Szenen richtet sich nach der Anzahl der Spieler.
Ein Spielleiter sagt Orte an, an denen jeweils eine kleine Handlung improvisiert werden soll. Zwei Spieler beginnen. Sagt der Spielleiter „Stopp!", friert die Szene ein. Zwei weitere Spieler kommen hinzu. Der Spielleiter nennt einen neuen Ort, zu viert wird die nächste Szene improvisiert. So werden es bei jeder neuen Szene zwei Spieler mehr, bis alle mitmachen.
Dann geht es andersherum: Erst spielen alle mit, dann werden es Szene für Szene zwei weniger.

Vorschlag für die Szenenfolge:
- 2 Spieler: Bahnhof
- 4 Spieler: Urlaub am Meer
- 6 Spieler: Jugendtreff
- 8 Spieler: Hauptverkehrsstraße, Demonstration
- 10 Spieler: Kirche
- 12 Spieler: Bauchtanzgruppe
- 14 Spieler: Moschee
- 16 Spieler: Wochenmarkt
- 18 Spieler: Warteschlange in der Arbeitsagentur
- 20 Spieler: Diskothek
- 22 Spieler: Fußballplatz
- ...
- 20 Spieler: Kino
- 18 Spieler: Fitnessstudio
- 16 Spieler: Sauna
- 14 Spieler: Chinarestaurant
- 12 Spieler: Tanzstudio
- 10 Spieler: Wartezimmer beim Tierarzt
- 8 Spieler: Klassenzimmer, Mathearbeit
- 6 Spieler: Autowerkstatt
- 4 Spieler: Küche, Familienfrühstück
- 2 Spieler: Boxring

Variation: Kettenszene
Teilt euch in zwei Gruppen auf: Spieler und Zuschauer. Später wird gewechselt.
- Spieler 1 beginnt spontan zu spielen.
- Spieler 2 unterbricht und verwickelt Spieler 1 in eine völlig andere Szene. Spieler 1 muss also in eine neue Rolle schlüpfen.
- Spieler 3 unterbricht Spieler 2 und verwickelt ihn in eine neue Szene; Spieler 1 friert ein usw. Zwei Spieler sind also immer aktiv.
- Nach und nach tritt die gesamte Gruppe in diese Kette unterschiedlicher Szenen ein und friert ein.
- Wenn der letzte Spieler an der Reihe ist, wird die Kette in umgekehrter Reihenfolge wieder aufgerollt. Die eingefrorenen Szenen, die zuvor begonnen und dann unterbrochen wurden, werden nun nacheinander zu einem Ende gebracht.

WERKSTATT THEATER

Körper- und Bewegungsübungen

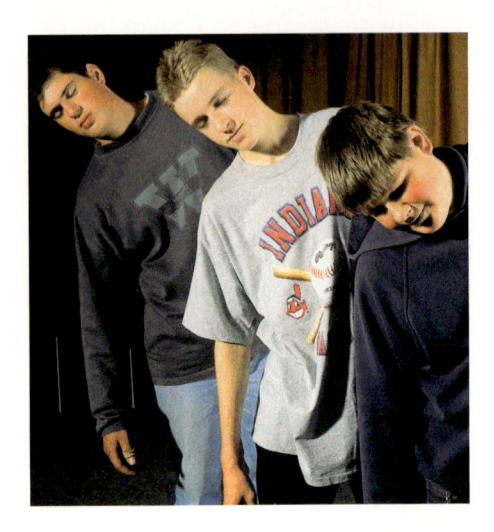

Im Fluss
Stimmt euch durch eine passende Musik auf das Element Wasser ein. Ein Spielleiter leitet eine Bewegungsmeditation an: Du stehst in einem Fluss, tief im Wasser, und empfindest es als angenehm kühl und erfrischend. Du spürst die Steine im Flussbett unter deinen Füßen. – Das Wasser gleitet ruhig dahin. Du lässt dich auf die fließende Bewegung ein. Dann fließt es schneller und schneller. Plötzlich – ein unerwarteter Strudel. Er reißt dich mit, immer schneller, er reißt dich in die Tiefe. Du kämpfst dagegen an. Es wird wieder ruhiger. Du erlebst die Spannung von Sich-gleiten-Lassen und Widerstand-Setzen gegen Strömungen, in die du dich nicht begeben willst.
Variation nach Musik: Nun bist du selbst der Fluss, der ruhig dahingleitet, plötzlich in Bewegung kommt, Strudel hat …

Die Woge
Stellt euch als Reihe in zwei Gruppen gegenüber. Stellt euch vor, dass ihr als Reihe jeweils eine Woge seid. Eine Reihe beginnt. Sie bewegt sich wie eine Woge auf die andere zu. Die andere bewegt sich dagegen. So entwickelt sich die Bewegung im Wechsel auf und ab. Die Wellen finden ihren eigenen Rhythmus, auf und ab … Spielt mit dieser Idee: Wellen kommen unerwartet mit Gewalt, flauen wieder ab. Auf diese Weise entsteht in der Bewegung eine Spannung.

Ein Fundstück im Wasser
Du hast im Wasser völlig unerwartet ein Fundstück entdeckt. Du möchtest es behalten, denn du bist ein Sammler. Transportiere diesen wassertriefenden Gegenstand weg. Stell dir dabei vor, dass du dich gegen den Widerstand des Wassers bewegst!

Hypnotisieren
Bildet Paare. Einer setzt sich auf einen Stuhl, der andere ist der „Hypnotiseur". Der „Hypnotiseur" hält dem Sitzenden eine Handinnenfläche wie einen Spiegel ganz dicht vor das Gesicht, bewegt sie sehr langsam von rechts nach links, von oben nach unten, von unten nach oben, vor und zurück, senkrecht, waagerecht oder diagonal. Der „Hypnotisierte" muss der Hand in gleich bleibendem Abstand mit dem Gesicht folgen.
Die Bewegung soll zwar langsam, aber trotzdem fließend sein. Leichter ist es nach einer Musik. Allmählich führt der „Hypnotiseur" den „Hypnotisierten" vom Stuhl weg in andere Positionen, am Boden entlang, in die Höhe, durch den Raum …
Konzentrierter wird die Übung, wenn ihr Neutralmasken aufsetzt (weiße Kunststoffmasken, neutraler Gesichtsausdruck oder lächelnd).

Szenen darstellen

Der blaue Handschuh

Ein Handschuh liegt auf der Straße, blaues Wildleder, fast neu. Ein Junge sieht den Handschuh, zögert, bleibt stehen, schaut nachdenklich hin. Da bemerkt er eine Frau, die ein Stück weiter vorn die Straße entlanggeht. Er rennt los. Außer Atem spricht er sie an:

„Haben Sie … haben Sie vielleicht …?"

„Ich gebe kein Geld, bettle hier nicht herum!", fällt die Frau ihm wenig freundlich ins Wort. Mit einem bösen Blick mustert sie ihn.

Der Junge hält ihr den Handschuh trotzdem noch entgegen. Da sieht er, dass sie schwarze Wollhandschuhe anhat. Ihrer kann es also nicht sein. Er rennt weiter.

„Unverschämter Bengel!", ruft sie ihm noch nach.

Der Junge erreicht eine alte Frau und zeigt ihr das Fundstück: „Haben Sie den Handschuh verloren?"

„Werd nicht frech! Was interessieren dich meine Ohren!"

Der Junge ruft lauter: „Nein, v-e-r-l-o-r-e-n – ich meine: Ist das ihr Handschuh?"

„Ach so, mein Schuh ist nicht zu. Dann erledige das doch bitte mal. Ich hab's nämlich im Rücken, kann mich nicht mehr gut bücken."

Der Junge bückt sich, macht hilfsbereit eine Schleife in den Schnürsenkel und schreit noch lauter: „G-e-h-ö-r-t d-e-r H-a-n-d-s-c-h-u-h I-h-n-e-n?"

Ein Mann, der gerade vorbeikommt, ist empört: „Was fällt dir denn ein, eine alte Frau so anzuschreien, du unerzogener Kerl! Dein Vater sollte ich sein, dann könntest du was erleben!"

Er baut sich entrüstet und mit erhobener Hand vor dem Jungen auf.

Der Junge wehrt sich ganz kleinlaut: „Ich schreie doch nur, weil sie nichts versteht. Ich will doch nur wissen, wem der Handschuh gehört. – Ist es Ihrer?"

„Noch frech werden, was! – Das ist ja die Höhe!"

Der Junge rennt, so schnell er kann.

In dieser kleinen Szene aus dem Alltag geht es um Missverständnisse.

- Ihr könnt die Szene nachspielen, verändern oder fortsetzen. Dabei darf ruhig etwas übertrieben werden.

- Auch aus anderem Anlass gibt es im Alltag Missverständnisse. Sprecht in Kleingruppen über solche Situationen und bereitet kleine Spielszenen vor.

WERKSTATT THEATER

Nach Textvorlagen spielen

Zur Vorbereitung und Einstimmung auf die Inszenierung des Textes *Platzkarten* könnt ihr folgende Vorschläge spielen:

Das ist nicht der richtige Koffer!
Versetzt euch in folgende Situation: ein Zugabteil, besetzt mit mehreren Personen. Einer schläft, einer isst ein Brötchen, ein anderer liest in der Zeitung ... Ein Reisender hebt einen Koffer aus der Gepäckablage. Der Zug hält, er steigt aus.
Auf dem Bahnsteig setzt er den Koffer noch einmal ab – hebt ihn wieder an, um weiterzugehen. Da bemerkt er: Das ist ein fremder Koffer. Der Zug fährt an. Was jetzt?
- Überlegt in Kleingruppen, wie die Handlung weitergehen könnte und bereitet die Darstellung von zwei Szenen vor: im Zugabteil, auf dem Bahnsteig.
  Plant das Spiel zunächst pantomimisch. Überlegt, ob ihr in der 2. Szene weitere Darsteller braucht und ob ihr hier Sprache einsetzen wollt.
- Spielt euch die Szenen gegenseitig vor.
- Vergleicht eure Ideen und eure Darstellungen.

Szenen im Zug – ein Mitspieltheater
Für dieses Mitspieltheater braucht ihr einige Spieler für den Beginn, Zuschauer, die später zu Mitspielern werden, und einen Spielleiter.
Die Spieler beginnen, die folgende Situation zu spielen:
Voll besetztes Abteil in einem Zug. Die Reisenden sind ganz unterschiedliche Typen, z. B.:
- Ein korrekt gekleideter Mann mit Brille liest Zeitung und will nicht gestört werden.
- Ein schwerhöriger alter Mann will den Zeitungsleser in ein Gespräch verwickeln – der ist genervt und verkriecht sich immer mehr hinter seiner Zeitung.
- Eine dicke Frau fängt an, ihren Proviant auszupacken, Papiergeraschel, es riecht nach Leberwurst ... Dem Zeitungsleser reicht's, er verlässt das Abteil.
- Ein neuer Fahrgast steigt ein: dicker Koffer ...
- ...

Die Szene verändert sich immer wieder: Fahrgäste steigen aus, andere steigen ein. Es ist offen, wer wann in die Szene geht und wer sie wann verlässt.
Die Zuschauer entscheiden, wann sie zu Spielern werden, die Spieler, wann sie wieder zu Zuschauern werden. Es geht darum, dass ihr als Spieler Ideen einbringt, dass das Spiel lebendig und überraschend ist und die Spannung aufrechterhalten bleibt.
Der Spielleiter gibt das Zeichen für das Ende des Spiels. Die Szene friert ein.

Nach Textvorlagen spielen

Lest den folgenden Text zunächst einmal durch. Ihr sollt ihn anschließend zur szenischen Interpretation vorbereiten:

Platzkarten
Inge Meidinger-Geise

Der lange Zug, der bis jetzt in der Sonne vor sich hinschwitzte, scheint anzurucken. Jedenfalls sehen wir, die wir still im Abteil auf die Abfahrt warten, uns nunmehr verstört an. Der Gang dröhnt. Das Dröhnen wirft, obwohl man noch niemanden vor der Tür bemerkt, eine kräftige, überdeutliche Stimme an die Scheiben:

„Emmi – das ist Wagen neun! Platz Nummer dreiundvierzig, fünfundvierzig, siebenundvierzig …"

Für Augenblicke ist es danach ganz ruhig. Wir sinken in uns und lauern, wir schielen am Kopf unseres Gegenübers nach den Platzschildern, niemand atmet hörbar.

„Emmi – sei still – mich interessiert jetzt nur, wo unsere Plätze – ahh!" Es schmettert dicht bei uns, ein dicker Schatten nähert sich unserer Tür, reißt sie auf, Zugluft packt uns, es ruft: „Aha – hier! In Ordnung!" Wir sehen einen Mann im grauen Anzug; er stellt seinen Koffer schnaufend zwischen uns. Wir ziehen die Beine ein, nicken höflich einen guten Tag und schütteln darauf sogleich die Köpfe: Hier ist kein Platz mehr frei.

„Das habe ich geahnt", sagte der Mann schneidend leise. Über seine Schulter zirpte es: „Herbert, bitte …"

„Erster Ferientag, natürlich, proppenvoll der Zug, und jeder sitzt, wo er kann", steigert sich das männliche Tremolo*.

„Herbert, ich meine …"

„Du meinst Überflüssiges, hier muss man wachsam sein", gewinnt die Stimme Herberts an Wucht. Ein stechender Blick an unseren Köpfen vorbei, es wird abgezählt: „Dreiundvierzig, fünfundvierzig, siebenundvierzig …" Unsichtbar bleibt, wer da kräht: „Auf die Plätze, fertig, los!" Der Mann schmunzelt süßsauer, er wischt sich den Schweiß vom Nacken. „Also bitte, meine Herrschaften, das Kind wird schon ungeduldig, bitte, hier sitzen wir! Platzkarten – jawohl!"

„Zeigen Sie mal!", sagt mein Gegenüber, der auf Platz Nummer dreiundvierzig sitzt.

„Herbert", zirpt es, „höre doch …"

„Ich denke nicht daran", schreit er. Der Zug ruckelt ein bisschen, draußen zeigt die Uhr zwei Minuten vor Abfahrt. Herbert mit dem großen Koffer strafft sich. „Hier sind unsere Plätze laut Karten, hier bleiben wir! Räumen Sie gefälligst den Sitz!"

Die Dame auf siebenundvierzig schluckt nervös und hält dann (es erinnert an die Preisrichter bei den Eislaufmeisterschaften) steil ein

WERKSTATT THEATER

Nach Textvorlagen spielen

papiernes Viereck hoch. „Sie irren! Ich sitze richtig! Siebenundvierzig – siebenundvierzig!" Die Dame dreht den Kopf schräg auf und nickt nach hinten, dem Nummernschildchen zu, dann senkt sie hackend die Nase auf das Papier, das sie nun in der auf dem Knie ruhenden Hand hält.

„Das ist Betrug", sagt Herbert laut und langsam, er fingert in seiner Jackentasche. Emmi tippt ihm auf die Schulter.

„Wir müssen hier raus!" Der Sohn schreit: „Wir fahren!" Und in der Tat gleitet mit dumpfem Antriebsseufzer der Zug aus dem Bahnhof.

„Dreiundvierzig, fünfundvierzig, siebenundvierzig", sagt Herbert und hält drei Platzkarten wie Skatblätter aufreizend in der Hand, mustert uns alle wie jämmerliche Falschspieler. „Ich habe recht!"

Sie zücken, meine drei Gegenüber, ebenfalls ihre Karten und rufen mit erhobener Stimme: „Dreiundvierzig, fünfundvierzig, siebenundvierzig!"

„Ich habe Plätze gefunden!" Der Sohn kräht es ins Abteil, pufft den schwitzenden Vater, der aber beschließt: „Ich bleibe hier, wir wollen doch mal sehen ..."

„Herbert, dieser Zug fährt doch nach Norddeich!", sagt Emmi mutig. Herbert dreht sich um, dass er fast auf den Koffer zu sitzen kommt, der unsere Beine immer noch zur Unbeweglichkeit zwingt. Wir wollen nach Garmisch!", schreit Herbert. „Wir sind im falschen Zug", erklärt Emmi sanft, es geht in Herberts heulendem Zorn unter. „Da kauft man Platzkarten, da will man ruhig und bequem in die Ferien fahren – und dann stimmt nichts, der Zug nicht, die Karten nicht ..."

„Gehen Sie nun hier endlich wieder raus?", fragt die Dame von siebenundvierzig.

„Ich will den Schaffner sprechen", antwortet Herbert, bleibt samt dem Koffer in unserer Mitte, Fleisch gewordene Ferienbesessenheit. Emmi reicht ihm aus ihrem Gepäck eine Flasche. „Kalter Kaffee! Bitte!" Das bringt die Dame von siebenundvierzig zu albernem Lachen.

„Ich sitze!", kräht der Sohn von irgendwo. „Ich darf am Fenster sitzen!"

„Kind, es nützt ja nichts!", ruft Emmi.

Der hinzutretende Schaffner schüttelt den Kopf. Er sieht mit beamtischer Gründlichkeit auf Herberts Platzkarten, er betrachtet die Sitzenden, er schlägt sein dickes Fahrtenbuch auf, er atmet tief, Schweiß steht ihm auf der Stirn, er sagt väterlich: „Ich kann Sie nur bis Bremen mit-

Nach Textvorlagen spielen

nehmen, dann müssen Sie wieder raus, das ist ja ein ganz großer Irrtum!"

„So was – so was!", steigert Herbert ein letztes Mal seine Stimme. „So was erlaubt sich die Bahn!" 85

„Die Bahn ist nicht schuld", sagt der Schaffner.

„Bremen, das geht ja", zirpt Emmi, „da wohnt ja Mama, da können wir übernachten – und morgen steigen wir in den richtigen Zug!"

„Morgen ist nicht heute! Und Mama ist keine Erholung! Und überhaupt – in Garmisch stehen unsere Betten leer, und wir bezahlen dafür!" Herbert sieht uns richterlich an, dann zerrt er den Koffer aus dem Abteil, stößt dabei gegen das Gangfenster, schreit: „Emmi, steh mir nicht im Wege!", und entgleitet massig. Ein Seufzer trifft uns noch wie Zugwind. 90

95

Tipps für die szenische Interpretation

- Bildet Gruppen von acht Personen. Jede Gruppe bereitet den Text zur Inszenierung vor.

- Das Zugabteil könnt ihr mit Stühlen andeuten.
  Weitere Requisiten: eine Zeitung, Bücher, Strickzeug, Gepäckstücke, Herberts dicker Koffer. Diese Gegenstände können auch pantomimisch von den Spielern dargestellt werden.

- Vielleicht ist bei Spielbeginn das Abteil noch nicht voll besetzt. Zwei Reisende treten ein, suchen ihre Plätze, vergleichen die Platznummern mit ihren Platzkarten, wuchten die Koffer in das vorgestellte Gepäcknetz und setzen sich.

- Zur Situation kurz vor der Abfahrt des Zuges findet ihr Spielhinweise am Anfang des Textes: Herbert, Emmi und Sohn nähern sich, laute Stimmen, die Abteilungstür wird aufgerissen.

- Die Dialoge müssen nicht wörtlich übernommen werden, sollten aber sinngemäß dem Text entsprechen.

- Alle acht Reisenden müssen am Spiel beteiligt werden.

- Der Höhepunkt des Spiels ist der Ausspruch von Emmi: „Wir sind im falschen Zug!" Darauf müssen auch die acht Reisenden reagieren – und das kann sehr unterschiedlich geschehen …

- Die Gruppen spielen ihre Inszenierung vor. Danach solltet ihr darüber sprechen, was gut gelungen ist, was man verbessern könnte usw.

WERKSTATT THEATER

Nach Textvorlagen spielen

Wenn ihr *Spagetti für zwei* gelesen habt (S. 40–42, 54), könnt ihr den folgenden Inszenierungsvorschlag umsetzen.

Zum Einspielen

Im Restaurant
Ein Mann betritt ein Restaurant mit einem Strauß Rosen in der Hand. Er wirkt gehetzt. Dieser Mann heißt Said, er ist Araber. Abends muss er in Kneipen und Gaststätten Blumen verkaufen, um sein Studium zu finanzieren. Die Gäste im Restaurant, die seine Situation nicht kennen, reagieren völlig unterschiedlich auf ihn. Er stößt auf Ablehnung, Unsicherheit, Unverständnis, aber auch auf Hilfsbereitschaft … Bereitet die Inszenierung in Kleingruppen vor. Erprobt das Spiel ohne und mit Sprache und vergleicht die Ausdrucksmöglichkeiten.

Spagetti für zwei

Bereitet euer Spiel in Kleingruppen vor:

- Überlegt, was ihr bei der szenischen Darstellung dieses langen Textes weglassen und was ihr ausgestalten wollt. Am besten konzentriert ihr euch auf die Begegnung der beiden Hauptfiguren.

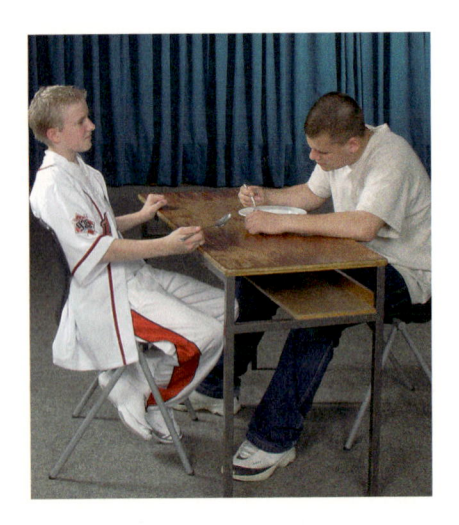

- Heinz und Marcel sitzen sich gegenüber und sehen sich aufmerksam an. Was geht in ihren Gesichtern vor? Ihr findet dazu Hinweise im Text. – Untersucht den Text auf weitere Angaben, die für das Spiel interessant sind und sich darstellen lassen, z. B. „Heinz stand fassungslos da, bis ihn die Wut packte."

- Heinz gehen viele Gedanken durch den Kopf, aber er spricht sie nicht aus. Auch Marcel wird sich seinen Teil denken. Probiert aus, wie ihr trotzdem zeigen könnt, was die beiden denken und fühlen. Die Gedanken der beiden lassen sich z. B. durch eine Doppelbesetzung der Rollen ausdrücken: zwei Spieler sitzen sich gegenüber, dahinter steht oder sitzt jeweils ein weiterer Spieler, der die Gedanken seines Vordermanns ausspricht, sonst aber nicht in die Handlung eingreift.

- Überlegt, an welcher Stelle ihr die Szene beenden wollt: als Heinz den Teller kalter Gemüsesuppe entdeckt – als Heinz sich entschuldigt – als Marcel in Gelächter ausbricht – …

- Nachdem die Gruppen ihre szenische Interpretation vorgestellt haben, solltet ihr über die einzelnen Darstellungen sprechen:
    - Wird deutlich, was in Heinz und Marcel vorgeht?
    - Haben sich die Spieler auf das Wesentliche des Textes konzentriert?
    - Sind Ausdrucksmittel wie Gestik, Mimik, Sprache, Doppelbesetzung der Rollen wirkungsvoll eingesetzt worden?
    - Ist der Schluss der Szene überzeugend?

Nach Textvorlagen spielen

Lammkeule Wenn ihr den Text auf S. 115–121 gelesen habt, wird es euch sicher Spaß machen, ihn zu inszenieren. Hier ein paar Tipps dafür:

- Überlegt gemeinsam, wo sich der Text kürzen lässt und wo eventuell kleine Änderungen vorgenommen werden sollten.

- Wählt einen Spielleiter. Er kann die Verantwortlichkeiten aufteilen (Bühnenbild, Kostüme, Organisation ...), behält aber die Fäden in der Hand und achtet darauf, dass ein stimmiger Gesamteindruck entsteht: Er führt Regie.

- Einigt euch darauf, wer welche Rolle spielt – möglichst, nachdem ihr verschiedene Rollen ausprobiert habt.

- Die Anzahl der Spielszenen ergibt sich aus den Handlungsorten:
  1. In der Wohnung: Mrs. Maloney, Mr. Maloney.
  2. Im Geschäft: Mrs. Maloney, der Kaufmann.
  3. In der Wohnung: Mrs. Maloney, die Polizisten, ein Arzt, zwei Detektive, ein Polizeifotograf, zwei Männer, der Experte für Fingerabdrücke.

- Die Hauptrolle hat eindeutig Mrs. Maloney. Sie muss ganz mutig und selbstbewusst wirken, denn sie verwandelt sich von einer liebevollen Ehefrau zu einer Person mit völlig anderen Charakterzügen. Schaut euch den Text daraufhin noch einmal genau an. Es ist sinnvoll, ihre Rolle zunächst in den einzelnen Szenen mit verschiedenen Spielerinnen zu besetzen.

- Ihr braucht die Sprechrollen nicht auswendig zu lernen. Unterstreicht sie aber im Text (Folie oder Kopie!) und lest sie so lange, bis ihr euren Text sinngemäß gut beherrscht.

- Achtet auf die Stimmen der Personen. Sie sind wichtig für ihre Charakterisierung. In der ersten Szene erfahrt ihr zum Beispiel viel über die Beziehung der Ehepartner durch die Art, wie sie miteinander sprechen: In welchem Ton spricht Mrs. Maloney, in welchem Ton spricht ihr Mann?

- Körperhaltung, Gesten, Gesichtsausdruck und Bewegungen unterstreichen das, was gesagt wird, oder sind schon für sich bedeutungsvoll, z. B.: „Mrs. Maloney schwang, ohne sich zu besinnen, die große gefrorene Lammkeule hoch in die Luft." Sucht entsprechende Textstellen heraus.

- Macht euch klar, woraus sich für die Zuschauer Spannung ergibt. Ganz wichtig: Genau an der richtigen Stelle aufhören!

- Nach der Inszenierung solltet ihr darüber sprechen, was gut gelungen ist und was man noch wirkungsvoller umsetzen könnte.

WERKSTATT THEATER

Nach Textvorlagen spielen

Loriot heißt eigentlich Vicco von Bülow. Er wurde am 12. November 1923 in Brandenburg an der Havel geboren und besuchte in Berlin und Stuttgart die Schule. Loriot arbeitete anfangs in der Werbung als Grafiker, später als Cartoonist und Autor. Loriot schrieb viele Sketche, wie zum Beispiel *Fernsehabend*. Sketche sind kurze Szenen mit einfacher Handlung und meistens einem witzigen, überraschenden Schluss. Außerdem machte er zwei Filme, bei denen er selbst die Hauptrolle spielte (*Ödipussi, Pappa ante portas*). Für sein Werk erhielt Loriot viele Preise und Auszeichnungen.

R Fernsehabend

Loriot

> *Drama ist eigentlich nur ein anderes Wort für Theaterstück. Es stammt aus dem Griechischen und bedeutet Handlung. In der Alltagssprache verwendet man es meist für ein trauriges oder erschütterndes Geschehen.*

Ein Ehepaar sitzt vor dem Fernsehgerät. Obwohl die Bildröhre ausgefallen ist und die Mattscheibe dunkel bleibt, starrt das Ehepaar zur gewohnten Stunde in die gewohnte Richtung.

Sie: Wieso geht der Fernseher denn gerade heute kaputt?
Er: Die bauen die Geräte absichtlich so, daß sie schnell kaputtgehen …
(Pause)
Sie: Ich muß nicht unbedingt fernsehen …
Er: Ich auch nicht … nicht nur, weil heute der Apparat kaputt ist … ich meine sowieso … ich sehe sowieso nicht gern Fernsehen …
Sie: Es ist ja auch wirklich nichts im Fernsehen, was man gern sehen möchte …
(Pause)
Er: Heute brauchen wir Gott sei Dank überhaupt nicht erst in den blöden Kasten zu gucken …
Sie: Nee … *(Pause)* … Es sieht aber so aus, als ob du hinguckst …
Er: Ich?
Sie: Ja …
Er: Nein … ich sehe nur ganz allgemein in diese Richtung … aber du guckst hin … Du guckst da immer hin!
Sie: Ich? Ich gucke da hin? Wie kommst du denn darauf?
Er: Es sieht so aus …
Sie: Das *kann* gar nicht so aussehen … ich gucke nämlich vorbei … ich gucke *absichtlich* vorbei … und wenn du ein kleines bißchen mehr auf mich achten würdest, hättest du bemerken können, daß ich absichtlich vorbeigucke, aber du interessierst dich ja überhaupt nicht für mich …
Er: *(fällt ihr ins Wort):* Jaaa … jaaa … jaaa … jaaa …
Sie: Wir können doch einfach mal ganz woandershin gucken …
Er: Woanders? … Wohin denn?
Sie: Zur Seite … oder nach hinten …

Nach Textvorlagen spielen

Er: Nach hinten? Ich soll nach hinten sehen? ... Nur weil der Fernseher kaputt ist, soll ich nach hinten sehen? Ich lass' mir doch von einem Fernsehgerät nicht vorschreiben, wo ich hinsehen soll!
(Pause)
Sie: Was wäre denn heute für ein Programm gewesen?
Er: Eine Unterhaltungssendung ...
Sie: Ach ...
Er: Es ist schon eine Un-ver-schämtheit, was einem so Abend für Abend im Fernsehen geboten wird! Ich weiß gar nicht, warum man sich das überhaupt noch ansieht! ... Lesen könnte man statt dessen, Kartenspielen oder ins Kino gehen ... oder ins Theater ... statt dessen sitzt man da und glotzt auf dieses blöde Fernsehprogramm!
Sie: Heute ist der Apparat ja nun kaputt ...
Er: Gott sei Dank!
Sie: Ja ...
Er: Da kann man sich wenigstens mal unterhalten ...
Sie: Oder früh ins Bett gehen ...
Er: Ich gehe nach den Spätnachrichten der Tagesschau ins Bett ...
Sie: Aber der Fernseher ist doch kaputt!
Er: *(energisch):* Ich lasse mir von einem kaputten Fernseher nicht vorschreiben, wann ich ins Bett zu gehen habe!

1. Bevor ein Stück auf der Bühne geprobt wird, finden zunächst Leseproben statt. Der Text wird mit verteilten Rollen gelesen und dabei wird festgelegt, welche Stellen wie gesprochen werden sollen.
- Führt in Gruppen eine solche Leseprobe durch.
- Achtet besonders auf die Pausen und überlegt, wie sich die Art zu sprechen jeweils ändern könnte: ärgerlich, vorwurfsvoll, gelangweilt ...
- Legt eure Ergebnisse für einzelne Abschnitte schriftlich fest:

Zeile 4/5: ärgerlich
Zeile 7–9: ...
...

> **Regieanweisungen** sind Angaben, die über den gesprochenen Dialog hinausgehen. Dazu gehören Informationen über den Ort und die Zeit der Handlung, über das Verhalten der Personen auf der Bühne, ihre Körperhaltung und Sprechweise.
>
> **Requisiten** sind bewegliche Gegenstände, die man zur Ausgestaltung des Bühnenbildes und zum Darstellen der Szenen benötigt, z. B. ein Tisch, ein Stuhl, ein Fernseher etc.

Nach Textvorlagen spielen

2 Stellt eine Liste von Requisiten zusammen, die ihr für die Aufführung dieses Stückes braucht. Überlegt auch, woher und wie ihr sie beschaffen könnt.

Beim Theater gibt es neben den Schauspielern, dem Regisseur und der Souffleuse auch einen Requisiteur, der die Requisiten verwaltet und dafür sorgt, dass sie bei der Aufführung an der richtigen Stelle platziert sind. Legt fest, wer diese Aufgabe übernimmt.

Schreibt zuerst nur einen Teil des Skripts, probt danach und überarbeitet es bei Bedarf. Schreibt das Skript dann zu Ende.

3 In einem Skript werden Regieanweisungen, Requisiten und der Text zusammengetragen, sodass man genau erkennen kann, an welcher Stelle des Textes welche Requisite notwendig ist und wie der Text gesprochen werden soll bzw. wie sich der Sprecher dabei verhalten soll.
Schreibt ein Skript, in dem ihr den Text mit Regieanweisungen und Angaben zu den Requisiten ergänzt. Geht dabei wie im Beispiel vor:

Skript zu „Fernsehabend"

Regieanweisungen	Text	Requisiten
Vorhang auf, Licht an.		Vorhang, Licht. Sofa, Sessel, Tisch, Fernseher ohne Bild, Stehlampe, Wandbilder ...
Ehepaar sitzt auf dem Sofa und starrt in Richtung Fernseher. Mimik verrät schlechte Laune.		
Sie gereizt und lauter als gewöhnlich:	Wieso geht der Fernseher ...	

4 Jetzt könnt ihr das Stück auf einer „Bühne" proben, die auch ein freier Raum in eurem Klassenzimmer sein kann.
Probt das Stück mehrfach und in mehreren Besetzungen der Rollen und besprecht, was jeweils noch verbessert werden kann.

5 Wenn ihr mit eurem Ergebnis zufrieden seid, ladet eine andere Klasse oder eure Eltern als Publikum ein.
Gestaltet dazu eine eigene Einladung.

WERKSTATT Schreiben

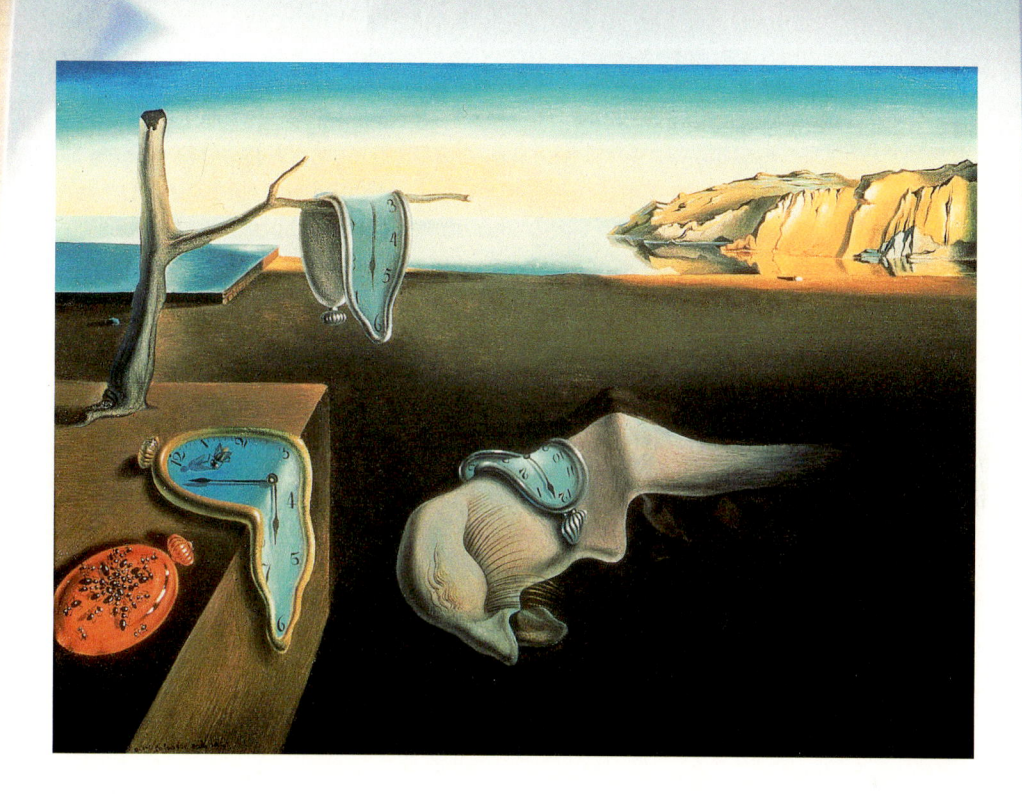

Die Abbildung zeigt ein Gemälde des spanischen Malers **Salvador Dalí** (1904–1989). Dalí gehörte zu den Künstlern des *Surrealismus.* Diese wollten nicht die sichtbare Welt abbilden, sondern interessierten sich für die Welt des Traumes und der Gefühle. In vielen Bildern Dalís vermischen sich fotografisch genau gemalte vertraute Gegenstände oder Lebewesen mit ungewöhnlichen Dingen. So kommt es zu Kombinationen, die für den Betrachter zwar rätselhaft bleiben, aber doch Erinnerungen an Träume oder Gefühle hervorrufen. Dalí nannte das Bild *Die Beständigkeit der Erinnerung.* Es ist aber auch bekannt unter dem Titel *Zerrinnende Zeit.*

1 Gehe in Gedanken in das Bild hinein: Du bist der einzige Mensch in dieser Landschaft …
– Wo stehst du? Was siehst du von deinem Standort aus? Bewegt sich etwas?
– Wie groß bist du, etwa im Vergleich zu den Uhren oder dem toten Baum?
– Wie ist die Temperatur? Ist es eher kalt oder heiß?
– Wie fühlst du dich? Bist du neugierig, ruhig und entspannt oder eher unsicher und ängstlich?

2 Sprecht über Eindrücke und Gefühle, die durch das Bild hervorgerufen werden.

WERKSTATT Schreiben

Zu einem Bild schreiben

In der geheimnisvollen Landschaft auf dem Bild (S. 169) scheint die Zeit stehengeblieben zu sein. Andererseits kann man sich vorstellen, dass sich doch etwas bewegt. Die folgenden Anregungen helfen dir, kleine Texte oder Fantasiegeschichten zu dem Bild vorzubereiten:

■ Beantworte in Stichpunkten oder Sätzen die folgenden Fragen, die Schülerinnen und Schüler zu dem Bild gestellt haben. Du kannst auch zu eigenen Gedanken und Einfällen Fragen formulieren:
  – Wo sind denn die Menschen geblieben?
  – Wächst der Baum noch?
  – Was liegt da vorne?
  – Warum ist es auf allen Uhren sechs Uhr?
  – Warum scheinen die drei Uhren weich zu sein, die umgedrehte Taschenuhr aber nicht?
  – Was soll das Ei im Hintergrund vor der Felswand?
  – Wieso halten sich die Ameisen und die Fliege gerade dort auf?
  – …

■ Das Bild ist voller Gegensätze. Ergänze die Gegensatzpaare:
  – Zeit ist stehengeblieben – Uhren zerfließen
  – Hartes – Weiches
  – wirkliche Landschaft – unwirkliche Gegenstände
  – hell/Licht – …
  – realistisch gemalt – …
  – …
  Suche ein Gegensatzpaar aus und schreibe auf, was dir dazu durch den Kopf geht.

■ Die folgenden Wörter und Gedanken haben etwas mit „Zeit" zu tun. Ergänze die Wortreihen.
  – Hektik: *Stress, Eile, hastig, Bewegung, zu viel auf einmal, Menschenmenge* …
  – Ruhe: *Entspannung, keine Geräusche, Langeweile* …
  – Zeit: *vergeht, keine Zeit haben, Zeitungsberichte, Zeitreise, Vergangenheit – Gegenwart – Zukunft* …

  Suche dir einige Wörter und Gedanken aus und lasse sie in „Gedankensätzen" vorkommen, die zu dem Bild passen. Daraus kann auch eine kleine Geschichte werden.

■ Ergänze weitere Zeit-Redensarten und -Sprichwörter. Wähle dann eine Redensart oder ein Sprichwort aus und schreibe die Bedeutung auf oder denke dir eine kleine Geschichte dazu aus. Dabei musst du durchaus nicht mit der Aussage der Redensarten und Sprichwörter einverstanden sein. Vielleicht siehst du das ja ganz anders.

> Zeit ist Geld.
> Die Zeit scheint stillzustehen.
> Zeit heilt alle Wunden.
> Kommt Zeit, kommt Rat.
> Die Zeit vergeht wie im Fluge.
> …

Gemeinsam Kriminalgeschichten schreiben

Fortsetzungsgeschichten

Ihr könnt gemeinsam Kriminalgeschichten schreiben. Die Regeln dazu sind ganz einfach:

- Bildet an euren Tischen Vierergruppen.

- Jeder schreibt einige typische Sätze auf, mit denen eine Kriminalgeschichte anfangen könnte, zum Beispiel:

> Totenstill war es an diesem Abend. Undurchdringlicher Nebel verschluckte alle Geräusche. Rex knurrte beunruhigt die Mauer an …
>
> Kommissar Kuwalek ahnte, dass dieser Fall nicht leicht zu lösen sein würde. Ein toter Hamster war der einzige Hinweis darauf, dass bei diesem Überfall mit Gas gearbeitet worden war …
>
> Rektorin Pöpping musste herausbekommen, wer die frisch gestrichene Schulfassade und die Toilettentüren mit Graffiti besprüht hatte. Plötzlich kam ihr eine Idee …
>
> Bis jetzt war er total cool geblieben. Aber als es jetzt darum ging, die gestohlene Geldbörse wieder in den Umkleideraum zu schaffen, brach Karlo der Schweiß aus …

- Jede Gruppe wählt nun einen Geschichtenanfang aus. Oder die gesamte Klasse einigt sich auf einen Anfang, der dann in den Vierergruppen für eine Geschichte genutzt wird.

- Diesen Anfang schreibt jedes Gruppenmitglied oben auf sein Blatt und fügt einen passenden Satz hinzu.

- Jetzt gibt jeder sein Blatt im Uhrzeigersinn an den Nächsten in der Gruppe weiter. Der liest, was dort steht, und fügt einen weiteren Satz hinzu.

- Wenn das eigene Blatt wieder angekommen ist, schreibt jeder den Schluss. Manchmal reicht ein Satz, häufiger wird man mehrere Sätze oder sogar einen längeren Abschnitt schreiben müssen.

- Nun lesen alle ihre Kriminalgeschichten in der Gruppe oder Klasse vor. Am Ende kann aus den Geschichten ein Buch mit Zeichnungen und Bildern entstehen. Anregungen dazu erhaltet ihr auf Seite 14.

WERKSTATT Schreiben

Gemeinsam Kriminalgeschichten schreiben

Mit Erzählkarten

1 Um gemeinsam Kriminalgeschichten zu erzählen, könnt ihr das Schreiben auch genauer planen. Lest euch die vier Arbeitsschritte zunächst durch:

- **Schritt 1:** Bildet Tischgruppen und einigt euch zunächst auf die Handlung, mögliche Orte, Zeit und Personen. Legt dazu vier Erzählkarten an, auf denen die wichtigsten Vorüberlegungen festgehalten werden: Handlung, Orte, Zeit, Personen.

- **Schritt 2:** Jeder sieht sich die Erzählkarten genau an, wählt aus, was er brauchen kann, und schreibt dazu seine Geschichte auf. Zum Schluss findet jeder eine Überschrift, die neugierig macht und nicht zu viel verrät.

- **Schritt 3:** Wenn die Geschichten fertig sind, tauscht ihr sie untereinander aus. Jeder liest die Texte seiner Gruppe und entscheidet, welche Teile, Ideen oder Sätze er für die Überarbeitung seiner Geschichte verwenden möchte.

- **Schritt 4:** Jeder schreibt seine Geschichte neu. Natürlich kann man seine Geschichte auch sehr gut finden und nur wenig verändern.

2 Plant und schreibt jetzt eure Geschichten. Dabei könnt ihr zunächst das folgende Beispiel zu Ende führen oder sofort eine ganz neue Geschichte erfinden und schreiben.

Für ihre Geschichte hat Ricardas Gruppe die Erzählkarten so vorbereitet:

Handlung

Die Tat:
- Max ist in Geldnot. Er nimmt Hannes' Geldbörse, die ihm aus der Tasche gerutscht ist.
- Karlo bemerkt das, sagt aber nichts.

Nach der Tat / die Ermittlung:
- Hannes vermisst nach dem Sportunterricht seine Geldbörse.
- Sie kann nur von jemandem aus der Klasse aus dem Umkleideraum gestohlen worden sein.
- Ilka hat angekündigt, dass sie ihren Freundinnen in der Pause etwas am Kiosk kaufen will.
- Ilka wird verdächtigt, streitet aber alles ab.
- Frau Brand kündigt eine Untersuchung an.
- Max bekommt Bedenken und bittet Karlo um Hilfe.
- Karlo will die Geldbörse an den alten Platz zurücklegen.

Der Schluss:
a) Alles geht gut. Max ist erleichtert.
b) Karlo wird entdeckt und verdächtigt. Was macht Max?
c) ...

Gemeinsam Kriminalgeschichten schreiben

Ort(e) der Handlung
Schule, Umkleideraum der Sporthalle …

Zeit
Schulmorgen, während der ersten beiden Sportstunden …

Personen und ihre Rollen

Opfer: Hannes, seine Eltern haben nicht viel Geld. Ihm wird das Geld für den Klassenausflug gestohlen …

Täter: Max, hat Schulden bei einer Mitschülerin, nimmt die Geldbörse vom Boden des Umkleideraumes mit …

Aufklärer: Karlo, Max' Freund, will ihm helfen …
Frau Brand, Sportlehrerin, verdächtigt Ilka. …

Weitere(r) Verdächtige(r): Ilka, hat auffallend viel Geld dabei. …

So hat Ricarda ihre Geschichte begonnen:

Besonders lustvoll war die 8b an diesem Morgen nicht in die Sporthalle getrottet. Aber die Umkleide hatte sich inzwischen geleert. Nur Max fummelte noch an seinen Sportschuhen herum. <u>Plötzlich sah er etwas Schwarzes</u>, das unter den Sachen von Hannes auf dem Boden lag. <u>Das war doch</u> … klar: eine Geldbörse! <u>Das Blut schoss Max in den Kopf. Sollte er …?</u> Seine Hand zuckte schon vor. <u>Das wäre die Lösung!</u> Jenny hatte gestern noch mal sehr bestimmt das Geld gefordert, das er ihr schon länger für eine CD schuldete. Er sah sich schnell im Raum um. <u>Niemand da, der ihn beobachten könnte.</u> Fast automatisch griff er nach der Geldbörse, rollte sie in sein Handtuch und legte es in seine Sporttasche. <u>Max versuchte, ganz ruhig zu wirken</u>, als er möglichst unauffällig den anderen in die Halle folgte …

Dies ist ein Teil von Timos Geschichte:

… Karlo hatte verstanden, was Max ihm zuflüsterte. Karlo sah sich um und ging in den Umkleideraum. Er nahm das Handtuch aus Max' Tasche, rollte die Geldbörse heraus und steckte sie schnell in Hannes' Jackentasche. So schnell und so unauffällig wie möglich ging er wieder in die Halle zurück. Max sah ihn fragend an. Da nickte Karlo ihm zu. Max lächelte erleichtert …

Timo möchte von Ricardas Geschichte etwas für seinen Text verwenden. Ihm gefallen die Vorausdeutungen und die Gedanken und Gefühle von Max. Er hat diese Stellen in Ricardas Text unterstrichen.

3 Überarbeite Timos Text und ergänze ihn mit den Angaben der Erzählkarten. Es gibt verschiedene Möglichkeiten, wie die Geschichte enden kann.

4 Stellt eure Ergebnisse in der Gruppe vor und bearbeitet sie nach den Schritten 3 und 4.

WERKSTATT Schreiben

Aus anderer Perspektive erzählen

Wenn du diese Einheit bearbeitest, musst du die Geschichte *Spagetti für zwei* auf Seite 40–42 und Seite 54 gelesen haben. Erst wenn du sie gut kennst, kannst du sie aus einer anderen Perspektive neu erzählen, etwas weglassen, hinzufügen oder einen anderen Schluss finden.

1 Erzähle die Geschichte aus der Sicht von Marcel neu:
- Mach dir zunächst klar, worum es in der Geschichte geht, indem du die Einzelheiten von Stichwortzettel 1 in die richtige Reihenfolge bringst.
- Mach dir dann klar, was Marcel als Ich-Erzähler weiß und was nicht, indem du den Stichwortzettel 2 ergänzt.
- Schreibe deine Geschichte. So kannst du beginnen:

Wenn wir in der Möbelfabrik Mittagspause haben, gehe ich immer in mein Stammlokal um die Ecke. Da gibt es reichliche Portionen für wenig Geld. Gestern ist mir da etwas vollkommen Irres passiert. Ich hatte gerade …

Stichwortzettel 1

Darum geht es in der Originalgeschichte:
Heinz verdächtigte im Restaurant einen Schwarzen, dass dieser ihm seine Suppe wegessen wollte. Später stellte sich das als Irrtum heraus.

Wichtige Einzelheiten:
- Heinz holte sich Gemüsesuppe.
- Beide mussten lachen.
- Heinz hatte den Löffel vergessen und holte ihn.
- Heinz ging ins Restaurant zum Essen.
- Heinz setzte sich zu dem Schwarzen und aß mit ihm aus einem Teller.
- Heinz stellte Suppe auf einen Tisch.
- Keiner sagte etwas.
- Ein Schwarzer am Tisch aß Gemüsesuppe.
- Heinz war verwirrt und wütend.
- Beide verabredeten sich für den nächsten Mittag.
- Heinz entdeckte seine Gemüsesuppe auf dem Nachbartisch.
- Beide aßen Spagetti vom selben Teller.
- Der Schwarze holte Spagetti und zwei Gabeln.

Stichwortzettel 2

Darum geht es jetzt:
Marcel, jetzt Ich-Erzähler, bemerkte Heinz´ Irrtum. Er sagte aber nichts und spielte das „Spiel" weiter.

Wichtige Einzelheiten:
- Ich-Erzähler ging essen und holte sich eine Gemüsesuppe.
- Ich-Erzähler begann zu essen.
- Ich-Erzähler sah Heinz und bemerkte Heinz' Irrtum.
- Ich-Erzähler beschloss, sich nichts anmerken zu lassen.
- Ich-Erzähler …

Aus anderer Perspektive erzählen

2 Uri hat den Text aus Marcels Perspektive weitergeschrieben. Vieles ist schon gut gelungen. Der Text wirkt aber noch lebendiger und anschaulicher, wenn die Gedanken und Gefühle des Ich-Erzählers deutlicher zum Ausdruck kommen.
An welchen Stellen kannst du die Gedanken, die auf dem blauen Zettel stehen, in den Text einfügen? Schreibe die entsprechende Ziffer in die passende Lücke zwischen den Sätzen (Folie).

❶ „Was will der bloß?", dachte ich.

❷ Ich beschloss, mir auf keinen Fall etwas anmerken zu lassen.

❸ Wollte er mit mir Streit anfangen wegen meiner Hautfarbe?

❹ Das fand ich ganz schön cool.

❺ Sollte er doch als Erster reden!

■ Der Junge wirkte total unsicher. ■ Da erkannte ich den Grund für seine Unsicherheit: Sein Suppenteller stand einsam auf dem Nebentisch und er hatte wohl etwas die Orientierung verloren. ■ Ich war gespannt, wie es jetzt weitergehen würde. ■ Der Junge räusperte sich, zog den Stuhl zurück und setzte sich mir gegenüber an den Tisch. ■ Ich sah ihn kurz an, aß aber ganz ruhig meine Suppe weiter. ■ Da steckte er doch tatsächlich seinen Löffel in meine Suppe und fing an zu essen. ■ Von meinem Teller! ■ Er glaubte anscheinend, dass das seine Suppe wäre. ■ Ich sah ihn lange an, wollte aber nichts sagen. ■ Ganz ruhig aß ich meine Suppe weiter. ■

3 Schreibe nun Uris Text mit den eingefügten Sätzen neu auf.

4 Vergleicht eure Überarbeitungen. Habt ihr die Gedanken passend eingefügt? Gibt es Unterschiede? Wirkt das anders? Müsst ihr noch etwas ändern?

5 Überprüfe nun deine eigene Geschichte. Hast du genügend Gedanken und Gefühle dargestellt? Wenn du noch etwas einfügen willst, gehe so vor wie in den Aufgaben oben. Natürlich musst du die Ergänzungen selbst formulieren.

WERKSTATT Schreiben

Über Beobachtungen und Eindrücke berichten

Interview auswerten

Zur Vorbereitung ihres BORS-Unterrichts besuchte die Klasse 8b einen Metall verarbeitenden Betrieb. Sie wollte herausfinden, wie sich das Unternehmen entwickelt hat und wie sich die Berufe dabei verändert haben. Dazu führte sie auch ein Interview mit dem Betriebsleiter.

1. Aus dem Interview soll ein Bericht mit interessanten Einzelheiten über den Wandel in der Firma werden. Lies das Interview. Welche Aussagen sind für dich neu oder interessant? Markiere die entsprechenden Stellen (Folie).

Aus dem Interview mit dem Betriebsleiter

Herr Nießing, welche Berufe gab es am Anfang in Ihrer Firma?
Mein Vater hat bei der Gründung seines Betriebs 1934 als Hufschmied angefangen. Etwas später kam ein Lehrling dazu, so nannte man damals die Auszubildenden.

Was mussten die damals machen?
Sie mussten kräftig sein und sich gut in ihrem Handwerk auskennen. Die Bauern der Umgebung ließen in der Schmiede ihre Pferde mit neuen Hufeisen beschlagen. Außerdem wurden die hölzernen Wagenräder mit erhitzten Metallbändern bespannt. Das war harte Arbeit damals.

Wann änderte sich das?
Als die Pferde mehr und mehr durch Traktoren ersetzt wurden, hat mein Vater als erster Marken-Vertragshändler für den Norden Deutschlands mit dem Verkauf und der Reparatur von Traktoren begonnen. Die Kenntnisse dafür hat er sich selbst angeeignet. Aber er brauchte auch Landmaschinenmechaniker als neue Mitarbeiter.

Der Firmengründer am Amboss

Wurden alle Mitarbeiter in der Firma ausgebildet?
Nein, das ging natürlich nicht. Vor allem als Anfang der Sechzigerjahre auch noch eine Serienfertigung von Landmaschinenteilen dazukam. In der Zeit gab es einen regelrechten wirtschaftlichen Boom. Man hatte mehr Arbeit als Personal. Der Chef musste damals regelrecht über Land ziehen und geeignete Mitarbeiter anwerben. Die Belegschaft wuchs schnell von 3–4 auf 20 Leute. Als später die Zeiten schwieriger wurden, konnte man ja nicht einfach alle entlassen, wir mussten uns umstellen auf das Bau- und Schlosserhandwerk.

Landmaschinenmechaniker verstärken die Belegschaft

Wir haben im Prospekt und auf den Fotos am Eingang viele Stahlschornsteine gesehen. Seit wann machen Sie die?
Als ich etwa 1978 als Maschinenbauingenieur und Schweißfachingenieur in die Firma kam, konnten wir zusätzlich eine Konstruktions-

Über Beobachtungen und Eindrücke berichten

abteilung einrichten für Planung, Fertigung, Verkauf und Montage von Stahlschornsteinen. Wir beschäftigten dann Monteure, Kaufleute, Technische Zeichner und Statiker.

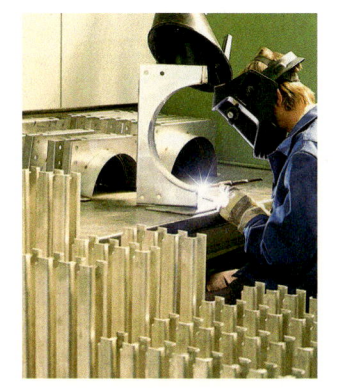

Was machen Sie jetzt und was planen Sie für die Zukunft?
Ich persönlich werde bald in den Ruhestand gehen. Aber wir haben vor einiger Zeit zusammen mit dem Fraunhofer Institut für Bauphysik einen neuen, schallgedämpften Schornstein für Großanlagen entwickelt. Mit unserem Spezialwissen, mit computergestützter Konstruktion und modernen Maschinen wird er bei uns gefertigt und weltweit verkauft. Ganz nach dem Motto unserer Firma: „Ein Unternehmen mit Tradition und Zukunft."

Welche Ausbildung kann man in Ihrer Firma machen?
Wir haben immer ca. neun Auszubildende als Metallbauer oder Bürokaufmann. Sie bewerben sich meistens bei uns, nachdem sie hier ein Praktikum gemacht haben. Wir beschäftigen aber auch Konstrukteure und Techniker. In Spitzenzeiten beauftragen wir Technische Zeichner und Schlosser von Leiharbeitsfirmen.

Schweiß-Arbeitsplatz

Stichwortzettel erstellen

2 Zur Vorbereitung des Berichts haben die Schüler die wichtigsten Informationen auf einem Stichwortzettel zusammengefasst. Sie sind aber noch nicht richtig geordnet. Schreibe die Stichpunkte in einer sinnvollen Reihenfolge auf.

- Traktorenverkauf und -reparatur
- Landmaschinenmechaniker
- Konstruktion, Verkauf und Montage von Stahlschornsteinen
- Monteure, Kaufleute, Technische Zeichner, Statiker
- Sechzigerjahre: Serienfertigung von Landmaschinenteilen
- Personalmangel, Mitarbeiter-Anwerbung, 20 Mitarbeiter
- Betriebsgründung 1934 als Hufschmiede
- Beschlagen von Pferden und Aufziehen von Metallreifen für Wagenräder
- Hufschmiedemeister und ein Auszubildender
- Betriebliche Ausbildung zum Schlosser, Landmaschinenschlosser, Bürokaufmann
- Später Auftragsmangel, Umstellung auf Bau- und Schlosserhandwerk
- Etwa 1978: Herr N. als Maschinenbauingenieur und Schweißfachingenieur in der Firma
- Neueste Entwicklung: schallgedämpfter Schornstein für Großanlagen
- Computergestützte Konstruktion und Fertigung, weltweiter Verkauf
- Bei Bedarf Konstrukteure und Techniker über Leiharbeitsfirmen
- Ruhestand für Herrn N.

WERKSTATT Schreiben

Über Beobachtungen und Eindrücke berichten

Bericht schreiben

3 Mit Hilfe des Interviews und des Stichwortzettels ist der folgende Bericht begonnen worden. Lies den Text und streiche auf deinem Stichwortzettel alle Informationen, die bis dahin in den Bericht aufgenommen wurden.

„Tradition und Fortschritt"
Klasse 8b auf Betriebserkundung

Wie entwickelt sich ein Betrieb im Laufe der Jahre und wie verändern sich dabei die Berufe? Dazu wollten wir, die Klasse 8b, für unsere Berufserkundung einiges erfahren. Unsere ganze Klasse war von Herrn Nießing eingeladen worden. Er ist der Betriebsleiter der Firma Nießing Anlagenbau GmbH und der Sohn des Firmengründers. Außerdem ist er sozusagen Doppel-Ingenieur. „Ich kam um 1978 als Maschinenbau- und Schweißfachingenieur in den Betrieb", erklärte er uns.

Am Anfang unseres Besuches führten wir ein Interview mit ihm und er erzählte uns eine Menge über die Geschichte der Firma. Sie wurde schon im Jahr 1934 von seinem Vater gegründet. Der war aber kein Ingenieur, sondern Hufschmied. Er beschlug die Pferde für die Bauern der Umgebung. Und zwar allein mit einem „Lehrling", so nannte man damals einen Auszubildenden. „Das war eine harte Arbeit", stellte Herr Nießing fest.

Aber die Zeiten änderten sich. Immer mehr Pferde wurden durch Traktoren ersetzt. Aus dem Hufschmied wurde ein Händler und Mechaniker für Traktoren. Und der stellte Landmaschinenmechaniker als Mitarbeiter ein. Stolz erzählte Herr Nießing, dass sein Vater sich damals die notwendigen neuen Kenntnisse selbst angeeignet habe. Anfang der Sechzigerjahre gab es einen starken wirtschaftlichen Aufschwung. Die Firma begann mit der Serienfertigung von Landmaschinenteilen …

> Ein Bericht sollte die fünf W-Fragen *(Was? Wo? Wer? Wann? Warum?)* beantworten. Er sollte vollständig und sachlich sein. Die Zeitform des Berichts ist das Präteritum.

4 Eine Information vom Stichwortzettel (bis Anfang der Sechzigerjahre) hielt der Schreiber für weniger wichtig, er hat sie im Text weggelassen. Welche ist es? Unterstreiche sie auf deinem Stichwortzettel.

5 Der Schreiber hat die Stichpunkte nicht alle der Reihe nach verwendet, sondern eine Information vorgezogen, um die Einleitung lebendiger zu machen. Welche ist es? Unterstreiche sie auf deinem Zettel.

6 Der Stichwortzettel dient als „Grundgerüst" für den Bericht. Aber auch aus dem Interview selbst müssen Informationen und Aussagen ergänzt werden. Welche sind das? Notiere die entsprechenden Zeilen des Interviewtextes.

SCHREIBEN 179

Über Beobachtungen und Eindrücke berichten

*Über die indirekte Rede und die Verben im Konjunktiv kannst du dich in der **Werkstatt Sprache,** S. 241/242 informieren.*

7 An einigen Stellen ist der Text durch Redewiedergaben lebendiger und anschaulicher gemacht worden. Zweimal durch Zitate (wörtliche Rede) und einmal durch indirekte Rede. Notiere die Ziffern der entsprechenden Zeilen.

8 Schreibe nun den Bericht zu Ende. Entscheide, welche Informationen du weglassen oder aus dem Interview ergänzen willst. Verwende wörtliche oder indirekte Redewiedergaben. Gliedere den Text in sinnvolle Abschnitte.

9 Lest euch eure Texte vor. Was ist gleich, was ist unterschiedlich?

Bericht überarbeiten

10 Der letzte Teil des Berichtes ist weniger gut gelungen. Welche Mängel fallen beim ersten Lesen auf? Sprecht darüber.

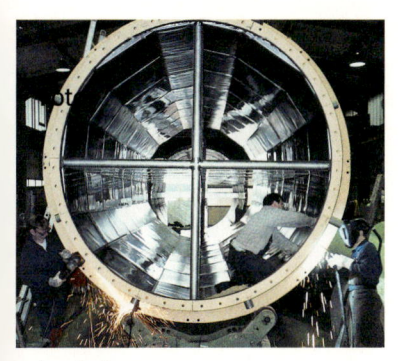

Feinarbeiten am neuen Lamellenschornstein

… In dem Prospekt und auf den Fotos am Eingang waren viele Stahlschornsteine zu sehen. Herr N. kam etwa 1978 als Maschinenbauingenieur und Schweißfachingenieur in die Firma. Sie konnten zusätzlich eine Konstruktionsabteilung einrichten. Sie war für Planung, Fertigung, Verkauf und Montage von Stahlschornsteinen. Herr Nießing plant für die Zukunft, bald in den Ruhestand zu gehen. Er will einen neuen Schornstein entwickeln. Er hat ein Firmenmotto. Er hat in der Firma neun Auszubildende. Er stellt nach Bedarf auch Konstrukteure und Techniker von Leiharbeitsfirmen an.

11 Überarbeite den Text. Beachte dazu die folgenden Tipps:
– Streiche weniger wichtige oder unpassende Informationen (Folie).
– Notiere die Zeilen, in denen eine Information unrichtig wiedergegeben ist. Vergleiche mit der entsprechenden Stelle im Interview.
– Ergänze weitere wichtige Informationen aus dem Interview.
– Füge wichtige Zitate als wörtliche oder indirekte Rede ein. Formulierungshilfen: *erklärte, fügte hinzu, erwähnte, erzählte, nannte, zählte auf …*
– Achte darauf, die Sätze abwechslungsreich einzuleiten und zu verbinden: *aber, dann, und, danach, zurzeit, später …*
– Vermeide Wiederholungen und schreibe in ganzen Sätzen.
– Gliedere den Text übersichtlich in sinnvolle Abschnitte.

12 Lest euch eure Überarbeitungen gegenseitig vor. Nehmt die Tipps und Anregungen zu Textüberarbeitungen von Seite 198 zu Hilfe.

13 In der Lokalzeitung soll ein Kurzbericht über die Betriebserkundung erscheinen. Es ist Platz für ein Foto und einen kurzen Text von etwa 60 Wörtern. Wähle ein Foto aus und schreibe den Bericht auf: *Interessiert erkundeten Achtklässler der Neumühlenschule am vergangenen Montag …*

WERKSTATT Schreiben

Den eigenen Standpunkt formulieren

1. Im folgenden Text aus einer Schülerzeitung geht es um Trends. Welche Meinung wird hier vertreten? Unterhaltet euch darüber.

Trends – Gleichmacher oder Spaßfaktor?

Immer wieder begegnet man in Fernseh-Diskussionen oder Zeitungskommentaren dieser Meinung besorgter Erwachsener: Trends würden durch Jugendzeitschriften, TV-Serien, Teenysender und Werbestrategen gemacht. Sie seien die großen Gleichmacher, die den dummen, armen Jugendlichen dieselbe Meinung und den gleichen Geschmack aufdrängten, nur um ihnen das Geld aus den Taschen zu ziehen.

Wir meinen dagegen: So dumm und angepasst sind die Jugendlichen heutzutage wohl nicht. Jeder ist doch intelligent und frei genug, selbst zu entscheiden, welcher Trend zu ihm passt und welcher nicht. Vielleicht eignet sich zum Beispiel eine neue Haarmode gerade besonders gut dazu, die eigene Persönlichkeit zu unterstreichen. Das hat doch nichts mit dummer Anpassung an eine Mode zu tun.

Andererseits sagen manche, man sei gezwungen, immer dem neusten Markenmoden-Trend hinterherzulaufen, nur weil die Meinungsführer in der Klasse sich damit ausstatten. Das finden wir aber nicht überzeugend. Wer nicht will, muss doch nicht mitmachen. So einfach ist das.

Außerdem kann es auch ein gutes Gefühl sein zu wissen, dass man passend angezogen ist, ein schönes Piercing oder Tattoo trägt und eine trendy Frisur. Dadurch kann man selbstbewusst auftreten und braucht sich nicht zu verstecken.

Um schließlich doch noch einmal auf das Argument „Geld" zu kommen: Natürlich braucht man ein ziemlich gutes Taschengeld-Konto, wenn man „am Puls der Zeit" bleiben will. Nur Ladenhüter sind billig. Aber rein statistisch haben die Jugendlichen heute mehr Geld zur Verfügung als je zuvor. Und wir denken, sie geben es gerne aus. Jugend will Spaß. Warum sollte man sie davon abhalten?

2. Untersuche nun die Stellungnahme genauer:
– Markiere die Meinungsäußerung (den Standpunkt) der Redakteure, die Argumente und die angeführten Gegenargumente andersfarbig (Folie).
– Welchen Aufbau stellst du fest?
– Wie wird zum Thema hingeführt (Einleitung)?
– Durch welche Formulierungen werden die einzelnen Abschnitte und Gedanken eingeleitet und miteinander verknüpft? Schreibe sie heraus.

3. Wie stehst du zu den Aussagen des Artikels? Welchen Argumenten kannst du zustimmen, wo bist du anderer Meinung? Schreibe die Zeilenangaben der entsprechenden Stellen in zwei verschiedene Abschnitte unter den Überschriften „Da kann ich zustimmen" und „Das sehe ich anders". Du kannst auch mit einem Partner darüber sprechen.

Den eigenen Standpunkt formulieren

Nele ist mit einigen Aussagen, die sie in dem Artikel der Schülerzeitung gelesen hat, nicht einverstanden. Sie schreibt deshalb einen Leserbrief an die Redaktion:

Liebe BLICK-Redakteure,

zu Eurem Artikel über „Trends" in der letzten Ausgabe habt Ihr Euch wohl nicht richtig informiert. Ich meine, dass es nicht stimmt, dass Jugendliche mehr Geld haben als früher. Dazu muss man nur in meiner Klasse nachfragen. Denn da haben die meisten keine reichen Eltern, von denen sie alles gekauft bekommen. Viele tragen deshalb zum Beispiel auch keine Markenklamotten, und wir haben damit untereinander kein Problem. Wenn man alle Extras von seinem knappen Taschengeld bezahlen muss, überlegt man ganz besonders, ob man ein bestimmtes Teil wirklich dringend haben möchte oder nicht.

Außerdem denke ich, dass man ziemlich arm dran ist, wenn man für sein Selbstbewusstsein immer auf den neusten Trend achten muss. Denn man wird doch dadurch nicht zu etwas Besonderem. Ich werde beispielsweise für meine Mitschüler nicht zu einer besseren Klassenkameradin, weil ich eine trendy Jacke trage. Und mit meiner Freundin komme ich nicht besser aus, wenn ich eine flippige Frisur habe. Was im Kopf ist, ist wichtig, nicht was auf dem Kopf ist.

Das wollte ich Euch nur mal sagen. Und ich glaube, dass auch noch andere so denken.

Nele Neumann

Das Meinungshaus

- Meinung: Zu viel fernsehen ist schädlich.
- denn: Man bewegt sich zu wenig. (Argument) — Beispiel/Beweis: Ärzte stellen zunehmend Haltungsschäden fest.
- weil: Man kann das Gesehene nicht verarbeiten. (Argument) — Beispiel/Beweis: Hinterher bin ich ganz nervös.

4 Untersuche, wie Nele ihren Leserbrief aufbaut. Unterstreiche Meinungen, Argumente und stützende Beispiele/Belege jeweils verschiedenfarbig (Folie). Vergleiche mit dem Meinungshaus.

5 Schreibe einen eigenen Leserbrief an die BLICK-Redaktion.
– Du kannst darin Neles Argumentation aufgreifen und weiterführen.
– Du kannst aber auch dem BLICK-Artikel zustimmen oder eine eigene, ganz andere Meinung vertreten.

WERKSTATT Schreiben

Den eigenen Standpunkt formulieren

Metaplan   Wenn du andere überzeugen möchtest, damit sie bei einer Abstimmung für deinen Vorschlag sind, solltest du dir viele gute Argumente zurechtlegen. Die Metaplantechnik hilft dir beim Finden von Argumenten.

Vorbereitung
- Dazu braucht ihr zwei Tische in der Mitte des Klassenzimmers, für jeden Schüler mehrere Zettel mit gleicher Farbe und natürlich ein Thema, das an die Tafel geschrieben wird.

Brainstorming
- Jeder arbeitet für sich. Für jedes Argument verwendest du einen neuen Zettel. Schreibe groß und in Stichworten.
- Nach etwa fünf Minuten werden alle Zettel mit der Schrift nach oben auf den beiden Tischen abgelegt.

Sortieren
- Sortiert die Zettel nach Pro- und Kontra-Argumenten. Nehmt für jede Seite einen Tisch.
- Unpassende und falsche Argumente müsst ihr besprechen und herausnehmen.

Stapeln/Gewichten
- Legt gleiche oder ähnliche Argumente in Stapeln übereinander.
- Zählt die Anzahl der Zettel in den Stapeln. Ordnet sie steigernd in einer Reihe an, beginnt mit dem kleinsten Stapel.
- Überprüft nun, ob die Argumente von schwach nach stark angeordnet sind, nicht immer enthält der größte Stapel das stärkste Argument.
- Schreibt beide Argumentationsketten unter den Überschriften pro und kontra in euer Heft. Ergänzt sie durch neu hinzugekommene Argumente.

Diese Methode könnt ihr mit verschiedenen Themen immer wieder durchführen. So könnten eure Zettel aussehen:

Jacken im Klassenzimmer?

- werden auf Boden geworfen
- vertauscht
- neue Jacke einfach weg
- Aufhänger abgerissen
- unbeaufsichtigt
- auf Boden geworfen und darauf herumgetrampelt
- könnten im Zimmer bleiben bei Fachunterricht
- Buskarte verschwunden
- Geldbeutel geklaut
- werden vor andere Zimmer gehängt
- verschmutzt, weil auf dem Boden
- unbeaufsichtigt
- Beschädigung
- Unsinn mit Jacken
- Markenjacken werden geklaut
- Beschädigung
- Buskarte verschwunden
- Ärmel zusammengeknotet
- Schlüssel weggenommen

Den eigenen Standpunkt formulieren

Nach dem Sortieren sehen eure Stapel vielleicht so aus wie hier. Findet den Oberbegriff, der zu den Zetteln des Stapels passt. Schreibt ihn wie im Beispiel auf einen andersfarbigen Zettel.

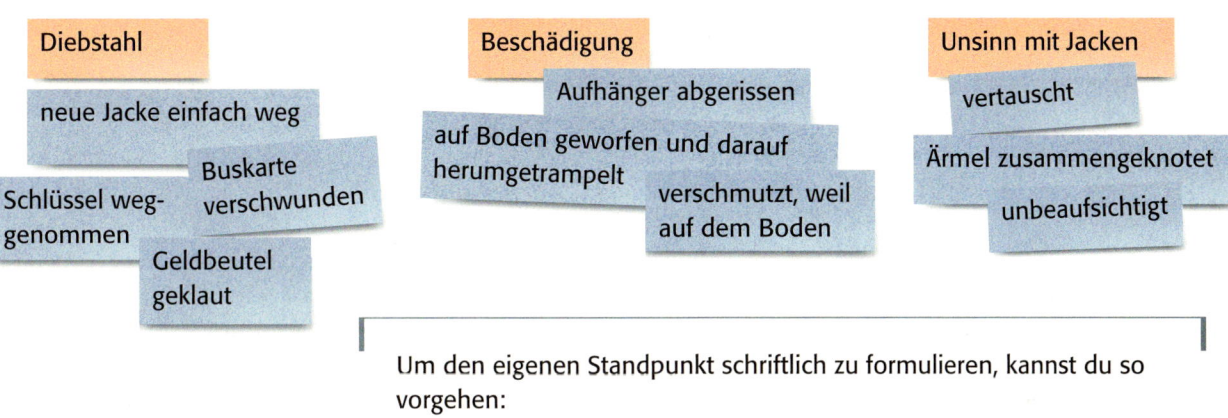

Diebstahl
- neue Jacke einfach weg
- Schlüssel weggenommen
- Buskarte verschwunden
- Geldbeutel geklaut

Beschädigung
- Aufhänger abgerissen
- auf Boden geworfen und darauf herumgetrampelt
- verschmutzt, weil auf dem Boden

Unsinn mit Jacken
- vertauscht
- Ärmel zusammengeknotet
- unbeaufsichtigt

Tipps für Themen
- Trends
- Schülerjobs
- Umwelt
- Graffiti
- Zusammenleben mit anderen

Um den eigenen Standpunkt schriftlich zu formulieren, kannst du so vorgehen:
1. Schau dir das Thema genau an und überlege gut, welcher Meinung du bist.
2. Sammle auf einem Stichwortzettel möglichst viele Argumente, die deine Meinung unterstützen.
3. Sortiere deine Argumente und ordne sie auf einem neuen Stichwortzettel an. (Bei der Metaplantechnik habt ihr das Sortieren in Gruppen geübt.)
4. Lass unpassende und schwache Argumente weg. Wähle diejenigen aus, die besonders überzeugend sind und ordne sie steigernd an.
5. Beginne den Hauptteil mit der Formulierung deiner Meinung.
6. Eine schriftliche Stellungnahme hat eine Einleitung und einen Schluss. In diesen beiden Teilen dürfen keine Argumente vorkommen. Beispiel: Das Thema „Jacken im Klassenzimmer" wird oft diskutiert …

Tipps zum Schreiben einer Stellungnahme

Diese Formulierungen helfen dir beim Schreiben:
- Häufig wird die Ansicht vertreten …/Man hört oft …/Manche sagen …
- Ich denke (aber) …/Nach meiner Erfahrung (jedoch) …/Trotzdem bleibe ich dabei …/Für mich gilt …/Ich bin der Meinung/Überzeugung/vertrete die Ansicht …
- andererseits, aber auch, schließlich, besonders aber, am wichtigsten ist, denn, weil, nämlich, trotzdem, allerdings, vor allem, vielfach, natürlich, nun, nicht zuletzt, außerdem, immer wieder

Tipps zur Überprüfung deines Textes

- Ist die Meinung eindeutig formuliert?
- Ist die Meinungsäußerung von der folgenden Begründung zu unterscheiden?
- Sind genügend Argumente angeführt?
- Kommen doppelte oder ähnliche Argumente vor?
- Sind die einzelnen Teile durch Leerzeilen deutlich sichtbar?

WERKSTATT Schreiben

Inhalte zusammenfassen

In der Schule geht es häufig darum, sich gegenseitig über den Inhalt von Geschichten, Büchern oder auch Filmen zu informieren. Das kann durch eine schriftliche Zusammenfassung (Inhaltsangabe) geschehen. Sie soll den Originaltext oder den Film nicht ersetzen, sondern nur sachlich und möglichst kurz wiedergeben, worum es geht. Dabei wird auf Spannung und Ausführlichkeit verzichtet.
Eine schriftliche Zusammenfassung lässt sich meistens nicht so einfach hinschreiben. Wie du z. B. bei erzählenden Texten vorgehst, sollst du an der Anekdote *Der Geizhals* einmal Schritt für Schritt ausprobieren.

1 Zunächst musst du herausfinden, worauf es in der Geschichte ankommt. Lies dazu den Text durch, wenn nötig mehrere Male.

Der Geizhals
Jeremias Gotthelf

Ein Geizhals war schwer erkrankt, lag einsam für sich alleine, und wie er sich um niemand bekümmert hatte, so kümmerte sich auch niemand um ihn. Als der Arzt ihn eines Tages besuchte, fragte ihn der Geizhals auf sein Gewissen um seinen Zustand, ob Rettung möglich sei oder keine, und fragte, ob es noch lange gehen könne. So gefragt, rückte der Arzt offen mit der Sprache heraus und sagte ihm, dass menschlichem Ansehen nach für ihn durchaus keine Rettung sei, dass er höchstwahrscheinlich morgen um diese Zeit eine Leiche sein werde. Dieses Urteil erschreckte den Kranken durchaus nicht; gelassen sah er den Arzt von hinnen ziehen. Sobald derselbe hinaus war, kroch er mühselig aus dem Bette, kroch zu seinem Schreibtisch, nahm ein Päcklein aus demselben, welches aus Kassenscheinen im Wert von hunderttausend Talern bestand, legte dasselbe sachte aufs glimmende Kaminfeuer, setzte sich in den dabeistehenden Armstuhl und sah mit dem innigsten Behagen zu, wie es zu glimmen begann, die Funken hin und her schossen, die Flamme auflodorte und wieder zusammensank, die einzelnen Scheine sich krümmten, schwarz wurden, in Asche zerfielen oder das Kamin aufflogen, und sein Behagen stieg von Schein zu Schein, bis das Häufchen verglommen war. Dann kroch er wieder zu Bette und legte sich zum Sterben hin; jetzt hatte er sein letztes Werk vollbracht, sein Zeitliches bestellt, sein Testament gemacht, und weil er keinem Menschen etwas gönnte, so hatte er die Flammen zu seinem Haupterben gemacht.

Inhalte zusammenfassen

So lag er im Bette, ward bewusstlos, und als ihm, er wusste nicht, wie, seine Augen aufgingen, meinte er, jetzt werde er endlich sehen, wie es im Himmel sei. Aber der Himmel sah akkurat so aus wie sein altes Zimmer, und als er den genau ansah, den er anfänglich für unsern Herrgott genommen, da war es der wohl bekannte Arzt. Der hatte mit Staunen ihn betrachtet, ihm den Puls gefühlt und sagte endlich: „Herr, was bei Menschen nicht möglich war, das hat wieder Gott getan; ein wundertätiger Schlaf hat sich eingestellt, Ihr seid gerettet." Es war das wohltätige Gefühl, sein Werk vollbracht, alle Menschen betrogen zu haben, auch seine nächsten Verwandten, was eine wohltätige Krisis herbeigeführt hatte. Aber was er für Augen machte, als der Arzt so sprach, wie er glotzte, wie er stierte! Der Arzt meinte, der Schlaf komme wieder und werde noch länger dauern, er entschuldigte sich daher, dass er ihn geweckt, er sollte sich nur still halten, fortschlafen, er sei gerettet; und somit ging er hinaus, mit bedenklichem Gesichte, erwägend, was es eigentlich heiße, wenn ein Arzt sage, der sei gerettet und der werde sterben, ob man das je könne, je dürfe, je solle.

Am andern Morgen polterte er etwas sorglos die finstere Treppe hinauf, sah gleich nach dem Bette hin, das war leer, sah im Zimmer herum, das war leer; am Fensterhaken hing etwas, aber dort pflegten gewöhnlich die Kleider zu hängen. Doch als der Arzt den Schaden nun sah, hing am Haken der Alte selbst; der hatte seine Genesung nicht überleben wollen, der hatte es nicht übers Herz bringen können, dass er alle habe betrügen wollen, aber am Ende sich allein betrogen. Sein Leben, das nur zu seinem eigenen Betrug gedient, das warf er dem Gelde nach, um welches er andere betrogen.

2 Manche Wörter und Ausdrücke sind vielleicht nicht verständlich. Du kannst sie aus dem Zusammenhang erschließen, sonst musst du in einem Lexikon nachschlagen. Die Bedeutung oder Erklärung kannst du dir am Textrand (Folie) oder auf einem Stichwortzettel notieren.

Tipp 1 Es erleichtert oft den Überblick über den Inhalt eines Textes, wenn man ihn in Abschnitte einteilt:
– Man kann die Absätze, die der Autor gemacht hat, als Abschnitte übernehmen.
– Manchmal ist es günstiger, mehrere Absätze zu einem Abschnitt zusammenzufassen oder auch einen einzelnen Absatz noch weiter zu unterteilen.

3 In der Anekdote sind zwei Abschnitte durch Querstriche markiert. Suche drei weitere Abschnitte und markiere sie ebenfalls (Folie). Du kannst auch die Zeilen angeben.

WERKSTATT Schreiben

Inhalte zusammenfassen

Tipp 2

Die schriftliche Zusammenfassung soll sich auf wichtige Informationen beschränken. Dazu musst du dir überlegen, worauf es in den einzelnen Abschnitten ankommt. Die Schlüsselstellen und Schlüsselwörter stehen oft am Anfang und Ende eines Abschnittes. Kennzeichne solche Wörter oder Textstellen mit einem Farbstift, unterstreiche sie oder schreibe sie heraus. So bekommst du einen guten Überblick über den Textinhalt.

4 Im ersten Abschnitt sind wichtige Textstellen markiert. Bist du mit der Auswahl einverstanden oder möchtest du noch mehr oder andere Textstellen markieren?

5 Kennzeichne auch in den anderen Abschnitten alle Hauptpunkte, auf die es ankommt (Folie).

Tipp 3

Oft ist es möglich, mit den markierten Textstellen den Inhalt eines Textes sofort zusammenzufassen und eine Inhaltsangabe zu schreiben. In anderen Fällen empfiehlt es sich, zunächst aus jedem Abschnitt die wichtigsten Informationen auf einem Stichwortzettel zusammenzustellen. Auf dem Stichwortzettel werden die Hauptpunkte gesammelt, die Nebenpunkte weggelassen.

In Filmen sind es einzelne Szenen, die man zusammenfassen kann.

Für den ersten Abschnitt könnte ein Stichwortzettel so aussehen:

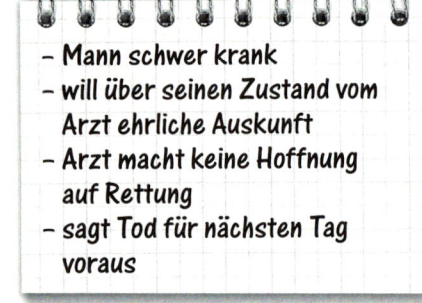

- Mann schwer krank
- will über seinen Zustand vom Arzt ehrliche Auskunft
- Arzt macht keine Hoffnung auf Rettung
- sagt Tod für nächsten Tag voraus

6 Lege nun auch zu den anderen Abschnitten Stichwortzettel an.

7 Vergleiche die Stichwortzettel mit deinem Banknachbarn.

Nach diesen Vorarbeiten geht es nun darum, mit Hilfe der Stichwortsätze den Inhalt der Anekdote möglichst mit eigenen Worten in einem zusammenhängenden Text aufzuschreiben. Angelika hat die ersten beiden Abschnitte der Anekdote so wiedergegeben:

Ein schwer kranker Mann erhält von seinem Arzt die Antwort, dass sein Tod unmittelbar bevorstehe. Er erschrickt über diese Nachricht nicht. Nachdem der Arzt sein Haus verlassen hat, verbrennt er in seinem Kamin ein Päckchen mit Kassenscheinen im Wert von hunderttausend Talern. Das Geld will er niemandem als Erbe gönnen.

Inhalte zusammenfassen

8 Vergleiche Angelikas Zusammenfassung der ersten beiden Abschnitte mit der Anekdote:
- Welche Einzelheiten hält sie für unwichtig? Streiche dazu alle Einzelheiten in der Anekdote durch, die Angelika nicht erwähnt (Folie).
- Angelika schreibt ihre Zusammenfassung im Präsens.
An einer Stelle verwendet sie das Perfekt. Markiere diese Stelle.
Damit macht sie deutlich, dass die Handlung schon vor einer anderen stattgefunden hat.

9 Schreibe Angelikas Text jetzt zu Ende. Beachte dabei die Schreibtipps der Checkliste:

Checkliste: Inhalte zusammenfassen
- Zu Beginn werden der Autor der Geschichte, der Titel, die Art des Textes (Anekdote, Fabel, Ballade …) und das Thema (in ganz allgemeiner Form) angegeben.
- Auf Einzelheiten wird verzichtet.
- Wörtliche Rede kommt nicht vor.
- Spannende Formulierungen fehlen.
- Möglichst mit eigenen Worten zusammenfassen.
- Die Ich-Form einer Geschichte wird in die Er-Form umgewandelt.
- Schriftliche Zusammenfassungen (Inhaltsangaben) informieren im Präsens.

---

10 Vergleicht eure schriftlichen Zusammenfassungen miteinander. Beachtet dabei auch die Checkliste.

Zur Inhaltswiedergabe gehören einige einleitende Sätze:

> Jeremias Gotthelf erzählt, wie der eigene Geiz einen Mann in den Selbstmord treibt.

> In der Anekdote „Der Geizhals" von Jeremias Gotthelf wird erzählt, wie ein Mann nicht mehr weiterleben will, als er entdeckt, dass er nicht alle anderen, sondern nur sich selbst um sein Geld betrogen hat.

11 Vergleiche die beiden Einleitungen.

So könnt ihr weiterarbeiten
- Schaut euch gemeinsam ein Video an. Bereitet ein Arbeitsblatt vor, in das ihr den Inhalt in Stichworten eintragen könnt (Handlungsverlauf, Personen, Ortsangaben, Zeitangaben). Für jede Szene benötigt ihr ein Arbeitsblatt, fertigt deshalb ausreichend Kopien an.

WERKSTATT Schreiben

Protokolle schreiben

Die Klasse 8b hat sich im Unterricht mit dem Thema *Wasser ist Leben* beschäftigt (vergleicht hierzu das Themenkapitel auf den Seiten 55–70). Dazu hat eine Podiumsdiskussion stattgefunden.

1 Lies das folgende Verlaufsprotokoll, das Susanne von der Diskussion erstellt hat:

Verlaufsprotokoll

Thema: Diskussion „Sollte das Trinken im Unterricht erlaubt sein?"
Konrad-Witz-Schule, Rottweil
8b, Klassenzimmer 201
Deutsch-Stunde (9.10–9.55 Uhr)

Protokollantin: Susanne

Zuerst hat der Diskussionsleiter Felix die Anwesenden begrüßt und das Thema der Diskussion genannt. Danach hat er die Zuhörer erst befragt, wer für und wer gegen das Trinken im Unterricht sei. Von den 12 Zuhörern waren vor der Diskussion 7 für das Trinken und 5 dagegen. Gabi hat gemeint, dass sie dafür ist, dass das Trinken im Unterricht erlaubt sein soll. Klaus ist dagegen. Frank meint aber auch wie Gabi, dass man sich schlechter konzentrieren kann, wenn man nichts oder zu wenig trinkt. Hans hat gewusst, dass Gesundheitsexperten rausgefunden haben, dass Jugendliche zwischen 6 und 19 Jahren rund 20 Prozent weniger trinken, als sie sollten. Claudia hält diese Zahlen für unglaubwürdig und meint, Hans würde immer etwas erfinden. Felix ruft Claudia zur Ordnung und ermahnt sie, dass sie darauf warten muss, bis er ihr das Wort erteilt. Heike ist der Meinung, dass es doch ausreichen würde, wenn jeder Schüler in der Pause etwas trinken würde. Dann würde der Unterricht auch nicht ständig gestört werden. Umkippende Flaschen, die dann über den Boden rollen, stören mich nämlich auch immer. Erst neulich hat Ilona ihre Trinkflasche umgestoßen und alles ist über mein Heft gelaufen. Niklas hat die biologische Seite des Themas angesprochen und gesagt, dass die Nieren nicht richtig arbeiten und die Giftstoffe aus dem Körper schwemmen können, wenn sie nicht genügend Flüssigkeit haben. Er sagte, dass sich dadurch der Körper von innen vergifte. Felix hat dann gemeint, dass nun die Auswertung der Diskussion erfolgen müsse. Die Zuhörer haben ausgewertet, welche Argumente überzeugend waren und welche nicht. Felix hat alles nochmals zusammengefasst und erneut eine Abstimmung gemacht. Dieses Mal waren 11 dafür, dass man im Unterricht trinken darf und nur noch einer war dagegen.

Rottweil, 23.03.2005   Susanne

Protokollieren ist eine besondere Form des Berichtens.

Protokolle schreiben

Übungen zu Wortfeldern findet ihr auf den Seiten 233/234.

2 Markiere, was deiner Ansicht nach in einem Protokoll nichts zu suchen hat. Füge Stichworte an den Stellen ein, wo Wichtiges fehlt (Folie).

3 Schreibe aus Susannes Protokoll Verben des Wortfeldes „sagen" heraus und ergänze sie.

4 Überarbeite Susannes Protokoll mit Hilfe der Checkliste.

Checkliste Protokoll

Kopfteil:
– Art des Protokolls
– Thema oder Anlass
– Ort, Datum, Zeit
– Anwesende/Abwesende

Hauptteil:
– sachliche Formulierungen, keine Umgangssprache
– keine eigene Wertung
– Verlauf in Hauptpunkten wiedergeben, Details und Nebensächlichkeiten weglassen
– Ergebnisse festhalten
– Zeitform: Präteritum, beim Ergebnis- oder Versuchsprotokoll auch Präsens möglich

Schlussteil: – Ort, Datum, Unterschrift des Protokollanten

Für das Protokollieren einer Diskussion bietet sich ein so genanntes Ergebnisprotokoll an, das erheblich kürzer ist als das Verlaufsprotokoll.

5 Erstelle ein Ergebnisprotokoll, indem du die Angaben aus Susannes Protokoll verwendest und eventuell noch weitere Argumente findest, die im Verlauf der Diskussion hätten genannt werden können.

Ergebnisprotokoll

Thema: Sollte das Trinken im Unterricht erlaubt sein? (Podiumsdiskussion)

Konrad-Witz-Schule, Rottweil, Klasse 8b (Zimmer 201)
Deutsch, 23. März 2005, 9.10 Uhr – 9.55 Uhr
Abwesende/Anwesende: …
Diskussionsleiter: Felix Salomon

- Abstimmungsergebnis vor der Diskussion: …
- wichtige Argumente pro/kontra: …
- Abstimmungsergebnis nach der Diskussion: …
- …

WERKSTATT Schreiben

Den Inhalt eines Bildes wiedergeben

Es gibt immer mehrere Möglichkeiten, das, was man auf Bildern sehen kann, mit Worten auszudrücken. Einige sollst du hier kennen lernen und ausprobieren. Alle Aufgaben kannst du auch mit einem Partner oder in einer Gruppe bearbeiten. Dabei könnt ihr euch die Aufgaben aufteilen. Sprecht darüber, wie ihr arbeiten wollt.

Was nützen Kerze und Brill(e), wenn der Esel nicht singen will?

Pieter Bruegel d. Ä.:
Der Esel in der Schule
(1556/57)

Auch wenn du einen Esel zum Lernen in die Schule schickst, wird sich aus dem Esel nie ein Pferd entwickeln.

Dazu kannst du etwas schreiben:
– Raum
– Einrichtung/Gegenstände
– Kleidung
– Gesichtausdrücke
– Körperhaltung, Gebärde, Tätigkeiten
– …

1 Schreibe zu dem Kupferstich von Pieter Bruegel alles auf, was dir wichtig ist. Gehe dabei so vor:
– Orientiere dich zunächst auf dem Bild. Wandere mit den Augen darüber. Halte ab und zu an und sieh genauer hin. Mach dir klar, worum es auf dem Bild geht.
– Lege eine Folie über das Bild und teile es auf der Folie in vier Felder ein. Dieses Raster zeichnest du vergrößert auf ein Stück Papier. In die Felder schreibst du dann möglichst genau, was du in den entsprechenden Feldern auf dem Bild siehst.

SCHREIBEN 191

Den Inhalt eines Bildes wiedergeben

2 Dies ist ein Ausschnitt aus einem Rasterzettel, den eine Schülergruppe der Klasse 8a angefertigt hat. Die Felder sind noch nicht vollständig ausgefüllt. Ergänze, was du noch zusätzlich auf dem Bild siehst. Schreibe genauer auf, was du für unvollständig hältst. Die Formulierungen von den Zetteln helfen dir dabei.

> links rechts
> oben unten
> am linken/rechten/
> oberen/unteren Rand
> im Vordergrund
> im Hintergrund
> in der Mitte
> davor dahinter
> daneben ...
> quer durch das Bild/
> diagonal

– oben am Rand: Frau hinter Gitter oder Vorhang – links in einem kleinen Raum: Kinder, die auf dem Boden sitzen, einer greift nach einem Hut; Kinder sehen aus wie kleine Erwachsene – Regalbrett – davor hockt einer	Esel
– links am Rand: Besen mit Zettel darunter – rechts daneben: Bienenkorb mit Kind;	

> befindet sich
> sieht man
> ist zu sehen
> steht liegt sitzt
> hockt hängt ...
> hat der Künstler/Bruegel dargestellt
> gezeichnet, gemalt

3 Vergleiche Bild und „Text-Übersetzung". Sind deine Kurztexte genau genug? Du kannst es herausfinden, wenn du jemanden bittest, nach deiner Beschreibung die Ausschnitte zu skizzieren. Du kannst dadurch weiterhelfen, dass du einzelne Felder noch genauer beschreibst.
Ihr könnt auch eure Beschreibungen vergleichen und gegenseitig ergänzen.

4 Jedes Rasterfeld des Bildes könnte man jeweils wieder in kleinere Felder unterteilen, um noch genauer hinzusehen. Probiert es aus:
Helfen die vielen Einzelheiten, das Bild als Ganzes besser zu erkennen, oder verliert man dadurch den Überblick? Sprecht darüber.

5 Du kannst das, was du auf dem Bild siehst und für wichtig hältst, auch so aufschreiben:
– Gib in wenigen Sätzen das Thema und den allgemeinen Eindruck wieder.
– Beschreibe dann Einzelheiten, die für dich wichtig sind.
– Abschließend kannst du formulieren, was deiner Meinung nach der Künstler mit dem Bild ausdrücken will und wie du das Bild findest.

6 Probiere diese Möglichkeiten der Bildbeschreibung auch mit dem Bild von Salvador Dalí auf Seite 169 aus. Beachte, dass du dabei auch Aussagen über die Wirkung der Farben machen musst.

> Verwende Formulierungen von den Zetteln, um deinen Text anschaulich und abwechslungsreich zu machen.

7 Kann man auf diese Weise auch Fotos, Comics und andere Abbildungen beschreiben? Probiert es aus und sprecht über eure Erfahrungen.

WERKSTATT Schreiben

Arbeitsvorgänge aufschreiben

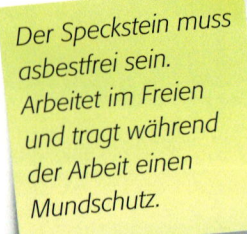

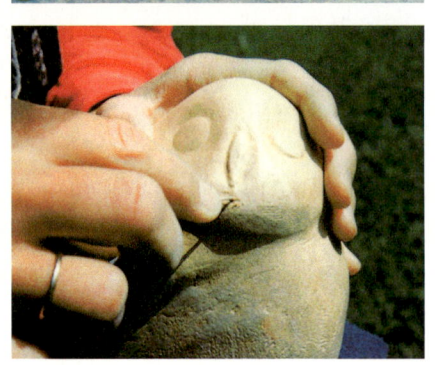

Der Speckstein muss asbestfrei sein. Arbeitet im Freien und tragt während der Arbeit einen Mundschutz.

1. Im Kunstunterricht hat die 8c aus Speckstein Figuren gestaltet. Die Lehrerin hat natürlich darauf geachtet, dass asbestfreie Steine verwendet wurden. Sieh dir die Bilder genau an. Nenne die Arbeitsschritte, die du erkennst.

2. Damit du dir die einzelnen Arbeitsschritte, wie aus einem Speckstein Schritt für Schritt eine Figur wird, noch genauer vorstellen kannst, lies, was Karin über ihre Arbeit erzählt (S. 193).

3. Bevor du mit der Beschreibung beginnst, markiere im Text alle wesentlichen Arbeitsschritte und Ausdrücke (Folie). Du kannst sie dir auch stichwortartig notieren.

4. Lege jetzt eine Material- und Werkzeugliste an und beschreibe den Arbeitsvorgang ausführlich. Dabei können dir die folgenden Hinweise helfen:
- Achte auf die richtige Reihenfolge.
- Mache nach einzelnen Arbeitsschritten Absätze.
- Bei der Beschreibung stehen die Verben im Präsens. Du kannst aber zwischen verschiedenen Sprachformen wählen (blauer Zettel) oder sie kombinieren. Probiere einmal aus, welche am geeignetsten ist.
- Für die richtige Reihenfolge und für Abwechslung am Satzanfang kannst du folgende Zeitangaben verwenden: *zuerst, danach, anschließend, nun, im Anschluss daran, zum Schluss, jetzt.*

Zuerst wird der Stein von allen Seiten betrachtet …
Du betrachtest den Stein zuerst …
Den Stein betrachtet man zuerst …
Betrachte zuerst den Stein …

Arbeitsvorgänge aufschreiben

So hat Karin von ihrer Arbeit mit Speckstein erzählt:

Zunächst war es nur ein bräunlicher Klumpen, etwa 20 x 20 x 15 cm im Format und ungefähr 3 kg schwer. Ich habe diesen unförmigen Stein lange von allen Seiten angeschaut. Dann war ich mir sicher: Daraus mache ich ein Käuzchen. Mit einem dicken Filzstift habe ich die Grobform aufgezeichnet. Mit einer Grobraspel ging es nun an die Arbeit. Die Raspel musste ich dabei häufig mit einer Drahtbürste reinigen. Übrigens: Specksteinarbeit ist eine ganz schön staubige Angelegenheit. Am besten bearbeitet man den Stein draußen und mit einem Mundschutz. Ich habe zusätzlich ein nasses Tuch unter meinen Stein gelegt. Dadurch wurde der Staub ein wenig gebunden. Bei der Grobraspel handelte es sich um eine Feilraspel, bei der eine Seite Raspel und eine Seite Feile ist. Mit dieser Raspel kann man ganz gut die groben Unebenheiten entfernen. Die gewölbten Flächen und auch die nach innen gewölbten Flächen bearbeitet und glättet man am besten mit einer Rundfeile. Störende größere Ecken habe ich einfach abgesägt. Der Stein nimmt durch das Raspeln, Sägen und Feilen schon richtig Gestalt an. Ich konnte die Form der Eule nach den ersten Grobarbeiten schon erahnen. Zwischendurch musste ich immer wieder den Staub vom Stein entfernen, damit die Struktur der Oberfläche zu sehen war. Dazu nimmt man am besten einen Pinsel. Auf die Rohform habe ich immer wieder die Figur genauer aufgezeichnet. Übrigens: Um die Form der Eule nicht zu verfehlen, habe ich mir zu Beginn der Arbeit eine kleine Eule aus Knete geformt. Das Eulenmodell habe ich mir zwischendurch immer mal wieder angeschaut. Nachdem die groben Vorarbeiten abgeschlossen waren, habe ich mich an die Feinarbeiten gemacht. Ich habe mir das Rückgrat der Eule eingezeichnet und dann den gesamten Rücken vom Kopf her einfach tiefer gelegt. Dadurch wurde gleichzeitig die Flügelform angedeutet. Bei dieser Arbeit habe ich für die feineren Arbeiten natürlich eine kleinere Feile genommen. Das gilt auch für die Arbeiten an Augen und Schnabel. Augen mit Augapfel und den Schnabel habe ich sorgfältig mit einem Bleistift eingezeichnet. Die Werkzeuge und Hilfsmittel für die Bearbeitung werden selbstverständlich während der Arbeit immer spitzer, schärfer und feiner. Die nötigen Vertiefungen an den Augen und am Schnabel habe ich mit einem Schnitzmesser hinbekommen. Das Käuzchen hatte jetzt seine Form. Es war nur noch sehr rau. Die größeren Flächen habe ich mit dem Rücken eines alten Küchenmessers vorgeglättet. Für die Feinarbeiten habe ich einen Schmirgelschwamm und auch Stahlwolle benutzt. Die Reste des Steinstaubs habe ich immer wieder weggepinselt. Abschließend habe ich mein Käuzchen mit Ölwachs eingerieben und mit einem weichen Tuch auf Glanz gebracht. Das Käuzchen steht jetzt vor mir auf dem Schreibtisch.

WERKSTATT Schreiben

Arbeitsvorgänge aufschreiben

5 Lest eure Anleitungen anschließend vor. Darüber könnt ihr sprechen:
- Alle Arbeitsschritte mit praktischen Tipps?
- Sinnvolle Reihenfolge?
- Vollständige Material- und Werkzeugliste?
- Verständliche Ausdrücke und Formulierungen?
- Präsens als Zeitform?
- Abwechslung am Satzanfang und in der Sprachform?
- Übersicht durch Absätze?

Weitere Schreibanregungen

- Beschreibe, wie man einen Computer, einen Geldautomaten, ein DVD-Gerät, einen CD-Player oder ... bedient.

- Besorge dir Bedienungs- oder Bastelanleitungen. Sie sind häufig nur schwer verständlich. Schreibe sie so um, dass man die Arbeiten ohne Schwierigkeit durchführen kann. Schwierige Arbeitsschritte kannst du durch Zeichnungen oder Bilder am Rand neben der Anleitung zusätzlich verdeutlichen.

- Schreibe zu einem Gerät unterschiedliche Beschreibungen, z. B. für jemanden, der ein gebrauchtes Gerät kaufen möchte (Wandzettel, Zeitungsanzeige). Die Aufgabe fällt dir leichter, wenn du eine ausführliche Bedienungsanleitung mit Gerätebeschreibung hinzunimmst.
  Bevor du mit dem Schreiben beginnst, musst du gut überlegen, welche Informationen nötig sind, wie lang der Text sein soll und welche Wortwahl sinnvoll ist, damit du als Schreiberin oder Schreiber deine Absicht durchsetzen kannst.

- Beschreibe den Bau und die Funktion einer Fantasiemaschine, die du natürlich noch erfinden musst. Hier siehst du zwei Ideen.

Lest eurem Banknachbarn den Text anschließend vor und überprüft seine Wirkung:
- *Wird der Adressat ausreichend informiert?*
- *Kann noch mehr weggelassen werden oder fehlt Wichtiges?*

Texte in einer Schreibkonferenz vorstellen

Um ihre Texte zu besprechen und zu überarbeiten, treffen sich die Schülerinnen und Schüler der Klasse 8a immer wieder einmal in **Schreibkonferenzen,** wie ihr sie bereits kennen gelernt habt. Manchmal machen sie es auch so:

Jeder, der will, hängt seinen Text an einer Pinnwand aus und bittet seine Mitschülerinnen, Mitschüler und natürlich seine Lehrerinnen und Lehrer, Tipps und Kommentare zu seinem Text aufzuschreiben.
Diesmal hat Andy seine Beschreibung zur Bearbeitung des Specksteins ausgehängt. Zur Überarbeitung hat er einige Tipps bekommen:

Bitte nur ernst gemeinte Tipps für die Überarbeitung anheften! Danke!

Etwas aus Stein herstellen
Für die Bearbeitung des Specksteins besorge dir Raspeln, Feilen, Schmirgelpapier und natürlich einen Speckstein. Entscheide, was aus dem Speckstein werden soll. Nimm dir dazu viel Zeit. Am besten malst du mit einem Filzstift die Figur auf den Stein. Bearbeite den Stein zunächst mit einer Raspel und gröberen Feilen. Größere Ecken und Kanten kannst du auch mit einer Säge entfernen. Für die feineren Arbeiten nimmst du kleinere Feilen oder auch Schnitzmesser. Zum Schluss vergiss nicht, den Stein mit Ölwachs einzureiben und mit einem weichen Tuch zu polieren.
Andy

Als Specksteinexperte konnte ich alles gut verstehen. Die Überschrift ist unpassend.
Mein Tipp: Das Material (Speckstein) sollte genannt werden.
Kevin

Alles geht ineinander über. Unsere Tipps:
– Zwischen Überschrift und Materialliste Platz lassen.
– Ebenfalls wenigstens eine freie Zeile zwischen Materialliste und Beschreibung der Arbeitsschritte lassen.
Tobias und Julia

Was du geschrieben hast, kann man gut verstehen. Du beschreibst aber nur die groben Arbeitsschritte.
Mein Tipp:
– Die Feinarbeiten genauer beschreiben.
Sigi

Wer noch nie mit Speckstein gearbeitet hat, dem fehlen genauere Hinweise.
Mein Tipp:
– Praktische Tipps einfügen, so wie sie in Karins Text zu finden sind.
Beate

WERKSTATT Schreiben

Texte in einer Schreibkonferenz vorstellen

1. Lies Andys Beschreibung (S. 195) und die Vorschläge zur Überarbeitung. Überlege, ob du sie noch ergänzen oder die Tipps zur Überarbeitung noch genauer formulieren willst. Schreibe alles auf, was du ändern würdest.
Hilfen:
- die Bilder auf Seite 192
- Karins Text auf Seite 193
- die Fragen auf Seite 194, Aufgabe 5

2. Vergleiche deine Bearbeitungsvorschläge zu Andys Beschreibung mit denen deiner Mitschülerinnen und Mitschüler.

3. Überarbeite nun Andys Beschreibung. Lege fest,
- welche Tipps du für die Überarbeitung berücksichtigen willst.
- ob du einzelne Überarbeitungsvorschläge zusammenfassen und in einem Arbeitsdurchgang erledigen kannst.
- in welcher Reihenfolge du die einzelnen Vorschläge bearbeitest.

4. Vergleicht eure Überarbeitungen in der Klasse miteinander.

So könnt ihr arbeiten   Probiert einmal in einer kleineren Gruppe oder mit der ganzen Klasse die Methode der 8a aus. Geht dabei am besten so vor:

- Kopiert den Text eines Mitschülers oder einer Mitschülerin, den ihr gemeinsam besprechen und kommentieren wollt. Hängt ihn in der Klasse aus.

- Jeder, der will, notiert auf einem „Tippzettel", was ihm nicht gefällt und wie er es berichtigen würde. Die Zettel werden zu der Beschreibung geheftet.

- Wenn euch nichts mehr einfällt, werden die einzelnen Vorschläge in der Klasse besprochen.

- Der Text wird vom „Autor" des Textes überarbeitet. Der Autor entscheidet und teilt mit, welche Anregungen zur Überarbeitung er aufgreifen möchte.

Texte überarbeiten

Peter hat eine Zusammenfassung zu dem Text *Schülerjobs* auf S. 266 geschrieben. Seine Lehrerin hat sie mit Korrekturzeichen und Anmerkungen versehen und Peter zur Überarbeitung zurückgegeben.

Zunächst muss man sich entscheiden, ob man sich rechtzeitig um einen gut bezahlten Ferienjob bemühen oder ob man sich regelmäßig etwas dazuverdienen will.
Wichtig ist nur, dass die Arbeit wirklich als „Nebenjob" erledigt werden kann und nicht zu viel Freizeit und Schularbeitszeit in Anspruch nimmt. Man kann bei der Auswahl der Jobs zwar nicht allzu wählerisch sein, aber man sollte darauf achten, dass man angemessen bezahlt wird. ⌐ *Ergänze hier einen wichtigen Gesichtspunkt.*
⌐₁ Wenn du nicht 18 bist, stehst du ohne die Erlaubnis der Eltern im Regen. Du musst dir deshalb gut überlegen, wie du sie überzeugen kannst. Die Eltern haben nämlich Angst, dass die Schule unter dem Job leidet und dass du kaum noch zu Hause bist. ⌐₁

1 Zu wörtlich übernommen:
1. Mit eigenen Worten zusammenfassen!
2. Das „du" vermeiden!

Zunächst kann man versuchen, über Anzeigen in Zeitungen oder Pinnwände von Supermärkten einen Job zu finden. Wer mutig ist und etwas Zeit aufwendet, hat aber oft mehr Erfolg, wenn er ⌐ *Wo soll er nachfragen? Ergänze!* nachfragt. Beschränkt man die Jobsuche auf die unmittelbare Nachbarschaft der Wohnung, hat das mehr Nachteile als Vorteile. ⌐₂

₂ Die Wiedergabe ist falsch: Neu formulieren!

Die Einleitung und der Anfang deiner Zusammenfassung sind dir besonders gelungen. Ich finde es prima, dass du Absätze machst. Einzelne Teile deiner Zusammenfassung kannst du durch Überarbeitung noch verbessern. Tipps findest du am Rand.

                                                           Bachmann

---

1 Was meinst du zum Kommentar und zu den Randnotizen?

2 Überarbeite Peters Text. Dazu musst du
– den Originaltext auf S. 266 genau lesen,
– den Inhalt Schritt für Schritt mit Peters Text vergleichen,
– die markierten und fehlerhaften Stellen in Peters Text berichtigen.

3 Schreibe den Text in überarbeiteter Fassung vollständig auf.

4 Vergleicht eure Ergebnisse miteinander.

Texte überarbeiten

Tipps und Anregungen   Wenn du einen Text für andere Leserinnen und Leser schreibst, musst du ihn häufig so überarbeiten, dass er lesefreundlicher wird.

Einige Tipps, die das Überarbeiten erleichtern:
1. Den Text, bevor man ihn überarbeitet, wenn möglich einen oder mehrere Tage zur Seite legen. Man kann ihn dann mit fremden Augen lesen und entdeckt Schwächen und Fehler, die man sonst leicht übersehen würde.
2. Wenn man mit dem Computer schreibt, kann man das Schriftbild verändern und so erreichen, dass man den Text mit „fremden Augen lesen" kann. Außerdem ist die Korrektur leichter.
3. Das Papier so aufteilen, dass Platz für Veränderungen bleibt: breite Ränder und/oder Leerzeilen lassen.
4. Den Text gemeinsam in Partnerarbeit oder Kleingruppen überarbeiten.

Fragen, die du an deinen Text stellen solltest:
1. Habe ich wirklich geschrieben, was ich meinte und mitteilen wollte oder sollte? Trifft es die Sache? Oder ist es angebracht, einzelne Textstellen oder den gesamten Text neu zu schreiben?
2. Hat der Text einen roten Faden oder sollte man Sätze oder Textteile umstellen?
3. Wird der Leser mich verstehen oder muss ich Ausdrücke, Formulierungen oder Sätze austauschen?
4. Ist mein Text ausführlich genug oder muss ich etwas hinzufügen, damit er verständlicher wird?
5. Ist der Text weitschweifig und enthält unnötige Informationen, die ich besser streichen sollte?
6. Kann ich dem Leser das Verständnis noch erleichtern, z. B. durch Satzzeichen, Unterstreichungen und Abschnitte?
7. Wird der Leser durch Rechtschreibfehler unnötig abgelenkt?

Korrekturzeichen, mit denen du auf Schwächen und Veränderungen im Text hinweisen kannst:

⊢⊣ = streichen

⌊⌋ = anders ausdrücken

⌈ = einfügen

⊥ = ersetzen

1   Nimm zu deinen Textüberarbeitungen die Tipps und Anregungen dieser Seite zu Hilfe. Wähle passende aus und probiere sie aus.

2   Tausche dich immer wieder in der Klasse mit deinen Mitschülerinnen und Mitschülern aus und sprecht darüber, welche Tipps besonders hilfreich sind, welche hinzukommen sollten oder gestrichen werden können.

Wichtig: In der *Werkstatt Sprache* (Seite 252/253) könnt ihr drei wichtige Techniken der Textüberarbeitung wiederholen und trainieren:
- einen Text kürzen und überflüssige Wörter streichen,
- unnötige Wiederholungen entdecken und vermeiden,
- einen Text durch Umstellen von Satzteilen lesefreundlicher machen.

WERKSTATT Rechtschreiben

Für die aktuelle Seite der Schul-Homepage haben die Redakteurinnen und Redakteure einen Text entworfen. Bevor er auf die Seite übernommen wird, müssen noch einige Rechtschreib- und Zeichensetzungsprobleme geklärt werden. Dazu führen sie ein **Rechtschreibgespräch**.
Den Text haben sie dazu ausgedruckt und Rechtschreib- und Zeichensetzungsfehler gekennzeichnet. Das Rechtschreibprogramm ihres Computers hatte sie nicht als Fehler markiert:

> *Trends sind ein Thema, **welches** alle Menschen interessiert. Also nicht dass, sondern das!*

> *Genau! das **bezieht** sich auf Thema ... das ist ein Relativpronomen.*

> *... fühlen, dass ... meinen, dass ... glauben, dass ... Im **zweiten** Satz muss dass stehen!*

Nehmt Stellung!

Trends sind ein Thema, dass alle Menschen interessiert. Jeder will im neusten Trend sein oder ihm angehören, weil man glaubt, das man dazugehört. Wieso ist es wichtig, dass man im Trend ist? Braucht man das für sein Selbstbewusstsein? Was ist das für eine Welt, in der man, wenn man keine Markensachen trägt, von Einigen oft gehänselt oder bedroht wird. Bist du der Meinung, dass Trends schöner machen? Machen sie einen Menschen zu etwas besonderem oder was ist es, das einen zum Trend zieht? Da wir auf der aktuellen Seite unserer Schulhomepage auf diese Fragen gerne eingehen möchten, bitten wir euch um kurze Stellungnahmen hierzu.

1. Führt das Rechtschreibgespräch weiter, auch über die anderen markierten Textstellen und berichtigt sie (Folie). Gebt für eure Meinung immer auch eine Begründung an.

WERKSTATT Rechtschreiben

Eine E-Mail überarbeiten – Fehler berichtigen

Auch ein **Brief per E-Mail** will gelernt sein. E-Mail-Schreiber verwenden manchmal eine unpassende Ansprache zu Beginn des Briefes, vergessen am Schluss eine Grußformel oder machen in längeren Texten keine Absätze. Damit der Briefempfänger auch auf anderem Weg Kontakt knüpfen kann, ist es ratsam, eine Anschrift mit Telefon-, Faxnummer und E-Mail-Adresse anzufügen. Die Anschrift steht bei einer E-Mail häufig am Ende nach der Grußformel.

1. Schreibe den folgenden E-Mail-Brief neu. Achte dabei auf Übersicht und Vollständigkeit. Berichtige auch alle Rechtschreib- und Zeichensetzungsfehler:
- Die Anredepronomen in der Höflichkeitsform sind kleingeschrieben.
- In den Sätzen 2, 4, 5 und 6 fehlt jeweils ein Komma.
- In Satz 4 und Satz 6 ist jeweils ein Nomen kleingeschrieben.

Anrede ändern

Hallo Zeitungsleute,

unsere Klasse bereitet ein Zeitungsprojekt vor. Wir wollen herausfinden wie Nachrichten gemacht werden und eine Zeitung entsteht. Dazu möchten wir eine Woche lang die Nachrichten ihrer Zeitung verfolgen. Wir würden uns freuen wenn sie uns dazu 25 Exemplare

Absatz machen

kostenlos zur verfügung stellen könnten. Außerdem würden wir gerne in diesem Monat ihren Zeitungsverlag besuchen und uns zei-

Absatz machen

gen und erklären lassen wie sie ihre Zeitung herstellen. Wir hoffen dass sie uns weiterhelfen können und uns bald bescheid geben.

Grußformel ergänzen
Genaue Anschrift mit Telefonnummer ergänzen

Hermann Daling, Klassensprecher der Klasse 8c

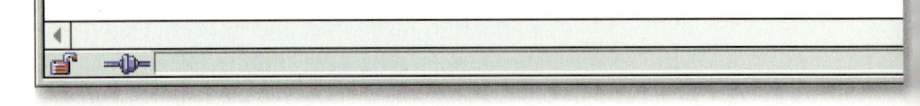

Mit dem Wörterbuch arbeiten

Beim Schreiben selbst bist du erst einmal an den Inhalten interessiert, die du aufschreiben möchtest. Deswegen wirst du nicht gleich im Wörterbuch nachschlagen, wenn du dir gerade einen Satz ausdenkst. Vielleicht bist du aber manchmal unsicher, wie ein Wort geschrieben wird. Dann könntest du deinen Zweifel notieren, indem du das entsprechende Wort auf zweierlei Weise aufschreibst oder mit einem Fragezeichen versiehst. Am Ende schlägst du die Zweifelswörter im Wörterbuch nach.

1 Schlage in dem folgenden Text die Wörter, bei denen die Schreiberin unsicher war, im Wörterbuch nach und schreibe sie richtig auf, wenn sie falsch geschrieben sind. Manchmal findest du im Wörterbuch mehrere Möglichkeiten!

Ein unvergessliches Erlebnis

Zu dem Openair-Festival(?) hatte ich gerade noch eine Eintrittskarte ergattert. Es waren bestimmt tausende(?) von Fans, die sich am Eingang vor der Westtribühne(?) drengelten(?). Es war schlimmer als bei einem Fußballspiel. Endlich fanden wir unsere Plätze im Stadion(?). Die Athmosphäre(?) war heiß! Als die Stars zu ihrem Auftritt herauskamen, schrie das Publikum(?) auf. Neben mir fiel sogar irgend(?)einer in Ohnmacht. Ich glaube, ich war die einzige(?), die nicht vor Begeisterung jolte(?). Die Musik fand ich dann Spitze(?). Endlich hatte ich meine Lieblingsstars einmal in einer Lifeshow(?) erlebt! Das ist doch etwas ganz Anderes(?) als im Fernsehen. Diesen Sonntag(?)abend werde ich nie vergessen. Er gehört zu meinen schönsten Erlebnissen.

2 In der folgenden Liste findest du in bunter Mischung Wörter, die immer großgeschrieben werden, die immer kleingeschrieben werden oder die man groß- oder kleinschreiben darf:

Aufgepasst: Wenn man die Wörter kleinschreibt, werden manche zusammengeschrieben!

das seine   die einen und die anderen   im grunde   die deinen
ein bisschen (wenig)   mehrere dutzend   auf grund   die vielen
von seiten   unter anderem   das wenige   der einzelne   zur not
im übrigen   zu grunde   viele   hunderte   auf seiten   der letzte
bis ins letzte   die anderen

Schreibe die Wörter in einer Tabelle geordnet auf. Nimm zur Lösung dieser Aufgabe unbedingt ein Wörterbuch zu Hilfe!

immer groß	immer klein	groß oder klein
...	...	das Seine, das seine

3 Bilde mit einigen Ausdrücken Sätze.

WERKSTATT Rechtschreiben

Rechtschreibstrategien wiederholen

Übungsschwerpunkte erkennen

In jedem der folgenden Wörter ist eine Rechtschreibschwierigkeit markiert:

a**bb**rechen   Abga**s**   **ä**ngstlich   Anfä**n**ge   au**ff**üllen   Ausbi**l**dung
be**e**nden   Be**tt**tuch   Bewei**s**   Bi**ss**stelle   blä**s**t   blei**b**t   F**ä**lle   Gedu**l**d
Genu**ss**sucht   Ke**nn**nummer   mi**t**teilen   (er) r**ä**t   ri**ch**tig   sa**g**t   s**äu**bern
sch**ä**rfer   s**oo**ft   Schlu**ss**satz   Sto**fff**licken   tr**äu**men   vi**e**ll**ei**cht   Vo**rr**at
we**gg**ehen   z**ä**hmen   ze**rr**eißen

1 Überlege dir, wie du einen Fehler an diesen Stellen vermeiden kannst. Ordne dazu die Wörter den folgenden Rechtschreibhilfen zu:
– Wörter verlängern: *Abgas – Abgase …*
– Wörter ableiten: *Anfänge – anfangen …*
– Wörter in Wortbausteine zerlegen: *abbrechen – ab + brechen …*

2 Sammle die Fehlerwörter aus deinen Texten und überprüfe wie in Aufgabe 1, ob du Fehler mit den Rechtschreibhilfen vermeiden kannst.

So kannst du weiterarbeiten

■ Übe die Rechtschreibhilfe, die für dich besonders wichtig ist. Übungen findest du auf den folgenden Seiten.

■ Achte beim Kontrolllesen deines Textes auf das Rechtschreibproblem, das du von dir kennst.

Achtung: Buchstabenauslassungen und -vertauschungen vermeidest du, wenn du deinen Text Wort für Wort von hinten nach vorne liest. Dazu kannst du eine eingeschnittene Karteikarte verwenden, wie du sie hier siehst.

1. **Vorwärts:**   Alle Wörter …?
2. **Rückwärts:**   Alle Buchstaben …?
3. **Vorwärts:**   Ich achte besonders auf …

Gruß

Rechtschreibstrategien wiederholen

Wörter in Wortbausteine zerlegen

Rechtschreibprobleme lassen sich manchmal lösen, wenn man in einem Wort überprüft, aus welchen einzelnen Bausteinen es besteht.

1 Zerlege die folgenden Wörter in ihre Wortbausteine.
Beispiel: *abblitzen – ab + blitzen.* Begründe so die markierte Rechtschreibschwierigkeit in den Wörtern.

abblitzen mit bb, weil es aus ab + blitzen besteht.

abblitzen annehmbar auffordern aussprechen beeinflussbar Betttuch Bissstelle Brennnessel enttäuschen erringen Flusssand Gänseeier Genusssucht gesundheitsschädlich Gewinnnummer hinnehmen mitteilsam Pappplakat Schlammmasse Schlusssatz Schritttempo Seeerfahrung Teeernte überraschen Unterrichtsstunde unnütz verrechnen vorrangig weggeben zerreißen

Betttuch mit ttt, weil es aus Bett + Tuch besteht.

2 Durch einen Bindestrich kannst du bessere Lesbarkeit erreichen. Überlege, ob du einzelne Wörter mit einem Bindestrich schreiben möchtest.
Beispiel: *See-Elefant* statt *Seeelefant*, *Brenn-Nessel* statt *Brennnessel*, … statt *Flusssand*. Schreibe einzelne Wörter in dieser Form auf. Begründe deine Schreibweise in einem Rechtschreibgespräch.

3 In zwei Zusammensetzungen taucht zwischen Wortbausteinen ein *s* als Fugenelement auf. Es erleichtert die Aussprache. Schreibe diese Wörter auf und kennzeichne jeweils dieses *s* besonders. Sprich die Wörter abwechselnd mit und ohne das Fugen-s.

4 Die folgenden Wörter haben als Wortbaustein *ent* oder *end*:

entschließen Endspurt singend endlich lobend endlos laufend entleeren endgültig entscheiden pfeifend

Übernimm die Wörter in eine Tabelle:

End-/end- hängt mit *Ende* zusammen	Ent-/ent- ist Vorsilbe	-end ist Endung des Partizip Präsens
Endspurt	entschließen	singend

5 Ergänze die drei Spalten mit weiteren Wortbeispielen:
– Verbinde die Nomen *Kampf, Lauf, Spurt, Ergebnis* mit dem Baustein *End*.
– Verbinde die Verben *schärfen, schweben, täuschen, springen, zünden* zunächst mit der Vorsilbe *ent-* zu neuen Verben, anschließend mit der Endung *-end* zu Partizipien Präsens.
– Suche eigene Beispiele für die Spalten. Kontrolliert die Lösung gemeinsam.

6 Bilde mit den Übungswörtern der Tabelle Sätze.

WERKSTATT Rechtschreiben

Rechtschreibstrategien wiederholen

Verwandte Wortformen bilden – Wörter ableiten

Oft kann man die richtige Schreibweise eines Wortes sofort finden, wenn man an die Herkunft der Wörter denkt.

7 Überprüfe, ob es für die folgenden Wörter mit *ä* und *äu* ein verwandtes Wort mit *a* oder *au* gibt, und schreibe es in Klammern dazu.
Beispiel: *trägst (tragen)*

ärmer   behältst   bräunlich   fällen   färben   Gämse   Gebäude gebräuchlich   Gelächter   Geräusch   glätten   gläubig   lässt   mäßig nachlässig   nämlich   rätseln   räumen   säen   schädlich   stärken Tätigkeit   trägst   träumen   verstärken   wächst   wählen   wäre   wäscht zählen   zähmen

> *ändern* kommt von *anders*, deshalb mit *ä*.
> *Gebäude* kommt von *bauen*, deshalb mit *äu*.

8 Diese Wörter mit *ä* oder *äu* lassen sich nicht oder nur schwer ableiten:

Ärger   Bär   Gerät   Käfer   Käse   Märchen   Lärm   Mädchen   März sägen   schräg   spät   Träne   vorwärts   während

Bilde mit ihnen Sätze.

Langformen bilden – Wörter verlängern

Mit der Verlängerungsprobe kannst du Laute hörbar machen und oft besser entscheiden, wie die Wörter geschrieben werden.

In den folgenden Wörtern ist der Problembuchstabe schon markiert:

Abgas   angeblich   anstrengend   Ausweis   Bad   Betrugsversuch beweglich   Beweismittel   biegsam   Diebstahl   empfindlich   Endlauf eng   erheblich   erlaubt   Falschgeld   fängt   Felsbrocken   fremd freundlich   Geldusfaden   gelb   getrübt   gibt   Glasscheibe   Grashalm Halswirbel   Handtasche   hängt   hebt   klebt   Kleid   kreisförmig   lesbar Lobrede   Losbude   Radwechsel   Schadstoff   Schlagloch   sorgfältig Sprungtuch   Staubtuch   unerträglich   Urlaubsfahrt   vergeblich   zeigt

> *Abgas* mit *s*, weil *Abgase*.
> *angeblich* mit *b*, weil *angeben*.

9 Suche zu jedem Wort eine Wortform, die die Schreibweise begründet, und schreibe sie in Klammern dazu.
– In einigen Wörtern musst du das Wort nur um eine Silbe verlängern.
   Beispiel: *Bad (Bäder)*
– Oft musst du das Wort mit dem Problembuchstaben zunächst abtrennen.
   Beispiel: *Diebstahl (Diebe)*
– In vielen Wörtern sind Verben versteckt. Schreibe dann den Infinitiv dieses Verbs auf. Er macht den Laut hörbar.
   Beispiel: *angeblich (angeben)*

Rechtschreibstrategien wiederholen

schnell mit *ll*, weil *schnel ler*

schmal mit *l*, weil *schma ler*.

Wenn du unsicher bist, ob in einsilbigen oder zusammengesetzten Wörtern der Buchstabe für den Konsonanten verdoppelt wird oder nicht, dann bilde eine Langform.
Um die Wortform zu finden, mit der du die Schreibweise erklären kannst, musst du in einigen Wörtern das Wort mit dem Problembuchstaben zuerst abtrennen: *Wa?ross – Wal (Wa le)*.

Ü 1 Schreibe die folgenden Wörter vollständig ins Heft. Begründe in Klammern die Schreibweise. Beispiel: *Pfi? – Pfiff (Pfif fe)*.

f oder ff? *Pfi? o?t scha?t Schie?ergebirge schlä?t Schi?sschraube*
l oder ll? *schri? pra?vo? Wa?ross kna?t fie? to? Sta?tür*
m oder mm? *ka? kru? Schwi?flosse Fil?rolle gli?t Schwar? Schwa?*
n oder nn? *dü?häutig Re?stall Erke?tnis Bra?dherd Spi?rad Sa?d*
p oder pp? *ki?t wi?t kla?t Pa?schachtel pie?t kna? Pum?werk*
t oder tt? *tra? Rei?pferd Mu?probe fe? We?büro spiegelgla?*
ss oder ß? *Flo?fahrt go? Klo? Ma? na? Nu?knacker Ru? schlie?t*

Orangensalat für vier Personen

700 <u>Gramm</u> saftige Orangen, 1 <u>Esslöffel</u> Orangenblütenwasser oder Rosenwasser, 1 Esslöffel Zucker, 8 Datteln, 1 Esslöffel Mandelstifte, 1 Teelöffel Zimtpulver, 1 Esslöffel gehackte Pfefferminzblätter
1. Eine Orange <u>auspressen</u>. Die anderen von <u>Hand</u> oder mit einem scharfen Messer <u>schälen</u>. Auch die weiße <u>Haut</u> entfernen. Dann die geschälten Orangen in 1/2 cm dicke Scheiben schneiden und sie auf vier Suppenteller verteilen. **2.** Das Orangenblüten- oder Rosenwasser und den Orangensaft gut mit dem Zucker <u>verrühren</u>, bis er sich <u>aufgelöst</u> hat. Die Orangenscheiben mit dem Saft beträufeln. Die Teller mit Klarsichtfolie abdecken und eine Stunde kalt stellen. **3.** Die Datteln entkernen und sie in kleine Würfel schneiden. Dann die Mandelstifte in einer beschichteten Bratpfanne ohne Fett hellbraun rösten. **4.** Vor dem Servieren den Orangensalat mit den Datteln, den Mandelstiften, dem Zimt und der gehackten Pfefferminze bestreuen.

So könnt ihr mit dem Text üben

Ü 1 Erkläre die Schreibung der unterstrichenen Wörter so, wie du es geübt hast.

Ü 2 Suche weitere Wörter im Text mit schwieriger Rechtschreibung und schreibe sie auf. Erklärt die Rechtschreibung in einem Rechtschreibgespräch.

Ü 3 Suche zu einzelnen Wörtern mit dem Wörterbuch verwandte Wörter.

Ü 4 Schreibe das Rezept noch einmal übersichtlich mit Absätzen auf. Benutze jetzt statt des Infinitivs den Imperativ oder die ihr-Form.

*Presst eine Orange aus.
Die anderen schält ihr von Hand oder ...*

WERKSTATT Rechtschreiben

Wörter mit besonderen Rechtschreibschwierigkeiten

paar oder Paar?

> Ein **Paar** Schuhe – zwei Schuhe, die zusammengehören
> Ein **paar** Wochen – es können zwei, drei oder mehrere Wochen sein

1 Setze richtig ein und schreibe die Sätze ins Heft:
Ich habe mein neues ?aar Handschuhe verloren.
Fritz gab mir ein ?aar gute Ratschläge.
Auf dem Weg zur Schule pflückten wir uns ein ?aar Kirschen.
Dieses neue ?aar Sportschuhe gab es gestern zum Sonderpreis.

2 Suche weitere Beispielsätze und schreibe sie ins Heft. Formuliere dann eine Rechtschreibhilfe und schreibe sie mit einem Beispiel auf.

-mal oder Mal?

> Wörter mit dem Wortbaustein *-mal/-mals* werden kleingeschrieben.
> **Es sind Adverbien.** Beispiel: ein*mal*, vier*mal*, viel*mals*.
> Wird das Wort **Mal** als Nomen gebraucht, wird es großgeschrieben.
> Beispiel: *das* erste *Mal*, *zum* letzten *Mal*, letztes *Mal*.

3 Wende die Rechtschreibregel an und schreibe die Sätze richtig ins Heft:
Er sagte, EINMAL ist KEINMAL.
DAS EINE?MAL will er es noch durchgehen lassen.
Er hat MEHR?MALS versucht, dich zu erreichen.
Beim LETZTEN?MAL hat es mir besser gefallen.
Er hat sich MEHRERE?MALE bei mir gemeldet.
Das werde ich NIE?MALS vergessen.

4 Finde weitere Beispiele und schreibe sie ins Heft.

Wörter mit wider und Wider

5 Finde zu den folgenden Wörtern mit *wider* und *Wider* sinnverwandte Wörter und schreibe sie auf. Beispiel: *widerlich – abscheulich*.

widerlich   widerspenstig   Widersacher   widerlegen   Widersprüchlichkeit
erwidern   widerwillig   widerrufen   widersprüchlich   zuwider
widerstandslos   Widerhall   widerstandsfähig   Widerwille

6 Suche im Wörterbuch weitere Wörter mit *wider/Wider* und notiere sie. Bilde dann mit möglichst vielen dieser Wörter Sätze.

> *Wider* wird mit *i* geschrieben, wenn …

7 Formuliere eine Rechtschreibhilfe zu Wörtern mit *wider* und *Wider* und ergänze den Merksatz in der Randspalte.

Fach- und Fremdwörter

Neben der Bedeutung ist oft auch die Schreibweise von Fremdwörtern schwierig. Wenn du unsicher bist, wie ein Fremdwort geschrieben wird, schlägst du am besten im Wörterbuch nach. Dazu musst du die verschiedenen Abkürzungen und Zeichen kennen:

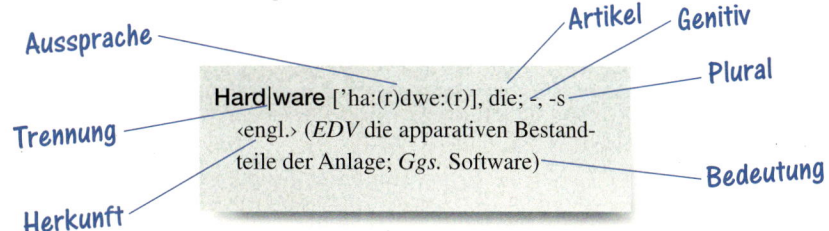

Aussprache — Artikel — Genitiv — Plural
Hard|ware ['ha:(r)dwe:(r)], die; -, -s ‹engl.› (*EDV* die apparativen Bestandteile der Anlage; *Ggs.* Software)
Trennung — Herkunft — Bedeutung

1 Lay-out, Mailbox, Ökosystem, Recherche, Redakteur, Software, Telekommunikation … Schlage in einem Wörterbuch einige dieser Wörter nach. Benutze nach Möglichkeit verschiedene Wörterbücher, auch ein spezielles Fremdwörterbuch. Notiere dir alle Informationen, die du erhältst: zur Trennung, zur Aussprache …

2 Suche im Wörterbuch nach einer Aussprachehilfe zu den folgenden Wörtern:

Cousin   Manager   Revanche   Parfum   Stewardess   Restaurant
Jalousie   Regisseur   Chance   Ingenieur   Massage

Da Fremdwörter selten nach Gehör richtig geschrieben werden können, musst du nach anderen Hilfen suchen, die dir helfen, sicherer in der Rechtschreibung von Fremdwörtern zu werden:

■ Viele Fremdwörter haben typische Vor- und Nachsilben:

<u>Ex</u>emplar   <u>Kor</u>rektur   Kontakt   subjektiv   Reklame   korpulent
Transfer   relevant   Konstruktion   Exkursion   Subtraktion   Transport
korrekt   Rekord   exklusiv   Substantiv   Transplantation   konstant

posi<u>tiv</u>   Mas<u>sage</u>   Ingenieur   Konsonant   Perfektion   Doktor   Publikum
Korridor   Konstruktion   Denunziant   Spediteur   Garage   kursiv   kreativ
Montage   Dekorateur   Demonstrant   Tradition   Direktor   Petroleum

■ Fremdwörter werden häufig mit *y*, *ph*, *rh* und *th* geschrieben, sie enden oft auf *ie* und haben im Wortinnern meistens nur *i* statt *ie*:

Lyrik   Physik   Rheuma   Mathematik   Geografie   Diva   Batterie   Theater
Rhododendron   Phosphat   Typ   Pharao   Rhinozeros   Rhythmus   Krise
Industrie   Ventil

WERKSTATT Rechtschreiben

Fach- und Fremdwörter

3 Markiere die Schreibbesonderheiten in den Wörtern der beiden Wörterlisten auf S. 207 unten (Folie) und schreibe die Wörter anschließend geordnet auf. Manche Wörter haben mehrere Schreibbesonderheiten und passen in verschiedene Tabellen oder Listen.

So kannst du mit den Wörtern üben

- Im Wörterbuch nach der deutschen Bedeutung, nach der Herkunftssprache und der Aussprache suchen.
- Die Aussprache mit dem Banknachbarn üben.
- Zu einzelnen Nomen Verben mit *-ieren* bilden.
- Zu einzelnen Wörtern mit dem Wörterbuch Wortfamilien zusammenstellen.
- Im Wörterbuch, in Zeitschriften und Zeitungen nach weiteren Wörtern mit der Schreibbesonderheit suchen und in die Tabellen und Listen aufnehmen.
- Fremdwörter in Sätzen verwenden und sie anschließend möglichst durch die deutsche Bedeutung ersetzen.

Die folgenden Wörter stammen aus dem Englischen:

Interview   Foul   Gentleman   Beefsteak   Toast   Whisky   Sherry   Cocktail   Flirt   Song   Teenager   Laser   Team   Fan   Spray   Shorts   Match   topfit   Show   clever   Container   Comic   Cockpit   Television   Jeep   Helikopter   Pipeline   Jeans   T-Shirt   Gangway   Make-up   Jazz   fair   Bandleader   Computer   Crew   Coach   Trenchcoat   Dressman   Spikes   Gangway   Sparring   Bowling   Musical   Drink   Rugby   Rumpsteak   Band

Übe so mit den Wörtern:

- Im Wörterbuch nach der deutschen Bedeutung und der Aussprache suchen.
- Die Wörter in einer Tabelle nach Sachbereichen ordnen: *Technik, Freizeit* …
- Zu einigen Wörtern einen Satz bilden, aus dem hervorgeht, was das Fremdwort bedeutet.
- Die Wörter aussortieren, in denen Laute durch andere Buchstaben als im Deutschen wiedergegeben werden: *Biskuit, Fan* …
- Mit dem Wörterbuch zu einigen Wörtern Wortfamilien zusammenstellen.
- Mehrere Wörter in einem Satz vorkommen lassen.
- Zu einzelnen Wörtern einen Abschnitt für ein Wörterbuch schreiben.

Groß oder klein?

Auf Begleiter achten

Dortmund. Die europäische jugendmesse schloss gestern die pforten bis zum nächsten jahr. Wie beim letzten mal war die messe wieder ein treffpunkt für die sportbegeisterte jugend. Der besuch und zuspruch war riesig. Es gab kaum ein durchkommen beim rundgang durch die messehallen. Gefragt war das mitmachen beim inline-skating und für die besonders wagemutigen beim freeclimbing. Publikumsmagnet aber waren die skaterampen und geschicklichkeitskurse der hochleistungsbikes. Mitmachen hieß überhaupt dieses mal das zauberwort. Es gab kaum einen stand, der nicht zur aktion und zum ausprobieren einlud. Auch beim töpfern oder mit dem siebdruck konnte man sich in den messehallen die zeit vertreiben. Die veranstalter setzten aber auch auf die konsumfreude der finanzkräftigen kundschaft. Praktisch jeder stand war mit einem entsprechenden firmenlogo zugepflastert. Für jeden geschmack gab es ein passendes utensil* zu kaufen. So mancher nutzte die gelegenheit für einen schnäppchenkauf und nahm sich etwas passendes zum günstigen messepreis mit nach hause.

1 Welche Wörter in dem Zeitungsbericht sind Nomen und müssen großgeschrieben werden?
– Kennzeichne die Nomen in dem Text (Folie).
– Unterhalte dich mit einem Partner darüber, woran du die Nomen erkannt hast. Sucht nach besonderen Hinweiswörtern für Nomen. Wenn ihr unsicher seid, benutzt auch die Schreibhilfen im Regelkasten auf S. 210.

2 Schreibe den Zeitungsbericht nun richtig ins Heft. Suche eine passende Schlagzeile.

3 Gebrauche die Verben *schnarchen, trinken, üben, lesen, schreiben* als Nomen, indem du sie mit den Wörtern des grünen Zettels und einem Adjektiv des blauen Zettels in kurzen Sätzen aufschreibst.
Beispiel: *Ich höre das Schnarchen. Ich höre lautes Schnarchen.*
Beachte die Großschreibung!

> das beim im vom
> zum ins aufs mein
> dein sein unser
> euer

> laut gut hastig
> häufig lang
> sorgfältig neu

4 Gebrauche die Adjektive von dem blauen Zettel nun als Nomen, indem du *alles, etwas, nichts, viel, wenig, manches* und *nur* davorsetzt. Das Nomen erhält dann als Endung ein *-es* oder *-e*: *gut – alles Gute, etwas Gutes.* Wenn die Endung fehlt, schreibt man klein.

5 Bilde nun Sätze nach folgendem Muster:
Er schuf viel neu. – Er schuf viel Neues.
Sie macht alles gut. – Sie wünscht alles Gute.
Markiere beim Nomen Endung und Anfangsbuchstaben.

WERKSTATT Rechtschreiben

Groß oder klein?

> Wörter anderer Wortarten, die als Nomen gebraucht werden, schreibt man groß. Sie werden wie andere Nomen auch häufig angekündigt durch:
> a) einen Artikel: *eine* Eins schreiben, *das* Richtige tun …
> b) ein Possessivpronomen: *ihr* Schreiben bewerten …
> c) eine Präposition mit verstecktem Artikel: *beim* Lügen ertappen …
> d) ein Adjektiv: *hastiges* Trinken vermeiden …
> e) eine Mengenangabe: *wenig* Schönes mitnehmen …

6 Setze mit den folgenden Wortgruppen die Wörterreihen zu den Rechtschreibhilfen a)–e) fort und schreibe sie richtig auf:

*eine eins schreiben   ihr schreiben bewerten   beim lügen ertappen
hastiges trinken vermeiden   wenig schönes mitnehmen
allerlei schreckliches lesen   das richtige tun   mein lesen loben
lautes schnarchen ertragen   dein nörgeln aushalten
fürs erste genug haben   das beste mitnehmen   aufs reiten freuen
häufiges waschen vermeiden   euer vorlesen verbessern
bis ins kleinste planen   nichts neues erfahren
aufmerksames zuhören üben   das folgende bedenken
unser wandern genießen   viel wichtiges behalten*

7 Ergänze die Wörterreihen zu den Rechtschreibhilfen a)–e) mit eigenen Wortgruppen.

> Nicht immer werden Nomen durch einen Begleiter angekündigt. Zur Probe kannst du dann ein Erkennungswort einfügen.

8 Schreibe die folgenden Sätze richtig auf. Setze zu den Nomen in Klammern ein mögliches Erkennungswort.
Beispiel: *Wir haben (viel) Erfreuliches erlebt.*

wir haben erfreuliches erlebt. jeder hat sich zeit genommen.
alles wurde mit genuss und appetit verspeist. ich habe vertrauen zu ihr.
es gab bücher in hülle und fülle. mir macht arbeit spaß.
was ich gut kann, ist auswendiglernen und zuhören.
das würde mir aber kummer bereiten. manche haben zu nichts lust.
sie kam als letzte an. oft folgt auf lachen weinen.
du musst nur folgendes beachten und wichtiges von unwichtigem unterscheiden.

Denke daran: Auch durch ein Adjektiv lässt sich ein Nomen gut bestimmen!

Groß oder klein?

Auf ausgesparte Nomen achten

> Caroline ist die Größte.
> Caroline ist die größte und lustigste Schülerin.
> Caroline ist die größte Schülerin und die lustigste.

1 Vergleiche die drei Sätze auf dem Zettel und schreibe dann die nächsten Sätze richtig auf.

Klaus ist inzwischen der GRÖSSTE UND STÄRKSTE SCHÜLER in unserer Klasse, aber der FLEISSIGSTE ist er schon seit Langem nicht mehr.
Sie erzählt LANGE GESCHICHTEN; sie sind aber nicht unbedingt die SPANNENDSTEN.

> Adjektive und Verben können trotz eines Begleiters kleingeschrieben werden. Der Begleiter bezieht sich dann auf ein vorhergehendes Nomen. Das Nomen ist dann nur ausgespart!

2 Schreibe die folgenden Sätze in dein Heft. Vermeide dabei die unschönen und störenden Wiederholungen. Beachte die Hinweise zur Groß- und Kleinschreibung im Regelkasten.

Dieses Hemd ist das schönste Hemd.
Sie trägt hübsche Sachen, aber nicht die teuersten Sachen.
Marion hat eine neue rote Jeans bekommen. Jetzt möchte sie noch eine schwarze Jeans.
Von den Weintrauben esse ich am liebsten die kleinen Weintrauben. Die großen Weintrauben isst meine Schwester.

Achtung: trotz Begleiter klein!

3 Die folgenden Wörter werden trotz ihres Begleiters in der Regel kleingeschrieben. Bilde mit einigen Wörtern Sätze.

die vielen   in vielem
ein wenig   das wenige   die wenigen
das meiste   die meisten
der andere   die anderen   das andere   die anderen
alles andere   unter anderem   die einen und die anderen
ein bisschen

WERKSTATT Rechtschreiben

Groß oder klein?

Wörter mit besonderen Wortbausteinen

> Wörter mit den Wortbausteinen *-heit, -keit, -nis, -ung* und *-schaft* sind Nomen. Beispiele: *Krank**heit**, Sauber**keit**, Erleb**nis**, Überrasch**ung**, Freund**schaft**.*

1 Bilde Nomen mit den folgenden Verben und Adjektiven, indem du die Wortbausteine *-heit, -keit, -nis, -ung* oder *-schaft* anfügst. Beachte die Großschreibung der Nomen.

aufmerksam   ehrlich   erinnern   erklären   erlauben   erleben   finster   frei   gemein   heiter   herrschen   krank   ordnen   sauber   sicher   wagen   wissen   zeichnen

2 Bilde Sätze, in denen die neu gebildeten Nomen der Aufgabe 1 vorkommen. Beispiel: *Im Straßenverkehr ist große Aufmerksamkeit nötig.*

Zeitangaben

> Groß schreibt man
> – Wochentagsnamen: *Montag, Dienstag …*
> – zusammengesetzte Zeitangaben: *am Montagabend …*
> – Tageszeiten nach den Adverbien heute, gestern, vorgestern, morgen, übermorgen: *heute Mittag, gestern Abend …*
>
> Klein schreibt man
> – Zeitangaben mit *s*: *morgens, montags morgens, montagmorgens …*
> – Zeitadverbien: *heute, gestern, früh, morgen, übermorgen, spät …*
> – Uhrzeitangaben: *um halb zwölf, Viertel nach sechs …*

3 Schreibe die folgenden Wortbeispiele richtig auf. Überprüfe die Rechtschreibung mit den Regeln im Merkkasten.

AM MITTWOCH   SPÄT   VON GESTERN   HEUTE MORGEN   BIS HEUTE ABENDS   IN DER NACHT   ZU MITTAG   DONNERSTAGMORGENS SPÄTABENDS   AB MORGEN   AM SAMSTAGABEND   AM MORGEN ZU MITTAG   NACHTS   FÜR ÜBERMORGEN   HALB ZEHN   JEDEN ABEND FRÜH AM MORGEN   ÜBERMORGEN   GEGEN MITTAG   AB DIENSTAG GESTERN   VORGESTERN   UM VIERTEL VOR ZEHN   SAMSTAGS AM KOMMENDEN MONTAGNACHMITTAG   DREI NACH ZWÖLF HEUTE VORMITTAG   GESTERN MORGEN   EIN SONNTAG DIENSTAGS MORGENS   AB MORGEN MITTAG   DER MONTAG

4 Verwende einzelne Zeitangaben in kurzen Sätzen.

Groß oder klein?

So kannst du üben

Mathematik zum Einparken

Ü 1 Schreibe den Text richtig auf. Überprüfe anschließend die Großschreibung der Nomen: Markiere die Begleiter oder setze fehlende zur Probe hinzu.

Eine frau hat eine mathematische formel zum perfekten einparken entwickelt. Die komplizierte gleichung der britischen mathematikerin rebecca hoyle verrät dem einparkenden autofahrer immer schon vor dem einparken, ob ein einparkversuch die mühe wert ist. Das ausrechnen dürfte für den laien allerdings so viel zeit in anspruch nehmen, dass die ersehnte parklücke anschließend weg sein könnte.

Ü 2 Schreibe den Brief richtig auf. Achte dabei auf die richtige Briefform.

Hallo Mike! Heute beginnt meine reise ins blaue. Alles wichtige ist gepackt. Jetzt hoffe ich, dass ich viel überraschendes erleben und manches neue kennen lernen werde. Etwas erfreuliches hat sich noch heute morgen ereignet: Opa drückte mir noch einen dicken schein in die hand. Jetzt kann ich mir noch manches zusätzlich leisten. Ich hoffe, dass ich dir nach der reise viel erzählen kann. Bis bald Martin

Ü 3 Lass dir einen der Texte von einem Partner diktieren.

Ü 4 Schreibe die folgenden Ausdrücke in normaler Rechtschreibung. Überprüfe deine Lösung anschließend mit dem Wörterbuch:

die Farbe ROT   einen Fehler ROT anstreichen   die Ampel steht auf ROT
das ROT steht ihr gut   jemandem die ROTE Karte zeigen   ROT werden …
die Farbe BLAU   mit einem BLAUEN Auge davonkommen
einen BLAUEN Brief erhalten   ein leuchtendes BLAU   eine Fahrt ins BLAUE
das BLAUE vom Himmel lügen …
die Farbe GRÜN   ihm steht GRÜN   die Fahrt ins GRÜNE   der GRÜNE
die GRÜNE Welle   auf der GRÜNEN Wiese …

Ü 5 Stelle für deinen Banknachbarn ähnliche Ausdrücke mit anderen Farben zusammen. Nimm das Wörterbuch zu Hilfe.

Ü 6 Überprüfe die Rechtschreibung der folgenden Wörter in Großbuchstaben mit dem Wörterbuch und schreibe die Sätze richtig ins Heft.

Mit dem Geschenk trafen seine Eltern ins SCHWARZE. Für sie ist das ein SCHWARZER Tag. Von dem günstigen Angebot erfuhr er am SCHWARZEN Brett. Seine Freundin ist SCHWARZHAARIG. Das SCHWARZ steht ihr besonders gut. An das SCHWARZ gefärbte Haar muss man sich erst gewöhnen. Er gönnt ihm nicht das SCHWARZE unter dem Fingernagel.

WERKSTATT Rechtschreiben

Groß oder klein?

Graffiti an Hallenwänden

Borken. unbekannte täter besprühten am letzten wochenende eine turnhallenwand der grundschule an der velener straße mit mehreren schwarz-weißen graffiti. mehrere zerschlagene bierflaschen in tatortnähe lassen auf ein trinkgelage schließen. ebenso wurden zwei borkener gewerbehallen am südring im gleichen tatzeitraum durch graffiti verunstaltet. hier wurden blaue und silberbronzefarbene sprühfarbe sowie ein schwarzer sprühstift verwendet, ein roter wurde in einem abfallbehälter gefunden. die polizei ermittelt in allen fällen wegen sachbeschädigung und bittet zeugen, sich bei ihr zu melden.

Wurm auf der Rechnung

Hongkong. nach der beschwerde eines restaurant-gastes in südchina über einen wurm im essen hat die geschäftsführerin des lokals das tier kurzerhand verschluckt. der gast hatte den wurm im vegetarischen gericht entdeckt. die restaurant-chefin habe das tier daraufhin hinuntergeschluckt und auf der rechnung vermerkt: „wurm war genießbar. habe ihn gegessen."

Klarer 3:0-Erfolg für unsere Mannschaft!

ohne ihren torschützen vom dienst, der wegen einer knieverletzung passen musste, fehlte unserer parallelklasse die entscheidende anspielstation. edelreservist denne und der lange verletzte pahlke, der nach seinen achillessehnenbeschwerden ins team unserer gegner zurückgekehrt war, konnten die lücken nicht schließen. ihre einzige chance resultierte aus einem freistoß, den unser keeper bakmaz reaktionsschnell über die latte lenkte. wenn sich die mannschaft der 8b in den nächsten wochen nicht erheblich steigert, wird es für sie in nächster zeit kaum möglich sein, dass sie unsere mannschaft besiegen kann.

So kannst du mit den Texten üben

Ü 1 Schreibe die Nomen mit ihren Erkennungszeichen auf.

Ü 2 Schreibe die Texte in richtiger Schreibweise ab.

Ü 3 Einige Nomen haben keine Erkennungszeichen. Suche sie heraus und füge in Klammern ein Erkennungszeichen hinzu.

Ü 4 Suche Wörter mit schwieriger Rechtschreibung und schreibe sie auf. Erkläre die Rechtschreibung in einem Rechtschreibgespräch.

Ü 5 Suche zu einzelnen Wörtern der Übung 4 mit dem Wörterbuch verwandte Wörter.

Ü 6 Lass dir ganze Texte, Sätze, Wörter oder Wortgruppen diktieren.

Schreibung von Straßennamen

*Am Alten Sportplatz   Am Alten Wehr   An der Alten Burg   An der Post
Auf dem Heideckle   Auf der Hohen Hardt   Auf der Ziegenheide
Burgplatz   Grenzweg   Hebbelstraße   Im Ösch   In der Düsteren Stiege
In der Flur   Innsbrucker Ring   Isselburger Landweg   Jenaer Straße
Mariazeller Weg   Meppener Landstraße   Römerweg   Schlossallee
Schramberger Straße   Schulstraße   Weimarer Allee   Zum Neuen Industriepark
Zur Alten Schmiede   Zur Eisenhütte   Zur Rennbahn*

1   Setze die folgenden Wortreihen mit den Straßennamen oben fort:
– *Ulmenstraße, Sternweg, Grenzring, Mozartstiege, Kirchplatz …*
– *Leipziger Straße, Frankfurter Ring, Hamburger Weg …*
– *Im Dornbusch, Unter den Erlen, Auf dem Brink …*
– *Am Neuen Forsthaus, An der Alten Fabrik, In der Kleinen Hütte …*

2   Vergleiche die folgenden Wortpaare. Suche dazu weitere Beispiele in Stadtplänen und Telefonbüchern:

Neuer Markt	**Neu**markt	**Kaiser**straße	**Kaiser-Wilhelm-**Straße
Krumme Gasse	**Krumm**gasse	**Heine**ring	**Heinrich-Heine-**Ring

3   Formuliere Regeln für die Schreibweise der Straßennamen:
– Wann schreibt man Straßennamen zusammen? Wann auseinander?
– Wie werden Artikel, Adjektive und Präpositionen geschrieben?
– Wann stehen Bindestriche?

So kannst du üben

Ü 1   Sammle alle Straßennamen, denen du auf dem Schulweg begegnest. Schreibe sie auf und begründe ihre Schreibweise.

Ü 2   Erstelle ein kurzes Wortdiktat mit einigen Straßennamen für deinen Banknachbarn.

Ü 3   Erfinde mit den Wörtern der drei Zettel möglichst viele neue Straßennamen. Manchmal muss man zur Erleichterung der Aussprache ein *n* oder ein *s* einfügen: nicht *Kastanieweg*, sondern *Kastanienweg*.

Allee   Berg
Busch   Feld
Garten
Gasse
Hof   Park
Platz   Ring
Straße   Tor
Wall   Weg

Goethe   Hamburg
Kastanie
Kolumbus
Konrad Adenauer
Mozart   Nelken
Schiller   Stein
Wilhelm Busch
Willy Brandt

am
an den
grün
klein
groß
zum
zur

WERKSTATT
Rechtschreiben

Getrennt oder zusammen?

frei sprechen oder **freisprechen?**

Wie schreibt man Verbindungen aus Adjektiv + Verb?

Er hat während des Referats **frei gesprochen**.
Der Richter hat den Angeklagten **freigesprochen**.

1 Warum wird im ersten Fall die Verbindung aus Adjektiv und Verb getrennt und im zweiten Fall zusammengeschrieben? Findet in einem Rechtschreibgespräch dafür eine Begründung.

2 Vergleicht eure Begründungen mit dem nachfolgenden Regeltext.

> Verbindungen aus **Adjektiv + Verb** werden zusammengeschrieben, wenn dadurch ein Wort mit einer neuen Bedeutung entsteht. Die Betonung liegt auf dem ersten Wortbaustein des neuen Begriffs: *Der Richter wird den Angeklagten nicht fre̲isprechen. Er wird ihn schu̲ldigsprechen.*

a dichthalten
b sich kranklachen
c madigmachen
d festnageln
e schwerfallen
f heimlichtun
g richtigstellen
h leichtfallen
i sich feinmachen

3 Ordne den Verbindungen **a**–**i** die Umschreibungen **1**–**9** zu und schreibe sie ins Heft. Unterstreiche jeweils den betonten Wortbaustein.

1 nichts verraten, **2** sich besonders zurechtmachen, **3** etwas versteckt vor anderen tun, **4** furchtbar lachen müssen, **5** einen Sachverhalt aufklären, **6** Schwierigkeiten haben mit etwas, **7** etwas schlechter machen, als es ist, **8** jemand auf eine Sache festlegen, **9** keine Anstrengung erfordern

4 Verwende die Wortbeispiele in kurzen Sätzen. Nutze als Zeitform das Perfekt. Beispiel: *Er hat während des Verhörs dichtgehalten.*

5 Zusammen oder getrennt? Schreibe die folgenden Sätze in der richtigen, Schreibweise ins Heft. Führe als Entscheidungshilfe auch die Betonungsprobe durch und unterstreiche den betonten Wortbaustein.

Nutze die Sätze **a**–**k** *für ein Partnerdiktat.*

a Die ersten Testaufgaben sollten euch leicht?fallen.
b Mit dem geringen Taschengeld muss ich kurz?treten.
c Damit man alles gut lesen kann, solltest du nicht zu klein?schreiben.
d Wer viel trainiert, wird auch im Alter rüstig?bleiben.
e Er wird den Irrtum richtig?stellen.
f Kannst du das bitte geheim?halten?
g Kannst du den Platz neben dir frei?halten?
h Über dieses Hindernis kann man leicht?fallen.
i Er wird den Schrank richtig?stellen.
j Wenn wir gewinnen wollen, müssen wir einige Spieler kalt?stellen.
k Außer den Nomen muss man alle Wörter klein?schreiben.

Getrennt oder zusammen?

Wie schreibt man Verbindungen aus -einander/-wärts + Verb?

1 Es gibt eine Reihe von Wörtern, die mit dem Wortteil *-einander* oder *-wärts* gebildet werden. Diese Wörter sind Adverbien und werden immer zusammengeschrieben. Ergänze die folgenden Wortbausteine mit *-einander* und *-wärts*: auf-, bei-, für-, gegen-, himmel-, süd-, von-, west-, zu-

> **Adverbien mit *-einander/-wärts* können mit Verben**
> – Verbindungen eingehen, die zusammengeschrieben werden:
>   *Wir sollen die Kisten aufeinanderstapeln. Mit der Leistung wird es abwärtsgehen.*
>   Die Hauptbetonung liegt auf dem ersten Wortteil.
> – Verbindungen eingehen, die getrennt geschrieben werden: *Wir sollen besser aufeinander hören. Beim Einparken muss man oft rückwärts fahren.*
>   Die Betonung liegt dann auch auf dem zweiten Wortteil.
> Wenn du nach der Betonungsprobe noch unsicher bist, führe als weitere Rechtschreibprüfung die Erweiterungsprobe durch.

2 Begründe die Zusammenschreibung der fett gedruckten Wörter mit der Betonungsprobe. Schreibe die Sätze ins Heft. Lies die fett gedruckten Wörter laut und unterstreiche den betonten Wortteil.
a Sollen wir die Kartons **aufeinanderstapeln**?
b Du hast mich ganz schön **durcheinandergebracht**.
c Mit deiner Leistung muss es wieder **aufwärtsgehen**.
d Bei diesem Tempo werden wir nicht **vorwärtskommen**.
e Soll es immer weiter **rückwärtsgehen**?

3 Begründe die Getrenntschreibung der fett gedruckten Wörter. Nutze dazu die Betonungsprobe und die Erweiterungsprobe.
a Jetzt sollten alle **miteinander auskommen**.
b Wir müssen **aufeinander warten**.
c Sie haben **aneinander vorbeigeredet**.
d Bei der Fahrprüfung musste er **rückwärts einparken**.
e Sie können nun **flussabwärts fahren**.

> **Erweiterungsprobe:**
> Zwischen das Adverb mit *-einander/-wärts* und das Verb lassen sich ein oder mehrere Wörter schieben: *Wir sollen **aufeinander** besser **hören**. Oft muss man **rückwärts** in die Parklücke **fahren**.*

4 Schreibe die folgenden Sätze richtig in dein Heft. Wende zur Begründung die Betonungsprobe und die Erweiterungsprobe an.
a Alle haben ständig **durcheinander?geredet**.
b Zum Spaß sind einige **rückwärts?gelaufen**.
c So viel Lob wird mich **vorwärts?bringen**.
d Sie sind in der Pause **aneinander?geraten**.
e Sie wollen fair **gegeneinander?kämpfen**.
f Ihr solltet häufiger **vorwärts?blicken**.

WERKSTATT Rechtschreiben

das oder dass?

> Sätze mit *dass* wollen vor allem einen Gedanken fortführen und den Satz vervollständigen. Beispiel: *Ich traue mich nicht zu sagen (was denn?), dass mir auch andere Musik gefällt.*
> Die Konjunktion *dass* steht häufig nach Verben des Denkens, Fühlens und Sagens: *meinen, denken, glauben …*

1 Ergänze die folgenden Teilsätze mit den Satzmustern auf dem Zettel. Unterstreiche anschließend die Verben, nach denen *dass* steht.
… viele nur auffallen wollen.
… ich hin und wieder anders aussehe als die anderen.
… sie immer nach der neusten Mode angezogen sein müssen.
… man jeden Modetrend auch mitmachen muss.
… man auf derselben Wellenlänge ist.

Ich finde, dass …
Ich wünsche mir, dass …
Manche glauben, dass …
Man zeigt damit, dass …

2 Ergänze, was du über Mode weißt. Beginne die Sätze so, dass sich dass-Sätze anschließen. Unterstreiche anschließend die Verben, nach denen *dass* folgt. Überprüfe die Sätze mit einem Partner.

3 Schreibe einige Sätze der vorhergehenden Aufgaben so auf, dass der dass-Satz an erster Stelle steht. Das Komma nicht vergessen!

Dass ist eine Konjunktion. Du kannst nie die Pronomen dieses oder welches dafür einsetzen.

Als zusätzliche Hilfe kannst du mit der **Ersatzprobe** überprüfen, ob du *dass* oder *das* schreiben musst. Mit der Ersatzprobe probiert man aus, ob an Stelle von **das/dass** *dies(es)* oder *welches* eingesetzt werden kann. Klappt das nicht, muss man *dass* schreiben.
Beispiel: *Ich möchte nicht, dass/das für Zigaretten geworben wird.*
Ersatzprobe: *Ich möchte nicht, dieses/welches für Zigaretten geworben wird.*
Beides geht nicht – also: *dass*.

4 Schreibe die folgenden Sätze ab und entscheide, ob du *dass* oder *das* schreiben musst. Vergiss nicht, die Kommas zu setzen!

Rauchfreie Schule – ist dass/das möglich?
Gegen dass/das rücksichtslose Besprühen ganzer Häuserzeilen mit Graffiti muss etwas unternommen werden. Ich bin dafür dass/das die Sprayer dass/das entfernen, was sie gesprüht haben.
Ich finde dass/das das Internet dass/das Lernen im Unterricht bereichert. Es sollte selbstverständlich sein dass/das jedem Schüler in der Schule ein Computer zur Verfügung steht.

5 Formuliere Meinungen zu anderen Themen oder nimm Stellung dazu. Verwende möglichst viele Sätze mit *dass*.

Zeichensetzung bei wörtlicher Rede

Steht der Begleitsatz vor der direkten Rede, folgt immer ein Doppelpunkt.

Wird die direkte Rede vom Begleitsatz unterbrochen, so steht dieser zwischen zwei Kommas.

Steht die direkte Rede vorne, folgt ein Komma zur Abtrennung des Begleitsatzes. Bei einer Frage oder einem Befehl steht hinter dem Fragezeichen oder Ausrufezeichen zusätzlich ein Komma.

Die Zeichen der wörtlichen Rede stehen *nach* Punkt, Frage- oder Ausrufezeichen, aber immer *vor* dem Komma.

1. Begleitsatz: „Direkte Rede."   *Er sagte: „Ich fahre."*

2. „Direkte Rede", Begleitsatz, „direkte Rede."
   „Ich fahre", sagte er, „heute noch nach Stuttgart."

3. „Direkte Rede", Aussagesatz. *„Ich fahre", sagte er.*
   „Direkte Rede?", Fragesatz.   *„Fährst du?", fragte sie.*
   „Direkte Rede!", Befehlssatz. *„Fahr sofort los!", befahl er.*

1. Vervollständige den folgenden Zeitungsbericht, indem du den Text abschreibst und die wörtlichen Zitate des Berufsberaters mit allen fehlenden Satzzeichen an den markierten Stellen im Text einfügst.

❶ verrät Bernd Müller, Berufsberater beim der Arbeitsagentur. Und es gebe sie ja, die Berufe, in denen Auszubildende gesucht werden. ❷ erklärt er die geringen Bewerbungen auf bestimmte Azubi-Stellen. Von manchen Berufen hätten die Jugendlichen auch ein ganz falsches Bild. ❸ so der Berufsberater, der auf Anhieb 15 Stellen in dieser Richtung im Computer findet. Von denen sind zwölf noch unbesetzt, für die es bisher nur vier Bewerber gibt. ❹ erklärt Bernd Müller, hält kurz inne und fügt hinzu ❺ Peter Müller weiß, dass gerade in diesem Bereich Azubis gesucht werden. Wenige Nachwuchskräfte gibt es auch in den Bereichen Landwirtschaft, Fleischerei, Hotellerie und Gastronomie sowie Dienstleistungen. ❻ so Müller. Aber auch Exoten* unter den Berufen brauchen Nachwuchs: Fachkräfte für Süßwarentechnik, Mechatroniker, Brunnenbauer, Orthopädieschuhmacher, Textilmaschinenführer, Siebdrucker, Pferdewirtin oder Feinwerkmechaniker. ❼ rät der Berufsberater.

❶ Ganz so schlimm sieht es für die Azubis, was den Arbeitsmarkt angeht, nicht aus
❷ Manche Berufe sind allerdings nicht so bekannt oder so beliebt
❸ Beim Fleischer gibt es zum Beispiel verschiedene Fachrichtungen. Das weiß aber oft keiner
❹ All diese Informationen haben die Jugendlichen ja auch
❺ Immer noch ganz weit oben auf der Beliebtheits-Skala stehen Büro- und IT-Berufe, Arzthelferin, Floristin, Tischler, Kfz- oder Industriemechaniker oder Jobs im Groß- und Einzelhandel. Aber bitte ohne Lebensmittel
❻ Gute Chancen haben Azubis zurzeit zum Beispiel im Metallhandwerk oder im Heizungs- und Straßenbau
❼ Oft müssen die Leute Praktika machen, um zu sehen, was wirklich in dem Beruf gemacht wird

WERKSTATT Rechtschreiben

Das Komma zwischen Haupt- und Nebensatz

> Nebensätze erkennt man an den Konjunktionen *(wenn, weil, als ...)*, durch die sie eingeleitet werden. In Nebensätzen steht das Prädikat am **Ende.** Beispiel:
> <u>Damit</u> ich über alle Sportereignisse in meiner Stadt <u>informiert bin</u>, lese ich regelmäßig die Zeitung.
> Ich lese regelmäßig die Zeitung, <u>damit</u> ich über alle Sportereignisse in unserer Stadt <u>informiert bin</u>.

1 Unterstreiche in den Nebensätzen die Konjunktionen und das Prädikat. Setze anschließend die Kommas (Folie).

In einer Zeitungsdruckerei

Damit am Morgen die neuesten Nachrichten in der Zeitung zu lesen sind arbeiten viele Menschen in der Zeitungsredaktion und in der Druckerei.

Sobald die Druckplatten mit den Zeitungstexten und Bildern fertig gestellt sind nimmt der Drucker sie in der Rotationshalle in Empfang.

Ehe mit dem eigentlichen Druck der Zeitung begonnen werden kann müssen riesige Papierrollen in die Rotationsmaschine gelegt werden.

Weil die Rollen zum Tragen viel zu schwer sind werden sie über Schienen zu den Maschinen transportiert und automatisch eingespannt.

Wenn der Drucker die Druckplatte mit den Zeitungsberichten und Bildern in der Druckmaschine befestigt hat beginnt der Druck der Zeitung.

Nachdem in der Rotationsmaschine die einzelnen Zeitungsseiten fertig gedruckt worden sind laufen sie über Transportketten in die Packerei.

Bevor die Zeitungen zum Abtransport an die Leser verpackt werden wählt ein Mitarbeiter probeweise eine Zeitung aus und überprüft den Druck.

2 Welche der gekennzeichneten Konjunktionen kannst du durch andere ersetzen, ohne dass sich der Sinn des Satzes wesentlich verändert?
Mache die Ersatzprobe mit den folgenden Konjunktionen. Schreibe die Sätze ins Heft. Vergiss nicht, die Kommas zu setzen.

dass   damit   sodass   indem   weil   da   nachdem   bevor   während   ehe   als   obwohl   obgleich   ob   falls

3 Forme einige Sätze so um, dass der Nebensatz an zweiter Stelle steht. Unterschlängele den Nebensatz. Kennzeichne auch die Konjunktion und das Prädikat. Kommas nicht vergessen!

Das Komma zwischen Haupt- und Nebensatz

4 Nebensätze können auch mit Relativpronomen eingeleitet werden. Lies den Regelkasten zum Relativsatz in der *Werkstatt Sprache*, S. 247.

5 Schreibe den folgenden Text ab und setze an den markierten Stellen passende Relativpronomen ein. Unterstreiche das Nomen, auf das sich das Relativpronomen bezieht. Vergiss nicht, die Kommas zu setzen!
Wichtig: Finde auch eine geeignete Überschrift und mache Absätze!

Warum gibt es so viele Jugendliche und Erwachsene ■ trotz der Warnungen vor den Gesundheitsrisiken rauchen? Großen Einfluss auf die jüngeren Altersgruppen hat wohl der Umgang mit Film und Fernsehen ■ das Rauchen immer noch als Inbegriff von Freiheit und Lifestyle* darstellen. Es gibt in Filmen so gut wie nie rauchende Darsteller ■ husten. Sie sind im Gegenteil besonders gesund und lebensfroh.
    Nikotin ist den meisten bekannt als die Substanz in Zigaretten ■ süchtig macht. Aber Tabakrauch ist ein wahrer Chemie-Cocktail ■ ungefähr 4000 weitere chemische Substanzen enthält. Folgen des Rauchens ■ immer wieder von Ärzten genannt werden sind deshalb höhere Abwehrschwäche, Raucherhusten bis hin zur chronischen* Bronchitis*, dazu Krebsgefahr. Derjenige ■ raucht hat keine Alternative zum Verzicht auf das Rauchen, wenn er langfristig gesund bleiben will. Aber das setzt voraus, dass er das Verhalten ■ zum Rauchen geführt hat auch wirklich verändert. Dennoch wird es für jeden ■ aufhören will nicht leicht. Fünf bis sechs Anläufe sind nicht selten nötig, bis die schlechten Gewohnheiten endlich der Vergangenheit angehören. Experten warnen vor falschen Hoffnungen ■ zu einer Unterschätzung der Anstrengungen und zu überzogenen Erwartungen führen.

6 Erweitere in dem folgenden Text die unterstrichenen Nomen durch Relativsätze. Bilde die Relativsätze aus den Angaben in den Klammern. Das passende Relativpronomen musst du noch finden.

> Wenn der Relativsatz eingeschoben ist, musst du zwei Kommas setzen.
> Beispiel: Ein Beruf, **der** für mich in Frage kommt, muss mir vor allem Freude bereiten.

Ich mache mir in letzter Zeit immer mehr Gedanken über die Berufsausbildung (ich in etwa drei Jahren beginnen werde). Ein Beruf muss mir vor allem Freude bereiten (für mich in Frage kommt). Das Thema „Traumberufe – Berufsträume" haben wir uns für das zweite Schulhalbjahr aufgespart (auch zur Vorbereitung auf das Berufspraktikum dient). Für mein Praktikum habe ich mich in einer großen Lebensmittelfabrik beworben (im nächsten Jahr stattfindet). Die Erwartungen sind mir noch nicht klar (ich mit meinem Berufspraktikum verbinden sollte). Ich habe zu allen Tätigkeiten Lust (etwas mit Technik zu tun haben). Während des Berufspraktikums bekomme ich hoffentlich einen guten Überblick über möglichst viele Berufe (man in einer Lebensmittelfabrik erlernen kann). Ich hoffe, dass ich dann nicht mehr so hilflos vor der Berufsentscheidung stehe (ich über kurz oder lang treffen muss).

WERKSTATT Rechtschreiben

Das Komma zwischen Haupt- und Nebensatz

7 Die Sätze in den folgenden Texten stehen unverbunden nebeneinander. Verbinde jeweils zwei Sätze zu einem Satzgefüge aus Haupt- und Nebensatz:
- Aus dem zweiten Hauptsatz soll dabei immer ein Nebensatz werden.
- Benutze die in Klammern angegebenen Konjunktionen oder Relativpronomen.
- Suche für jeden Text eine passende Schlagzeile.

Spürhunde sind für die Bergung von verschütteten Menschen unerlässliche Helfer. Die Tiere sind besonders trainiert. *(weil)*
Die Hunde schlagen auf verstärkten Buttersäuregeruch an. Menschen dünsten ihn in Not oder extremen Stresssituationen aus. *(den)*
Den Hunden macht nur der Staub auf dem Trümmerfeld zu schaffen. Dieser beeinträchtigt die Riechorgane. *(da)*

Zwei Tage lang hat ein 78-jähriger Mann aus Hamburg in seiner Wohnung gelegen. Er wurde von der Feuerwehr gefunden. *(bevor)*
Eine Nachbarin hatte die Rettungskräfte gerufen. Sie hatte den Mann nach Polizeiangaben seit Tagen nicht mehr gesehen. *(weil)*

Gestern begann das Stadtfest. Es geht heute und morgen weiter. *(das)*
Man kann mit einem Helikopter über die Gemeinde fliegen. Man hat keine Angst. *(wenn)*
Das Fest endet mit einem Feuerwerk. Es wird bei Anbruch der Dunkelheit gezündet. *(das)*

8 Verknüpfe einzelne der folgenden Sätze zu Satzgefügen. Du kannst die Konjunktionen und Relativpronomen von dem Zettel benutzen.

Wir werteten das Spiel anschließend aus. Es gab eine heiße Diskussion. Der Trainer hielt mit seiner Meinung nicht hinter dem Berg.
　Wir wollten heute eine Wanderung machen. Wir hatten uns leider verspätet. Wir kamen zum Treffpunkt. Die anderen waren schon über alle Berge.
　Ich habe es dir schon ein paar Mal gesagt. Du darfst mit deinen vierzehn Jahren nicht so spät nach Hause kommen. Das kommt nicht noch einmal vor. Ich werde andere Saiten aufziehen.
　Hat man schon etwas über den Einbruch in der Bank gehört? Ich bin felsenfest davon überzeugt. Jemand hat dabei die Finger im Spiel. Er kennt die Verhältnisse in der Bank genau.

```
als
dass
wenn
weil
der
```

9 Vergleiche deine Ergebnisse mit denen eines Partners. Überlegt, warum sie sich ähneln oder voneinander unterscheiden.

Das Komma zwischen Haupt- und Nebensatz

1.0 Setze in die Texte auf den Zetteln die Kommas ein. Du kannst so vorgehen:
- Schreibe den Text ab, den du bearbeiten willst.
- Suche die Konjunktionen und Relativpronomen und markiere sie.
- Versuche die Nebensätze bis hin zum Verb zu überschauen. Unterstreiche sie.
- Setze dann die Kommas ein.
- Überprüfe dein Ergebnis mit einem Partner.

Du kannst mit den Texten auch experimentieren, wie du es in wortstark 2 und 3 gelernt hast:
1. *Verben markieren*
2. *Sinneinheiten finden und einklammern*
3. *Satzzeichen setzen*
4. *Ergebnisse vergleichen und begründen*

Mannheim. Ohne ihren Torschützen vom Dienst der wegen einer Knieverletzung passen musste fehlte der VfL-Mannschaft die entscheidende Anspielstation. Edelreservist Buzov und der lange verletzte Kuncic der nach seinen Achillessehnenbeschwerden ins Team zurückgekehrt war konnten die Lücke nicht schließen: Ihre einzige klare Chance resultierte aus einem Freistoß den der Keeper von Viktoria reaktionsschnell über die Latte lenkte. Wenn sich die VfL-Mannschaft in den nächsten Wochen nicht erheblich steigert wird es für sie in nächster Zeit kaum möglich sein dass sie den Klassenerhalt sichert.

Freiburg. Der Schüler Alex A. war auf dem Weg zur Schule als ihm von einem Auto die Vorfahrt genommen wurde. Er verlor die Kontrolle über sein Mofa sodass er kopfüber in einen Straßengraben stürzte. Weil Alex einen Helm trug kam er mit leichten Verletzungen davon. Auf den Krankenwagen den ein Zeuge per Handy alarmiert hatte musste nicht lange gewartet werden. Da man im Krankenhaus nach eingehender Untersuchung außer einigen Prellungen keine weiteren Verletzungen feststellte konnte Alex noch am selben Tag das Krankenhaus wieder verlassen. Ob ein wenig Schmerzengeld für ihn herausspringt steht noch nicht fest.

Berlin. Viele befreien sich von der Nikotinsucht aus gesundheitlichen und finanziellen Gründen indem sie von einem Tag auf den nächsten mit dem lästigen ungesunden Rauchen einfach aufhören.

Villingen-Schwenningen. Mit drei Jahren sang sie ihrer Familie vor mit elf Jahren hatte sie ihren ersten öffentlichen Auftritt. Jetzt eroberte Jana Rodrigues bei einem Talentwettbewerb in Bienenbüttel zu dem auch Vertreter einer Schallplattenfirma erschienen die Herzen des Publikums. Obwohl eine fiebrige Erkältung sie quälte ging sie auf die Bühne und stimmte kraftvolle Popsongs und gefühlvolle Balladen an. Das Publikum honorierte den Auftritt der Nachwuchskünstlerin mit kräftigem Beifall sodass das „Applausometer" das entscheidend für den Erfolg ist kräftig nach oben stieg. Demnächst wird Jana zu einer überregionalen Endausscheidung eingeladen bei der die Abstimmung durch das Publikum und durch eine Fachjury durchgeführt wird. Wenn sie diese Ausscheidung gewinnt bekommt sie einen Plattenvertrag. Jana ist überglücklich weil sie den Traum von einer Gesangskarriere schon fast aufgegeben hatte.

Tipps für Berichtigungen und individuelles Üben

1 Sammle eine Zeit lang Wörter, die du falsch geschrieben hast:
- Übernimm dazu die folgende Tabelle ins Heft. Entscheide, ob du für dich weitere Spalten einfügen willst oder eine Spalte wegfallen kann.
- Trage die richtige Schreibweise in die richtige Spalte ein.
- Markiere, wo du einen Fehler gemacht hast.

d/t, g/k, b/p verwechselt:	
a/e, äu/eu verwechselt:	
ss/ß verwechselt:	
mm/m, nn/n … verwechselt:	ka**m**
Nomen nicht großgeschrieben:	**A**ngst
weitere Fehler:	

Einen Übungsplan erstellen

Wenn du deine persönliche Rechtschreibschwäche genauer kennst, kannst du versuchen, durch kurze tägliche Übungen deine Rechtschreibung zu verbessern. Wähle dazu Aufgaben für deine täglichen Übungen aus:

Ü 1 Bilde zu einsilbigen Wörtern eine zweisilbige Wortform und schreibe sie mit Silbentrennstrich auf. Beispiel: *bremst – brem-sen*.

Ü 2 Zerlege zwei- und mehrsilbige Wörter in Silben: *die Hütte – die Hüt-te*.

Ü 3 Zerlege Wörter in einzelne Wortbausteine und erkläre ihre Schreibweise: *zerreißen – zer-reißen*.

Ü 4 Suche zu Wörtern mit *ä* und *äu* Formen mit *a* und *au*: *Rätsel – raten*.

Ü 5 Erstelle Wortfamilien. Benutze dazu das Wörterbuch.

Ü 6 Bestimme Nomen mit Adjektiven näher: *Schuld – große Schuld*.

Ü 7 Ordne die Nomen eines Textes nach ihren Erkennungswörtern: Nomen mit Artikel, Nomen mit Präposition (und verstecktem Artikel), Nomen mit Possessivpronomen, Nomen mit Demonstrativpronomen.

Ü 8 Übe dass-Sätze in typischen Satzmustern: *Er glaubt/meint/wünscht/fühlt …, dass es stimmt.*

Ü 9 Verwende deine Übungswörter in kurzen Sätzen.

Ü 10 Suche gezielt nach Wörtern mit besonderen Rechtschreibproblemen.

Ü 11 Mache mit Wörtern und Sätzen ein Eigendiktat oder lass dir Übungswörter, Übungssätze oder Texte diktieren.

> Erfinde für deinen Übungsplan auch eigene Such- und Übungsaufgaben.

WERKSTATT Sprache

Hotdog oder Hot Dog?
Softdrink oder Soft Drink?
Fairplay oder Fair Play?
Happyend oder Happy End?
Inlineskates oder Inline-Skates?
Bigband oder Big Band?
Playback oder Play-back?
Skateboom oder Skate-Boom?
Streetfashion oder Street-Fashion?
Technoszene oder Techno-Szene?
Trendbarometer oder Trend-Barometer?
Trendscout oder Trend-Scout?

WERKSTATT Sprache

Fremde Wörter: „Einwanderer" aus anderen Sprachen

In der deutschen Sprache gibt es viele Wörter, die in Texten immer wieder nebeneinander vorkommen und deswegen allmählich zusammenwachsen. So ist aus *Montag* und *Abend* der *Montagabend* geworden und aus dem *Kapitän,* der das *Dampfschiff* auf der *Donau* leitete, der berühmte *Donaudampfschiffskapitän.*

Mit Wörtern aus fremden Sprachen, besonders aus dem Englischen, geschieht dasselbe: Sie haben im Englischen zwei Akzente und werden getrennt geschrieben: *Blúe Jeáns;* im Deutschen dagegen tragen viele von ihnen nur einen Akzent und werden deswegen zusammengeschrieben: *Blúejeans.* Bei einigen Wörtern ist bei uns die englische oder die deutsche Schreibweise möglich, also z. B.: *Hót Dóg – Hótdog.*

```
HIPPIE     SCHUHE
KAPUZEN    ROCK
PLATEAU    KLAMOTTEN
RADLER     ROLLI
RIPPEN     WESTE
SATIN      JEANS
LACK       SHIRT
HEMD       BLOUSON
STRETCH    HOSE
STRUMPF    JACKE
```

1 Schau dir die Wörter auf der vorigen Seite an: Wie würdest du es beim Schreiben halten? Und wie würdest du es lieber lesen? Entscheide dich für jeweils eine der beiden Schreibweisen.

2 Setze die Nomen auf dem blauen Zettel zusammen, sodass zusammengesetzte Nomen entstehen. In den meisten Fällen wirst du sie in einem einzigen Wort schreiben; aber vielleicht möchtest du das eine oder andere doch mit Bindestrich schreiben.
Wenn du möchtest, kannst du dir auch witzige Fantasiewörter zusammenstellen und sie in einen kleinen Modetext verpacken.

3 Wenn man unmittelbar nacheinander zwei zusammengesetzte Nomen verwendet, dann kann man sich manchmal etwas kürzer fassen. Man schreibt dann nicht *Mittagessen und Abendessen,* sondern *Mittag- und Abendessen.* Für den ausgelassenen Teil setzt man einen so genannten **Ergänzungsstrich.**

Schreibe die Wörter auf dem gelben Zettel einmal in kurzen Sätzen in dieser Form auf.

Musikkultur und Popkultur
Tennisfan und Fußballfan
Sportzeitschrift und Modezeitschrift
Sportmode und Freizeitmode
Modetrends und Freizeittrends
Kinderliteratur und Jugendliteratur

SPRACHE

Der Apostroph: auch ein „Einwanderer"?

Den **Apostroph** als Einsparungszeichen gibt es in unserer Sprache schon lange. Aber nun kommen viele Apostrophe auch aus dem Englischen zu uns herein. Auf Geschäftsschildern und in der Werbung breiten sie sich immer mehr aus und schleichen sich sogar bis in die geschriebenen Texte mancher Leute ein. In der deutschen Rechtschreibung gibt es aber Regeln dafür, die man einhalten sollte.

Illustration mit Werbesprüchen:
- Geh' mal wieder in's Kino!
- Sylvie's Hair-Shop
- Meier's Backstube
- Dicke's Ei
- Fritz' Studio – Das ist's!
- Auf's Schützenfest gehen – und etwas Tolle's erleben!

1 Schreibe die Firmenschilder und Werbesprüche aus der Illustration auf. Entscheide dabei, ob du sie mit oder ohne Apostroph schreiben würdest.

1. Der Apostroph zeigt an, dass in oder nach Wörtern Buchstaben ausgelassen werden: *So ein Unsinn!* → *So'n Unsinn! Das ist es.* → *Das ist's.*
2. Der Apostroph steht auch zur Kennzeichnung des Genitivs bei Namen, die mit *s, z, x* enden: *Hans' T-Shirt, Franz' Jeans, Felix' Turnschuhe.*
3. Nach anderen Namen steht nur ein Apostroph, wenn der Name nicht eindeutig ist: *Andreas' Blumenecke* (wenn der Name *Andreas* ist) *oder Andrea's Blumenecke* (der Name ist *Andrea*); aber: *Müllers Hund.*
4. Kein Apostroph steht, wenn eine Präposition und der Artikel *das* verschmolzen werden: *an das Fenster, auf das Dach* → *ans Fenster, aufs Dach.*
5. Es steht auch kein Apostroph bei einem weggelassenen *e* am Ende des Wortes: *Ich lasse das nicht zu.* → *Ich lass das nicht zu. Bleibe weg!* → *Bleib weg!*

2 Welche der Wörter mit Apostroph in der Illustration sind nach diesen Regeln richtig, welche falsch geschrieben? – Schreibe die sechs Zeilen jetzt richtig auf.

3 Die Sätze auf dem blauen Zettel haben die Krankheit „Apostrophitis"! Schreibe sie richtig auf.

Blauer Zettel:
Timo's Rad hatte schon 'nen Platten, als er es an's Tor von Niklas' Gärtnerei gestellt hatte. „Schieb' es lieber!", hab' ich zu ihm gesagt. Aber er wollte's nicht. Ich hab's ja gewusst: Immer muss er alles besser wissen! Er muss endlich mal wieder 'runter auf den Teppich!

WERKSTATT Sprache

Jugendsprache

Ein wirklich überlegener Junge!

Als der Neue zum ersten Mal in die Klasse kam, richteten sich alle Blicke auf ihn. Der Junge sah wirklich aufregend aus. Vollkommen selbstsicher, wie er da in der Tür stand und uns ansah! Er war sehr modisch gekleidet. Seine gesamte Kleidung sah großartig aus, vollendet modern. Vor allem seine gut frisierten Haare fielen auf. Einige Mädchen sahen ihn mit herausfordernden Blicken an. Ich fand das etwas unangemessen. Doch es schien so, als ob ihm das alles gleichgültig war. Er stand einfach da in seinem farbenfrohen T-Shirt, stemmte selbstbewusst die Fäuste in die Hüften und sagte, obwohl er noch gar keinen Platz in der Klasse hatte: „Na, wer will neben mir sitzen?"

Dieser Text entspricht nun wirklich nicht der Sprache, mit der ihr einen solchen Typ beschreiben würdet! Er ist aus der Sicht eines Erwachsenen geschrieben und nicht aus der von Jugendlichen.

1 Schreibt den Text doch einmal so um, dass er eurer Jugendsprache gerecht wird und so klingt, wie ihr ihn ohne Scheu vor umgangssprachlichen Ausdrücken geschrieben hättet. Einige Wörter, die ihr dabei verwenden könnt, sind hier abgedruckt. Keine Angst! Es geht nicht um guten oder schlechten Ausdruck, sondern um die Echtheit eurer Ausdrucksweise.

absolut   bescheuert   cool   echt   egal   geil   gestylt   in   klasse   kultig   out   Outfit   schrill   super   toll   topaktuell   total   trendy   Typ

Ein ▭▭▭▭▭ Typ

Als der Neue zum ersten Mal in die Klasse kam, richteten sich alle Blicke auf ihn. Der …

Viele Wörter der Jugendsprache haben wir aus dem Englischen übernommen. Einige von ihnen sind aber auch Wörter, die in der deutschen Sprache eine lange Geschichte haben. Und einige von ihnen stammen aus anderen Sprachen.

2 Kannst du an äußeren Merkmalen oder an der Aussprache erkennen, welche der Wörter oben englischer oder deutscher Herkunft sind?

Und wie ist es mit diesen Wörtern:

Bluse   Fashion   Gürtel   Hemd   Hit   Hose   Kleid   News   Rap   Sound   T-Shirt   Trend   Typ

Wenn du unsicher bist, schlage in einem Wörterbuch nach!

Fachsprache

*angeklickt   ausgelogt   Avatare   Browser   Chat   Cursor   downloaden
Emoticons   Fenster geschlossen   gechattet   gesurft   Interessantes   Links
Maus   Modem   Netiquette   Netz   offline   Online-Dienst   Online-Game
Probleme   Software   Usertalk   56000 BPS*

1 Klärt im Klassengespräch die Bedeutung der Wörter. Schlagt die Begriffe im Wörterbuch nach, die keiner von euch kennt.

2 Welche Wörter sind Fremdwörter, welche deutsche Wörter mit übertragener Bedeutung und welche Kombinationen aus beiden?

> Für neue Erfindungen braucht man Wörter, die es erlauben, dass alle Benutzer unter diesen neuen Wörtern dasselbe verstehen. Diese Wörter bezeichnen oft einen komplexen Vorgang oder Zusammenhang mit nur einem Fachwort. So hat jedes Fachgebiet seinen eigenen Fachwortschatz, der von Fachleuten in Fachtexten verwendet wird.

Anwendergespräch

Christine: Hallo Udo, hast du dein *Umformungsgerät* schon ausprobiert?
Udo: Ja, ich hab jetzt eins mit 56.000er *Geschwindigkeit*. Gestern bin ich von zwölf bis drei im Netz *herumgesaust*, immer wieder mal mit dem *Zeiger* ein paar *Verbindungen* angeklickt, war ganz nett.
Christine: Konntest du dir noch was *Aufregendes* auf den Rechner *runterladen*?
Udo: Nein, ich hab noch *Schwierigkeiten* mit meiner *Weichware*, mein *Darstellungswerkzeug* läuft noch nicht ohne Fehler. Ich muss mich noch mal mit meinem *Netzdienstpartner* in Verbindung setzen. Hast du dich gestern noch übers Netz *unterhalten*?
Christine: Ja, und ich hab dabei noch ein paar neue *Gefühlseinheiten* kennen gelernt. Aber einige Leute scheinen ja von *Umgangsformen* im Netz noch nie was gehört zu haben: Da schreit mich doch einer an, nur weil ich zu langsam bin! Ich hab sofort mein Fenster *zugemacht*. Wenn der mir *in Wirklichkeit* begegnet wäre, hätte ich ihm gleich mal die Meinung gesagt. Ich hab also den *Klatsch* abgebrochen und bin auf einen Spieleanbieter umgestiegen. Da hab ich ein neues *Netzpartnerspiel* gefunden, aber die *Rollenpartner* haben mir nicht gefallen.
Udo: Hast du denn das Spiel noch ausprobiert?
Christine: Nein, ich hab mich gleich wieder *abgemeldet*.

3 Setzt für die kursiv gedruckten Wörter den entsprechenden Fachbegriff aus der Wörtersammlung oben ein. Unterhaltet euch darüber, welcher Text verständlicher wirkt und warum.

WERKSTATT Sprache

Sprichwörter

Sprichwörter *Fred Endrikat*

Man darf dem Tag nicht vor dem Abend dankbar sein
Und soll das Schicksal nicht für alles loben.
Ein Gutes kommt niemals allein
Und alles Unglück kommt von oben.

Die Peitsche liegt im Weine.
Die Wahrheit liegt beim Hund.
Morgenstund hat kurze Beine.
Lügen haben Gold im Mund.

Ein Meister nie alleine bellt.
Vom Himmel fallen keine Hunde.
Dem Glücklichen gehört die Welt.
Dem Mutigen schlägt keine Stunde.

1 Hier sind die Sprichwörter durcheinandergeraten. Finde sie heraus, indem du je zwei Zeilen kombinierst.

2 Sprecht über die Bedeutung der Sprichwörter: Welche kennt ihr?

> **Sprichwörter sind feste, unveränderliche Wendungen mit lehrhaftem Inhalt und enthalten häufig eine Lebensweisheit.** Sie haben oft eine übertragene Bedeutung und sind nicht wörtlich zu nehmen, sondern müssen auf die jeweilige Situation übertragen werden.

3 Welche Antwort passt zu der Erklärung? Es muss ein Sprichwort sein!

a Auch dem Dümmsten gelingt einmal etwas.
Mit den Hühnern zu Bett gehen./Da lachen ja die Hühner./Ein blindes Huhn findet auch einmal ein Korn.

b Das ist die Ursache des Problems.
Mein Name ist Hase./Da liegt der Hase im Pfeffer./Wissen, wie der Hase läuft.

c Jemand ist nicht leicht zu durchschauen.
Ins kalte Wasser springen./Das Wasser steht ihm bis zum Hals./Stille Wasser sind tief.

d Sich nicht durch das Äußere täuschen lassen.
Es ist nicht alles Gold, was glänzt./Ein goldenes Händchen haben./Eine Goldgrube sein.

Welche Sprichwörter verbergen sich hinter den Illustrationen? Zeichnet selbst welche.

Sprachbilder – Metaphern

SCHLANKE FIGUR **Verlockende Lippen**

Unwiderstehlicher Charakter GEKLEMMTE NADELN

Flotte Lotte Getönte Flammen

Intelligentes Glas

Trinkt *nicht* und *raucht* *nicht* Stoff gewordener Traum

1 Wenn man sich diese Werbeslogans anschaut, denkt man zuerst wohl an etwas anderes als an das, was sie meinen. Notiert euch auf einem Zettel, woran ihr denkt, wenn ihr das lest. Zum Beispiel:
Bestechende Stacheln: blühende Rosen, Kakteen, Disteln …

2 Auf der nächsten Seite findet ihr Bilder und kurze Texte, die euch die Bedeutung dieser Werbeslogans verraten. Könnt ihr sie richtig zuordnen?

Wörter und Wortgruppen, die etwas anderes sagen, als sie eigentlich bedeuten, nennt man Metaphern.
Man überträgt die ursprüngliche Bedeutung des Wortes, wie *Rad* (runder Gegenstand, der rollt) auf ein Fahrrad und nennt es dann auch *Rad*, obwohl es doch zwei Räder hat. Oder man überträgt die eigentliche Bedeutung von *cool* (kühle, kalte Temperatur) oder *ätzend* (durch Säure verletzend) auf das Aussehen von Menschen oder ihren Charakter und nennt dann einen Typen oder eine Sache *cool* oder *ätzend*.

---

3 Schreibt auf, was ihr *cool* oder *ätzend* findet, und notiert euch dann, was ihr unter *cool* und *ätzend* versteht.

4 Sucht aus Zeitschriften Ausdrücke heraus (einzelne Wörter oder Wortgruppen), die in übertragener Bedeutung gebraucht sind. Gebt euch gegenseitig zum Raten auf, was mit ihnen gemeint sein könnte, – so wie in den Beispielen oben.

WERKSTATT Sprache

Sprachbilder – Metaphern

Tradition in der Küche
Dieses Küchengerät, das schon unsere Großeltern kannten, leistet Ihnen beim Durchsieben immer wieder gute Dienste.

Blüten locken Insekten
Stellen Sie sich diese wunderhübschen Lippenblütler auf den Balkon und Sie werden ein Heer von Hummeln beobachten können.

Hippe Bluse
Ohne Ärmel, mit rotem Reißverschluss und kleinem Guckloch im Dekolleté ist diese Jeansbluse ein …

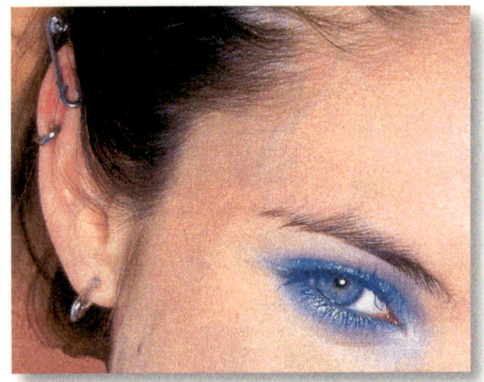

CLIPP DEINE PIERCING-NADEL ANS OHRLÄPPCHEN

Badische Weine
Der Rote hat einen Charakter, dessen Temperament unwiderstehlich ist.

Das neue Superauto
Es verbraucht wenig Kraftstoff und gibt ein Minimum von Abgasen an die Umwelt ab.

Brille für jedes Licht
Ihre Gläser passen sich den Lichtverhältnissen intelligent an. Im Schatten erscheinen sie hell, im Licht färben sie sich dunkel ein.

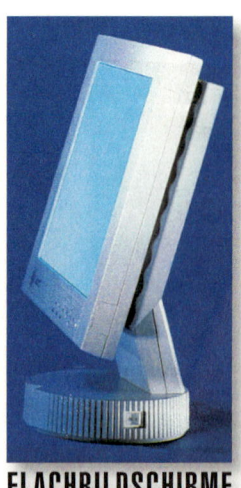

FLACHBILDSCHIRME

Wortfeldarbeit

Alles Lüge? Für das Wort *lügen* gibt es viele ähnliche Wörter:

> Wörter, die eine völlig gleiche Bedeutung haben, gibt es in unserer Sprache nur wenige: *Samstag – Sonnabend, Fleischer – Metzger – Schlachter …*
> Wörter aber, die eine ähnliche Bedeutung haben, gibt es viele:
> *lügen, schwindeln, aufschneiden, flunkern …*
> Solche Wörter heißen Synonyme. Sie bilden ein Wortfeld.

Die Wörter im Wortfeld *lügen* haben alle ein gemeinsames Merkmal:
„Etwas sagen, das nicht der Wahrheit oder der Wirklichkeit entspricht."
Aber sie unterscheiden sich auch voneinander. Aber worin?

```
übertreiben
lügen
flunkern
schwindeln
täuschen
betrügen
```

1 Ordne die Wörter auf dem Zettel: Wie wird die „Lüge" bewertet:
a eher schlimm: …
b nicht so schlimm: …

2 Es gibt eine Fülle von Redewendungen und bildlichen Ausdrücken, mit denen wir das Lügen umschreiben:

*jemanden hinters Licht führen   jemanden übers Ohr hauen
eine Schau abziehen   sich wichtigtun   dick auftragen
große Töne spucken   jemanden aufs Glatteis führen   sich aufplustern
Sprüche machen   aus einer Mücke einen Elefanten machen
die Wahrheit verdrehen   jemanden hintergehen*

Welche dieser Redewendungen passen zu den folgenden Verben?
Manchmal passen sie zu zwei Verben:
a bluffen, übertreiben: …
b lügen, betrügen: …
c prahlen, angeben: …

3 Es gibt grundsätzlich zwei Arten, nicht die Wahrheit zu sagen:
Aussagen oder Texte, bei denen
a der Hörer oder Leser merken soll, dass hier etwas Falsches gesagt wird;
b der Hörer oder Leser dies gerade nicht merken soll.

Bei welchen Sätzen handelt es sich um „Lügen" der Sorte **a** oder **b**:

Münchhausen erzählt Lügengeschichten.
Der Angeklagte macht eine Falschaussage.
Der Angler erzählt uns nichts als Jägerlatein.
Der Zeuge schwört einen Meineid.

WERKSTATT Sprache

Wortfeldarbeit

Wortfeld: „Etwas Unwahres sagen"

abstreiten angeben aufschneiden betrügen bluffen erdichten faseln flunkern hereinlegen hintergehen irreführen leimen lügen prahlen schwafeln schwindeln spinnen täuschen übertreiben verdrehen verkohlen

4 Welche Verben in diesem Wortfeld bedeuten, dass einer eine Unwahrheit sagt? Welche, dass einer doch die Wahrheit sagen könnte? Stelle sie zusammen:
– Auf jeden Fall die Unwahrheit sagen: *betrügen* …
– Möglicherweise die Wahrheit sagen: *etwas abstreiten* …

Begriffsbestimmung

5 Im Merkkasten steht eine Begriffsbestimmung für *Lüge*. Jeweils ein Wort der Wortpaare auf dem Zettel musst du in die Lücken einfügen:

① verletzen, täuschen
② wahren, unwahren
③ Unwahrheit, Wahrheit
④ Nachteil, Vorteil
⑤ Unwahrheit, Wahrheit

> Eine **Lüge** ist eine Aussage, die ein Sprecher macht, um einen Hörer absichtlich zu ①. Ein wahrer Satz, der tatsächlich stimmt (wie *Ich habe das Geld gestohlen*), wird vom Sprecher ins Gegenteil verkehrt *(Ich habe das Geld nicht gestohlen)*. Der Sprecher will, dass der Hörer diesen ② Satz als ③ glaubt. Das Motiv für eine Lüge ist: Der Sprecher sieht für sich einen ④ darin, wenn er die ⑤ sagt.

6 Lest euch eure Begriffsbestimmungen vor und sprecht darüber.

7 Was ist eigentlich eine „Notlüge"? Diskutiert miteinander die folgenden Aussagen: Handelt es sich um glatte Lügen oder um Notlügen oder um was sonst?

a Als mich meine Mutter fragte, wie die Arbeit ausgegangen ist, habe ich gesagt, dass ich eine ganz gute Arbeit geschrieben habe, obwohl es eine glatte Fünf war. Ich wollte sie nicht beunruhigen.
b Ich konnte doch dem Kranken nicht sagen, wie schlimm es um ihn steht; deswegen habe ich ihm gesagt: „Wir werden die Krankheit schon in den Griff bekommen."
c Ich habe heute die Schule geschwänzt. Als mich mein Vater fragte: „Wie war es denn heute in der Schule?", habe ich geantwortet: „Ganz gut."
d „Wie groß war denn der Fisch, den du gefangen hast?", fragte mein Kumpel. Na ja, er war ziemlich klein. Aber ich habe ihm lachend gesagt: „Drei Meter lang!"

8 Schreibe eine Begriffsbestimmung für *Notlüge*. Denke daran: Auch eine Notlüge ist und bleibt eine Lüge. Der letzte Satz der Begriffsbestimmung von *Lüge* oben im Kasten müsste aber anders lauten!

Sprachliche Höflichkeit

Manche bezeichnen Höflichkeit als „Öl im Getriebe der Gesellschaft". Manche meinen, in seiner Sprache nett und freundlich zu sein, gehöre einfach zu den normalen Umgangsformen.

Am Telefon

1 Stell dir vor, du möchtest mit Lena telefonieren, die in deine Klasse geht. Am Telefon meldet sich aber ihr Bruder Niklas. Wie würdest du sprachlich reagieren?
Notiere zuerst einmal auf einem Zettel, 1. welchen der Sätze **a** – **d** du selbst auswählen würdest, und 2. welchen du auf keinen Fall sagen würdest:
a Hallo, Niklas! Hier ist ... Würdest du mir bitte mal deine Schwester ans Telefon holen!
b Hier ist ... Ich möchte gerne mal deine Schwester sprechen.
c Hier ... Gib mir mal Lena!
d Hi! Eh du, schaff Lena ran! Ich will sie sprechen.

2 Spielt zu zweit die vier Möglichkeiten durch. Niklas nimmt den Hörer ab und meldet sich – und du redest.

3 Ihr solltet auch noch andere Möglichkeiten ausprobieren, die euch einfallen, und dann darüber sprechen.

4 Und nun stell dir vor, es meldet sich nicht Niklas, sondern die Mutter von Lena. Schreibe auch jetzt auf einen Zettel, welchen Satz du 1. wählen würdest und welchen du 2. nie und nimmer sagen würdest:
a Guten Tag, Frau Müller! Hier ist ... Ich hätte gern mal Ihre Tochter gesprochen. Würden Sie sie bitte mal ans Telefon holen?
b Hier ist ... Ich möchte gern Lena sprechen. Holen Sie sie doch bitte mal!
c Hier ... Geben Sie mir mal Lena!
d Hi! Ich wollte eigentlich Lena sprechen. Holen Sie sie mal ans Telefon!

5 Spielt auch diese Szene zu zweit durch und wählt weitere Formulierungen, mit denen ihr die Mutter von Lena ansprechen würdet.

6 Vergleicht jetzt miteinander, was ihr auf euren Zetteln notiert habt.

7 Sucht aus den Sätzen oben einzelne Wörter oder Ausdrücke heraus, mit denen der Sprecher Höflichkeit oder Freundlichkeit signalisiert.

8 Diskutiert miteinander über Fragen wie:
– Sollte man zu Erwachsenen höflicher sein als untereinander?
– Braucht man bestimmte Höflichkeitsformeln? Und wozu?
– Braucht man Wörter wie *bitte, mal, doch* usw. Oder genügt es, nur mit der Stimme freundlich zu sein?

bitte
mal
würdest du
...

Sprachliche Höflichkeit

Beschwerdebrief

1 Stell dir vor: Ihr habt in der Schule von verschiedenen Lehrern sehr viele Hausaufgaben aufbekommen, obwohl ihr am Freitag eine schwierige Arbeit schreibt. Du fasst dir also ein Herz und schreibst einen Beschwerdebrief an deine Klassenlehrerin Frau Schmücking. Hier sind zwei Möglichkeiten. Würdest du eine von ihnen wählen?

Hey, Frau Schmücking,

ich fasse es einfach nicht! Obwohl wir am Freitag die Mathearbeit schreiben und noch üben müssen, kriegen wir von den anderen Lehrern so viel auf, dass man fast durchdreht. Ich mache jedenfalls keine Hausaufgaben. Ich nicht! Und die meisten von uns denken auch so. Man muss doch wenigstens ein bisschen Rücksicht nehmen, finde ich. Eine Arbeit geht einfach vor!!! Sagen Sie das Ihren Kollegen! Okay? Danke!

Dora

Sehr geehrte Frau Schmücking,

ich wende mich mit einer großen Bitte an Sie. Wir schreiben am Freitag eine ziemlich schwierige Mathearbeit, für die wir noch üben müssen. Nun haben wir aber von Ihren Kollegen zum Freitag so viele Hausaufgaben aufbekommen, dass wir wahrscheinlich nicht alles schaffen können. Ich möchte Sie, auch im Namen einiger Mitschülerinnen und Mitschüler, herzlich darum bitten, Ihren Kollegen mitzuteilen, dass sie Verständnis für unsere Situation aufbringen möchten. Ich danke Ihnen sehr für Ihre Bemühungen.

Mit freundlichen Grüßen

Dora Minimal

> *Standardsprache folgt den in Grammatiken und Wörterbüchern festgelegten Normen.*

> *Umgangssprache ist die Sprache des täglichen Lebens, aber keine Mundart.*

2 Sprecht über den Sprachstil, der in diesen beiden Briefen verwendet wurde:
– Welcher ist in Standardsprache, welcher in Umgangssprache verfasst?
– Welche Formulierungen kommen euch unhöflich oder übertrieben höflich vor?
– Welche würdet ihr eventuell auch verwenden, welche auf keinen Fall?
– Vor allem: Welche Formulierungen würden die Klassenlehrerin davon überzeugen, sich für euch einzusetzen? Welche aber wohl kaum?

3 Schreibe jetzt selbst diesen Brief sachlich, in Standardsprache und ohne übertriebene Höflichkeitsformeln. Vergleicht eure Ergebnisse.

4 Schreibt einen Beschwerdebrief an die Gemeinde, in dem ihr euch über einen Mangel beklagt, z. B. den unhaltbaren Zustand der Fahrradwege. Bringt euren Ärger deutlich zum Ausdruck, ohne unhöflich zu werden, und verwendet keine Umgangssprache.

Verben: Die Zeitformen wechseln

*Die Schriftstellerin Lena Christ schreibt in ihrem Buch „Erinnerungen einer Überflüssigen" über ihre schwere Kindheit und Jugend.
In der folgenden Episode erzählt sie, wie ihre Großmutter einmal am Bach Wäsche spülte. Die Kleine saß neben ihr auf einem Steg und stocherte mit einem Stecken im Wasser herum …*

Eine gefährliche Situation

Lena Christ

Kaum hatte ich mit meinem Stecken einen Stein zur Seite gerückt, als schon ein großer Dollen <u>herausfuhr</u>. Ich <u>ziele</u> und <u>steche</u> mit der Gabel zu; aber die war nicht festgebunden und <u>rutscht</u> ab. Inzwischen war der Fisch zur Seite geschnellt und <u>blieb</u> nahe dem Ufer über dem Sand stehen. Mir <u>schien</u> die Stelle seicht genug, um ihn jetzt mit der Hand fangen zu können. Ich <u>stülpe</u> also meinen Ärmel auf, <u>strecke</u> den Arm aus und <u>will</u> den Fisch fassen, <u>versinke</u> aber mit der Hand tief in den weichen Ufersand; dabei <u>verliere</u> ich das Gleichgewicht und <u>stürze</u> in den Bach, jedoch so, dass die Füße noch auf der Waschbank <u>blieben</u>. Den Kopf unter Wasser <u>zerre</u> und <u>zapple</u> ich so lange, bis ich die Füße nachziehen <u>konnte</u>. Derweilen hatte mir aber das Wasser schon alle Kraft genommen und <u>trieb</u> mich nun unter der Waschbrücke hindurch grad unter die Hände meiner Großmutter. […] Darauf <u>zogen</u> sie mich heraus und <u>führten</u> mich heim.

5

10

1 In welchen Zeitformen stehen die unterstrichenen Verben?

2 Eigentlich sollte man die Zeitformen in einem fortlaufenden Text nicht wechseln. Sprecht darüber, warum Lena Christ wohl die Zeitformen an einigen Stellen gewechselt haben mag.

Kleiner Unfall

Gestern fuhr ich auf dem Fußweg vor unserem Haus mit meinen Inlineskates auf und ab. Ich rollte den Weg hinunter und kam gerade so richtig in Fahrt. Da kommt doch ein großer Hund daher und rennt mir zwischen die Beine. Ich falle mit Karacho auf das Hinterteil. Und der Hund – was macht der? Der steht über mir und guckt mich mit großen Augen an. Ich rappele mich wieder auf. Und als ich auf den Beinen stand, preschte der Köter wie angestochen davon. Ich sah nur noch, wie er mit eingezogenem Schwanz um die Ecke flitzte.

3 Auch in dem kurzen Erlebnisbericht hat die Schreiberin die Zeitformen gewechselt. Stellt fest, an welchen Stellen das der Fall ist. Sicher könnt ihr euch gegenseitig Auskunft darüber geben, was ein solcher Wechsel beim Lesen bewirkt.

WERKSTATT Sprache

Verben: Die Zeitformen wechseln

> Für das, was man aus der Erinnerung aufschreibt, wählt man die Vergangenheitsform. **Aufgeschriebene Erlebnistexte stehen deshalb in der Regel in der Zeitform des Präteritum.**
>
> **Man kann aber hin und wieder auch ins Präsens wechseln, – und zwar an einer besonders aufregenden Stelle.** Auf diese Weise wird das Geschehen näher an die Gegenwart herangeholt. Es wird für die Leserinnen und Leser dadurch spannender.

4 Schreibe den folgenden Text ab und setze dabei die Verben in einer der beiden Zeitformen Präsens oder Präteritum ein:

Noch einmal Glück gehabt!

Gestern (fahren) ich mit dem Rad zur Schule. Da (beobachten) ich, wie eine Katze gerade noch einmal mit dem Leben (davonkommen). Vor mir (fahren) ein Auto. Am Rand der Straße (stehen) eine kleine Katze. Auf einmal aber (laufen) sie doch quer vor das Auto. Der Fahrer (hupen). Dann (bremsen) er, dass die Reifen nur so quietschen. Die Katze (drehen) sich mit einem Sprung mitten auf der Straße um und (fliegen) in den Straßengraben. Ich (denken) noch: Die ist bestimmt verletzt oder gar tot! Als ich mit dem Rad an die Stelle (kommen), (sehen) ich aber keine Katze mehr. Ich (schauen) mich um und (sehen), wie sie putzmunter über die Wiese (rennen). Sie hatte noch einmal Glück gehabt!

5 Lest euch gegenseitig eure Texte vor. Achtet dabei darauf, an welchen Stellen ihr ins Präsens gewechselt seid – und wann ihr wieder ins Präteritum zurückgekehrt seid.

6 Schreibe selbst einmal einen kurzen Erlebnistext über ein Sportereignis, ein Erlebnis mit einem Tier, eine gefährliche Situation oder etwas anderes, woran du dich erinnerst. Wechsle dabei an einer besonders spannenden Stelle die Zeitform.

Aktiv – Passiv

Mal leicht, mal schwer!

Im Schulbus wurde mir _____ auf die Füße getreten.
Auf dem Schulhof wurde ich _____ angerempelt.
In Sport wurde mir im Hockeyspiel zuerst _____ zugejubelt.
Dann wurde ich _____ auf die Strafbank gesetzt.
Nach der Pause wurde ich _____ getröstet.
In der Mathestunde wurde ich dann _____ gelobt.
In Englisch wurde ich aber wegen meiner Aussprache _____ ausgelacht.
In Deutsch wurde mein Gedichtvortrag _____ beklatscht.
Mir wurde es heute _____ mal leicht und mal schwer gemacht.

1 „Wer hat denn um Himmels willen das alles mit dir in der Schule gemacht?", fragte der Vater zu Hause.
Ja, wer wohl? – Setze in den Text Personen ein, die getan haben könnten, wovon hier die Rede ist. Das kannst du tun, indem du Ausdrücke mit *von* … einsetzt: *Im Schulbus wurde mir* <u>*von einem Jungen*</u> *auf die Füße getreten* …

2 Mündlich kann man auf diese Weise schon einmal erzählen.
In geschriebener Sprache liest sich ein solcher Text aber nicht sehr gut, weil immerzu *wurde … wurde …* wiederholt wird. Schreibe den Text einmal auf, indem du Passiv und Aktiv abwechselst:

Auf dem Schulhof wurde ich (von jemandem) angerempelt. Oder:
Auf dem Schulhof hat mich jemand angerempelt.

Mit Passivsätzen kann man etwas tun, was im Aktiv nicht so gut möglich ist:
Man kann weglassen, wer etwas tut:

Aktiv: *Auf dem Schulhof hat mich* <u>*ein Junge*</u> *angerempelt.*
Passiv: *Auf dem Schulhof wurde ich angerempelt.*

Wenn wir etwas ausdrücken wollen, ohne einen Täter zu nennen, verwenden wir gern das Passiv.

---

3 Forme die folgenden Sätze ins Passiv um – und lasse dabei weg, wer etwas tut:

Genervt!

Manchmal redet <u>meine Oma</u> unentwegt auf mich ein.
<u>Meine Schwester</u> lässt mich keine Minute in Ruhe.
<u>Meine Freundin</u> nutzt mich ständig aus.
<u>Sie</u> nerven mich ständig!

WERKSTATT Sprache

Das Passiv und seine „Verwandten"

Gespenstische Geschichte

a Ich werde plötzlich aufgeweckt.
b Das Fenster öffnet sich.
c Die Gardinen werden beiseitegeschoben.
d Das Papier wird von meinem Schreibtisch heruntergewirbelt.
e Ich bekomme etwas Nasses auf die Nase gespritzt.
f Kalte Luft wird mir ins Gesicht geblasen.
g Ein Buch aus meinem Regal wird heruntergestoßen.
h Ich kriege einen Schlag auf den Kopf versetzt.
i Plötzlich werde ich geblendet.
j Es treibt mich aus dem Bett.
k Es hat mich gepackt.
l Ich gehe zum Fenster. Plötzlich ist mir alles klar: …

1 Lest euch die Geschichte gegenseitig vor.

2 Schreibe sie in wenigen Sätzen zu Ende.

3 Warum wirkt diese Geschichte so gespenstisch? Welche der folgenden Antworten hältst du für richtig?
a *Weil man nicht weiß, wo sich das Ganze abspielt.*
b *Weil man nicht weiß, wer das alles tut.*
c *Weil man nicht weiß, wann das alles passiert.*

4 Kannst du aus den einzelnen Sätzen herauszufinden, wer hier jeweils etwas tut. Manchmal wird dir das sicher gelingen!

5 Schreibe aus den Sätzen die Prädikate heraus und ordne sie:
– Prädikate mit *werden* im Passiv: *werde aufgeweckt* …
– Prädikate mit den Pronomen *sich, mich*: …
– Prädikate mit den Verben *bekommen, kriegen*: …

6 Versuche in den Sätzen **a** – **k** Wörter einzusetzen, an denen deutlich wird, wer hier etwas tut:
Ich werde plötzlich von einem Geräusch aufgeweckt. …

> Normalerweise kommt in Sätzen jemand vor, der etwas tut. Es gibt aber auch Sätze, in denen derjenige, der etwas tut, nicht genannt wird.
> Solche Sätze können
> – im Passiv stehen: *Diebstahl wird bestraft.*
> – mit kriegen/bekommen formuliert sein: *Auf Diebstahl bekommt man Strafe.*
> – mit den Pronomen sich/mich gebildet werden: *Diebstahl bestraft sich.*

Die indirekte Rede und die Verben im Konjunktiv

Jara erzählt ihrer Freundin

① Stell dir vor, Alices kostbarer Ring soll in der Sportstunde abhandengekommen sein! ② Sie hat mir gesagt, ③ dass sie ihn vor dem Volleyballspiel in ihre Hosentasche gesteckt habe. ④ Als sie sich dann wieder umgezogen habe, sei der Ring nicht mehr in der Tasche gewesen. ⑤ Sie sei ganz sicher, dass sie ihn vorher abgemacht habe. ⑥ Sie habe das immer so gemacht. ⑦ Ich weiß ja nicht, ob das alles so stimmt. ⑧ Sie sei jedenfalls ziemlich sicher, dass ihn jemand gestohlen habe. ⑨ Sie habe das Ganze jedenfalls dem Hausmeister gemeldet. ⑩ Vielleicht hat sie den Ring ja auch einfach verloren – oder gar nicht angesteckt! ⑪ Manchmal ist sie ja ein bisschen schusselig.

1 Nachdem du diesen Text gelesen hast, solltest du zuerst einmal notieren: Welche der Aussagen stammen von Alice und welche stammen von Jara? Schreibe die Satzziffern auf: *Jara: Satz 1 … – Alice: Satz …*

2 An welchen sprachlichen Merkmalen kann man eigentlich erkennen, welche Aussagen von Alice stammen? Sprecht darüber.

Wenn man etwas in direkter Rede (wörtlicher Rede) erzählt, sagt man es meistens im Indikativ:
Sie sagte: „Mein Ring <u>ist</u> weg. <u>Ich finde</u> ihn nicht. Er <u>ist mir</u> gestohlen worden."

Wenn man etwas erzählt, was ein anderer gesagt hat, dann gebraucht man die indirekte Rede. Für eine solche indirekte Wiedergabe verwenden wir oftmals den Konjunktiv I:
Sie sagte, <u>ihr</u> Ring <u>sei</u> weg. <u>Sie finde</u> ihn nicht. Er <u>sei ihr</u> gestohlen worden.

Das Wichtigste aber ist: Man lässt die Person nicht in der Ich-Form sprechen, sondern in der Er- oder Sie-Form.

---

3 Unterstreiche die Merkmale der indirekten Rede, die im Merkkasten genannt sind, in dem Text oben auf der Folie.

4 Was könnte Alice wirklich gesagt haben? Forme ihre Sätze in direkte Rede um:
„Ich habe den Ring vor dem Volleyballspiel in meine Hosentasche gesteckt. Als …"

WERKSTATT Sprache

Die indirekte Rede und die Verben im Konjunktiv

Die Mutter zum Vater:

Du, ich muss dir etwas erzählen!
Alice hat mir vorhin gesagt:
„Ich habe heute in der Schule Pech gehabt.
Ich habe meinen Ring verloren."
Sie sagte:
„Das ist in der Sportstunde passiert.
Ich habe den Ring in der Umkleidekabine abgenommen."
Das ist vielleicht ein Ding! Alice hat noch gesagt:
„Beim Hausmeister hat ihn auch niemand abgegeben."
Ich weiß auch nicht, was ich davon halten soll.
Zum Schluss meinte sie:
„Bestimmt hat ihn jemand gestohlen!
Ich werde mich morgen noch einmal darum kümmern."
Eigentlich schade um den schönen Ring!

Das hat die Mutter am Abend dem Vater von Alices Pech berichtet. Doch so wird sie es sicherlich nicht gesagt haben. Sie wird doch nicht alles in direkter Rede erzählen, was Alice gesagt hat. Wahrscheinlich wird sie das meiste in indirekter Rede sagen. Und dabei hätte sie mehrere Möglichkeiten:

Alice hat mir erzählt,   sie habe heute Pech gehabt …
………………………,   dass sie heute Pech gehabt habe …
………………………,   dass sie heute Pech gehabt hat …

5 Erzählt mündlich, was die Mutter dem Vater erzählt hat.

6 Schreibe es jetzt einmal auf. Du musst dabei unbedingt unterscheiden, was die Mutter aus Alices Mund wiedergibt – und was ihre eigenen Worte sind!

7 Vergleicht eure Formulierungen miteinander.

> Wenn du mündlich etwas in indirekter Rede wiedergibst, dann stehen dir viele Möglichkeiten zur Verfügung. Wenn du aber etwas schriftlich wiedergibst, dann ist die Form des Konjunktiv I die eleganteste:
> *Alice hat mir erzählt, sie <u>habe</u> heute in der Schule Pech gehabt.*

Der Konjunktiv II: Wünsche und Vorstellungen

Ich wär so gerne Millionär

Ich stelle mir vor, ich wäre Millionär. Ich würde in einem Schloss wohnen. In dem Park gäbe es eine riesige Anlage für Inlineskating und eine Weide voller Pferde. Natürlich wäre da auch eine Gokartbahn, auf der man Rennen ausrichten könnte. Ich würde dann alle meine Freundinnen und Freunde einladen. Wir liefen Inlineskates, ritten auf unseren Pferden und würden mit den Gokarts auf der Bahn rund um den Park fahren. Wir …

Eine normale Schule gäbe es für mich nicht. Die Lehrerinnen und Lehrer kämen zu uns aufs Schloss und würden mir und allen meinen Freunden Unterricht geben. Der Unterricht dauerte natürlich nur so lange, wie wir Lust hätten. Vor allem würden nur unsere Lieblingsfächer unterrichtet. In Mathematik müsste ich allerdings eine Menge lernen, damit ich lernte, wie man mit dem vielen Geld umginge. Aber wenn man wüsste, wozu es gut ist, nähme man das in Kauf.

1 In diesem Wunschtext gibt es eine Reihe von Verbformen, an denen immer wieder deutlich wird, dass das Ganze leider nur ein Wunschtraum ist: *wäre, würde, gäbe …*
Unterstreicht sie auf der Folie und schreibt sie an die Tafel.

2 Schreibe ein oder zwei Sätze auf, die in die Lücke im Text hineinpassen.

3 Lest euch eure Sätze gegenseitig vor. Auch die darin verwendeten Verbformen sollte einer oder eine von euch an die Tafel schreiben.

Hielte, ginge, bliebe, zöge, fühlte, schriebe, schliefe …

Verbformen wie diese nennt man Formen im Konjunktiv II.
Solche Verbformen gebraucht man besonders dann, wenn man Wünsche äußert oder Fantasievorstellungen zum Ausdruck bringt.

---

4 Schreibt in Gruppen den ersten oder zweiten Absatz des Textes einmal im Indikativ auf. Ihr dürft also keinen Konjunktiv verwenden!

Ich stelle mir vor, ich bin Millionär. Ich wohne in …

5 Lest euch eure Lösungen vor und sprecht darüber, an welchen Stellen ihr auch jetzt noch herausfinden könnt, dass alles nur Wünsche und Fantasien sind, – und an welchen nicht.

Der Konjunktiv II: Wünsche und Vorstellungen

Ich wär so gerne Nationalspieler/in

Ich bin Spieler(in) der deutschen Nationalmannschaft. Mein Name steht in allen Zeitungen. In jedem Spiel schieße ich mindestens ein Tor. Der Trainer hält große Stücke auf mich und beruft mich zu jedem Spiel unserer Mannschaft. Wenn ich den Platz in einem großen Stadion betrete, jubelt mir alles zu. Man ruft meinen Vornamen im Chor. Ein Schauer des Glücks läuft mir über den Rücken. Natürlich strenge ich mich immer besonders an. Ich laufe mir die Lunge aus dem Leib. Keiner ist schneller als ich. Die Verteidiger der ganzen Welt fürchten meine Flankenläufe. Doch kaum einer kann mich stoppen. Ich bin trickreich und flink. Oft bekomme ich Aufmunterungsrufe. Sie dröhnen durch das ganze Stadion. Nach dem Spiel umdrängen mich die Reporter und jeder kann im Fernsehen sehen, wie ich clever auf ihre Fragen antworte. Ich komme viel in der Welt herum. Die größten Stadien der Welt sind meine Heimat.
Das ist ein Leben! – Oder besser gesagt: Das wäre ein Leben! Denn leider ist das alles nur ein Wunschtraum.

```
bekäme
beriefe
beträte
hielte
könnte
liefe
riefe
schösse
```

6 In diesem Text wird so getan, als ob alles Wirklichkeit ist. Zum Schluss heißt es aber: *Leider ist das alles nur ein Wunschtraum.*
Wie müsste der Text aussehen, damit man merkt, dass es nur ein Fantasietext ist?
Schreibe ihn um. Du kannst dabei Formen mit *würde* verwenden. Du solltest aber auch hin und wieder Verben im Konjunktiv II gebrauchen. Auf dem Zettel stehen einige von ihnen.

7 Die Formen des Konjunktiv II sind manchmal recht ungewöhnlich – und nicht immer leicht zu bilden. Schreibe zu den folgenden Verben diese Formen auf:

bleiben   bringen   finden   fliegen   gewinnen   kommen   laufen   lesen nehmen   rufen   schießen   schreiben   sehen   treffen   treten   trinken verlieren

Infinitiv	Indikativ	Konjunktiv II
bleiben	ich bleibe	ich bliebe

Denke dir dabei Sätze wie: *Wenn ich könnte, bliebe ich noch …*
Wenn du unsicher bist, schau in einem Wörterbuch nach!

Attribute (Beifügungen)

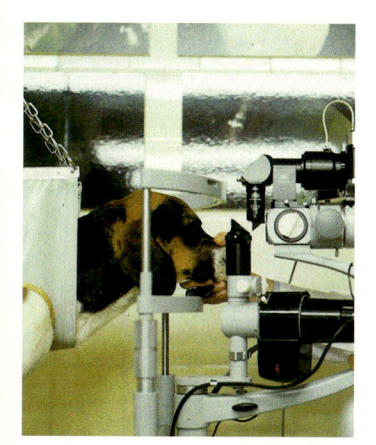

Tierkauf erst mit 16 Jahren

Der Verkauf ① an Jugendliche ② wird verboten. Dies sieht die Änderung ③ vor. Bislang lag die Altersgrenze bei 14 Jahren. Weiter müssen Züchter und Transporteure eine Qualifikation ④ nachweisen. Das bislang auf die Entwicklung ⑤ beschränkte Verbot ⑥ soll EU-weit auf ⑦ Kosmetika ausgedehnt werden. Bei der Einfuhr ⑧ werden die Anforderungen verschärft. Nach Ansicht ⑨ bringt der Entwurf ⑩ Fortschritte. So werde nichts gegen die ⑪ Zustände ⑫ unternommen, erklärte Präsident Wolfgang Apel.

1. Wenn ihr euch diese Zeitungsnachricht gegenseitig vorlest, werdet ihr sicher den Kopf schütteln. Obwohl die Sätze vollständig klingen, sind sie doch unverständlich.

2. Was hier fehlt, sind die folgenden Wörter und Wortgruppen:

① _von_ Hunden, Katzen und anderen Wirbeltieren
② _unter_ 16 Jahren
③ _des_ Tierschutzgesetzes
④ _für_ das Betäuben und Töten von Tieren
⑤ _von_ Make-up
⑥ _für_ Tierversuche
⑦ _sämtliche_
⑧ _von_ Tieren
⑨ _des_ Deutschen Tierschutzverbandes
⑩ _keinerlei_
⑪ _unhaltbaren_
⑫ _in_ der Massentierhaltung

Setze sie beim Lesen in die Lücken im Text ein.

Wörter und Wortgruppen wie diese nennt man Attribute (Beifügungen). Attribute gehören immer zu Nomen. Sie sagen etwas Genaueres über Nomen aus. Attribute können vor oder nach dem Nomen stehen, zu dem sie gehören.

Attribute können Adjektive sein: _unhaltbare_ Zustände.

Es können auch Beifügungen im Genitiv sein:
die Änderung _des Tierschutzgesetzes_.

Es können Wortgruppen mit Präpositionen sein: der Verkauf _von Hunden_.

Attribute (Beifügungen)

Tierverkaufsverbot

Mit dem Tierschutzgesetz sollen Jugendliche, <u>die unter 16 Jahre sind</u>, daran gehindert werden, ohne die Erlaubnis, <u>die sie von ihren Eltern erhalten haben</u>, Tiere zu kaufen. Die Verantwortung, <u>die für die Tierhaltung übernommen wird</u>, liegt nämlich bei den Eltern von Kindern, <u>die noch nicht mündig sind</u>. Es wurde festgestellt, dass besonders Tiere, <u>die sehr klein sind</u>, oftmals von Kindern gekauft wurden und dann nicht mit der Sorgfalt, <u>die ausreichend ist</u>, behandelt werden. Unter einer Versorgung, <u>die mangelhaft ist</u>, leiden vor allem Schildkröten, <u>die von Kindern gekauft wurden</u>, ohne eine Kenntnis, <u>die Eltern davon hatten</u>. Deswegen werden durch das Tierschutzgesetz Händler, <u>die in Tierhandlungen tätig sind</u>, dazu verpflichtet, Tiere nur an Käufer abzugeben, <u>die erwachsen sind</u>.

3 Zu diesem Artikel eines noch etwas unerfahrenen Volontärs* meinte die verantwortliche Redakteurin: „Kürzen Sie den Text bitte noch etwas! Die vielen Relativsätze, die ich Ihnen unterstrichen habe, sind mir zu umständlich!" Da machte sich der Volontär daran, jeden der unterstrichenen Relativsätze in knappere Attribute umzuformen: *Mit dem Tierschutzgesetz sollen Jugendliche unter 16 Jahren …*

4 Auch dieser Leserbrief ließe sich noch kürzen, indem man die etwas umständlichen Relativsätze in knappere Attribute umformt. Diesmal sind einige Nomen unterstrichen, zu denen die Attribute gehören:

> Ich finde es ungerecht, dass wir von dem <u>Taschengeld</u>, das wir gespart haben, nicht mehr selbstständig ein <u>Tier</u>, das unser eigenes ist, kaufen dürfen. Wie sollen wir denn zur <u>Verantwortung</u>, die wir gegenüber einem Tier haben sollen, erzogen werden, wenn wir nicht mehr mit unserem <u>Taschengeld</u>, das unser eigenes ist, entscheiden dürfen, welches Haustier wir kaufen wollen? Damit will man uns doch nur unsere <u>Selbstständigkeit</u>, die eh schon begrenzt ist, noch weiter einschränken. Das ist eine <u>Ungerechtigkeit</u>, die erschreckend ist!

Relativsätze sind Beifügungen zu Nomen: *Ich möchte für ein <u>Tier, das mein Eigen ist</u>, die Verantwortung übernehmen.*
Auch Relativsätze sind also eine besondere Art von Attributen.
Viele von ihnen lassen sich in kürzere Attribute umformen, zum Beispiel in Adjektiv-Attribute: *Ich möchte für ein <u>eigenes Tier</u> die Verantwortung übernehmen.*

Relativsätze

> Relativsätze sind in der Regel Beifügungen (Attribute) zu einem Nomen. Sie werden durch Kommas vom übrigen Satz abgetrennt:
> *Ich besitze ein Haustier , das nur mir allein gehört.*
>
> Manchmal sind Relativsätze in einen Satz eingeschoben. Dann werden sie durch ein Doppelkomma (durch zwei Kommas also) vom Satz abgegrenzt:
> *Dieses Tier , das ein Pony ist , versorge ich selbst.*

1 Schreibe den folgenden Text auf. Erweitere die unterstrichenen Nomen durch Relativsätze. Diese Relativsätze kannst du aus den Wortgruppen in den Klammern selbst herstellen. Setze auch die Kommas ein!
Beispiel: *… und ein Hund, der die Ohren spitz aufgestellt hat, kommt …*

Feinde von Joggern und Skatern?

Wer hätte es nicht schon einmal erlebt? Da fährt man, nichts Böses ahnend, auf seinen Inlineskates am Baggersee entlang und ein Hund *(Ohren spitz aufgestellt)* kommt einem entgegen. Sein Frauchen *(von der Leine losgelassen)* spaziert gemütlich hinter ihm her. Man selbst überlegt: Will dieses vor sich hinschnaufende Ungetüm etwas von mir? Am besten ist in einer solchen Situation *(man plötzlich hineingerät)* wenn man sich ruhig verhält. Das Frauchen ruft einem dann in aller Regel zu, dass das Hündchen ein ganz liebes Tier sei und einem absolut nichts tut. Glaubt solchen Frauchen bitte niemals! Ein Hund *(vom Jagdinstinkt angestachelt)* vergisst seine ganze Erziehung. Er rennt allen Lebewesen *(sich bewegen)* hinterher. Deswegen gehören Hunde zu den größten Feinden von Joggern und Skatern *(nur ihren unschuldigen Sport treiben)*. Nehmt euch vor ihnen in Acht!

2 Der folgende Satz lässt sich ohne Kommas wirklich schwer verstehen:

Satzungetüm mit Relativsätzen

Herr Beinhart dem der Hund gehört der den Jogger gebissen hat der am Baggersee entlanggerannt ist musste auf Anordnung des Gerichts das ihn dazu verpflichtete von nun an seinen Liebling der die Freiheit so sehr liebte auf seinen Spaziergängen die er täglich machte stets an einer Leine führen die sehr kurz ist damit er nie mehr Menschen die am Baggersee joggen beißt.

Ihr seht also: Kommas erleichtern durchaus das Lesen! Schreibe den Satz ab und setze die Kommas ein.

Infinitivsätze

> Infinitivsätze sind Nebensätze, die durch die Konjunktionen *zu, (an)statt zu, ohne – zu, um – zu* eingeleitet werden und in denen das Verb im Infinitiv (Grundform) steht. Der Infinitivsatz wird durch ein Komma abgetrennt.
>
> Mit Hilfe des Infinitivs können zwei Hauptsätze in einen Hauptsatz mit Nebensatz umgewandelt werden. Beispiel:
> *Er abonnierte eine Tageszeitung. Er wollte stets auf dem Laufenden sein. –
> Er abonnierte eine Tageszeitung, um stets auf dem Laufenden zu sein.*
>
> Bei bloßem Infintiv kann das Komma entfallen, wenn dadurch keine Missverständnisse entstehen. Beispiel:
> *Er setzte sich an den Tisch und begann sofort zu essen.*

um ... zu
Thomas lernte fleißig. Er wollte besser werden.
Lisa zeigte die gute Note ihren Eltern. Sie wollte gelobt werden.
Der Radfahrer klingelte. Er wollte auf sich aufmerksam machen.
Viktor fuhr in die Stadt. Er kaufte sich eine neue CD.

1 Verbinde jeweils die beiden Hauptsätze einer Zeile zu einem Satz und verwende dabei die Konjunktion aus der Randspalte. Schreibe die Sätze in dein Heft. Vergiss das Komma nicht.

ohne ... zu
– Die Kinder sprangen ins Wasser (vorher duschen).
– Der unaufmerksame Autofahrer bog ab (die Fußgänger bemerken).
– Patrick ging am Wochenende in die Disco (seine Eltern fragen).
– Viele Schüler kommen morgens in die Schule (gefrühstückt haben).

(an)statt ... zu
– Gina pfiff nach ihrer Freundin (an der Haustür klingeln).
– (fernsehen) solltest du lieber deine Hausaufgaben machen.
– Timo schnitt das Papier durch (in der Mitte falten).

2 Vervollständige diese Sätze unter Verwendung der Konjunktionen aus der Randspalte und schreibe sie auf. Denke daran, das Komma zu setzen.

Nach mehrmaligem Anlassen fing der Motor an zu laufen.
Den Vorsatz abzureisen hatte sie schon lange gefasst.
Die Ärztin ordnete an statt Medizin einzunehmen Entspannungstraining zu machen.
Suchmaschinen zu benützen das ist manchmal ganz schön nervig.
Wir arbeiten um zu leben.
Das Internet macht es uns einfacher an Informationen zu kommen.

3 Schreibe diese Sätze in dein Heft. Entscheide, ob ein Komma gesetzt werden muss oder ob es entfallen kann.

Nebensätze mit Konjunktionen

Graffiti – Kultur oder Sachbeschädigung?

dass
weil
da
sodass
wenn
obwohl
obgleich
damit
ob
falls

1 Verbinde jeweils die beiden Sätze einer Zeile. Setze eine der Konjunktionen von dem Zettel ein, sodass aus dem unterstrichenen Satz ein Nebensatz wird. Füge zwischen Hauptsatz und Nebensatz ein Komma ein.

Wenn man durch eine Stadt geht, begegnen einem überall Graffiti.

a Durch eine Stadt gehen – überall begegnen einem Graffiti.
b Ich bin der Meinung – Graffiti sind nichts als Schmierereien.
c Solche Wandschmierer müssten bestraft werden – sie betreiben Sachbeschädigung.
d Ich bin nicht sicher – ist das Graffitispritzen nicht vielleicht eine Art Jugendkultur.
e Sie können ihre Kunst ausüben – man sollte Jugendlichen Wände zur Verfügung stellen.
f Graffiti sind – ich finde sie sehr interessant – sicher Sachbeschädigungen.
g Manche Jugendliche spritzen Graffiti – sie finden es aufregend.
h Viele Betonwände sähen öde aus – es gäbe keine Graffiti.
i Ich kann mir gar nicht mehr vorstellen – es gibt die bunten Graffiti nicht mehr.
j Ich kann andererseits Hausbesitzer gut verstehen – sie erstatten Anzeige.

Nebensätze erkennt man an den Konjunktionen, durch die sie eingeleitet werden: *dass, weil, da, wenn* ...

Nebensätze können einem Hauptsatz vorausgehen, sie können ihm nachfolgen oder in ihn eingeschoben sein:
Wenn man durch eine Stadt geht, begegnen einem überall Graffiti.
Überall begegnen einem Graffiti, wenn man durch eine Stadt geht.
Überall begegnen einem, wenn man durch eine Stadt geht, Graffiti.

---

2 Beschreibe, was mit dem Verb des Nebensatzes geschieht, wenn er durch eine Konjunktion eingeleitet wird. Versuche eine Regel zu formulieren.
Überall begegnen einem Graffiti – man geht durch eine Stadt.
Überall begegnen einem Graffiti, wenn ...

> In Nebensätzen steht das Verb ...

WERKSTATT Sprache

Richtige Sätze – wirksame und schöne Sätze

a Borgas stand im Schatten, den eine Laterne auf den Fußweg warf.
b Er hatte von irgendwo in der Nacht ein Geräusch gehört.
c Er beobachtete die Geschäfte auf der anderen Straßenseite.
d Zwei Gestalten kamen plötzlich aus einer Einfahrt heraus.
e Sie gingen hastig auf ein Uhrengeschäft zu.
f Sie nahmen aus einer großen Hülle einen Vorschlaghammer heraus.
g Sie schlugen mehrere Male auf die Scheibe ein.
h Borgas stockte der Atem.
i Er wollte sich aber auf keinen Fall bemerkbar machen.
j Er zog lautlos sein Handy aus der Tasche.
k Das Polizeiauto war in wenigen Minuten da.
l Borgas atmete erleichtert auf.
m Er hatte zwar den Bruch nicht verhindert,
n die beiden Gauner waren aber nicht zum Raub gekommen.

1 Lest euch diese spannende Szene gegenseitig vor.

2 Die Sätze dieses Textes beginnen immer mit Subjekt, Prädikat usw. Macht Vorschläge, wie man sie spannender gestalten könnte.

3 Der Satz **i** könnte in folgenden Versionen gebildet werden:
❶ *Aber er wollte sich auf keinen Fall bemerkbar machen.*
❷ *Auf keinen Fall wollte er sich aber bemerkbar machen.*
❸ *Bemerkbar machen wollte er sich aber auf keinen Fall.*
Suche dir diejenige Version aus, die du selbst am liebsten schreiben würdest.

4 Sammelt in der Klasse eure Ergebnisse.

> Der normale Aufbau der Sätze in unserer Sprache ist so:
> Subjekt – Prädikat – Adverbiale Bestimmungen – (weitere Satzglieder).
> *Zwei Gestalten – lösten sich – plötzlich – aus dem Schatten einer Einfahrt.*
> Wenn man in Sätzen Satzglieder besonders betonen und damit Spannung erzeugen möchte, dann kann die Reihenfolge ganz anders aussehen, z. B.:
> *Plötzlich – aus dem Schatten einer Einfahrt – lösten sich – zwei Gestalten.*

5 Verändere jetzt auch einige der übrigen Sätze. Dabei solltest du mehrere Umstellungsversuche machen, damit aus den normalen Sätzen besonders schöne Sätze werden.

6 Lest euch dann eure Texte gegenseitig vor. Gibt es dabei besonders spannende Sätze?

Richtige Sätze – wirksame und schöne Sätze

Durch Umstellungen von Satzgliedern kann man aber nicht nur einen literarischen Text besonders spannend gestalten, auch normale Zeitungstexte (und natürlich auch deine eigenen Texte) können dadurch besser werden. Hier stehen die Überschrift, der erste und der letzte Satz einer kurzen Zeitungsnotiz:

Ergebnisse einer Untersuchung des Zoos
Folgende Ergebnisse zeigte eine Untersuchung der Zooverwaltung:
…
Davon war sogar der Zoodirektor überrascht!

Allerdings stand das etwas anders in der Zeitung:

Eine Untersuchung der Zooverwaltung zeigte folgende Ergebnisse:
…
Überrascht war davon sogar der Zoodirektor!

1 Aber warum hat der Reporter diese beiden Sätze gerade so aufgeschrieben? Lest euch die Sätze laut vor. Sprecht darüber, was an ihnen anders ist.

In einem Text ist die Reihenfolge der Satzglieder meistens so:
Am Anfang steht entweder etwas schon Bekanntes oder etwas, das gefühlsmäßig besonders hervorgehoben werden soll.
Am Ende eines Satzes steht dann immer etwas, das für die Leser besonders wichtig und neu ist.

Am Anfang: etwas schon Bekanntes	Am Ende: etwas Neues
Eine Untersuchung der Zooverwaltung	*zeigte folgende Ergebnisse:*
(Das stand ja schon in der Überschrift!)	(Das ist das Wichtigste!)

Am Anfang: etwas Gefühlsmäßiges	Am Ende: das wichtigste Wort
Überrascht war davon sogar	*der Zoodirektor!*

- bei den Zoobesuchern –
- ist ausgeprägt –
- das Interesse an Tieren –
- sehr unterschiedlich
- beobachten – erwartungsgemäß – kleinere Kinder –
- Affen vor allem –
- am häufigsten
- war – die Fütterung der Leoparden – am interessantesten – für Jugendliche – dagegen
- interessierten sich – Erwachsene – überraschenderweise – für die Elefanten

2 Auf dem blauen Zettel stehen die Satzglieder der übrigen vier Sätze der Meldung.

Bilde aus diesen Satzgliedern Sätze. Beachte dabei besonders, was im Merkkasten steht. Du solltest also die Satzglieder hin und her schieben. Nur so bekommt man ein Gefühl dafür, was einen guten zusammenhängenden Text ausmacht.

3 Lest euch jetzt eure eigenen Sätze im Zusammenhang mit dem ersten und letzten Satz des Reporters gegenseitig vor. Vergleicht sie. Gibt es einige Sätze, die euch besonders gut gefallen?

WERKSTATT Sprache

Umstellen, erweitern, kürzen

Umstell-, Erweiterungs- und Verkürzungsproben sind euch aus den vorhergehenden Schuljahren sicherlich noch bekannt. Es sind grammatische Experimente, mit denen man Satzglieder näher bestimmen kann. Es sind aber auch Experimente, die zur Bearbeitung von Texten beitragen.
So verwendet man
– das **Umstellen**, um das Wichtige an die richtige Stelle zu setzen;
– das **Erweitern**, um Texte anschaulicher und genauer zu machen;
– das **Verkürzen**, um Texte von Überflüssigem, das zur Information nichts beiträgt, zu befreien.

1 In den folgenden Textanfang könnten der Reihe nach die Wörter vom Zettel eingefügt werden, um den Text anschaulicher und genauer zu machen. Schreibe den erweiterten Text auf oder füge die Wörter beim Vorlesen ein.

Eiskunstlauftraining

verflixt – immer wieder – immer wieder – einige Meter weiter – mit zäher Hartnäckigkeit – groß – des Eiskunstlaufens – knüppelhart – unabdingbar

Diese Kombination will einfach nicht klappen! Maja versucht es. Aber das Mädchen landet beim Sprung auf den Knien. Aline feilt an ihrer Schlusspirouette*. Zwischen ihnen wiederholt Shirin eine Schlusskombination. Die drei Mädchen gehören zu den Eiskunstlaufhoffnungen des EC. Von Glanz und Glamour* aber ist im Eisstadion während des Trainings nichts zu spüren. Der Sprung ins Rampenlicht ist nämlich Arbeit. Selbstdisziplin ist Voraussetzung dafür.

2 Der folgende Textabschnitt könnte um mindestens zwölf Wörter gekürzt werden, ohne dass dabei Anschaulichkeit und wichtige Informationen verloren gehen.
Lege eine Folie über den Textausschnitt und streiche die überflüssigen Wörter. Die meisten sind Adjektive!

… Dick vermummt steht die Trainerin an der Bande der glänzenden Eislauffläche. Sie beobachtet, korrigiert und tröstet manches Mal auch ihre trainierenden Schülerinnen. Auch sind die hübschen Mädchen nicht in glitzernde Paillettenkostüme* gekleidet, sondern dicke Handschuhe und wärmende Pullis bestimmen das betriebsame Bild. Für wenig glänzende Atmosphäre sorgen schon die äußerst niedrigen Temperaturen im Stadion, in dem immer und immer eisige Kälte herrscht, auch wenn es draußen vor dem Stadion wärmer erscheinen mag. Das zugige Eisstadion ist nicht das einzige Problem der trainierenden Läuferinnen. Vergleichbar mit der internationalen Konkurrenz sind bei ihrem täglichen Training eigentlich nur der spiegelglatte, rutschige Untergrund und die schmerzhaften Landungen bei ihren neu einzustudierenden Sprüngen und den neu einzustudierenden Figuren.

Umstellen, erweitern, kürzen

3 Auch der folgende Abschnitt ist noch nicht ganz geglückt. Durch Umstellungen von Satzgliedern in einigen Sätzen kannst du ihn so verbessern, dass einige Sätze nicht immer gleich (mit *sie*) anfangen – und dass er sich dann besser liest. Schreibe den Text um, – ohne allerdings etwas wegzulassen.

… Die Trainerin der Mädchen ist Katja Tulimann. Sie koordiniert alles und bereitet es vor. Bei der 36-jährigen Frau laufen alle Fäden zusammen. Sie war vor Jahren in Berlin tätig. Sie hat dort ihr Handwerk als Trainerin gelernt. Sie kümmert sich seit einigen Jahren beim EC besonders um den Nachwuchs. Sie kann sich über mangelnden Zulauf beim Verein nicht beklagen. Sie wird unterstützt von mehreren Übungsleiterinnen. Sie könnte ohne ihre Hilfe ein geordnetes Training nicht durchführen. Sie hat im letzten Jahr regen Zulauf von begabten jungen Eisläuferinnen bekommen. Sie ist sich aber ganz sicher, dass nach den Olympischen Spielen wieder eine Fülle von Anfragen kommt. Sie will sich mit großem Nachdruck in der kommenden Saison dafür einsetzen, dass die Hallenverhältnisse verbessert werden …

4 In dem letzten Textabschnitt musst du alle drei Verfahren anwenden, um ihn so umzugestalten, dass er überzeugend wirkt: das Verkürzen oder Wegstreichen, das Umstellen und das Einfügen oder Erweitern, denn zumindest zwei Wörter müssten ergänzt werden, damit die Informationen vollständig sind: *begrenzt, bestimmt*.

… Sie muss bisher das anstrengende Training leider in durchaus noch sozusagen unbefriedigenden Verhältnissen durchführen. Sie beklagt insbesondere die Öffnungszeiten, die es kaum möglich machen, über Zeiten hinaus zu trainieren. Sie findet das besonders in den sonnigen Sommermonaten unzumutbar, in denen das schöne Stadion geschlossen bleibt. Sie muss mit ihren trainingswütigen Schützlingen dann in eine Ballettschule umziehen, um dort das Eislauftraining durchzuführen.

5 Wer auf einem PC schreiben kann, sollte alle vier Textabschnitte zu einem überzeugenden und gut lesbaren Zeitungsartikel umschreiben. Das wird bei den einzelnen Schreiberinnen und Schreibern sicher etwas unterschiedlich aussehen!

Eiskunstlauftraining
Diese verflixte Kombination will einfach nicht klappen! Maja versucht es …

Sätze aufeinander beziehen – Sätze verknüpfen

Kriminalgeschichte
Anfang

a Mister Thurber saß friedlich in seinem Zimmer an der offenen Terrassentür und las die Zeitung.
b Es war aber nicht so friedlich, wie er glaubte.
c Zwei Verbrecher wollten plötzlich ausgerechnet ihm einen Besuch abstatten.

b¹ <mark>So friedlich</mark>, wie Mister Thurber glaubte, war es aber nicht.
b² <mark>Aber</mark> so friedlich, wie <mark>er</mark> glaubte, war es nicht.
c¹ <mark>Plötzlich</mark> wollten zwei Verbrecher ausgerechnet Mister Thurber einen Besuch abstatten.
c² <mark>Ausgerechnet ihm</mark> wollten plötzlich zwei Verbrecher einen Besuch abstatten.

> Sätze lassen sich auf mancherlei Weise aufeinander beziehen:
> 1. durch **Verbindungswörter** (Konjunktionen, Pronomen, Adjektive, Adverbien);
> 2. durch die Stellung bestimmter Satzglieder am **Anfang** des Satzes.

1 Die Sätze **a**–**c** in dem Textanfang oben stehen ziemlich unverbunden nebeneinander. In den Sätzen **b**¹–**c**² hat sich der Schreiber bemüht, sie stärker miteinander zu verbinden. Im Kasten sind die beiden Möglichkeiten genannt, mit denen man das machen kann. – Welche Regel passt zu welchem der Sätze?

2 Nenne die Wortarten der Verbindungswörter, die in diesen Sätzen gebraucht werden. Sie sind markiert!

Fortsetzung

Mister Thurber war eigentlich ein armer Schlucker. Die beiden Gauner wussten das nicht. Sie öffneten die Küchentür. Sie schlichen sich durch die Küche ins Wohnzimmer. Sie konnten von dort aus gut beobachten. Mister Thurber las die Zeitung mit dem Blick auf seinen Garten. Der eine von beiden trat gegen ein Wasserglas auf dem Boden. Mister Thurber wurde durch dieses Geräusch aufgeschreckt. Er drehte sich nicht etwa um. Er rannte schnurstracks in den Garten hinaus. Er rief von dort aus: „Komm, Brutus, komm!" Die beiden Gauner hatten einen Hund nicht gesehen. Es wurde ihnen mulmig …

aber und da doch
entweder … oder
vielleicht oder
jedenfalls wie
plötzlich sondern
…

3 Verknüpfe die einzelnen Sätze dieser Geschichte enger miteinander. Von den Verbindungswörtern auf dem blauen Zettel kannst du auswählen, welche du möchtest. An einigen Stellen kannst du aber auch die Sätze näher aneinanderrücken, indem du eines der Satzglieder an den Satzanfang stellst.

4 Schreibe die Geschichte zu Ende.

METHODEN LERNEN

Das Lesen und Verstehen von Texten gehört zum Wichtigsten, das man in der Schule lernen muss. Wer nicht gut lesen kann und Texte nicht richtig versteht, hat in allen Schulfächern Nachteile. Daher ist es so wichtig, den Umgang mit Texten regelmäßig zu trainieren: das orientierende Lesen, das genaue Lesen, das Lesen mit dem Stift, das Nachschlagen unbekannter Wörter, das Markieren ganz bestimmter Textstellen. Wenn du dir einen Text sorgfältig erarbeitest, kannst du ihn richtig verstehen und das Gelesene wiedergeben.

Überfliegend lesen, sich orientieren

Auf den folgenden Seiten kannst du das an interessanten Themen üben – es geht um „Süchte und Sehnsüchte" und um Schülerjobs.

1 Lies den folgenden Text.

Drogen: Der schnelle Weg zur Sucht

Ein Zug aus der Zigarette, ein Schluck Bier – was kann daran schon schädlich sein? Am Anfang wirken Drogen oft herrlich harmlos. Doch die Suchtmittel arbeiten mit fiesen Tricks. Sie locken mit schönen Gefühlen und verändern das Gehirn – bis die Menschen nicht mehr ohne sie auskommen. 5

Joint – den Namen hat Julia das erste Mal vor einem Jahr gehört. Damals hatte einer ihrer Freunde Marihuana auf eine Party mitgebracht, getrocknete Cannabis-Pflanzen. Die hatte er in ein Blättchen gerollt wie eine Zigarette, angezündet und den anderen angeboten.

Die 13-Jährige nahm auch ein paar Züge. Sie atmete ein. Aus. Noch 10 mal ein. Der Joint schmeckte nicht toll, war aber ganz entspannend, und so rauchte das Mädchen öfter mit ihrer Clique: nachmittags, wenn es mal wieder megalangweilig war. Oder in der Schulpause.

Dass ihre Noten wie auf einer Treppe nach unten purzelten – zwei, drei, vier, fünf – bekam Julia gar nicht mit. Okay, das Denken fühlte 15 sich schon ein bisschen neblig an. Und auf Mathe konzentrieren konnte sie sich auch nicht mehr. Aber das war echt egal, fand sie.

METHODEN LERNEN

Überfliegend lesen, sich orientieren

Irgendwann waren Julias Eltern wegen der miesen Noten sauer. Richtig entsetzt waren sie dann aber, als sie dahinterkamen, dass ihre Tochter Drogen nahm. Sie brachten sie gleich in das SuchtPräventionsZentrum in Hamburg, wo Schüler mit Drogenproblemen beraten werden. Und das sind eine ganze Menge: Mehr als 25 Prozent der Jugendlichen in Deutschland haben schon Marihuana oder Haschisch* probiert.

Voll cool, total ungesund – einige Kinder rauchen schon mit sieben Jahren ihre erste Zigarette, weil sie das schick finden. Viele kommen dann nie wieder von den Glimmstängeln los. Bei den 12- bis 15-Jährigen raucht jeder Fünfte regelmäßig Zigaretten. Viele Mädchen und Jungen trinken auf Feten auch noch Bier, Wein, Sekt oder Schnaps dazu, bis sie völlig berauscht sind.

So verschieden die Drogen sind, alle wirken ähnlich: Einige ihrer Bestandteile werden mit dem Blut ins Gehirn transportiert (bei Cannabis ist es ein Stoff namens THC). Dort regen sie das Belohnungszentrum an. Sobald es aktiviert ist, fühlt der Drogenkonsument sich besser als zuvor. Manchmal kommt es sogar zu richtigen Glücksgefühlen. Weil sich das Gehirn an die Drogen gewöhnt, werden viele Leute danach süchtig: Wenn sie erst einmal mit dem Konsum von Schnaps, Zigaretten, Kokain und anderen Dingen begonnen haben, wollen sie nicht mehr darauf verzichten.

2 Beantworte die folgenden vier Fragen in eigenen Worten. Gib die Zeilen an, in denen du die Antworten gefunden hast.
– Was sind die ersten Schritte auf Julias Weg zum Drogenkonsum?
– Warum greifen schon Kinder zur Zigarette?
– Welche Angaben macht der Artikel über die Anzahl junger Raucher von Zigaretten und Joints?
– Was macht Drogen so gefährlich?

3 Lies den folgenden Text zuerst durch. Orientiere dich, worum es geht.

Alkohol   *Jürgen Bongers*

Fast jeder zweite Deutsche trinkt mehrmals in einer Woche oder sogar täglich Alkohol. Alkohol fördert Geselligkeit, hebt die Stimmung, schafft soziale Kontakte und überdeckt Depressionen* und Langeweile. In Maßen getrunken, schadet er der Gesundheit nicht. Doch Alkohol ist das am meisten verbreitete Suchtmittel unserer Gesellschaft und fordert mehr Tote als andere Drogen. Aber Alkohol ist auch ein Teil unserer

Zwischenüberschriften finden, zusammenfassen

Kultur – eine legalisierte* Droge, die schon seit Jahrtausenden eine Rolle spielt.

Geringe Alkoholmengen haben eine scheinbar positive Wirkung: Sie entspannen und regen an. Nach stärkerem Alkoholkonsum vermindert sich die Konzentrationsfähigkeit erheblich. Es kommt zu Kontrollverlust über Sprache und Bewegung, Hemmungen werden abgebaut und viele Menschen verhalten sich aggressiv.

Regelmäßiger Alkoholkonsum kann zu körperlicher und psychischer Abhängigkeit führen. Die stärksten organischen Schäden entstehen in der Leber, die etwa 90 % des aufgenommenen Alkohols abbaut.

Das Wort Alkohol stammt vom arabischen Wort „Arkul" und bedeutet „das Puder, das Feinste". Alkohol war die erste Droge, die der Mensch entdeckte, denn schon bei der Lagerung von Lebensmitteln traten leicht Gärungen auf.

Auch Tiere nehmen Alkohol zu sich. So fressen Elefanten mit besonderer Vorliebe vergorene Früchte. Anschließend taumeln sie angeheitert umher, machen riesige Sprünge und trompeten laut. Manchmal überfallen Elefanten auf der Suche nach Alkohol sogar Destillerien*. Untersuchungen zeigen, dass der Alkoholkonsum bei sozialem Stress zunimmt (z. B. ansteigende Herdendichte, Verkleinerung des Weidegebietes). Betrunkene Elefanten, aber auch andere unter Drogeneinfluss stehende Tiere wie Rentiere, Elefantenantilopen und Kudus isolieren sich oft oder werden aus der Gruppe ausgestoßen. Häufig schließen sich die berauschten Tiere zusammen.

4 Lies den Text jetzt noch einmal langsam und aufmerksam.

5 Ordne die folgenden Zwischenüberschriften den einzelnen Absätzen zu. Aber Achtung: Eine der Überschriften passt zu keinem Absatz. Zu diesem Absatz musst du selbst eine Überschrift formulieren.
a) Die Bedeutung des Wortes *Alkohol*
b) Schäden, die der Alkohol verursacht
c) Alkohol, das am meisten verbreitete Suchtmittel
d) Tiere sind „Antialkoholiker"
e) Wirkungen des Alkohols

In diesem Artikel geht es um die Wirkungen und Gefahren des Alkohols …

6 Schreibe nun eine Zusammenfassung. Verwende dazu die Zwischenüberschriften aus Aufgabe 5 und formuliere in ganzen Sätzen.

7 Lest euch eure Zusammenfassungen gegenseitig vor und vergleicht sie.

8 Überarbeite deinen Kurztext mit Hilfe der Anregungen, die du von anderen erhalten hast (Schreibkonferenz, S. 195/196).

METHODEN LERNEN

Unbekannte Wörter klären, Textstellen markieren

1. Lies den folgenden Text und unterschlängele alle Wörter, die du nicht verstanden hast (Folientechnik). Kläre anschließend mit deinem Partner oder mit Hilfe eines Wörterbuchs, was sie bedeuten. Schreibe die Bedeutung an den Rand des Textes.

Sucht nach Extremen

Geschichte der Menschheit

Die Sehnsucht danach, die eigenen Grenzen zu überwinden oder so weit nach hinten zu schieben, dass man sie nicht mehr spüren muss, und die Suche nach Extremsituationen ist so alt wie die Menschen. Sich selbst überwinden, die eigenen Begrenzungen überschreiten, Neues erforschen, es genauer wissen wollen, experimentieren mit riskanten Situationen – all das gehört zur Evolution der Menschheit. „Testing the limits" (die Grenzen erproben) nennen es die Psychologen. Und dieses Abstecken und Überwinden der eigenen Grenzen gibt es bis heute vor allem bei jungen Leuten.

Wenn Menschen über glühende Kohlen laufen („Feuerlaufen") oder aus fahrenden S-Bahn-Zügen klettern, um dort Graffiti anzubringen („S-Bahn-Surfen"), wenn sie sich an Gummiseilen von hohen Türmen stürzen („Bungeejumping"), sich auf riskante Bergtouren begeben („Freeclimbing") oder waghalsige Auto- und Motorradrennen („Joyriding") unternehmen, dann ist der Stress für sie Lust. Genauso, wenn sie auf Skiern steile Geröllhalden hinunterrasen („Trashskiing") oder mit dem Schlauchboot Wildwasser zu bezwingen versuchen („Rafting"). Ob das Ganze Wahnsinn ist, ob Todesmut oder Lebensmüdigkeit – wer will das schon sagen?

Auf jeden Fall geht es bei diesen selbst gewählten Angstsituationen darum, das Risiko in den Griff zu bekommen. Man bezeichnet diese Reizsuchenden deshalb auch als Kontra-Phobiker, die nach dem Motto leben: „Wo die Angst ist, geht's lang." Für viele sind diese Extremsituationen wie ein Ritt auf dem Tiger. Und das Gefühl, vom Rücken des Tigers jederzeit in dessen Maul landen zu können, erzeugt in ihnen diese „Angst-Lust", diesen „Thrill", diesen „Kick" – vor allem bei jungen Leuten.

Unbekannte Wörter klären, Textstellen markieren

2 Hier findest du drei Fragen, die du beantworten kannst, wenn du den Text *Sucht nach Extremen* (S. 258) gelesen hast:

a In welchem Alter ist die Sucht nach Extremsituationen besonders groß?
b Ist diese Sucht erlernt oder gehört sie zum Menschen dazu?
c Haben die Menschen, die sich in solche Situationen begeben, keine Angst?

Es ist sinnvoll, erst einmal die **Textstellen** zu **markieren,** die Antworten auf diese Fragen geben.

Aber was heißt eigentlich „markieren"? Weil die meisten das nicht wissen, wird häufig viel zu viel unterstrichen. Dann ist der ganze Text mit dem Leuchtstift angestrichen, die gesuchten Informationen sind nicht zu erkennen und der gesamte Textabschnitt muss noch einmal gelesen werden.

3 Vergleicht die unterschiedlich bearbeiteten Textstellen und überlegt, welche Markierung für die Beantwortung der Frage **a** hilfreich ist:

… nach dem Motto leben: „Wo die Angst ist, geht's lang." Für viele sind diese Extremsituationen wie ein Ritt auf dem Tiger. <u>Und das Gefühl, vom Rücken des Tigers jederzeit in dessen Maul landen zu können, erzeugt in ihnen diese „Angst-Lust", diesen „Thrill", diesen „Kick" – vor allem bei jungen Leuten.</u>

… nach dem Motto leben: „Wo die Angst ist, geht's lang." Für viele sind diese Extremsituationen wie ein Ritt auf dem Tiger. Und das Gefühl, vom Rücken des Tigers jederzeit in dessen Maul landen zu können, erzeugt in ihnen diese <u>„Angst-Lust"</u>, diesen „Thrill", diesen „Kick" – <u>vor allem bei jungen Leuten.</u>

4 Markiere nun mit Folienstift auf Folie in verschiedenen Farben die Stellen, an denen du Antworten auf die Fragen **a** – **c** findest.

5 Vielleicht hast du selbst auch schon einmal eine Extremsituation erlebt. Berichte davon.

6 Gib in ein, zwei Sätzen deine Meinung zur Sucht nach Extremen wieder.

METHODEN LERNEN

Einen Text für eine Zusammenfassung vorbereiten

1. Hier hat eine Schülerin den ersten Teil des Textes *Verspielt* schon einmal für eine Zusammenfassung vorbereitet. Sieh dir den Text und die Anmerkungen an: Welche Arbeitstechniken hat die Schülerin angewendet?
– Wichtige Textstellen …   – Am rechten Rand stehen …
– Unbekannte Wörter …   – Am linken Rand …

Verspielt

	Obwohl vom Gesetzgeber mit starken Reglementierungen versehen, da Glücksspiele nicht gewerbefrei sind und altersmäßige Begrenzungen existieren (Mindestalter 18 Jahre), sind sie dennoch leicht zu finden, die Geldspielautomaten, Flipper und andere hochtechnische, computergesteuerte Spielgeräte. Man findet sie in eigens für sie errichteten Spielhallen, aber auch in Eissporthallen, in Einkaufszentren sowie in diversen Cafés und Kneipen.	Regelungen, Vorschriften
Glücksspiele sind leicht zu finden		verschiedenen
Wie viele Menschen Glücksspiele spielen	Nach einer Untersuchung des „Institutes für Therapieforschung" (IFT) in München spielen acht bis zehn Millionen Deutsche jährlich an Glücksspielautomaten (alte Bundesländer). Etwa 360 000 Bundesbürger spielen täglich. 830 000 spielen mehr als dreimal in der Woche. Über eine Million tun es länger als eine Stunde und eine knappe halbe Million setzt allein an Glücksspielautomaten täglich mehr als 25 Euro ein, der Anteil der jungen Leute ist dabei sehr hoch.	Heilung

Einen Text für eine Zusammenfassung vorbereiten

Mit Hilfe des Glücksspiels lässt sich die gefühlsmäßige Befindlichkeit in Richtung eines gesteigerten Wohlbefindens, einer lustvoll euphorischen Erregung ändern. Gleichzeitig wird ein völliges Abschalten von der Außenwelt ermöglicht. Ebenso können Glücksspiele Erfolgserlebnisse vermitteln, ohne dass besondere Fähigkeiten notwendig sind – nur durch das Zufallsereignis des Gewinns. Ein Gewinn ist mit Euphorie verbunden, mit Gefühlen von Macht und Ansehen. Der Spieler selbst kann – infolge von Verlusten – aufkommendes Missbehagen durch einen erneuten Spieleinsatz vermeiden, der wiederum Euphorie erzeugt.

Der angestrebte Zustand lässt sich beliebig oft herbeiführen, allerdings nur so lange, wie die finanziellen Mittel vorhanden sind. Mitunter führt genau das zu Diebstahl, Scheckbetrug und in seltenen Fällen zu Raub (Beschaffungskriminalität). Die Suche nach einem unmittelbaren, möglichst intensiven und lustbetonten Erlebniszustand, die Flucht vor einem als sinnentleert empfundenen problem- und konfliktbehafteten Leben muss Jugendliche nicht unbedingt zu illegalen Drogen und Alkohol führen, sie haben aufgrund der starken Verbreitung der Geldspielautomaten die Möglichkeit, zum Glücksspiel als Suchtmittel zu greifen. Die Spielsucht zeigt in ihrer ausgeprägten Form alle typischen Suchtkriterien.

2 Führe diese Arbeitstechniken auch an den letzten beiden Abschnitten durch. Am einfachsten geht das auf einer Kopie. Du kannst aber auch wie gewohnt mit Folie und Folienstift arbeiten.

3 Schreibe eine Zusammenfassung des Textes. Sie sollte folgende Aussagen enthalten:
– *In dem Text „Verspielt" geht es um ...*
– *Der Text beschreibt in vier Absätzen ...*
– *Im 1. Absatz wird darauf hingewiesen, dass ...*
– *Im 2. Absatz ... usw.*

METHODEN LERNEN

Tipps für Textprofis

Hier findest du als Tipps einige Methoden, die du immer wieder anwenden kannst, wenn du dir einen Sachtext erschließen willst. Welche Tipps du befolgst, d. h. welche Strategie du einschlägst, hängt davon ab, was du erreichen willst:

- Wenn du z. B. wissen willst, ob ein Text für deine Aufgabenstellung überhaupt interessant ist, wirst du dir einen ersten Eindruck verschaffen und den Text überfliegend lesen. Dann entscheidest du, ob du ihn genauer bearbeitest oder nicht weiter beachtest.

- Wenn du Aufgaben zu einem Text bearbeiten sollst, wirst du den Text gleich genauer untersuchen: wichtige Textstellen markieren, Unverstandenes klären, Stichwörter notieren usw.

- Wenn du den Inhalt eines Textes, den du bearbeitet und verstanden hast, wiedergeben willst, wirst du dir überlegen, wie du das tun kannst, z. B. als geordneten Stichwortzettel, als kurze Textzusammenfassung oder als Mindmap.

Tipp 1: Einen ersten Eindruck gewinnen
Lies zunächst die Überschrift. Verschaffe dir dann einen Überblick über den ganzen Text:
– Besteht er aus verschiedenen Absätzen?
– Gibt es Zwischenüberschriften?
– Siehst du fett gedruckte oder unterstrichene Wörter?
– Gibt es Abbildungen: Fotos, Zeichnungen, Grafiken, Diagramme?

Tipp 2: Überfliegend lesen, sich orientieren
Lies den Text rasch und orientiere dich, worum es geht:
– Enthält der Text das, was du nach dem ersten Ansehen vermutet hast?
– Ist der Text für dich oder für deine Aufgabenstellung interessant?

Tipp 3: Unverstandenes markieren
Unterschlängele unbekannte Begriffe und kläre die Bedeutung aus dem Textzusammenhang durch Nachfragen oder Nachschlagen in einem Wörterbuch oder Lexikon.

Tipp 4: Gliedern und Zwischenüberschriften formulieren
Wenn der Text in Absätze unterteilt ist, mache beim Lesen nach jedem Absatz eine kurze Pause und fasse im Kopf in eigenen Worten zusammen, was darin steht. Versuche eigene Überschriften für die einzelnen Absätze zu finden.
Wenn dir die Abschnitte zu lang sind, kannst du eigene kürzere Absätze bilden. Du weißt: Was in einem Absatz zusammensteht, gehört inhaltlich zusammen.

Tipps für Textprofis

Tipp 5: Wichtige Textstellen markieren

Bevor du Textstellen markierst, musst du dir klarmachen, was wichtig ist. Das hängt von deinem Leseinteresse ab und von den Aufgaben, die dir zu dem Text gestellt worden sind:

– Suchst du wichtige Informationen zu dem Thema des Textes?
– Möchtest du Antworten auf Fragen bekommen, die du dir gestellt hast?
– Musst du Aufgaben bearbeiten, die dir gestellt wurden?

Oft wird viel zu viel markiert und der Text wird dadurch unübersichtlich. Konzentriere dich also zunächst auf einen Suchauftrag. Unterstreiche die Schlüsselbegriffe und die wichtigen Aussagen des Textes dazu mit einer geraden Linie und Farbstiften. Wenn du mit einem Leuchtstift (Textmarker) arbeitest, dann gehe sehr sparsam damit um, sonst findest du dich im Text nicht mehr zurecht.

Tipp 6: Informationen schriftlich festhalten

Wenn du den Text erarbeitet hast, denke noch einmal an deine Fragestellungen: Hat der Text sie beantwortet? Welche Informationen hat dir der Text außerdem gegeben? Beantworte deine Fragen schriftlich.

Um sich Textaussagen gut einzuprägen, ist es sinnvoll, sie schriftlich festzuhalten. Das kannst du auf unterschiedliche Weise tun:
– als geordneter Stichwortzettel (z. B. Werkstatt Schreiben, S. 174),
– als Tabelle mit zwei oder mehr Spalten und geeigneten Spaltenüberschriften,
– als Mindmap,
– als Zusammenfassung in wenigen Sätzen,
– als Diagramm (z. B. Selbstständig lernen, S. 19–22).

Tipp 7:

Du solltest
– diese Tipps immer wieder ausprobieren und gezielt einsetzen,
– begründen können, warum du bestimmte Tipps anwendest,
– mit anderen besprechen, mit welchen Tipps ihr besonders erfolgreich wart,
– die Tipps evtl. ergänzen oder umformulieren.

METHODEN LERNEN

Einen Text zusammenfassen

1. Bereite den folgenden Text für eine Zusammenfassung vor. Überlege dir, welche Tipps und Methoden du bei der Texterschließung anwenden willst.

Szene: Techno!

Zuckende Lichtblitze, schnelle Beats und harte Bässe – für viele Jugendliche sind Techno-Partys das Wochenendereignis. Eltern können diese Vorliebe oft nicht nachvollziehen. Sie hören nur stampfende Rhythmen ohne Anfang, Melodie und Ende, sehen Dampfschwaden aus der Nebelmaschine und in Schwarzlicht getauchte Gestalten, die sich selbstvergessen auf der Tanzfläche bewegen. Dass so etwas ihren Kindern Spaß macht, können Väter und Mütter nur schwer glauben. Hinzu kommt die Angst, dass auf Techno-Veranstaltungen Drogen, vor allem Ecstasy, konsumiert werden.

Reiner Domes, vom Präventionsbüro Hamburg, hat sich auf einer dieser Großveranstaltungen umgesehen, um einen Einblick in die Szene zu bekommen:
„Techno ist einfach geil. So abgefahren bin ich noch auf keine andere Musik", erklärt mir Stefan, 23 Jahre alt und Zivildienstleistender, auf meine Frage, was ihn denn eigentlich daran reizt, Wochenende für Wochenende die Clubs der Techno- und House-Szene zu besuchen. Mit seiner Hose aus Kuhfell-Imitat, dem offenen Hemd und seinem gefärbten Blondschopf ist er in der Menge nicht zu übersehen. Kennen gelernt habe ich ihn auf dem Parkplatz vor einem Club im Kreise seiner „Party-Family", sechs junge Leute, die regelmäßig gemeinsam „raven", also feiern gehen. Auch an Wochentagen treffen sie sich hin und wieder, um ins Kino zu gehen oder zusammen zum Badesee zu fahren.

Ziel der Techno-Fans: Gut drauf sein!

Nach den Kontrollen an der Eingangstür gelangen wir über einen Innenhof in das alte Fabrikgebäude, in dem der „Rave", also die Techno-Party, stattfindet. Durch die Halle dröhnt der alles durchdringende Bass, die Lichtanlage wirft ständig wechselnde Farben auf die Besucher. Video-Animationen auf großen Monitoren bilden eine zusätzliche, diesmal optische Reizquelle.
Die meisten Gäste sind Anfang zwanzig, nach oben wie nach unten scheint es allerdings kaum Grenzen zu geben. „Ist egal, ob Mann, Frau, schwarz oder weiß, die Leute sind halt einfach nett und gut drauf", befindet Stefan zur allgemeinen Stimmung und verschwindet in der Menge. „Gut drauf zu sein", ist denn auch erklärtes Ziel der Techno-Szene, die sich mit Begriffen wie „love, peace and unity" identifiziert.

Warnsignale des Körpers werden nicht wahrgenommen

Techno ist für viele Jugendliche und junge Erwachsene eine Möglichkeit,

Einen Text zusammenfassen

aus ihrem Alltag herauszutreten. Manche betreiben damit eine Art Extremsport, wenn sie stundenlang nach den schnellen harten Beats tanzen. Deshalb werden auf Techno-Partys auch bevorzugt Energy-Drinks angeboten, die nachlassenden Energien und verbrauchten Kräften entgegenwirken sollen. Auch der Konsum von Ecstasy gehört für einige – nicht für alle – Techno-Fans zu einem gelungenen Rave dazu, versprechen sie sich doch von der Droge, länger durchzuhalten, gut drauf zu sein und besser mit anderen in Kontakt zu kommen. Die Gefahr, Warnsignale des Körpers wie Durst, Müdigkeit oder Unwohlsein nicht wahrzunehmen und sich dadurch zu gefährden, nehmen viele Ecstasy-Konsumenten in Kauf.

Das Bewusstsein, dass es sich bei Ecstasy um eine illegale Droge handelt, ist bei den jugendlichen Konsumenten entweder nicht vorhanden oder spielt bei der Entscheidung, Ecstasy trotzdem zu nehmen, keine Rolle.

Ecstasy ist eine illegale, synthetische Droge (chemische Formel: 3,4 Methylen-Dioxy-N-Methyl-Amphetamin = MDMA) und wird in Form verschiedenfarbiger **Pillen**, **Tabletten** oder **Kapseln** verkauft, die geschluckt werden.

Ecstasy besitzt außer den **stimulierenden Effekten auf das Nerven- und Herz-Kreislauf-System** (man fühlt sich wach und angeregt) auch eine leicht **sinnestäuschende und bewusstseinsverändernde Potenz** (größere Offenheit, Gefühle von Wärme und Verliebtheit). Körperliche Symptome sind die Erhöhung der Körpertemperatur, des Blutdruckes und des Pulses sowie eine Vergrößerung der Pupillen. Übelkeit, Mundtrockenheit, Verkrampfung der Kiefermuskulatur und Koordinierungsschwierigkeiten der Bewegungen können Nebenwirkungen von Ecstasy sein.

Unmittelbare Nachwirkungen des Ecstasy-Gebrauchs sind mit einem „Kater" zu vergleichen: Müdigkeit, Motivationslosigkeit, Unkonzentriertheit, Appetitverlust, Depressionen, Angstzustände, Schlafstörungen und Schmerzen in der Nierengegend können auftreten und werden durch durchtanzte Nächte und gestreckte Tabletten noch gefördert. Am nächsten Tag ist man total ausgelaugt und kommt oft tagelang nicht mehr in Gang.

Ecstasy erzeugt **keine körperlichen Entzugserscheinungen, aber eine seelische Abhängigkeit** kann sehr wohl entwickelt werden. Über die Langzeitfolgen von regelmäßigem Ecstasy-Konsum ist bislang nur sehr wenig bekannt. Allzu häufiger und hoch dosierter Konsum kann aber **wahrscheinlich zu bleibenden Hirnschäden** führen. In der Vergangenheit ist es in Großbritannien, den Niederlanden, der Schweiz und auch in Deutschland zu Todesfällen im Zusammenhang mit Ecstasy gekommen. Experten gehen davon aus, dass dabei verschiedene Faktoren eine Rolle gespielt haben können: Überhitzung des Körpers, extremer Flüssigkeitsverlust, Einnahme einer überhöhten Dosis und gleichzeitige Kombination mit anderen Drogen.

---

2 Fasse die Informationen über Ecstasy nun zusammen:
- entweder als Mindmap
- oder in Form einer Tabelle
- oder als knappen, gut verständlichen Text für ein Jugendlexikon.

3 Vergleicht eure Arbeitsergebnisse. Sprecht auch darüber, welche Tipps zur Texterschließung ihr genutzt habt.

So könnt ihr weiterarbeiten
In dieser Einheit findet ihr Texte zu verschiedenen Suchtformen. Ihr könnt die Informationen unter dem Thema *Süchte – Sehnsüchte*
- in einer Informationsbroschüre zusammenstellen,
- auf einem Plakat oder einer Wandzeitung aushängen,
- als Grundlage für ein Gruppenreferat nutzen,
- in einem Kurzvortrag in einer Parallelklasse präsentieren.

METHODEN LERNEN

Einen Kurzvortrag halten

Weitere Möglichkeiten für die Präsentation sind:
- *das Rollenspiel,*
- *eine Präsentationsmappe,*
- *Bilder,*
- *eine PC-Präsentation,*
- *der Einsatz eines Audio-Geräts.*

1 Bereite den folgenden Text für einen Kurzvortrag vor. Du sollst deine Klasse darüber informieren, was bei der Jobsuche wichtig ist. Überlege dir, welche Tipps und Methoden du bei der Texterschließung anwenden willst.

Beachte auch die folgenden Hinweise:
- Du brauchst für dich Notizen, auf die du während deines Kurzvortrags schauen kannst.
- Deinen Mitschülern fällt das Zuhören leichter, wenn du ihnen die Hauptgedanken deines Vortrags schriftlich präsentierst, an der Tafel oder auf einem Plakat oder Flyer, auf einem Flip-Chart oder mit dem Overheadprojektor.

Schülerjobs

Jobs sind eine gute Möglichkeit, sein Taschengeld aufzubessern oder sich den kleinen Traum zu erfüllen, für den es von den Eltern kein Geld gibt. Außerdem bieten sie Gelegenheit, einmal in die Arbeitswelt hineinzuschnuppern, eigene Erfahrungen zu sammeln. Hier ein paar Tipps und Hinweise:

Willst du regelmäßig ein paar Euro mehr haben oder brauchst du einen größeren Betrag für eine Anschaffung, einen Urlaub usw.? Entsprechend muss der Job sein! Sich ein Jahr nebenbei abrackern und dann das Geld für den neuen Computer doch nicht zusammenkriegen, macht keinen Sinn. Dann lieber die Freizeit für Freunde, Sport, Schule (oder sonst 5 was) nutzen und stattdessen rechtzeitig einen gut bezahlten Ferienjob für drei Wochen suchen, bei dem genug rausspringt.

Der Job muss ein Nebenjob bleiben. Wenn am Ende nur Stress mit Eltern, Schule oder Clique steht, weil du vor lauter Jobben keine Zeit mehr hast, nützt dir auch die Knete nichts. Also überleg' dir vorher, ob 10

Einen Kurzvortrag halten

der Job nebenher zu erledigen ist, wie viel Zeit du brauchst und vor allem auch, wann du sie brauchst. Wenn das klar und geregelt ist, wirst du auch deine Eltern besser überzeugen (und beruhigen) können.

Jobben heißt immer, Kompromisse zu machen und manchmal auch miese Arbeiten zu erledigen. Außerdem ist es nicht leicht, Jobs zu finden. Aber: Du und deine Arbeit sind etwas wert und sollten auch angemessen bezahlt werden. Verhandeln ist angesagt und vielleicht auch einmal Neinsagen, wenn das Angebot zu weit unter deinen Vorstellungen liegt. Aber du solltest dir überlegen, ob es für Arbeit nicht auch einen anderen Gegenwert als Geld gibt. Ein etwas schlechter bezahlter Job in einem Altenheim bringt dir persönlich vielleicht mehr als eine Menge Knete bei Akkordmaloche auf der Baustelle. Neue Erfahrungen machen, andere Lebensbereiche kennen lernen, mit anders denkenden Menschen in Kontakt kommen, verschiedene Fähigkeiten ausprobieren kann dir große Vorteile bringen: zum Beispiel, wenn du eines Tages eine Lehrstelle oder einen Arbeitsplatz suchst.

Bevor du nicht 18 bist, stehst du ohne die Erlaubnis deiner Eltern ziemlich im Regen. Viele Eltern finden es gar nicht gut, wenn ihre Kinder nachmittags im Supermarkt Kisten stapeln wollen. Überzeugungsarbeit ist notwendig! Wenn deine Eltern nachvollziehen können, warum du mehr Geld haben möchtest, fällt es ihnen leichter, die Erlaubnis zu geben. Eltern haben auch Angst, dass etwas passieren könnte, dass die Schule unter dem Job leidet, dass du kaum noch zu Hause bist. Zeig ihnen, was du machen möchtest, sprich mit ihnen über deine Zeiteinteilung! Vielleicht achtest du bei der Auswahl des Jobs schon ein bisschen darauf. Du kennst deine Eltern und weißt bestimmt, wann du auf absolute Ablehnung stoßen würdest.

Die Konkurrenz ist groß, Jobs werden von vielen gesucht. Du findest sie z. B. über die Kleinanzeigen in Tageszeitungen oder Wochenblättern. Allerdings – dort suchen auch alle anderen. Einfallsreichtum, Eigeninitiative und ein bisschen Mut sind angesagt: Lauf doch einmal ein paar Tage in deinem Stadtteil herum und klappere alle Geschäfte, Firmen usw. ab. Oft hängen Schilder draußen „Suchen Schüler für …", in Supermärkten gibt es manchmal Pinnwände mit Suche-/Biete-Zetteln, oder aber du bist ganz mutig, klingelst und fragst: Vielleicht braucht der Steuerberater von nebenan ja zufällig einen Büroboten. Ein Job im eigenen Stadtviertel ist unter Umständen besser als einer am anderen Ende der Stadt: kein Zeit- und Geldverlust durch Fahrten und deine Eltern sind auch beruhigt, weil du nicht allzu weit von zu Hause jobbst.

2 Sprecht über eure Kurzvorträge und überlegt, welche Lesetipps zur Vorbereitung sinnvoll waren.

METHODEN LERNEN

Bilder aus dem Internet

Wenn ihr Texte mit dem Computer schreibt oder eine Präsentation eurer Arbeitsergebnisse in *Word* vorbereitet, dann wollt ihr sicher manchmal euren Text oder Vortrag mit Bildern auflockern.

1 Tauscht euch darüber aus, woher ihr Bilder bekommt, die ihr in euer Textdokument einbauen könnt. Findet mindestens vier Möglichkeiten.

2 Viele Bilder könnt ihr im Internet finden und die meisten sind sehr einfach zu kopieren und in andere Dokumente einzusetzen, aber darf eigentlich jeder das verwenden, was ihm gefällt? Lest den Text und klärt gemeinsam schwierige Textstellen.

Was ist eigentlich ein Urheberrecht?

Jeder Mensch, der ein Werk schafft, hat auch das Recht an diesem Werk. Dabei kann es sich um ein Musikstück, ein Bild, ein Foto, eine Rede, ein Theaterstück, einen Film, ein Bauwerk oder einen kleinen Button auf einer Website handeln. Alles, was eine persönlich geistige Schöpfung darstellt, „gehört" seinem „Erfinder", der damit machen kann, was er will. Er kann es verkaufen, vervielfältigen oder verleihen.

Wenn man nun das Werk eines anderen nutzen möchte, zum Beispiel ein Bild für die Veröffentlichung in einem Schulbuch, dann muss der Urheber seine Einwilligung erteilen. Holt man diese Einwilligung nicht ein, so verletzt man das Urheberrecht und macht sich strafbar.

Der Urheber erteilt oder verweigert also seine Einwilligung, eine Art Vertrag kommt zu Stande. Außerdem hat der Urheber das Recht auf Erwähnung seiner Urheberschaft, d. h., man muss die Quelle angeben.

Dieses Urheberrecht gilt auch für die Nutzung von Inhalten aus dem Internet, denn das Internet ist kein rechtsfreier Raum.

Zwar ist es also in der Regel verboten, Texte und Bilder einfach zu kopieren und zu nutzen, doch gibt es eine bedeutsame Einschränkung dieses Verbots. Es ist nämlich erlaubt, Texte und Bilder zum privaten Gebrauch herunterzuladen, auf der Festplatte zu speichern und sie für eigene Zwecke zu nutzen – nur veröffentlichen (z. B. in einem Buch oder im Internet) oder verkaufen darf man sie nicht, denn dann ist die Nutzung nicht mehr privat, sondern öffentlich.

3 Löst die beiden folgenden Fälle mit Hilfe der Informationen aus dem Text:
- Der Schüler S. fertigt für seine Schule eine Homepage an, die er später ins Internet stellen möchte. Darauf stellt er auch die Lehrer der Schule vor, und zwar mit einigen von den Lehrern erstellten Bildern und Texten. Benötigt er die Einwilligung der entsprechenden Lehrer?
- Die Schülerin N. will ihrer Freundin, die Pferde über alles liebt, eine Pferdemappe schenken. Dazu benutzt sie auch Bilder und Texte aus dem Internet. Muss N. Genehmigungen einholen, bevor sie die Texte und Bilder in ihre Mappe einbaut?

Bilder aus dem Internet

4 Unter der Adresse *www.schroedel.de/wortstark4_bilder* findest du Bilder, die du ohne Verletzung des Urheberrechts auf deinen Computer herunterladen und sie in dein Textdokument einbauen kannst.
Gehe dabei folgendermaßen vor:
- Suche dir ein Bild aus, das du verwenden möchtest und klicke es mit der rechten Maustaste an.
- In der nun geöffneten Menüleiste findest du den Punkt *Bild speichern unter …*, klicke diesen an und es öffnet sich ein Fenster, in dem du den Ort auswählen kannst, an dem das Bild abgelegt werden soll, z. B. unter c:\Eigene Dateien\Eigene Bilder.
Wichtig für das Wiederfinden ist, dass du dir den Ort merkst, an dem du das Bild abspeicherst.
- Benenne das Bild eventuell um und klicke auf *Speichern.*

Du kannst das Bild auch direkt in ein Textdokument einfügen, indem du statt auf *Bild speichern unter …* auf *Kopieren* klickst.
Setze dann im Textverarbeitungsprogramm den Eingabecursor an die Stelle, an der du das Bild einfügen möchtest und wähle unter dem Menü *Bearbeiten* die Funktion *Einfügen.*
Probiere beide Varianten aus.

5 Bilder lassen sich ganz leicht bearbeiten, zum Beispiel heller oder dunkler machen, verkleinern oder vergrößern und auch zuschneiden. Rufe dazu ein Bildbearbeitungsprogramm auf deinem Rechner auf, z. B. den *Microsoft Photo Editor* und öffne das Bild über *Datei,* dann *Öffnen.*

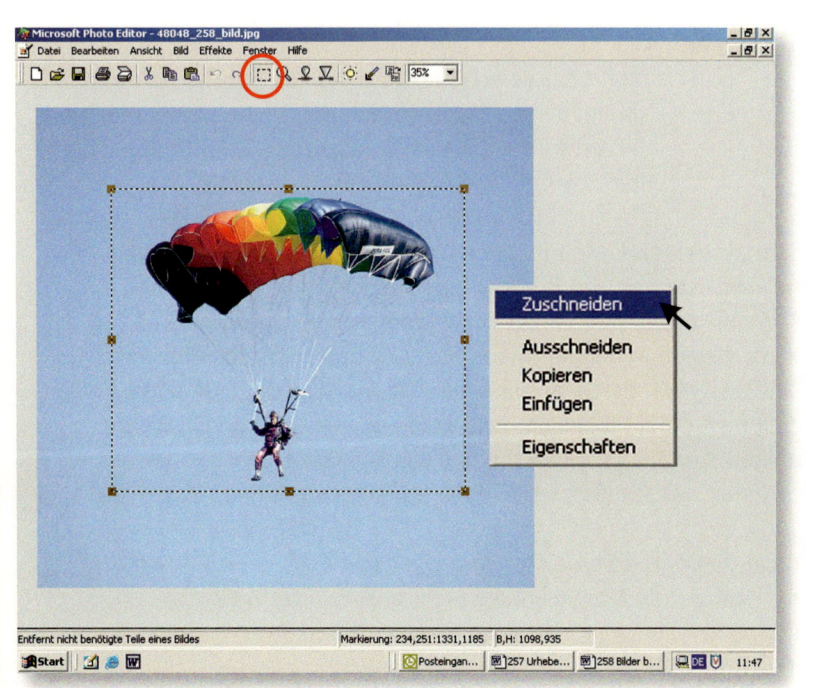

6 Im Bildbearbeitungsprogramm kannst du einen Ausschnitt deines Bildes auswählen. Klicke dazu das rot umrandete Werkzeug an und ziehe einen Rahmen um den Bildausschnitt, den du haben möchtest. Drücke dann die rechte Maustaste. Du erhältst die abgebildete Menüleiste, wähle daraus den Punkt *Zuschneiden.*
Vergiss nicht, nach jedem Arbeitsschritt, dessen Ergebnis dir gefällt, zu speichern.

Wie du dein Bild in ein Textdokument einsetzt, das erfährst du auf S. 270 in Aufgabe 1.

METHODEN LERNEN

Textdokumente erstellen und verschicken

Trinkwasser – ein wertvolles Gut

Unser Vorrat an Trinkwasser ist äußerst begrenzt. Nur 2,8 Prozent des Wassers auf Erden ist Süßwasser und weniger als 0,6 Prozent der gesamten Wassermenge können wir als Trinkwasser nutzen. Trinkwasser ist also ein äußerst begrenztes, aber unentbehrliches Gut.

Und was machen wir mit dieser Kostbarkeit?

Nur knapp vier Prozent unseres täglichen Trinkwasserverbrauchs wird auch tatsächlich getrunken, alles andere benötigen wir für die Körperreinigung und den Gang zur Toilette.

Fast 36 Prozent fließen täglich durch die Bade- und Duschwannen, also ungefähr 46 Liter. Und 35 Liter – das sind ca. 27 Prozent – rauschen täglich durch unsere Toiletten.

Sven hat mit seiner Klasse ein Projekt zum Thema *Wasser ist Leben* durchgeführt und er möchte nun seine Ergebnisse auf der Jugendseite der Tageszeitung veröffentlichen.
Während des Projekts hat Sven zahlreiche Fotos mit seiner Digitalkamera aufgenommen.

1 Füge selbst ein Bild in ein Textdokument ein, das du zuvor auf deiner Festplatte gespeichert hast. Gehe dabei wie folgt vor:
– auf *Einfügen* gehen, dann auf *Grafik*, danach klicke *Aus Datei* an. Es öffnet sich ein Fenster, in dem du nach dem abgespeicherten Bild suchst und es durch einen Doppelklick in das Dokument einbaust.
– Klicke das Bild an und ziehe es mit dem Cursor an einer Ecke größer oder kleiner. Achte darauf, dass du die Proportionen nicht verschiebst.
– Klicke doppelt auf das Bild. Es öffnet sich ein Fenster. Wähle den Menüpunkt *Layout* und dann *Rechteck* und kehre mit *OK* zu deiner Datei zurück. Mit diesem Befehl bewirkst du, dass der Text um dein Bild herumläuft.
– Klicke auf das Bild und ziehe es mit Hilfe des Cursors an die gewünschte Stelle.

2 Zur Verschickung an die Zeitungsredaktion hängt Sven sein Textdokument an eine E-Mail an. Verschicke mit Hilfe der folgenden Schritte ebenfalls ein Textdokument per Mail:

*Auch E-Mails haben eine Anrede und eine Grußformel.
Achte besonders auf die Großschreibung von Anredepronomen (Sie, Ihr …).*

– Nachdem du deinen E-Mail-Text geschrieben hast, klickst du auf den Button *E-Mail-Anhang* (im Bild der eingekreiste Button).
– Suche im nun geöffneten Fenster nach deinem abgespeicherten Dokument, das du anhängen möchtest (z. B. den Text zum Trinkwasser).
– Klicke die ausgewählte Datei mit einem Doppelklick der linken Maustaste an. Damit hast du die Datei an die E-Mail angehängt. Um ein zweites Dokument anzuhängen, wiederhole diesen Vorgang.
– Klickst du nun auf *Senden*, so wird die E-Mail samt Anhang abgeschickt.

3 Sven hat die Mail-Adresse Monsterjaeger@gmx.de. Tauscht euch darüber aus, warum die Mail eventuell nicht beantwortet wird.

Einkauf im Netz

Fast neuwertige Armbanduhr für Herren mit ESPRIT, 39,95 Euro, Versand per Nachnahme, Privatverkauf (keine Gewährleistung)

Fototasche für COMON 300D; Neuware für 29,95 Euro; akzeptierte Zahlungsmethoden: Vorauskasse oder Kreditkarte; Portokosten siehe unter Versandkosten

Die Revolution im Bereich der digitalen Fotografie: COMON 300D; LUMAN-Fototasche für 300D, Schachtel fur unglaublich günstige 19,95 Euro, Sofort-Kaufen-Preis

1 Im Internet gibt es zahlreiche Angebote. Welche Internet-Einkaufsmöglichkeiten kennt ihr? Tauscht euch über eure Erfahrungen mit dem Internet als „virtuellem Kaufhaus" aus.

2 Stell dir vor, du kaufst im Internet die oben angebotene Uhr. Nach etwa zwei Wochen geht sie kaputt.
Was kannst du tun und welche Probleme könnte es geben?

3 Lies den dritten Angebotstext aufmerksam durch. Was genau erwirbt ein Käufer, der den Sofort-Kaufen-Preis von 19,95 Euro akzeptiert und bezahlt? Was wollte er vermutlich erwerben?

4 Du möchtest die Kameratasche im Online-Versandhandel kaufen.
Klärt gemeinsam, was es heißt, per Vorauskasse oder Kreditkarte zu bezahlen.
Wie viel musst du am Ende tatsächlich bezahlen?

5 Welche Zahlungsmöglichkeiten gibt es noch?
Sprecht über die jeweiligen Vor- und Nachteile.
Welche Zahlungsmöglichkeiten sind ohne die Zustimmung eurer Eltern überhaupt legal?

6 Ihr entdeckt im Internet ein unglaublich billiges Laptop, jedoch ohne Originalverpackung und ohne Gebrauchsanleitung. Mit Zustimmung eurer Eltern ersteigert ihr dieses von einer Privatperson angebotene Laptop.
Ist der Kauf rechtmäßig?
Was könnte ein so günstiges Angebot für einen Hintergrund haben?

METHODEN LERNEN

Nachschlagewerke erkunden

Wenn ihr z. B. etwas über Afrika und seine Tierwelt herausfinden wollt, könnt ihr in einem **Universallexikon** nachsehen. Das ist ein Nachschlagewerk, das Wissen in Kurzform bietet. Lexika gibt es in Buchform als einbändiges oder mehrbändiges Nachschlagewerk. Sehr beliebt sind **Computer-Lexika,** die es auf CD-ROM oder online im Internet gibt.

In vielen Schulen gibt es Nachschlagewerke, die speziell für Jugendliche geschrieben sind. Dazu gehören auch **visuelle Lexika (Bildlexika).** Das sind Nachschlagewerke, in denen Informationen durch Fotos und Zeichnungen sehr stark veranschaulicht werden.

Hyänen [griech.]. Familie wolfsgroßer Raubtiere mit drei Arten in den Savannen und Wüsten Afrikas, Südwestasiens und Vorderindiens. Sie sind etwa 90–160 cm lang, nachtaktiv, haben ein kräftig entwickeltes Gebiss und große Ohren; sie fressen v. a. Aas. Durch die etwas längeren Vorderbeine bildet sich ein abschüssiger Rücken.

1 Du möchtest dich über Hyänen informieren. Lies den kurzen Eintrag aus einem Jugendlexikon und sieh dir die Seite aus einem visuellen Lexikon an (S. 273). Vergleiche die Einträge beider Nachschlagewerke.

2 Trage in der mittleren Spalte der folgenden Tabelle die Informationen ein, die in beiden Nachschlagewerken gegeben werden. Notiere rechts und links die Angaben, die im Jugendlexikon oder im Bildlexikon zusätzlich enthalten sind.

Hyänen

nur im Jugendlexikon	in beiden Lexika	nur im Bildlexikon
	drei Hyänenarten	

3 Auf welche Stelle aus dem Bildlexikon ist dein Blick zuerst gefallen?
– Versuche dich an deinen Blickverlauf zu erinnern und Schritt für Schritt zu beschreiben.
– Vergleicht euer Leseverhalten untereinander.

4 Suche dir einige Wörter aus der folgenden Liste aus und schlage sie in verschiedenen Büchern und elektronischen Nachschlagewerken nach.

Disziplin   Leopard   Massai   Safari   Rowdy   Buschland   Kenia   Nairobi   kenianische Flagge   Maryland   Jeep   Savanne

Stellt euch eure Ergebnisse gegenseitig vor.

5 Schreibt über die Vorzüge eines Lexikons in Buchform und eines Computerlexikons. Was kann das eine Lexikon besser als das andere?

Lexikon in Buchform	Computerlexikon

Nachschlagewerke erkunden
HYÄNEN

DAS SCHAURIGE GELÄCHTER der Tüpfelhyäne ist einer der charakteristischen Laute in den Savannengebieten Afrikas. Man unterscheidet 3 Hyänenarten: Tüpfelhyäne, Streifenhyäne und Schabrackenhyäne. Alle haben große breite Köpfe mit mächtigen Kiefern. Die Vorderbeine und die Schultern sind deutlich größer als die Hinterbeine. Obwohl die Hyänen wie Hunde aussehen, stammen sie von katzenartigen Vorfahren ab.

Tüpfelhyäne

Die Tüpfelhyäne ist die aggressivste und auch zahlreichste Art ihrer Familie. Sie kommt vor allem in offenem Gelände sowie an Waldrändern vor. Die Tiere leben heimlich und haben eine Vorliebe für Aas. Deshalb glaubte man früher, Hyänen würden sich nur von dem ernähren, was ihnen andere Raubtiere übrig lassen. Tatsächlich gehen Tüpfelhyänen selbst auf Jagd. Sie spielen dabei eine wichtige ökologische Rolle, weil sie die Herden der Huftiere und die Pflanzenfresser zwingen, in neue Gebiete zu ziehen und so den Lebensraum zu schonen.

Abfallende Schultern

Rothraunes Fell mit dunklen Flecken

Kopf groß und breit mit mächtigen Kiefern

Vorderbeine länger als Hinterbeine

Kiefer: Knochen und Knochenmark bilden einen wichtigen Teil für die Ernährung der Tüpfelhyäne. Im Gegensatz zu allen anderen Fleischfressern frisst sie auch Hauer und Hörner. Dazu besitzt sie unglaublich kräftige Kiefer und Zähne, mit denen sie selbst die stärksten Knochen knacken kann.

Große scharfe Eckzähne

Mächtiger Unterkiefer

Rudel: Tüpfelhyänen leben in Rudeln von 10 bis 100 Tieren – angeführt von einem Weibchen. Tagsüber fressen sie Aas, nachts gehen sie selbst auf Jagd. Die Mitglieder eines Rudels arbeiten dabei zusammen und vermögen selbst Löwen von ihrer Beute zu vertreiben. Gelegentlich töten sie sogar einen älteren Löwen.

Nachschlagewerke erkunden

6 Oft tauchen in Wörterbüchern oder Lexikoneinträgen Zeichen und Abkürzungen auf. Welche kennst du?

7 Schlage das Inhaltsverzeichnis deines Lexikons auf: Wo werden die Zeichen und Abkürzungen erklärt?

8 Was bedeuten die folgenden Zeichen und Abkürzungen?

*	Mio.	=	ü. d. M.
Abk.	v. a.	d. h.	v. iChr.
E	z. T.	Jh.	↑

9 Welche Vorteile und welche Nachteile siehst du in der Verwendung von Zeichen und Abkürzungen? Begründe deine Meinung.

10 Ihr könnt in eurer Klasse eine Umfrage über Lexika durchführen, die beispielsweise folgende Fragen enthalten kann:

Welche Nachschlagewerke kennst du?
- ☐ Wörterbuch
- ☐ Fremdwörterbuch
- ☐ Universallexikon
- ☐ Fremdsprachenwörterbuch
- ☐ Herkunftswörterbuch
- ☐ Synonymenwörterbuch
- ☐ Atlas
- ☐ Telefonbuch
- ☐ Universallexikon auf CD-ROM
- ☐ Nachschlagemöglichkeiten im Internet
- ☐ _____

Welche stehen dir zu Hause zur Verfügung?
_____
_____

Wann verwendest du ein Lexikon?
- ☐ bei den Hausaufgaben
- ☐ vor den Klassenarbeiten
- ☐ gar nicht
- ☐ zum Schmökern
- ☐ _____

Worterklärungen

In den Lese- und Informationstexten in diesem Buch stehen manchmal Wörter, die selten gebraucht werden oder aus anderen Sprachen stammen (Fremdwörter). Diese Wörter sind in den Texten durch ein Sternchen (*) gekennzeichnet. Wenn du ihre Bedeutung nicht kennst, kannst du sie hier nachlesen.

aerodynamisch: hier: windschnittig
akkurat: exakt, genau gleich
Alternative: weitere Möglichkeit
apathisch: teilnahmslos
Asthma: Erkrankung der Atemwege
Astrologie: Sterndeutung
Balbier/Barbier: Frisör
balbieren: alter Ausdruck für „rasieren"
behände: flink, beweglich, schnell
Biotop: durch bestimmte Lebewesen gekennzeichneter Lebensraum
Bodenversiegelung: Pflastern, Betonieren oder Asphaltieren des Erdbodens, sodass das Wasser nicht versickern kann
boomen: sich schnell entwickeln
Bronchitis: Erkrankung der Atemwege
Budget: Geld, das man zur Verfügung hat
chronisch: langwierig, dauernd
Concierge: Portiersfrau, Hausmeisterin
Department du Gard: Verwaltungsbezirk in Südfrankreich
Depression: seelische Erkrankung, Niedergeschlagenheit
Destillerie: Firma, die Alkohol herstellt
diverse: verschiedene, zahlreiche
Exoten: hier sind ausgefallene, seltene Berufe gemeint
geraunzt, raunzen: grob/unverschämt erwidern
Glamour: tolle Aufmachung, großer Glanz
Gründe: Gemeint ist hier der Erdboden, in dem im Winter nichts mehr wächst und der durch das wärmende Laub vor der Kälte geschützt wird
Haschisch: Rauschgift aus der Cannabispflanze
Heilige Franz: Franz von Assisi (um 1200), Ordensstifter
historisch: geschichtlich
Hygiene: Gesundheitspflege, Sauberkeit
Indiskretion: Vertrauensbruch, Taktlosigkeit
Institution: (öffentliche) Einrichtung
Invalide: schwer kranker, arbeitsunfähiger Mensch
Klient: Auftraggeber, Kunde
Klischee: vorgefertigtes Bild, vorgefertigte Meinung
Kompromiss: Übereinkunft, Ausgleich, Zugeständnis
Kreativität: einfallsreiche Gestaltung, Schöpferkraft
Krisis: eine plötzliche Verbesserung oder Verschlechterung im Verlauf einer Krankheit
Kulak: russischer Großbauer vor der russischen Revolution
Lachodder: bedeutet hier: ein unbedeutender Mensch
legalisiert: erlaubt, nicht verboten
Lifestyle: Lebensstil
makaber: unheimlich, Schauder erregend

Navigation: Steuern eines Wasserfahrzeugs oder Flugzeugs auf einem festgelegten Kurs
Nebbich: (jiddisch) der arme Kerl
Nimes: Stadt in Südfrankreich
ökologisch: umweltbewusst, umweltverträglich
Paillettenkostüm: Kleid mit glitzernden aufgenähten Metallplättchen
Patrouillenboot: Boot der Küstenwache
Pirouette: schnelle Drehung um die eigene Achse
Pont du Gard: Brücke aus der Römerzeit in Südfrankreich
Postbureau: Postbüro, kleines Postamt
prognostizieren: feststellen, vorhersagen
Protektoren: Schützer an Armen und Knien
Raingras: Gras am Rand eines Ackers
Rassist: Mensch, der seine Rasse als höherwertig gegenüber anderen Rassen ansieht und diese verachtet
recherchieren: nachforschen, sich Informationen beschaffen
redigieren: einen Text bearbeiten, druckfertig machen
restaurieren: ausbessern
rhetorisch: sprachlich gut formuliert, wirkungsvoll vorgetragen; hier: Frage, auf die keine Antwort erwartet wird
Rubrik: (hier) Abteilung in einer Zeitung, z. B. Politik, Wirtschaft oder Sport
Sabotage: absichtliche Zerstörung von Betriebseigentum, Unterlassen von Hilfeleistungen
Schafskopp: Kartenspiel
Schemen: Schatten
Schloßen: Hagelkörner
Schmarotzer: jemand, der nichts selbst tut und auf Kosten anderer lebt
Senilität: (geistige) Altersschwäche
seriös: ernsthaft, glaubwürdig
Slogan: Schlagwort; Ausdruck, der sich besonders gut einprägt, z. B. in der Werbung (Werbeslogan)
souverän: selbstständig, sicher
Statiker: Fachleute, die die Standfestigkeit von Gebäuden berechnen
Tabajie: Kneipe
Taverne: Weinschenke, Wirtshaus
Töff: umgangssprachlicher, veralteter Ausdruck für „Moped"
Transparenz: Durchsichtigkeit, Lichtdurchlässigkeit
Tremolo: (hier) zitternde, lauter werdende Stimme
Trendsetter: jemand, der einen bestimmten Stil, eine bestimmte Richtung vorgibt, der andere dann folgen
Überdüngung: in der Landwirtschaft Verwendung von zu viel Dünger, der dann in das Grundwasser gelangt
Utensil: Gebrauchsgegenstand, meist im Plural verwendet: Utensilien
Volontär: jemand, der eine Ausbildung macht, meist in Zeitungs- oder Buchverlagen
Zauberrunen: Runen sind alte germanische Schriftzeichen; gemeint ist hier so etwas wie ein Zauberbann
Zwerchfell: Trennwand zwischen Bauch- und Brusthöhle

Fachbegriffe zum Nachschlagen

Adjektiv (Eigenschaftswort, Wiewort): Wortart. Beispiele: *groß, dünn, viereckig*. Mit ihnen kann man Eigenschaften und Merkmale bezeichnen: *der braune Hund, der bissige Hund*. Viele können gesteigert werden: *größer, am größten; dünner, am dünnsten*.

Adverb (Umstandswort): Wortart. Beispiele: Adverb der Zeit: *heute, dann, nie;* Adverb des Ortes: *hier, hinten, dort;* Adverb der Art und Weise: *so, gern, entzwei*.

Adverbiale Bestimmung (Adverbial, Umstandsbestimmung): Satzglied. Beispiele: a.B. der Zeit (temporal): *Ich komme (wann?) am nächsten Sonntag;* a.B. des Ortes (lokal): *Wir treffen uns (wo?) im Schwimmbad;* a.B. der Art und Weise (modal): *Hoffentlich ist es (wie?) schön warm;* a.B. des Grundes (kausal): *Andernfalls raufe ich mir die Haare (warum?) vor Wut*.

Akkusativ (Wenfall, 4. Fall): Form des Nomens. Beispiele: *Ich sehe einen Turm; Ich steige auf den Turm*. Männliche Nomen bilden den Akkusativ im Singular mit *-en: den, einen Turm*.

Aktiv: Form des Verbs. Das wesentliche Kennzeichen von Aktivsätzen ist, dass derjenige, von dem eine Handlung ausgeht, im Subjekt des Satzes genannt wird, und derjenige, mit dem etwas geschieht, im Akkusativobjekt: *Das Mädchen lacht den Jungen aus*. Die meisten Sätze unserer Sprache stehen in dieser Form. → Seite 239

Alliteration: Von einer Alliteration (auch Stabreim genannt) spricht man, wenn mehrere Wörter mit dem gleichen Buchstaben (Anlaut) beginnen, zum Beispiel: *Leben und lieben lassen*. → Seite 26, 98

Anekdote: Anekdoten sind vor allem mündlich überlieferte Ereignisse in kurzer Erzählform. Sie handeln meist von besonderen Eigenschaften und Verhaltensweisen bekannter Persönlichkeiten oder unerhörten Begebenheiten. Anekdoten regen zum Nachdenken an und sind häufig zum Lachen.

Apostroph: Der Apostroph ist ein Zeichen, mit dem der Schreiber darauf hinweist, dass Buchstaben beim Schreiben ausgelassen wurden: *Das ist's! Geht's dir gut?* → Seite 227

Argumentieren: Wenn man jemanden um etwas bittet, sich etwas wünscht oder mit jemandem diskutiert, sollte man gut argumentieren, das heißt: für die eigene Meinung Gründe angeben. In einer guten Argumentation sollten die Meinung, ein oder mehrere Argumente zur Begründung der Meinung und dazu passende Beispiele oder Beweise enthalten sein. → Seite 180–183

Artikel (Begleiter, Geschlechtswort): Wortart. Beispiele: *der, die, das* (bestimmte Artikel); *ein, eine* (unbestimmte Artikel). Artikel geben das Geschlecht eines Nomens an: *der Löffel, die Gabel, das Messer*.

Attribut (Beifügung): Attribute sind Beifügungen, die in der Regel zu Nomen gehören. Sie erklären das, was ein Nomen bedeutet, näher. Attribute können vor allem aus Adjektiven bestehen: *der bissige Hund,* aus Nomen im Genitiv: *der Hund des Nachbarn,* aus Nomen mit einer Präposition: *der Hund in der Hütte* und aus Relativsätzen: *der Hund, der an der Kette liegt*. → Seite 245/246

Aufforderungssatz (Befehlssatz): Satz, mit dem man zu etwas aufruft oder jemanden zu etwas auffordert: *Komm her! Gib mir bitte das Brötchen! Jens, du bleibst zu Hause!* Nach einem Satz mit einer besonders nachdrücklichen Aufforderung steht ein Ausrufezeichen.

Ausrufezeichen: Satzzeichen, mit dem man angeben möchte, dass ein Satz als Ausruf, Befehl, Wunsch oder nachdrückliche Aufforderung gemeint ist: *Das ist aber schön! Ach, wenn ich doch zaubern könnte! Mach jetzt endlich mal deine Hausaufgaben!*

Aussagesatz: Satz, mit dem man eine Aussage macht (im Gegensatz zu einem Frage- oder Aufforderungssatz). Nach einem Aussagesatz steht ein Punkt: *Morgen fahre ich nach Essen.*

Ballade: Eine Ballade ist äußerlich ein Gedicht mit Reimen und Strophen. Weil in Balladen eine Geschichte erzählt wird, nennt man die Ballade auch Erzählgedicht.
→ Seite 126/127

Begleiter: Artikel und Possessivpronomen werden als Begleiter bezeichnet, weil sie das Nomen begleiten: *die Katze, meine Katze*.

Berichten: Wenn man jemanden über ein zurückliegendes Ereignis informieren will, kann das in Form eines Berichts geschehen. Dabei werden die wichtigsten W-Fragen beantwortet: Was? Wo? Wer? Wann? Wie? Warum?

Wie ausführlich man auf die einzelnen W-Fragen eingeht, hängt davon ab, wen man informieren möchte (Adressatenorientierung) und mit welcher Absicht man berichtet.

Ein Bericht sollte sachlich und vollständig sein und die Ereignisse in einer sinnvollen Reihenfolge wiedergeben. Die Zeitform des schriftlichen Berichtens ist das Präteritum.
→ Seite 176–179

Beschreiben: Wenn man Auskunft über eine Person, einen Gegenstand oder einen Weg geben will, dann beschreibt man. Wichtig dabei ist eine genaue Wortwahl, damit sich die Zuhörer und Leser ein exaktes Bild von dem Beschriebenen machen können. → Seite 190–194

Bestimmungswort: Ein zusammengesetztes Nomen besteht aus dem Grundwort und dem Bestimmungswort. Das Bestimmungswort ist der erste Teil eines solchen Nomens, mit dem das Grundwort näher bestimmt wird: *Taschentuch*.

Dativ (Wemfall, 3. Fall)**:** Form des Nomens. Beispiele: *Ich helfe meinem Bruder. Ich fahre auf dem Schulhof herum.* Männliche und sächliche Nomen bilden den Dativ im Singular auf -em: *dem, einem Kater, Kätzchen.*

Dehnungs-h: In Wörter mit einem langen Vokal in der betonten Silbe wird manchmal ein Dehnungs-h eingefügt, um den langen Vokal auffälliger zu machen: *füh-len, Rah-men, Sah-ne, füh-ren.* Ein Dehnungs-h steht nur vor den Konsonanten *l, m, n, r.*

Demonstrativpronomen (hinweisendes Fürwort)**:** Es weist auf etwas hin, das schon bekannt ist oder genauer bestimmt werden soll. Es kann im Satz allein stehen oder ein Nomen begleiten: *Das (was du eben gesagt hast) glaube ich nicht. Dieses Buch mag ich besonders gern.* Häufig gebrauchte Demonstrativpronomen sind *dieser, diese, dieses, jener, jene, jenes, solcher, solche, solches* und das besonders betonte *der, die, das.*

direkte/indirekte Rede: In einem Text wird die direkte Rede einer sprechenden Person mit Anführungszeichen gekennzeichnet: *Er sagte: „Ich bin krank gewesen."* In der indirekten Rede wird die Aussage eines anderen mit dem Konjunktiv I gekennzeichnet: *Er sagte, er sei krank gewesen.* → Seite 241/242

Drama: Neben der Lyrik und der erzählenden Literatur ist das Drama die dritte Grundform der Dichtung. Dramentexte sind in Dialogform verfasst und in der Regel für eine Theateraufführung bestimmt. → Seite 166–168

Einzahl: (siehe Singular)

Ergänzungen: Objekte werden auch Ergänzungen genannt, weil sie das Prädikat ergänzen: *Die Lehrerin lobt den Schüler.*

Erzählen: Wenn man eine Geschichte erzählen will, muss man besonders auf den Aufbau achten: Die Einleitung macht oft mit den beteiligten Personen, Ort und Zeit der Handlung bekannt. Im Hauptteil wird der Höhepunkt der Geschichte möglichst spannend erzählt, indem man z. B. Personen in wörtlicher Rede sprechen lässt und Gedanken und Gefühle der Personen berücksichtigt. Die Geschichte sollte auch immer einen Schlussteil haben. Die Zeitform des schriftlichen Erzählens ist das Präteritum. → Seite 171–175

Fälle: Das Nomen kann in vier verschiedenen Fällen stehen: 1. Fall (Nominativ): *der Hund,* 2. Fall (Genitiv): *des Hundes,* 3. Fall (Dativ): *dem Hund,* 4. Fall (Akkusativ): *den Hund.*

Femininum (weiblich)**:** Grammatisches Geschlecht eines Nomens: *die Gabel.*

flektieren: Flexion ist die Veränderung (Beugung) eines Wortstammes im Plural *(die Kinder),* in den Fällen *(den Kindern),* bei der Steigerung *(lieber),* bei der Bildung der Personalformen *(du holst)* und der Zeitformen *(sie holte).* Die Flexion bei den Fällen nennt man Deklination, die Flexion bei den Zeitformen nennt man Konjugation.

Fragesatz: Satz, mit dem man eine Frage stellt (im Gegensatz zu einem Aussage- oder Ausrufesatz). Nach einem Fragesatz setzt man ein Fragezeichen: *Kommst du auch wirklich?*

Fremdwort: Ein Wort, das aus einer fremden Sprache in unsere Sprache übernommen wurde. Man erkennt es in der Regel an der fremden Aussprache oder Schreibung: *Foul, Coolness, Pizza, Cello, Ragout, Chassis.* → Seite 207/208, 225/226

Futur: Zeitform des Verbs. Mit dem Futur I kann man einen Vorgang als zukünftig darstellen. Das Futur I wird mit dem Hilfsverb *werden* gebildet: *Morgen werde ich das erledigen.* Mit dem Futur II kann ein Vorgang dargestellt werden, der in der Zukunft bereits abgeschlossen ist. Das Futur II wird mit dem Hilfsverb *werden* und dem Partizip II gebildet: *Morgen Abend werde ich das erledigt haben.* Beide Zeitformen werden selten verwendet. Das Futur I wird häufig durch das Präsens ersetzt: *Morgen erledige ich das.* Das Futur II kann durch das Perfekt ersetzt werden: *Morgen Abend habe ich das erledigt.*

Gedicht: Ein Gedicht ist meistens in verschiedene Abschnitte unterteilt, sie heißen Strophen. Die Zeilen einer Strophe heißen Verse. Verse werden oft durch Reime miteinander verbunden. → Seite 123–134

Das so genannte „lyrische Ich" ist das empfindende, erlebende und aussagende Ich des Gedichts, ähnlich wie der Ich-Erzähler in erzählenden Texten.

Gegenwartsform (siehe Präsens)

Genitiv (Wesfall, 2. Fall)**:** Form des Nomens. Beispiele: *der Hund unseres Nachbarn.* Männliche und sächliche Nomen bilden den Genitiv im Singular auf -es: *des, eines Hundes.*

Grundwort: Ein zusammengesetztes Nomen besteht aus dem Grundwort und dem Bestimmungswort. Das Grundwort ist der zweite Teil eines solchen Nomens: *Taschentuch.*

Hauptsatz: In einem Hauptsatz steht, im Gegensatz zu einem Nebensatz (siehe auch dort!), das Prädikat oder ein Teil des Prädikats an zweiter Stelle im Satz: (1) *Ich* | (2) *fahre* | *heute* | *mit dem Bus.* – (1) *Ich* | (2) *bin* | *heute* | *mit dem Bus* | *gefahren.* Ausnahmen davon bilden nur manche Fragesätze, in denen das Prädikat am Anfang steht: (1) *Fährst* | *du* | *heute* | *mit dem Bus?* Geht dem Hauptsatz ein Nebensatz voraus, so bildet dieser Nebensatz die erste Stelle und das Prädikat die zweite: (1) *Weil ich es eilig habe,* | (2) *fahre* | *ich* | *mit dem Bus.* → Seite 249

Hilfsverb: Wortart. Die Hilfsverben sind: *sein (ich bin, ich war, ich bin gewesen …), haben (ich habe, ich hatte, ich habe gehabt …), werden (ich werde, ich wurde, ich bin geworden …).* Die Hilfsverben „helfen" den Verben beim Bilden der Zeitformen des Perfekts, Plusquamperfekts, Futur I und Futur II: *ich bin gekommen, ich hatte geschlafen, ich werde kommen, ich werde das erledigt haben.*

Homonym: Homonyme sind Wörter, die gleich geschrieben werden, aber etwas Verschiedenes bedeuten: *die Bank (Sitzbank) – die Bank (Sparkasse); der Kiefer (Knochen) – die Kiefer (Baum).*

Ich-Erzähler: Der Ich-Erzähler berichtet die Handlung aus seiner eigenen Perspektive. Der Leser erlebt die Handlung durch die Augen des Ich-Erzählers.

Imperativ: Ausrufe- oder Befehlsform eines Verbs (im Gegensatz zum Indikativ und Konjunktiv): *Gib her! Lies das durch! Geh weg!*

Indikativ: Die Normalform des Verbs. Der Indikativ ist die am häufigsten gebrauchte Aussageform eines Verbs. *Er kommt, sie fährt …* (im Gegensatz zum Konjunktiv: *er käme, sie fahre …*) → Seite 241

Infinitiv: Grundform des Verbs. Es ist diejenige Form, in der ein Verb im Wörterbuch steht: *halten, schlafen.* In Sätzen dagegen stehen Verben fast immer in der Personalform: *Er hält, sie schläft.* Die Grundform kommt aber auch in Sätzen vor, die mit den Verben *können, wollen, sollen* usw. gebildet sind: *Er soll halten. Sie will schlafen.*

Inhaltsangabe: Eine Inhaltsangabe besteht aus einer zusammenfassenden Wiedergabe des Inhalts eines Textes. Diese Zusammenfassung sollte sachlich und ohne persönliche Wertung sein. Der einleitende Satz sollte den Verfasser und den Titel der Geschichte nennen und außerdem über die Personen, Ort und Zeit der Handlung informieren. Die Zeitform der Inhaltsangabe ist das Präsens. → Seite 184–187

Komma: Satzzeichen zur Gliederung von Sätzen. Sie werden vor allem gesetzt, damit Leser in einem Satz erkennen können, was zusammengehört und was voneinander getrennt ist. Kommas stehen bei Aufzählungen von Wörtern, Wortgruppen und Sätzen, bei Ausgliederungen von Wörtern und bei Unterordnungen von Haupt- und Nebensätzen. Die einzelnen Regeln dafür sind sehr vielfältig. → Seite 220–223, 247–249

Kommentar: In einem Kommentar gibt ein Redakteur eine wertende Einschätzung zu einem Ereignis ab, das z.B. politisch sein kann. Der Standpunkt des Verfassers wird deutlich und er entwickelt daraus Argumente und zieht Schlüsse. Ein Kommentar ist also sehr persönlich und wenig sachlich. → Seite 92

Komparativ: Steigerungsform des Adjektivs. Beispiele: *größer, schöner, höher als …*

Konjunktion (Verbindungswort)**:** Wortart. Beispiele: *und, oder, weil, als, wenn …* Mit Konjunktionen kann man Wörter, Wortgruppen, ganze Sätze oder Haupt- und Nebensätze verbinden. → Seite 249

Konjunktiv I: Eine Form des Verbs, die vom Präsens gebildet wird *(Sie sagte, sie gehe jetzt weg.)*, vom Perfekt *(Sie sagte, sie habe geschlafen.)* oder vom Futur I *(Sie sagte, sie werde kommen.)* Der K. I wird in der indirekten Rede verwendet. → Seite 241/242

Konjunktiv II: Eine Form des Verbs, die vom Präteritum gebildet wird *(Ich sähe dich gern einmal wieder.)*, vom Plusquamperfekt *(Ich hätte dich so gerne gesehen!)* oder die mit *würde* gebildet wird *(Ich würde dich so gern sehen.)* Der K. II dient vor allem zum Ausdruck von Wünschen und Vorstellungen. → Seite 243/244

Konsonant: Mitlaut (im Gegensatz zu Vokal = Selbstlaut). Konsonanten sind die Laute und die entsprechenden Buchstaben dazu: *b, c, d, f, g, h, j, k, l, m, n, p, q, r, s, t, v, w, x, z.*

Kurzgeschichte: Kurzgeschichten sind erzählende Texte mit folgenden Merkmalen: Sie beleuchten blitzlichtartig einen Ausschnitt im Leben eines Menschen in seinem Alltag. Häufig fehlen Orts- und Zeitangaben. Der Anfang einer Kurzgeschichte ist unvermittelt und der Schluss endet abrupt. → Seite 151–153

Kurzvortrag: Ein Kurzvortrag ist ein kurzer, meist mehrere Minuten dauernder Vortrag über ein festgelegtes, begrenztes Thema. Der Kurzvortrag besteht aus einer Einleitung (Ziel, Thema), einem Hauptteil und einem Schluss (Zusammenfassung). Als Hilfsmittel sollte ein Stichwortzettel angelegt werden. → Seite 266/267

Maskulinum (männlich)**:** Grammatisches Geschlecht eines Nomens: *der Löffel.*

Mehrzahl: (siehe Plural)

Metapher: Übertragung eines Wortes oder Satzes aus der Normalbedeutung in eine bildliche Bedeutung. Beispiele: *Fuchs (ein Säugetier) – schlauer Fuchs (ein listiger Mensch); Ferkel (junges Schwein) – Du bist ein Ferkel (Kind, das schmutzig ist).* → Seite 231/232

Mindmap: Die Mindmap (Gedankenlandkarte) hilft dir, Gedanken und Ideen zu ordnen. Man kann aber auch Texte mit Hilfe einer Mindmap strukturieren. Wie in einem Cluster steht das Thema in der Mitte des Blattes. Von ihm gehen dann die Hauptäste (Hauptthemen) aus und von den Hauptästen zweigen wiederum Nebenäste ab.

Nachsilbe: Als Nachsilben werden meistens Teile von Wörtern bezeichnet, die an den Wortstamm angehängt sind (auch wenn sie eigentlich keine echten Silben sind!): *kind-lich, witz-ig* (nach Silben getrennt: *wit-zig*), *Freund-schaft, Kleid-ung* (nach Silben getrennt: *Klei-dung*).

Nebensatz: Das wichtigste Kennzeichen eines Nebensatzes ist, dass das gesamte Prädikat (mit allen Zusätzen) am Ende des Satzes steht. Weitere Kennzeichen von Nebensätzen sind die Einleitungswörter (z.B. Konjunktionen oder Relativpronomen), die am Anfang eines Nebensatzes stehen. Diese Einleitungswörter bilden gemeinsam mit

dem Prädikat den „Rahmen" von Nebensätzen: _Weil | Lotte von ihrer Freundin | abgeschrieben hat,_ ... Nebensätze bilden gemeinsam mit Hauptsätzen ein Satzgefüge. Ohne einen Hauptsatz kommen Nebensätze nicht vor. Sie können dem Hauptsatz vorweggehen (_Wenn es heute regnet, bleibe ich zu Hause_), ihm nachfolgen (_Ich bleibe zu Hause, wenn es heute regnet_) oder in ihn eingefügt werden (_Ich bleibe, wenn es heute regnet, zu Hause_).
→ Seite 220–223, 249

Neutrum (sächlich): Grammatisches Geschlecht eines Nomens: _das Messer._

Nomen (Substantiv, Hauptwort, Dingwort): Wortart. Beispiele: _Kind, Katze, Computer, Glück._ Mit Nomen kann man Lebewesen, Dinge, Gefühle und Gedanken bezeichnen. Nomen haben einen Artikel: _das Kind, die Katze, der Computer_ ...

Nominalisierung: Wenn Wörter anderer Wortarten zu Nomen werden, nennt man das Nominalisierung. Am häufigsten sind nominalisierte Verben (_das Lesen_) und nominalisierte Adjektive (_der Große_). → Seite 209–214

Nominativ (Werfall, 1. Fall): Form des Nomens. Im Nominativ stehen die Subjekte unserer Sprache: _Der Hund jagt die Katze._

Objekt (Ergänzung): Satzglied. Am häufigsten in unserer Sprache sind das Dativ- und das Akkusativ-Objekt. Beispiele: Dativ-Objekt: _Ich helfe meinem Bruder,_ Akkusativ-Objekt: _Ich unterstütze meinen Bruder._
Selten verwenden wir das Genetiv-Objekt: _Der Dieb wurde des Diebstahls beschuldigt._

Partizip (Mittelwort): Die Partizipien stehen „zwischen" der Wortart Verb und Adjektiv. Ihr Wortstamm besteht aus einem Verb (_laufen_), das aber auch als Adjektiv verwendet werden kann (_laufende Meter, die gelaufene Zeit_). Man unterscheidet: das Partizip I, das mit _-end_ gebildet wird (_laufend_), und das Partizip II, das mit _ge-_ und mit _-en_ oder _-t_ gebildet wird (_gelaufen, geholt_).

Passiv: Eine Form des Verbs. Das Passiv wird mit dem Hilfsverb _werden_ und dem Partizip II gebildet (_Ich werde ausgelacht_). Mit dem Passiv kann man einen Vorgang so darstellen, dass nur von demjenigen die Rede ist, dem etwas passiert, nicht aber von dem, der etwas tut; es ist also nicht gesagt, _wer_ auslacht, sondern nur, wer ausgelacht _wird._ In Passivsätzen kann man allerdings auch den „Täter" einer Handlung nennen; dann geschieht das mit einem Satzglied mit _von_ (_Ich werde von meiner Freundin ausgelacht_). Das Passiv wird auch als eine Art „Gegenform" zum Aktiv angesehen (siehe dort!). Aktiv: _Meine Freundin lacht mich aus._ Passiv: _Ich werde von meiner Freundin ausgelacht._ → Seite 239, 240

Perfekt (zusammengesetzte Vergangenheitsform): Zeitform des Verbs. Zusammengesetzt wird sie aus dem Hilfsverb _haben_ oder _sein_ und dem Partizip Perfekt (Partizip 2). Wir verwenden diese Zeitform meistens dann, wenn wir über etwas Vergangenes sprechen: _Gestern bin ich mit dem Rad zur Schule gefahren. Da habe ich mich sehr beeilt._

Personalpronomen (persönliches Fürwort): Die Personalpronomen im Singular sind: _ich, du, er, sie, es_ und ihre Pluralformen _wir, ihr, sie._ Dazu gehören auch alle gebeugten Formen wie _mir, mich, dir, dich, ihm, ihn, ihr_ ...

Personifikation: Wenn Gegenständen, Pflanzen oder Tieren menschliche Verhaltensweisen und Eigenschaften zugeschrieben werden, nennt man das Personifikation.

Plural: Mehrzahl (im Gegensatz zum Singular). Der Plural gibt an, dass etwas mehrere Male gemeint ist. Er wird mit dem Artikel _die_ gebildet. Die meisten Nomen haben einen Plural: _die Löffel, die Gabeln, die Messer._

Plusquamperfekt: Zeitform des Verbs. Zusammengesetzt wird diese Zeitform mit den Hilfsverben _haben_ (_hatte_) oder _sein_ (_war_) und dem Partizip II. Man verwendet diese Zeitform, wenn man etwas darstellt, das der Vergangenheit vorausgeht und bereits abgeschlossen ist: _Wir kamen an, als der Zug schon abgefahren war. Ich fuhr los, nachdem ich alles eingepackt hatte._

Positiv: Grundform des Adjektivs. Beispiele: _groß, bunt, schön, hoch_ ...

Possessivpronomen (besitzanzeigendes Fürwort): Sie stehen vor einem Nomen und zeigen oft an, wem etwas gehört: _mein Stift, deine Mütze, unser Haus._ Es gibt nur wenige Possessivpronomen: _mein, dein, sein, ihr, unser, euer, meine, deine, seine, ihre, unsere, eure._

Prädikat (Satzaussage): Das Prädikat ist dasjenige Satzglied, das aus einem Verb besteht: _Lotte schreibt._ Zum Prädikat gehören auch alle Wörter, die zum Verb gehören: _Lotte schreibt ab. Lotte schreibt sich etwas auf._ Man nennt solche Wörter „Verbzusätze". Wenn diese Wörter am Ende eines Satzes stehen, dann wird der Satz durch das Verb und seine Verbzusätze „eingerahmt"; man spricht dann von einer „Prädikatsklammer": _Lotte schreibt mit großem Geschick von ihrer Freundin ab. Lotte hat mit großem Geschick von ihrer Freundin abgeschrieben._

Präposition (Verhältniswort): Wortart. Beispiele: _auf, zu, wegen._ Präpositionen erkennt man daran, dass nach ihnen das Nomen im Genitiv (_wegen des Sturms_), Dativ (_zu dem Fest_) oder Akkusativ (_durch den Tunnel_) steht.

Präpositionales Objekt (Satzglied): Ein präpositionales Objekt ist ein Objekt, das nur mit Hilfe einer Präposition erfragt werden kann: _Ich warte_ (auf _wen_?) _auf den Zug._ Es hat die gleiche Funktion wie der entsprechende Satz mit einem Objekt ohne Präposition: _Ich erwarte_ (wen?) _den Zug._ Eine adverbiale Bestimmung kann dagegen mit einfachen Fragewörtern (ohne Präposition) erfragt werden: _Ich warte_ (wo?) _auf dem Bahnsteig._

Präsens (Gegenwartsform): Zeitform, die wir in der Regel verwenden, wenn wir über etwas sprechen, was in der Gegenwart des Sprechers abläuft *(Jetzt regnet es gerade)*. Das Präsens ist aber vielfältig verwendbar. Es wird auch zur Darstellung von etwas verwendet, was in der Zukunft abläuft *(Morgen komme ich zu dir)*, und es kann sogar etwas Vergangenes vergegenwärtigen *(Gestern läuft mir doch plötzlich eine Katze ins Rad!)*. Diese Form nennt man „szenisches Präsens". Darüber hinaus kann das Präsens etwas darstellen, was mit Zeit überhaupt nichts zu tun hat *(Wale sind Säugetiere. Aller Anfang ist schwer)*. → Seite 237/238

Präteritum (einfache Vergangenheitsform): Zeitform des Verbs. Wir verwenden diese Zeitform meistens dann, wenn wir über etwas Vergangenes schreiben: *Ein König besaß ein großes Schloss und herrschte über ein großes Land*. → Seite 237/238

Pronomen (Fürwort oder Begleiter): Wortart. Es gibt verschiedene Arten von Pronomen. Die eine Art steht *für* ein Nomen: *der dicke Kater → er*; die andere Art steht *vor* einem Nomen: *mein Kater*. (Siehe auch Personalpronomen, Possessivpronomen, Demonstrativpronomen, Relativpronomen)

Punkt: Satzzeichen, mit dem wir angeben, dass ein geschriebener Satz zu Ende ist. (Siehe auch Aussagesatz!)

Reim: Zwei Wörter reimen sich, wenn der letzte betonte Vokal und alle nachfolgenden Laute gleich klingen (Wind – Kind; Hund – bunt). Dabei kommt es auf den gleichen Klang an, nicht auf die Schreibung. Es werden folgende Reime unterschieden:
Paarreim (aabb: … Meister, … Geister, … begeben, … leben);
Kreuzreim (abab: … Laterne, … mir, … Sterne, … wir);
umschließender Reim (abba: … Fratzen, … necken, … schrecken, … Tatzen).

Relativpronomen/Relativsatz: Pronomen, die einen Relativsatz einleiten und sich auf ein vorausgehendes Nomen beziehen: *Ein Frosch, der/welcher ständig quakt, nervt mich*. Relativpronomen stammen von den Artikeln und Fragepronomen ab; es sind: *der, die, das, was, welcher* in ihren verschiedenen Formen. Relativsätze beziehen sich in der Regel auf das ihnen unmittelbar vorausgehende Nomen: Nicht also: *Im Teich, der ständig quakt, sitzt ein Frosch*, sondern: *Im Teich sitzt ein Frosch, der ständig quakt*. → Seite 246/247

Reportage: Eine Reportage ist ein besonders ausführlicher und lebendiger Bericht über Ereignisse und Sachverhalte. Sie informiert den Leser nicht nur, sondern vermittelt auch die Atmosphäre des Beschriebenen. Eine Reportage enthält persönliche Eindrücke des Verfassers und sollte den Leser besonders fesseln. → Seite 91

Sachtext: Sachtexte geben Informationen und Erklärungen zu Dingen, die uns in unserer wirklichen Umgebung begegnen, z.B. über Sterne, Tiere, Pflanzen, Technik etc. Sie unterscheiden sich von literarischen Texten dadurch, dass sie hauptsächlich informieren, anleiten oder kommentieren wollen, wie zum Beispiel Texte in Zeitungen, Magazinen, Sachbüchern und Lexika.

Satz: Von der Grammatik her betrachtet besteht ein Satz mindestens aus einem Prädikat und einem weiteren Satz-glied: *Die Stadt / lärmt. Heute / wird gearbeitet*. Vom Sinn her betrachtet ist ein Satz ein Gedanke, der abgeschlossen ist.

Satzgefüge: Ein Satzgefüge ist eine Kombination aus einem Hauptsatz mit mindestens einem Nebensatz: (Nebensatz:) *Was du nicht willst*, (Nebensatz:) *das man dir tu*, (Hauptsatz:) *das füg auch keinem andern zu*. → Seite 220–223, 247, 249

Satzglied: Ein Wort oder eine Wortgruppe, die man bei der Umstellprobe im Satz an eine andere Stelle (z.B. an den Anfang) verschieben kann: *Sie / gibt / diesem Schüler / für seinen Aufsatz / eine Zwei. – Diesem Schüler / gibt / sie / … – Für seinen Aufsatz / gibt / sie / … – Eine Zwei / gibt / sie / …– Gibt / sie / diesem Schüler / für seinen Aufsatz / eine Zwei?* Dieser Satz besteht also aus fünf Satzgliedern. Einige davon bestehen aus einem, andere aus mehreren Wörtern.

Satzzeichen: Zu den Satzzeichen gehören in der geschriebenen Sprache alle Zeichen, die keine Wörter sind. Satzzeichen setzt man vor allem deswegen, damit ein Leser einen Text besser verstehen kann. Zu den Satzzeichen gehören: der Punkt, das Komma, das Ausrufe- und Fragezeichen, der Doppelpunkt, die Anführungszeichen und noch einige andere.

Silbe: Silben sind Teile eines Wortes, die man beim Sprechen von Wörtern erkennen kann. Wörter bestehen aus einer Silbe, aus zwei oder drei Silben. Mehr als dreisilbige Wörter sind selten. Die meisten Wörter sind zweisilbig. Solche Wörter enthalten eine betonte Silbe und eine unbetonte: *I gel, ge ben, im mer, Stra ße, ernst haft* … Jede Silbe enthält einen Vokal. Vor und nach dem Vokal können Konsonanten vorkommen – einer oder mehrere. Beim Trennen eines Wortes am Zeilenende setzt man einen Silbentrennungsstrich.

Silbentrennendes h: Endet die erste Silbe eines Wortes mit einem langen Vokal *(Schu-)* und beginnt die zweite Silbe wieder mit einem Vokal *(-e)*, so setzt man zwischen die beiden Vokale beim Schreiben oft ein h *(Schu-he)*. Auf diese Weise kann man beim Lesen die beiden Vokale gut auseinanderhalten. Bei der Silbentrennung setzt man dieses h in die zweite Silbe nach dem Trennungsstrich. Steht ein silbentrennendes h in einem zweisilbigen Wort, so bleibt es auch in den Wortverwandten erhalten: *Schuhe – Schuh, frohe – fröhlich, früher – Frühling*.

Singular: Einzahl (im Gegensatz zum Plural). Der Singular gibt an, dass etwas nur einmal gemeint ist: *Der/ein Hund hat mich angebellt*. Der Singular kann aber auch bedeuten, dass etwas ganz allgemein gültig ist, auch wenn mehrere gemeint sind: *Der Hund ist ein beliebtes Haustier*.

Steigerung: Viele Adjektive können gesteigert werden: *groß, größer, am größten.* Bei manchen Adjektiven ist eine Steigerung sinnlos, z. B.: *viereckig.* Manche Adjektive kommen in gesteigerter Form gar nicht vor, z. B.: *lila.*

Subjekt: Satzglied. Neben dem Prädikat ist das Subjekt das wichtigste Satzglied. Meistens bezeichnet das Subjekt jemanden, der etwas tut, und steht an erster Stelle im Satz. Das Subjekt steht immer im Nominativ (1. Fall). Beispiel: *Der Hund bellt den Briefträger an.*

Superlativ: Höchstform beim Steigern eines Adjektivs. Beispiele: *am größten, am schönsten, am besten ...*

Synonym: Synonyme sind Wörter, die in ihrer Bedeutung gleich oder ähnlich sind: *Samstag – Sonnabend, Metzger – Fleischer – Schlachter* (bedeutungsgleich), *Angst – Furcht, Mut – Tapferkeit* (bedeutungsähnlich) → Seite 233

Umlaut: Die Vokale *ä, äu, ö, ü* nennt man Umlaute. Sie kommen meistens in Wörtern vor, die von Wörtern mit einem *a, au, o, u* abstammen: *Hände – Hand, Häuser – Haus, größer – groß, Schnüre – Schnur.* Die Vokale *a, au, o, u* werden also „umgelautet".

Umstellprobe (Verschiebeprobe): Ein Verfahren zur Ermittlung von Satzgliedern. Wörter oder Wortgruppen, die man im Satz umstellen oder verschieben kann, nennt man Satzglieder. (Siehe auch Satzglied!) → Seite 250–254

Verb (Tätigkeitswort, Zeitwort): Wortart. Beispiele: *schlafen, wachen.* Mit Verben bezeichnet man Vorgänge und Zustände wie *schlafen, blühen, sitzen, liegen* und Tätigkeiten wie *laufen, packen, essen.* Verben können in den Zeitformen verändert werden (siehe auch: Zeitformen). Dabei verändern die einen ihren Wortstamm, die anderen aber nicht. Verben, die ihren Wortstamm verändern, nennt man „starke" Verben (*schlafen, schläft, schlief*), solche, die ihren Wortstamm nicht verändern, heißen „schwache" Verben (*wachen, wacht, wachte*). → Seite 237–244

Vokal: Selbstlaut (im Gegensatz zu Konsonant = Mitlaut). Vokale sind die Laute und Buchstaben *a, e, i, o, u,* auch: deren Umlaute *ä, ö, ü.* Zu den Vokalen zählt man auch die Zwielaute, die aus zwei Vokalen bestehen: *au, ei, eu, äu.*

Vorsilbe: Teil eines Wortes, der nicht allein vorkommt, sondern vor einem Wortstamm steht: *ent-laufen, ver-laufen, un-echt ...* Doch auch die kleinen Wörter, die allein stehen können, nennt man oft Vorsilben: *ab-hauen, durch-laufen ...*

Wemfall: Man nennt den Dativ auch Wemfall, weil man ihn mit *wem* erfragen kann: *Ich helfe (wem?) meiner Schwester.* (Siehe Dativ!)

Wenfall: Man nennt den Akkusativ auch Wenfall, weil man ihn mit *wen oder was* erfragen kann: *Ich unterstütze (wen oder was?) meinen Bruder.* (Siehe Akkusativ!)

Werfall: Man nennt den Nominativ auch Werfall, weil man ihn mit *wer oder was* erfragen kann: *Das Tor erzielte (wer oder was?) der Linksaußen.* (Siehe Nominativ!)

Wörtliche Rede: Teil eines Textes, in dem steht, was einer wörtlich sagt. Damit man in einem Text das, was einer sagt, von dem unterscheiden kann, was der Schreiber schreibt, setzt man die wörtliche Rede in Anführungszeichen: *Ich ging zu ihr und sagte: „Komm doch einfach mit!"* → Seite 219, 241

Wortarten: Wortarten sind Gruppen von Wörtern, die sich nach bestimmten Gesichtspunkten ordnen lassen. Die meisten Sprachwissenschaftler ordnen die Wörter unserer Sprache heute diesen Wortarten zu: Verben, Nomen, Adjektive, Artikel/Pronomen, Adverbien, Konjunktionen, Präpositionen.

Wortbaustein: Wortbausteine nennt man (im Gegensatz zu Silben) Teile eines Wortes, die etwas bedeuten: den Wortstamm *(z. B. spitz)* und die Teile, die den Wortstamm einrahmen *(z. B. an-spitz-en, be-spitz-eln, ge-spitz-t, Spitz-er).* Ein Wort ist in der Regel aus einem Wortstamm und weiteren Teilen „aufgebaut".

Wortfamilie: Eine Gruppe von Wörtern, die einen gemeinsamen Wortstamm haben und deswegen miteinander verwandt sind. Beispiele: *fließen, flüssig, Fluss, geflossen, abfließen, Abfluss ...*

Wortfeld: Eine Gruppe von Wörtern, die eine ähnliche Bedeutung haben. Beispiele: Wortfeld „sprechen": *sagen, reden, flüstern ...;* Wortfeld „dumm": *blöde, doof, unintelligent, bescheuert ...* → Seite 233/234

Wortstamm: Der Wortstamm ist der wichtigste Teil eines Wortes, das aus mehreren Wortbausteinen besteht: *verlaufen, Anlauf, übergetreten, Abtreter ...*

Zahlwort: Zahlwörter sind Wörter über Zahlen, die aber zu ganz verschiedenen Wortarten gehören: Nomen: *die Sieben;* Adjektive: *die sieben Schwaben;* Adverbien: *sieb(en)tens ...*

Zeitform: Eine Form des Verbs. Mit den Zeitformen kann man auf verschiedene Zeiten hindeuten, über die jemand spricht. Zeit und Zeitform sind aber nicht dasselbe! Denn man kann über eine Zeit sprechen, die schon in der Vergangenheit liegt, und dabei doch verschiedene Zeitformen gebrauchen: *Gestern ging ich so auf der Straße* (Präteritum), *da kommt mir doch ein Hund entgegen* (Präsens), *der mich laut angebellt hat* (Perfekt). (Siehe auch Gegenwart – Gegenwartsform!) → Seite 237/238

Zeitwort: (Siehe Verb!)

Zusammensetzung: Wörter können mit anderen Wörtern zusammengesetzt werden. Beispiele: *Fußballspiel* (drei Nomen), *blaugrün* (zwei Adjektive). (Siehe auch Bestimmungswort, Grundwort!)

Zwielaut: Zwielaute, die auch Diphthonge genannt werden, zählen zu den Vokalen. Dazu gehören *ai, au, ei, eu, äu, oi.*

Sachwortregister

A
Abkürzungen 128, 274
Aktiv 239
Anekdote 136–142
Arbeitsplan erstellen 101
Apostroph 227
Argumentieren 34/35, 44/45, 64/65, 68–70, 180–183
Attribute 245/246

B
Ballade 126/127
Bericht 90
Berichten
– über Berufs– und Arbeitsplatzerkundung 85
– über Beobachtungen und Eindrücke 176–179
– Unterrichtsprotokoll 65, 188/189
Beschreiben
– Bild 190/191
– Projekt 101
– Vorgänge 192–194
Betriebspraktikum vorbereiten 82–86
Bildbearbeitung 269
Bilder aus dem Internet 268/269
Bindestrich 225/226
Brief 30/31, 47–54, 89, 200, 236

C
Cluster 10
Collage 26, 76
Computer 200, 268–271

D
dass 218
Diagramme und Schaubilder lesen und erstellen 19, 20–22, 29, 61/62, 78/79, 96
Diskussionsleiter/in 45, 65
Dramatischer Text 166–168

E
E-Mail 200
Ergänzungsstrich 226
Erzählen
– aus verschiedenen Perspektiven 30/31, 36/37, 112, 143, 174/175
– Geschichten weitererzählen 40–43, 144
– mit Erzählkarten 171–173
– spannend erzählen 110–112, 171–173
– zu Bildern 169/170

F
Fotos in Zeitungen untersuchen 99
Fragebogen 274
Fremdwörter 207/208, 225/226

G
Gedichte
– auswendig lernen 126/127
– einen Gedichtvortrag vorbereiten 15, 38, 126/127, 128
– ergänzen 129
– interpretieren/gemeinsam besprechen 133
– Montagen untersuchen und selbst erstellen 130/131, 132
– Reime wiedergeben 123
– untersuchen 32, 38, 56, 76, 77, 123–133
– vergleichen 124/125
Gesprächsregeln 45, 65
Getrennt oder zusammen 216/217, 225/226
Groß– und Kleinschreibung 206, 209–214
Gruppenbildung 65, 100

H
Höflichkeitsform 235/236
Hörspiel erstellen 112, 126/127

I
indirekte Rede 241/242
Infinitivsätze 248
Informationen aus Sachtexten entnehmen 16/17, 19, 25, 28/29, 57/58, 59–61, 62, 63, 64, 78/79, 113/114, 255–261, 264–268, 273
Inhaltswiedergabe (Text, Bild) 184–187, 190/191
Internet/Internetrecherche 57, 268–271
Interview 84, 94/95, 176/177

K
Kameraeinstellungen 111
Klassenrat 44/45
Klassenzeitung erstellen 100–106
Kommasetzung 220–223, 247–249
Kommentar 92
Konjunktionalsätze 249
Konjunktiv I und II 125, 241–244
Krimis untersuchen 108–122
Kurzgeschichte lesen und untersuchen 151–153
Kurzvortrag 266/267

L
Leserbrief 70, 93, 181
Lesetraining
– auswendig lernen 126/127
– Lesetechniken 262/263
– sinngestaltend lesen 15, 38, 126/127, 128, 130, 131
– überfliegend lesen 255/256, 262
Lexikaübungen 268–270

M
Material beschaffen 82–86, 102
Meinungen begründen 34/35, 44/45, 64/65, 68–70, 92/93, 180–182
Meinungshaus 181
Metaphern (Sprachbilder) 125, 129, 231–232
Metaplantechnik 182/183

N
Nachricht 90, 130,141
Nachschlagen 201, 272–274

P
Passiv 239/240
Personifikation 124
Podiumsdiskussion 64/65
Präsens 237/238
Präsentieren 14, 26, 38, 46, 86, 102/103, 106, 159–168, 266/267

SACHWORTREGISTER

Präteritum 237/238
Proben
- Ersatzprobe 218
- Umstellprobe 252/253
- Verlängerungsprobe 204/205
- Wörter ableiten 204
- Wörter zerlegen 203
Projektarbeit 100–106
Pronomen
- Anredepronomen 200, 236
- Relativpronomen 247
Protokoll 65, 188/189

R
Rechtschreibgespräch 199
Rechtschreibstrategien 202–205
Rechtschreibübungsplan erstellen 202, 224
Redewendungen 56/57
Relativsätze 246/247
Reportage 91
Rollenspiel 36/37, 47–54, 80, 126/127, 159

S
Sachtext 16/17, 19, 25, 28/29, 57/58, 59–61, 62, 63, 64, 78/79, 113/114, 255–261, 264–267, 268, 273
Satzbau 220–223, 250–254
Satzgefüge 220–223, 247, 249, 254
Schreiben
- aus anderer Perspektive 30/31, 36/37, 47–54, 112, 143, 149/150, 174/175
- Berichte 176–178
- eine Geschichte weiterschreiben 40–43
- Freies Schreiben 10–14
- Kriminalgeschichten 110–112, 113, 171–173
- mit Erzählkarten 171–173
- nach Mustern 12, 32
- Parallelgeschichten 145–148
- Protokoll 188/189
- über Erfahrungen 46
- über Wünsche und Ziele 73, 76
- zu einem Bild 169/170, 190/191
Schreibkonferenz 195/196
Skript erstellen 111, 166–168
Sprache untersuchen
- Dialekt 137
- Fachsprache 207/208, 229
- Jugendsprache 24, 228
- Schlagzeilen 98
- Sprache der Werbung 26/27, 66/67
- sprachliche Höflichkeit 235/236
Sprichwörter 57, 230
Stellungnahme 33–35, 44/45, 68–70, 180–183
Stichwortzettel anlegen 68–70, 82/83, 146–148, 172/173, 174, 176/177, 184–187, 190/191
Straßennamen 215
Streitschlichter 105
Synonyme 233
szenisches Spiel → Theater

T
Tagebuch 30/31, 47–54
Telefonieren 86, 235

Texterarbeitung
- Diagrammen Informationen entnehmen 19–22, 28/29, 61, 62, 78/79, 96
- Textaneignungsstrategien 16/17, 28/29, 47–54, 59–61, 62–64, 184–187, 255–267
- Texte auswendig lernen 126/127
- Texte genau lesen 108/109, 115–122, 138/139
- Texten Informationen entnehmen 16–19, 25, 28/29, 30/31, 33, 36/37, 40–43, 47–54, 57/58, 59–61, 62–64, 68–70, 74/75, 78/79, 80, 84, 90–95, 108–110, 113–122, 136–154, 184–187, 255–261, 264–267
- Texte präsentieren 14, 26, 38, 46, 85, 97, 102/103, 106, 266/267
- Texte überarbeiten 13, 104/105, 175, 179, 195/196, 197/198, 202, 252/253, 254
- Textmontage untersuchen 130/131
- Texte zusammenfassen 184–187, 256/257, 260/261, 264–267
Theater
- Aufwärmübungen 156–158
- nach Textvorlagen spielen 160–168
- Regieanweisung 167/168
- Rollenspiel/Szenen darstellen 36/37, 47–54, 80, 126/127, 159
- Sketch 166
- Spiele mit Requisiten 159–168
Themen finden, planen und bearbeiten 100–106, 255–261

U
Umfrage 274
Urheberrecht 268

V
Vortragen
- betont lesen 15, 38, 126/127, 128, 130, 131
- Ergebnisse der Projektarbeit 102
- Gedichtvortrag 38, 126/127, 128, 130, 131
- Kurzvortrag mit Stichwortzettel 266/267

W
Werbung 26/27, 66/67
Wörterbuchübungen 201
wörtliche Rede 219
Wortbedeutung klären 16/17, 58, 59–61, 140, 184/185, 258/259
Wortfamilie 58
Wortfeld 58, 233/234

Z
Zeichensetzung
- bei direkter Rede 219
- in Sätzen mit erweitertem Infinitiv 248
- in Sätzen mit Konjunktionen 249
- in Sätzen mit Relativpronomen 247
- Satzgrenzen erkennen 254
- zwischen Haupt- und Nebensatz 220–223
Zeitangaben 212
Zeitungsberichte 18, 28, 59–61, 68–70, 78, 90, 97, 106, 112
Zeitung untersuchen und erstellen 87–106

Textsortenverzeichnis

Anekdoten
- 136 *A. Litwin/H. Safrin,* Albert Einstein
- 137 *A. Glasbrenner,* Seltener Gewinn
- 138 *H. Ihering,* Die schlechte Zensur
- 139 *K. Tucholsky,* Der Floh
- 140 *T. Bergmann,* Kletterpartie
- 141 *S. von Radecki,* Überraschendes Urteil
- 184 *J. Gotthelf,* Der Geizhals

Berichte, Reportagen
- 18 *Ung. Verf.,* Übungsplatz für Seehunde
- 28 *Ung. Verf.,* Klamotten – und was auf die hohe Kante
- 59 *J. A. d. Kampe,* Tsunami
- 68 *Ung. Verf.,* Heidesee geht „baden"
- 69 *Ung. Verf.,* Klein Viktoria kriegt im Freibad immer Pickel
- 78 *Ung. Verf.,* Die heimliche Revolution
- 90 *Ung. Verf.,* „Aalfred" darf bleiben
- 91 *Ung. Verf.,* Aalfred von der Wanne
- 99 *AP,* Ansichten aus Rajasthan
- 112 *Ung. Verf.,* Junge Mädchen als Detektive

Diagramme, Schaubilder
- 19 *Ung. Verf.,* Was Jugendliche am liebsten lesen
- 20 *Ung. Verf.,* Junge Leser
- 20 *Ung. Verf.,* Von Leseratten und Lesemuffeln
- 22 *Ung. Verf.,* Wenn du dir etwas wünschen könntest
- 29 *Ung. Verf.,* Teenager: Aussehen ist alles
- 61 *Ung. Verf.,* So entsteht ein Tsunami
- 62 *Ung. Verf.,* Das unentbehrliche Nass
- 79 *Ung: Verf.,* Schulabgänger/Sitzenbleiber
- 79 *Ung. Verf.,* Top Ten der Ausbildungsberufe 2003
- 96 *Ung. Verf.,* Vom Korrespondenten zum Leser

Dramatische Texte
- 166 *Loriot,* Fernsehabend

Gedichte
- 15 *H. Erhardt,* Der Stier
- 15 *H. Erhardt,* Fußball
- 32 *J. Reding,* er ist „in"
- 38 *E. Jandl,* my own song
- 39 *J. Krüss,* Für uns sind die Andern anders
- 56 *J. W. v. Goethe,* Des Menschen Seele ...
- 56 *C. Morgenstern,* Gewitteranfang
- 76 *J. Reding,* Mädchen, pfeif auf den Prinzen!
- 77 *B. Brecht,* Ich habe gehört, ihr wollt nichts lernen
- 123 *F. Hebbel,* Herbstbild
- 124 *J. v. Eichendorff,* Mondnacht
- 125 *E. Oertgen,* Erde
- 126 *J. W. v. Goethe,* Erlkönig
- 128 *Die Fantastischen Vier,* MfG
- 129 *R. Ausländer,* Gemeinsam
- 131 *I. Bachmann,* Reklame
- 132 *R. Stockmar,* Kürzestbiografie
- 133 *R. M. Rilke,* Der Panther
- 230 *F. Endrikat,* Sprichwörter

Informationstexte/Sachtexte
- 16 *Ung. Verf.,* Schutz für den Schreiadler
- 19 *Ung. Verf.,* Was Jugendliche lesen
- 25 *Ung. Verf.,* Wie Trends entstehen
- 25 *Ung. Verf.,* Trendinfos aus dem Web
- 57 *Ung. Verf.,* Wasser
- 58 *H. Böhme,* Wasser
- 62 *Ung. Verf.,* Am meisten für Sauberkeit und Hygiene
- 63 *Ung. Verf.,* Unser Trinkwasservorrat
- 64 *Ung. Verf.,* Trinken
- 85 *Ingo,* Ein Tag im Klärwerk
- 110 *Ung. Verf.,* Krimis
- 113 *Ung. Verf.,* Asservatenkammern
- 114 *Ung. Verf.,* Privatdetektive
- 255 *Ung. Verf.,* Drogen: Der schnelle Weg zur Sucht
- 256 *J. Bongers,* Alkohol
- 258 *Ung. Verf.,* Sucht nach Extremen
- 260 *Ung. Verf.,* Verspielt
- 264 *Ung. Verf.,* Szene: Techno!
- 266 *Ung. Verf.,* Schülerjobs
- 268 *Ung. Verf.,* Was ist eigentlich ein Urheberrecht?
- 273 *Ung. Verf.,* Hyänen

Interviews
- 84 *Ung. Verf.,* Azubis müssen kleine Supermänner sein
- 94 *Ung. Verf.,* Wie kommen die Nachrichten in die Zeitung?
- 176 *Ung. Verf.,* Aus dem Interview mit dem Betriebsleiter

Kommentare, Leserbriefe, Meinungsartikel
- 18 *Ung. Verf.,* Meine Meinung dazu
- 33 *Ung. Verf.,* Kaum geht man heute vor die Tür ...
- 70 *K. Brauer,* Zu: Heidesee geht „baden"
- 92 *N. Ludwig,* Von Tierquälerei keine Spur
- 93 *W. Hänsel,* Endloses Fischleiden
- 181 *N. Neumann,* Liebe BLICK-Redakteure

Kurze Geschichten, Kurzgeschichten, erzählende Texte
- 30 *M. Pressler,* Das war das Schlimmste
- 33 *G. Schramm,* Spiegelfrätzchen
- 36 *K. Boie,* Kahlschnitt
- 40 *F. d. Cesco,* Spagetti für zwei
- 47 *C. Philipps,* Das Boot ist voll
- 74 *P. Johnson,* Am liebsten berühmt
- 80 *S. Lenz,* Was ich werden soll
- 115 *R. Dahl,* Lammkeule
- 143 *E. Strittmatter,* Die Macht des Wortes
- 144 *M. L. Kaschnitz,* Zu Hause
- 145 *H. G. Lenzen,* Der Elefant und die Blinden
- 146 *R. Gernhardt,* Ein Tag
- 149 *M. Steenfatt,* Im Spiegel
- 151 *W. Borchert,* Nachts schlafen die Ratten doch
- 161 *I. Meidinger-Geise,* Platzkarten

Rategeschichten
- 108 *W. Ecke,* Der Inselschreck
- 122 *Ung. Verf.,* Der Tote

Werbung
- 66 *Ung. Verf.,* Wasser
- 67 *Unicef,* H_2OFFNUNG

Autoren- und Quellenverzeichnis

Auf dem Kampe, Jörn
Tsunami S. 59
Aus: http://www.geo.de/GEOlino/wissenschaft_technik/
2005_01_GEOlino_tsunami/index.html?linkref=
geode_suche&q=tsunami

Ausländer, Rose
(geb. 1901 in Czernowitz/Bukowina, gest. 1988 in
Düsseldorf)
Gemeinsam S. 129
Aus: R. Ausländer. Doppelspiel. Gedichte. Köln: Literarischer
Verlag Helmut Braun 1977.

Bachmann, Ingeborg
(geb. 1926 in Klagenfurt, gest. 1973 in Rom)
Reklame S. 131
Aus: I. Bachmann. Gedichte, Erzählungen, Hörspiele, Essays.
München: Piper 1964.

Bergmann, Thomas
Kletterpartie S. 140
Aus: T. Bergmann. Giftzwerge. Wenn der Nachbar
zum Feind wird. München: Beck 1992.

Böhme, Hartmut
Wasser S. 58
Aus: Kulturgeschichte des Wassers. Hrsg. von H. Böhme.
Frankfurt a. M.: Suhrkamp 1986. S. 13 (gekürzt).

Boie, Kirsten
(geb. 1950 in Hamburg)
Kahlschnitt S. 36
Aus: K. Boie. Jeden Tag ein Happening. Hamburg:
Oetinger 1993. S. 12ff.

Bongers, Jürgen
Alkohol S. 256
Aus: Hagemann Transparent. Biologie: Allgemeine
Biologie. Alkohol (172284). Düsseldorf:
Hagemann-Lehrmittelverlag. (Mittelteil ergänzt)

Borchert, Wolfgang
(geb. 1921 in Hamburg, gest. 1947 in Basel)
Nachts schlafen die Ratten doch S. 151
Aus: W. Borchert. Das Gesamtwerk.
Reinbek bei Hamburg 1970. S. 76.

Brecht, Bertolt
(geb. 1898 in Augsburg, gest. 1956 in Berlin)
Ich habe gehört, ihr wollt nichts lernen S. 77
Aus: B. Brecht. Gesammelte Werke. Bd. 8: Gedichte 1.
Werkausgabe edition suhrkamp.
Frankfurt a. M.: Suhrkamp 1967. S. 385f.

Cesco, Federica de
(geb. 1938 in Porderone/Italien)
Spagetti für zwei S. 40, 54
Aus: F. de Cesco. Freundschaft hat viele Gesichter.
Luzern und Stuttgart: Rex 1969. S. 79ff.

Christ, Lena
(geb. 1881 in Glonn, gest. 1920 in München)
Eine gefährliche Situation S. 238
Aus: L. Christ. Erinnerungen einer Überflüssigen.
München: Piper 1992.

Dahl, Roald
(geb. 1916 in Llandaff/Südwales, gest. 1990)
Lammkeule S. 115
Aus: R. Dahl. Gesammelte Erzählungen. Übersetzt
von Hans Heinrich Wellmann. Reinbek bei Hamburg:
Rowohlt 1970. S. 7ff.

Die Fantastischen Vier
MfG S. 128
Text: Dürr, Thomas/Rieke, Andreas/Beck, Michael/Schmidt,
Michael B. © EMI Quattro Musikverlag GmbH, Hamburg.

Ecke, Wolfgang
Der Inselschreck S. 108
Aus: W. Ecke. Das Karussell der Spitzbuben. Bayreuth:
Loewes 1984. S. 224ff.

Eichendorff, Joseph von
(geb. 1788 auf Schloss Lubowitz/Oberschlesien,
gest. 1857 in Neiße)
Mondnacht S. 124
Aus: J. von Eichendorff. Werke. Hrsg. von G. Baumann.
Stuttgart. Cotta'sche Buchhandlung 1953.

Endrikat, Fred
(geb. 1850 in Nakel, gest. 1942 in München)
Sprichwörter S. 230
Aus: Vorwiegend heiter. Hrsg. von Wilhelm Schlosser.
Stuttgart/Zürich/Salzburg: Europäischer Buchclub.

Erhardt, Heinz
(geb. 1909 in Riga, gest. 1979 in Hamburg)
Der Stier S. 15
Fußball S. 15
Aus: Das große Heinz Erhardt Buch. Hannover:
Fackelträger 1970. S. 89, 204.

Gernhardt, Robert
(geb. 1937 in Reval/Estland)
Ein Tag S. 146
Aus: Ein Malik. Geschichten für lange Nächte und
kurze Tage. Hrsg. von Gerhard Seidl und Linda Walz.
München: Piper 1999.

Glasbrenner, Adolf
(geb. 1810 in Berlin, gest. 1876 in Berlin)
Seltener Gewinn S. 137
Aus: Unsterblicher Volkswitz. Adolf Glasbrenners Werk
in neuer Auswahl. Hrsg. von Klaus Gysi und Kurt Böttcher.
Berlin: Das neue Berlin 1951.

AUTOREN- UND QUELLENVERZEICHNIS

Goethe, Johann Wolfgang von
(geb. 1749 in Frankfurt a. M., gest. 1832 in Weimar)
Des Menschen Seele ... S. 56
1. Strophe des Gedichts: Gesang der Geister über dem Wasser. Aus: *Goethes Werke. Bd. 1: Gedichte und Epen. Hrsg. von Erich Trunz. München: Beck 1981.*
Erlkönig S. 126
Aus: *Deutsche Balladen. Stuttgart: Reclam 1991.*

Gotthelf, Jeremias
(geb. 1797 in Murten, gest. 1854 in Lützelflüh)
Der Geizhals S. 184
Aus: *Deutsche Anekdoten aus fünf Jahrhunderten. Ausgewählt und hrsg. von Achim Roscher. Leipzig: Reclam 1988.*

Hänsel, Wolfgang
Endloses Fischleiden S. 93
Originalbeitrag.

Hebbel, Friedrich
(geb. 1813 in Wesselburen, gest. 1863 in Wien)
Herbstbild S. 123, 134
Aus: *F. Hebbel. Werke. Hrsg. von F. Zinkernagel. Leipzig o. J.*

Ihering, Herbert
(geb. 1888 in Springe, gest. 1977 in Berlin)
Die schlechte Zensur S. 138
Aus: *Die Schaubude. Deutsche Anekdoten und Kalendergeschichten aus sechs Jahrhunderten. Berlin: Neues Leben 1964.* © Herbert Ihering, Berlin.

Jandl, Ernst
(geb. 1925 in Wien, gest. 2000 in Wien)
my own song S. 38
Aus: *E. Jandl. Gesammelte Werke. Bd. 2 Frankfurt a. M.: Luchterhand 1990. S. 557.*

Johnson, Pete
(geb. 1962 in Winchester/England)
Am liebsten berühmt S. 74
Aus: *P. Johnson. A. liebsten berühmt. Ravensburg: Ravensburger 1995.*

Kaschnitz, Marie Luise
(geb. 1901 in Karlsruhe, gest. 1974 in Rom)
Zu Hause S. 144
Aus: *M. L. Kaschnitz. Steht noch dahin. Neue Prosa. Frankfurt a. M.: Insel 1970.*

Krüss, James
(geb. 1926 auf Helgoland, gest. 1997 auf Gran Canaria)
Für uns sind die Andern anders S. 39
Aus: *J. Krüss. Alle Kinder dieser Erde. München: Lentz 1979.*

Lenz, Siegfried
(geb. 1926 in Lyck in Ostpreußen)
Was ich werden soll S. 80
Aus: *S. Lenz. Heimatmuseum. Hamburg: Hoffman und Campe 1978.*

Lenzen, Hans Georg
(geb. 1921 in Moers)
Der Elefant und die Blinden S. 145
Aus: *Eines Tages. Geschichten von überallher. Hrsg. von Hans-Joachim Gelberg. Weinheim und Basel: Beltz 2002. S. 276.*

Litwin, Alexander/Safrin, Horacy
Albert Einstein S. 136
Aus: *Jüdische Anekdoten und Sprichwörter. Hrsg. von Salcia Landmann. München: Deutscher Taschenbuch Verlag 1965.*

Loriot
(geb. 1923 in Brandenburg an der Havel)
Fernsehabend S. 166
Aus: *Loriots dramatische Werke. Zürich: Diogenes Verlag 1983.*

Ludwig, Niklas
Von Tierquälerei keine Spur S. 92
Originalbeitrag.

Meidinger-Geise, Inge
Platzkarten S. 161
Aus: *Auch Deutsche lachen. Hrsg. von Eugen Skaga-Weiß. Tübingen und Basel: Erdmann o. J.*

Morgenstern, Christian
(geb. 1871 in München, gest. 1914 in Meran)
Gewitteranfang S. 56
Aus: *C. Morgenstern. Sämtliche Dichtungen. Basel: Zbinden 1978.*

Oertgen, Elke
(geb. 1936 in Koblenz)
Erde S. 125
Aus: *Im Gewitter der Geraden. Hrsg. von P. C. Mayer-Taschenbuch. München 1981.*

Philipps, Carolin
Das Boot ist voll! S. 47
Aus: *Du bist nicht wie wir. Geschichten vom Anderssein. Wien: Ueberreuter 2001. S. 7ff.*

Pressler, Mirjam
(geb. 1940 in Darmstadt)
Das war das Schlimmste S. 30
Aus: *M. Pressler. Nun red doch endlich. Weinheim: Beltz 1988. S. 14ff.*

Radecki, Sigismund von
(geb. 1891 in Riga, gest. 1970 in Gladbeck)
Überraschendes Urteil S. 141
Aus: *S. von Radecki. Das Abc des Lachens. Reinbek bei Hamburg: Rowohlt 1978. S. 268.*

AUTOREN- UND QUELLENVERZEICHNIS

Reding, Josef
(geb. 1929 in Castrop-Rauxel)
Er ist „in" S. 32
Aus: *Mit 13 ist alles ganz anders. Hrsg. von Jutta Modler. Wien: Herder 1990.*
Mädchen, pfeif auf den Prinzen! S. 76
Aus: *© Josef Reding. Dortmund: Georg Bitter Verlag 1992.*

Rilke, Rainer Maria
(geb. 1875 in Prag, gest. 1926 in Valmont bei Montreux/Schweiz)
Der Panther S. 133
Aus: *R. M. Rilke. Sämtliche Werke. Hrsg. von E. Zinn. Frankfurt a. M.: Insel 1975.*

Schiegl, Verena
Azubis müssen kleine Supermänner sein S. 85
Aus: *Schwäbische Zeitung, Ipf- und Jagst-Zeitung. Ellwangen 1.10.2004.*

Schramm, Godehard
(geb. 1943 in Konstanz)
Spiegelfrätzchen S. 33
Aus: *Das neue Narrenschiff. Hrsg. von Christel Schütz. Frankfurt a. M.: Fischer 1980. S. 88.*

Steenfatt, Margret
(geb. 1935 in Hamburg)
Im Spiegel S. 149
Aus: *Augenaufmachen. 7. Jahrbuch der Kinderliteratur. Hrsg. von Hans-Joachim Gelberg. Weinheim/Basel: Beltz & Gelberg 1984. S. 218f.*

Stockmar, Roland
(geb. 1939 in Eberbach bei Heidelberg)
Kürzestbiografie S. 132
© Roland Stockmar.

Strittmatter, Erwin
(geb. 1912 in Spremberg, gest. 1994)
Die Macht des Wortes S. 143
Aus: *Kramkalender. Hrsg. von E. S. Schulzenhofer. Berlin 1966.*

Tucholsky, Kurt
(geb. 1890 in Berlin, gest. 1935 in Göteborg)
Der Floh S. 139
Aus: *K. Tucholsky. Gesammelte Werke in drei Bänden. Reinbek bei Hamburg: Rowohlt 1960. S. 457.*

**Texte ohne Verfasserangabe und
Texte unbekannter Verfasser**

„Aalfred" darf bleiben S. 90
Originalbeitrag.

Aalfred von der Wanne S. 91
Aus: *www.wdr.de, Beitrag vom 13.6.2003.*

Am meisten für Sauberkeit und Hygiene S. 62
Originalbeitrag.

Anekdoten S. 139
Originalbeitrag.

Ansichten aus Rajasthan S. 99
Bildunterschrift zu einem AP-Foto.

Asservatenkammern S. 113
Originalbeitrag.

Azubis müssen kleine Supermänner sein S. 84
Aus: *Schwäbische Zeitung, Ipf- und Jagst-Zeitung. Ellwangen 1.10.2004.*

Der blaue Handschuh S. 159
Originalbeitrag.

Der Tote S. 122
Aus: *Wolfgang Menzel/Kaspar H. Spinner. Geschichten basteln. Ein Schülerarbeitsheft für die Sek. I. Seelze: Friedrich 1986. S. 14.*

Die heimliche Revolution S. 78
Aus: *Der Spiegel, Nr. 25 1999, Text bearbeitet.*

Drogen: Der schnelle Weg zur Sucht S. 255
Aus: *Geolino 02/03. Text von Stefan Greschik (bearbeitet).*

Heidesee geht „baden" S. 68
Aus: *Westdeutsche Allgemeine Zeitung (Essen) vom 3.7.1992. Lokalbeilage Bottrop.*

Hyänen S. 273
Aus: *Bertelsmann: Wissen visuell. Gütersloh/München: Wissen Media 2002. S. 351.*

Hyänen S. 273
Aus: *Meyers Jugendlexikon. 5., aktualisierte Auflage. Mannheim: Meyers Lexikonverlag 2003. S. 275.*

Junge Mädchen als Detektive S. 112
Originalbeitrag.

Kaum geht man heute vor die Tür ... S. 33
Originalbeitrag.

Klamotten – und was auf die hohe Kante S. 28
Aus: *Hannoversche Allgemeine Zeitung vom 8./9.1.2003. Welt im Spiegel.*

Klein Viktoria kriegt im Freibad immer Pickel S. 69
Aus: *Westdeutsche Allgemeine Zeitung (Essen) vom 19.8.1995. Lokalbeilage Bottrop.*

Krimis S. 110
Originalbeitrag.

BILDQUELLENVERZEICHNIS

Meine Meinung dazu — S. 18
Originalbeitrag.

Obdachlose – Obdachlos — S. 130
Originalbeitrag.

Privatdetektive — S. 114
Originalbeitrag.

Schülerjobs — S. 266
Aus: *Jetzt oder nie. Heft 10/1995. Hrsg. von der Bundeszentrale für gesundheitliche Aufklärung, Köln.*

Schutz für den Schreiadler — S. 16
Originalbeitrag.

Sucht nach Extremen — S. 258
Aus: *Fluchtwege. Texte zum Thema Drogen/Sucht. Hrsg. von Reiner Engelmann. Würzburg: Arena 1995. S. 244f.*

Szene: Techno! — S. 264
Aus: *Über Drogen reden! Eine Broschüre der Bundeszentrale für gesundheitliche Aufklärung im Auftrag des Bundesministeriums für Gesundheit. S. 16f.*

Trendinfos aus dem Web — S. 25
Originalbeitrag.

Trinken — S. 64
Originalbeitrag.

Übungsplatz für Seehunde — S. 18
Originalbeitrag.

Unser Trinkwasservorrat — S. 63
Aus: *Naturstoff Wasser. Schriftenreihe der Vereinigung Deutscher Gewässerschutz e. V. Bd. 37.*

Verspielt — S. 260
Aus: *Fluchtwege. Texte zum Thema Drogen/Sucht. Hrsg. von Reiner Engelmann. Würzburg: Arena 1995. S. 239f.*

Was ist eigentlich ein Urheberrecht? — S. 268
Originalbeitrag.

Was Jugendliche lesen — S. 19
Originalbeitrag.

Wasser — S. 57
Aus: *Bertelsmann Jugendlexikon in Farbe. Gütersloh: Bertelsmann 1999. S. 671.*

Wie kommen die Nachrichten in die Zeitung? — S. 94
Originalbeitrag.

Wie Trends entstehen — S. 25
Aus: *Menschenskinder Nr. 9/1986. S. 3.*

Bildquellenverzeichnis

S. 9: Thomas Schulz, Hohen Neuendorf; S. 11, 31, 34, 37, 43, 48, 53, 72, 74, 76, 107, 109, 111, 137, 138, 139, 140, 143, 147, 152, 171, 175: Sabine Lochmann, Frankfurt a. M.; S. 14, 181, 194: Katja Schmiedeskamp, Hannover; S. 16: blickwinkel/C. Huetter; S. 18: A. Wiese/Wedemark Echo vom 8. 1. 2003; S. 20, 62: Globus Kartendienst, Hamburg; S. 23, 258: Mauritius, Mittenwald; S. 24, 26, 28, 30: AKG, Berlin; S. 27, 92, 96, 116, 117, 119, 121, 122, 136, 141, 142, 201, 202, 205, 208, 211, 213, 214, 223, 225, 228, 233, 235, 238, 239, 241, 242, 243, 244, 250, 252, 253: Manfred Bofinger, Berlin; S. 36: Minkus, Isernhagen; S. 39: Dieter Rixe, Braunschweig; S. 55, 56 o., 57 r.: creativ collection; S. 56 M., 91 o., 110 r., 245, 260, 264: dpa, Frankfurt a. M.; S. 56 u.: plainpicture/Hexx; S. 57 l., 94, 106: Gerd Ludwig, Münster; S. 59, 60, 99: AP, Frankfurt/M.; S. 63, 64, 81, 89, 155, 156, 158, 200, 220: Ulrike Köcher, Hannover; S. 65, 82, 84, 87, 100, 157, 159, 160, 162, 164, 188, 196: Michael Fabian, Hannover; S. 66: Joker-Jeans, Bönnigheim; S. 67: Unicef; S. 68: Labus/WAZ, Bottrop; S. 71: Cartoon von Jutta Bauer. Aus: Christine Nöstlinger und Jutta Bauer. Ein und alles. Weinheim und Basel: Beltz 1992. S. 10; S. 73, 88, 255: Irmgard Ehls, Hofgeismar; S. 86: redkon, G. Bayer; S. 91 u.: Lichtblick/Olaf Ziegler; S. 96: Deutsche Gesellschaft für Luft- und Raumfahrt, Oberpfaffenhofen; S. 97: Titelseite der „Badische Neueste Nachrichten" vom 15.11.2004; S. 110 r.: pwe Kinoarchiv, Hamburg; S. 113: Berliner Zeitung/Markus Wächter; S. 114: (Buchumschläge) WAS IST WAS Kriminalistik. Nürnberg: Tessloff 2003;Sehen-Staunen-Wissen: Verbrecher & Detektive. Copyright © 1998 Dorling Kindersley Ltd., London. Deutsche Ausgabe Copyright © Gerstenberg Verlag, Hildesheim; S. 123: Uwe Tönnies, Hannover; S. 124: Mauritius/Cosmo; S. 127: © Lizenzverwaltung Hans und Ernst Barlach, Güstrow; S. 150, 184, 227, 240, 271: Jaroslaw Schwarzstein, Hannover; S. 135: Wilhelm-Busch-Gesellschaft, Hannover; S. 166: Isolde Ohlbaum, München; S. 169: Salvador Dali. Die Beständigkeit der Erinnerung. Museum of Modern Art, New York/Artothek, Weilheim. © Demart pro Arte B. V./ VG Bild-Kunst, Bonn 2003; S. 176, 177: Nießing Anlagenbau GmbH, Borken; S. 190: British Museum, London; S. 192: © 2004 Droemersche Verlagsanstalt Th. Knaur Nachf. GmbH & Co. KG, München; S. 256: altrofoto.de; S. 266: Conny Neumann, Raesfeld-Erle; S. 273: (Gruppe) Schapowalow/Nebbia, (Kopf) M. Harvey/Wildlife, (einzeln) KPA/Kina.

tank